国家卫生健康委员会"十四五"规划教材

全国高等职业教育专科教材

供护理、助产专业用

生物化学

第 3 版

主　编　王　杰

副主编　文　程　张凤英

编　者　（以姓氏笔画为序）

王　杰（沈阳医学院）　　　　武红霞（聊城职业技术学院）

文　程（大庆医学高等专科学校）　段正秀（锡林郭勒职业学院）

朱　丹（安徽中医药高等专科学校）　莫小卫（梧州职业学院）

向俊蓓（四川护理职业学院）　　郭赟婧（长沙卫生职业学院）

张　艳（沈阳医学院）　　　　扈瑞平（内蒙古医科大学）

张凤英（菏泽医学专科学校）　韩　璐（甘肃中医药大学）

张建辉（武威职业学院）　　　潘　伦（重庆医药高等专科学校）

新形态教材

人民卫生出版社
·北京·

图书在版编目（CIP）数据

生物化学 / 王杰主编. -- 3 版. -- 北京 ：人民卫
生出版社，2024. 11. --（高等职业教育专科护理类专业
教材）. -- ISBN 978-7-117-37149-0

Ⅰ. Q5

中国国家版本馆 CIP 数据核字第 20243ZP634 号

人卫智网	www.ipmph.com	医学教育、学术、考试、健康，购书智慧智能综合服务平台
人卫官网	www.pmph.com	人卫官方资讯发布平台

生物化学
Shengwu Huaxue
第 3 版

主　　编：王　杰
出版发行：人民卫生出版社（中继线 010-59780011）
地　　址：北京市朝阳区潘家园南里 19 号
邮　　编：100021
E - mail：pmph @ pmph.com
购书热线：010-59787592　010-59787584　010-65264830
印　　刷：人卫印务（北京）有限公司
经　　销：新华书店
开　　本：850×1168　1/16　　印张：13
字　　数：367 千字
版　　次：2014 年 1 月第 1 版　　2024 年 11 月第 3 版
印　　次：2024 年 12 月第 1 次印刷
标准书号：ISBN 978-7-117-37149-0
定　　价：48.00 元
打击盗版举报电话：010-59787491　E-mail：WQ @ pmph.com
质量问题联系电话：010-59787234　E-mail：zhiliang @ pmph.com
数字融合服务电话：4001118166　E-mail：zengzhi @ pmph.com

高等职业教育专科护理类专业教材是由原卫生部教材办公室依据原国家教育委员会"面向 21 世纪高等教育教学内容和课程体系改革"课题研究成果规划并组织全国高等医药院校专家编写的"面向 21 世纪课程教材"。本套教材是我国高等职业教育专科护理类专业的第一套规划教材,于 1999 年出版后,分别于 2005 年、2012 年和 2017 年进行了修订。

随着《国家职业教育改革实施方案》《关于深化现代职业教育体系建设改革的意见》《关于加快医学教育创新发展的指导意见》等文件的实施,我国卫生健康职业教育迈入高质量发展的新阶段。为更好地发挥教材作为新时代护理类专业技术技能人才培养的重要支撑作用,在全国卫生健康职业教育教学指导委员会指导下,经广泛调研启动了第五轮修订工作。

第五轮修订以习近平新时代中国特色社会主义思想为指导,全面落实党的二十大精神,紧紧围绕立德树人根本任务,以打造"培根铸魂、启智增慧"的精品教材为目标,满足服务健康中国和积极应对人口老龄化国家战略对高素质护理类专业技术技能人才的培养需求。本轮修订重点:

1. 强化全流程管理。 履行"尺寸教材、国之大者"职责,成立由行业、院校等参与的第五届教材建设评审委员会,在加强顶层设计的同时,积极协同和发挥多方面力量。严格执行人民卫生出版社关于医学教材修订编写的系列管理规定,加强编写人员资质审核,强化编写人员培训和编写全流程管理。

2. 秉承三基五性。 本轮修订秉承医学教材编写的优良传统,以专业教学标准等为依据,基于护理类专业学生需要掌握的基本理论、基本知识和基本技能精选素材,体现思想性、科学性、先进性、启发性和适用性,注重理论与实践相结合,适应"三教"改革的需要。各教材传承白求恩精神、红医精神、伟大抗疫精神等,弘扬"敬佑生命、救死扶伤、甘于奉献、大爱无疆"的崇高精神,契合以人的健康为中心的优质护理服务理念,强调团队合作和个性化服务,注重人文关怀。

3. 顺应数字化转型。 进入数字时代,国家大力推进教育数字化转型,探索智慧教育。近年来,医学技术飞速发展,包括电子病历、远程监护、智能医疗设备等的普及,护理在技术、理念、模式等方面发生了显著的变化。本轮修订整合优质数字资源,形成更多可听、可视、可练、可互动的数字资源,通过教学课件、思维导图、线上练习等引导学生主动学习和思考,提升护理类专业师生的数字化技能和数字素养。

第五轮教材全部为新形态教材,探索开发了活页式教材《助产综合实训》,供高等职业教育专科护理类专业选用。

王 杰

博士，教授，硕士研究生导师

沈阳医学院中医药学院院长。沈阳市政府特殊津贴获得者，从事生物化学教学20余年。兼任辽宁省高校医学技术类专业教学指导委员会委员、辽宁省检验专业带头人、辽宁省高校新型智库-突发公共卫生事件应急能力研究中心主任等。主编教材9部，参编教材10余部；主持国家级及省市级教科研课题30余项，发表论文50余篇；获辽宁省科技进步奖三等奖1项，沈阳市科技进步奖一等奖1项，辽宁省教学成果奖二等奖1项、三等奖1项。

在探索生命科学的道路上，同学们不仅要认真学习理论知识，更要努力培养实践能力和创新精神。希望你们以审美的眼光去发现生命的奥秘，以创新的思维去解决现实问题。

为适应高等职业教育专科护理学类专业高质量发展的需要，我们组织全国院校的教师和行业专家对《生物化学（第2版）》进行了修订。本次修订认真落实党的二十大精神进教材相关要求，更加注重知识传授、技能培养与价值引领相统一，体现课程思政实践成果，体现"全员、全过程、全方位育人"的教学理念。

为了体现知识的连贯性和完整性，本次修订在教材整体布局和章节内容上进行了调整，主要体现在：一是调整了教材内容的整体布局，从生物分子的结构及功能、物质代谢及其调节、遗传信息的传递及其调控到机能生物化学，使生物化学学科知识更具完整性和系统性；二是增加了生物化学与分子生物学学科的新知识、新技术；三是教材中的名词术语均按照最新的《生物化学与分子生物学名词》进行修正。

本教材所有编者均来自教学一线，大家共同以严谨的治学态度、高度的责任感认真完成了编写工作。由于学术水平有限，书中难免存在缺点和不当之处，敬请读者批评指正。

王　杰

2024 年 11 月

绪 论

ER 0-1

教学课件

> ## 学习目标
>
> 1. 掌握：生物化学的概念。
> 2. 熟悉：生物化学的主要研究内容与任务。
> 3. 了解：生物化学的发展史以及生物化学与医学、护理学的关系。
> 4. 能够系统、整体地认识生物化学，深刻把握生物化学与健康、疾病的关系。
> 5. 具有严谨认真、不断探索的科学精神和珍爱生命、无私奉献的职业素养。

生命是由化学元素组成的，生命的一系列特征如新陈代谢、生长与发育、繁殖与遗传、免疫与防御以及植物叶绿体中的光合作用等，都是以特定的化学反应为基础实现的。生物化学（biochemistry）是研究生物体的化学组成、生命活动中各种化学反应及其变化规律的一门科学。生物化学的研究内容主要包括生物体内物质的化学组成、分子结构与功能、物质代谢与调节、基因信息传递与调控等与生理功能的关系。生物化学的主要目的是从分子水平揭示生命的奥秘，探索生命现象的本质，为控制生命活动的过程、保障人体健康和提高人类生存质量服务。

第一节　生物化学的发展史

生物化学是一门既古老又年轻的学科。它起源于 18 世纪，20 世纪初随着细胞生物学、生理学、微生物学、遗传学和免疫学等理论和技术的发展，逐渐发展成为一门独立的学科。特别是 20世纪 50 年代以来分子生物学蓬勃发展，使生物化学学科内涵更加丰富，成为生命科学领域重要的前沿学科。

一、生物化学的研究历程

现代生物化学发展可分为静态生物化学时期、动态生物化学时期和分子生物学时期三个阶段。

（一）静态生物化学时期

从 18 世纪中叶至 20 世纪初是生物化学发展的初级阶段。这一时期主要研究生物体的化学组成，因此称为静态生物化学时期，又称叙述生物化学时期。该时期的重要贡献有：对糖类、脂质及氨基酸的性质进行了较为系统的研究；发现了核酸；从血液中分离出了血红蛋白；发现了酵母发酵过程中存在"可溶性催化剂"，奠定了酶学的基础等。

（二）动态生物化学时期

从 20 世纪初开始，生物化学进入蓬勃发展的阶段。这一时期主要研究物质代谢及调节，故称为动态生物化学时期。该时期的重要贡献有：发现了必需氨基酸、必需脂肪酸、维生素和激素等物质，并能够将它们分离与合成；认识了酶的化学本质是蛋白质，并成功制备了酶晶体；由于化学分析及同位素示踪技术的发展与应用，对生物体内主要物质的代谢途径已基本确定，如糖代谢、脂肪

酸的 β- 氧化、尿素的合成途径以及三羧酸循环等。

(三) 分子生物学时期

20 世纪中叶以来,生物化学发展的显著特征是进入了崭新的分子生物学时期。这一时期主要研究各种生物大分子物质的结构与功能之间的关系及其在生命活动中的主要作用。如 50 年代初期发现了蛋白质的 α- 螺旋二级结构;完成了胰岛素的氨基酸全序列的分析;尤其是 1953 年沃森(J. Watson)和克里克(F. Crick)提出 DNA 双螺旋结构模型,为揭示遗传信息传递的规律奠定了分子基础,这是生物化学进入分子生物学时期的重要标志。此后,DNA 的复制机制、转录及蛋白质生物合成的研究更加深入。1958 年,克里克提出了遗传信息传递的中心法则。1966 年,mRNA 分子中的遗传密码被破译,由此人们找到了破解生命之谜的钥匙。1973 年,科恩(S. Cohen)等首次获得体外重组 DNA 的分子克隆。1985 年,穆利斯(K. Mullis)发明了聚合酶链反应技术等,促进了对基因表达调控机制的研究,使主动改造生物体成为可能。1982 年,切赫(T. Cech)等人发现了化学本质为核酸的核酶,拓展了人们对生物催化剂的认识。90 年代初开始的人类基因组计划(Human Genome Project, HGP)是人类生命科学领域有史以来最庞大的全球性研究计划。2000 年,人类基因组计划宣告完成,绘制完成了人类基因组序列图以及人类全部基因的一级结构。随着 HGP 的完成,生物化学进入到后基因组时代,主要任务是在基因组和系统水平上全面分析基因的功能,使得生物学研究从对单一基因或蛋白质的研究转向多个基因或蛋白质的系统研究,因此被称为功能基因组学。

二、我国在生物化学发展历程中的贡献

我国人民对生物化学的发展作出了重要贡献。早在生物化学作为一门学科诞生之前,我国人民就已将许多生物化学的知识应用于生活生产实践。例如,公元前 21 世纪,我们的祖先已能用曲造酒,即以"曲"为"媒(酶)"催化谷物淀粉发酵;公元前 12 世纪,人们已能利用豆、谷、麦等为原料制造酱、饴(麦芽糖)、醋等食品。这些足以说明我国在上古时期已有酶学的萌芽。在营养方面,《黄帝内经》指出"五谷为养,五果为助,五畜为益,五菜为充";西汉刘安利用蛋白质沉淀方法,提取豆类蛋白质制作豆腐。在医药方面,中医学对某些营养缺乏症的病因和治疗早已有所认识,唐代医学家孙思邈用富含维生素 A 的猪肝治疗雀目(夜盲症)等。

20 世纪 20 年代以来,我国科学家在生物化学研究领域取得了可喜的成果,如吴宪在血液化学分析方面创立了血滤液的制备和血糖测定法,并在蛋白质研究中提出了蛋白质变性学说。中华人民共和国成立以来,我国的生物化学得到迅猛发展。1965 年,我国科学家在世界上率先人工合成了具有生物活性的蛋白质——结晶牛胰岛素。1981 年,我国科学家首次人工合成酵母丙氨酸转移核糖核酸。在人类基因组计划中,我国完成了人类 3 号染色体短臂上一个约 30Mb 区域的测序任务。进入 21 世纪,我国在基因工程、蛋白质工程、基因组计划等方面取得了骄人成绩,逐步迈入国际先进水平的行列。如颜宁等人 2014 年在世界上首次解析了人源葡萄糖转运蛋白 GLUT1 的三维晶体结构,2015 年又进一步获得了具备更多构象的 GLUT3 结合底物和抑制剂的超高分辨率结构,从而揭示了葡萄糖跨膜转运这一基本细胞过程的分子基础,这一成果对膜蛋白结构与功能的研究具有极高的生物学意义及医药应用前景。

第二节　生物化学的主要研究内容与任务

一、生物化学的主要研究内容

生物化学的研究内容十分广泛,主要集中在人体的化学物质组成、生物分子的结构及功能、物质代谢及其调节、遗传信息的传递及其调控和机能生物化学等几个方面。

（一）人体的化学物质组成

所有生物体包括人体都是由一定的化学物质按照严格的规律和方式组成的，并且每一种化学物质在生物体内都有严格的比例和含量。人体的物质组成包括水（55%~67%）、无机盐（3%~4%）、糖类（1%~2%）、脂质（10%~15%）、蛋白质（15%~18%），此外还含有核酸及具有重要生物活性的小分子有机化合物，如维生素、氨基酸、单糖等。在这些化学物质中，水、无机盐、糖类、脂质、蛋白质、维生素以及空气中的 O_2 必须从外界或食物中获得，因此通常被人们称为维持生命的七大营养素。生物化学研究人体内的这些化学物质，为进一步揭示这些物质在体内代谢的规律打下基础。

（二）生物分子的结构与功能

通常将含有碳（C）、氢（H）、氧（O）、氮（N）4 种元素的有机物称为生物分子。其中，由某些基本结构单位按一定的顺序和方式形成的分子量 $> 10^4$ 的生物分子称为生物大分子。蛋白质、核酸、多糖和复合脂质等是体内重要的生物大分子。由于这些分子多数具有生物信息功能，又称生物信息分子。生物大分子可被看作是生物和非生物在化学组成上的分水岭，标志着生命的存在。因此，研究生物大分子的基本结构单位的种类、排列方式、空间结构及结构与功能关系，可以为在分子水平上揭示生命现象本质奠定坚实的基础。

（三）物质代谢及其调节

生物体的基本特征之一是新陈代谢，而物质代谢是新陈代谢的核心。体内的物质代谢几乎都是由酶所催化的一系列有序进行的化学反应组成的代谢途径完成的。生物体内物质代谢紊乱可导致疾病发生。因此，物质代谢及其调控是生物化学研究的主要内容。

1. 物质代谢与能量代谢　物质代谢包括合成代谢和分解代谢。物质在体内进行合成与分解的同时，伴有能量的释放、储存、转移和利用，即能量代谢。

（1）合成代谢：是指由小分子物质转变为大分子物质的过程，如蛋白质生物合成、核酸的合成、糖原的合成、脂肪酸的合成、甘油三酯的合成、磷脂的合成以及胆固醇的合成等。合成代谢的意义在于保证了机体生长、发育、组织的更新和修复等过程顺利进行。

（2）分解代谢：是指由大分子物质转变为小分子物质的过程，如糖、脂质和蛋白质等营养物质在体内分解产生 CO_2、水，并释放能量。因此，分解代谢的主要意义在于为机体供能。此外，有些物质经分解代谢虽不产生能量，如糖分解代谢中的戊糖磷酸途径，核苷酸的分解代谢，氨基酸的脱氨基作用、脱羧基作用等，但有的能产生某种特殊物质为机体所用，有的经代谢后排出体外，起到为机体解毒的作用。

（3）能量代谢：食物中的糖、脂质和蛋白质等能源物质在体内分解代谢过程中通常要释放能量。释放的能量一部分转变为热能，用于维持体温，并向体外散发；另一部分则转变为化学能，以 ATP 的形式在体内被转移、利用。体内能量产生的主要环节是三羧酸循环和氧化磷酸化，两者主要存在于真核生物的线粒体内。因此，线粒体被形象地称为"细胞的能量工厂"。三羧酸循环是糖、脂质和蛋白质三大营养物质彻底氧化的共同通路，是机体产生能量的主要环节，同时各种营养物质还能通过三羧酸循环实现相互转变。

2. 物质代谢的调节　物质代谢是机体不断进行物质和能量交换的过程，是在机体的调控下有条不紊地进行的。物质代谢的调节主要依赖两个方面：一方面是由于酶在细胞内呈区域化分布，既使同一代谢途径中的酶促反应连续进行，又使不同代谢途径隔离分布，互不干扰，从而使整个细胞的代谢得以顺利进行；另一方面是机体高度的自我调控，以及神经、激素等整体性精确调控的结果。此外，参与代谢的各种物质也会通过反馈系统影响代谢的过程。无论机体通过何种因素对物质代谢进行调控，主要都是针对各代谢途径中的关键酶进行调节，从而实现调节物质代谢速率的目的。如果某种原因引起物质代谢的紊乱，则可导致相应疾病的发生，严重时会危及生命。目前生物体内的主要物质代谢途径已基本确定，但仍有众多问题有待研究。因此，探讨生物体物质代谢及其调控,对于了解生命活动的规律、提高人类健康水平、探索疾病的发生机制、寻求疾病诊断和防治的途径具有重要意义。

关键酶与限速酶

关键酶是指在某一代谢途径中催化单向不平衡反应并催化活性较低的酶。其中催化活性最低的关键酶称为限速酶。

(四)遗传信息的传递及其调控

DNA 是生物体遗传的物质基础,而基因(gene)是 DNA 分子中具有生物学功能的片段,是 DNA 分子荷载遗传信息的单位。在基因信息传递与表达的过程中,DNA 通过复制将亲代的基因信息传递给子代,并通过转录将基因信息传递给 RNA,最终翻译成蛋白质而将遗传性状表现出来,这就是代表绝大多数生物体内遗传信息传递的方向和规律的遗传学中心法则。20 世纪 70 年代,特明(H. Temin)和巴尔的摩(D. Baltimore)从致癌 RNA 病毒中发现了逆转录酶。逆转录酶能催化逆转录的发生,即以 RNA 为模板指导 DNA 的合成。此外,某些病毒中的 RNA 能通过自我复制而繁殖。逆转录及 RNA 自我复制均表明,RNA 不仅可以传递遗传信息,还可以携带遗传信息,这进一步补充和完善了遗传学中心法则。

DNA 复制是 DNA 生物合成的主要过程,转录是 RNA 生物合成的主要过程。因此,DNA 的生物合成和 RNA 的生物合成是基因信息传递的主要环节。翻译是蛋白质生物合成的过程,是基因信息传递与表达的最终阶段。基因信息传递与表达的过程也是由一系列化学反应按照一定的规律实现的。此外,DNA 和 RNA 的生物合成需要蛋白质的参与,而蛋白质生物合成需要三种 RNA(信使 RNA、转运 RNA、核糖体 RNA)的参与。因此,核酸和蛋白质两者相辅相成,共同承担着生命的传递与延续。

基因信息传递与表达的过程与生长、分化、遗传、变异等众多生命过程密切相关。通常将研究蛋白质、核酸等生物大分子的结构、功能及基因结构、基因表达与调控的内容称为分子生物学。分子生物学作为生物化学的重要组成部分,除进一步研究蛋白质和核酸的结构和功能外,更注重于DNA 复制、RNA 转录、蛋白质生物合成等基因信息传递与表达的机制和调控规律的研究。利用分子生物学的研究方法为主要手段而产生的基因工程技术为基因的结构和功能的研究提供了有力的手段。随着基因工程技术的发展,许多基因工程成果已应用于人类疾病的诊断和治疗。DNA 重组、转基因、基因剔除、新基因克隆等技术的广泛应用,以及人类基因组计划及功能基因组计划等研究发展,有力推动了这一领域的研究进程,为生命科学的发展带来革命性的推动,这一领域也是当今生命科学及医学研究的热点及主要方向。

(五)机能生物化学

生物体是由器官、组织、细胞构成的一个有机整体。细胞是人体的基本单位,器官和组织都是由相应的细胞构成的,每种细胞内的生化反应不同,致使各器官组织都有其各自的代谢特点,决定了它们行使不同的生理功能,因此机能生物化学主要是研究各组织器官的化学组成特点、特有的代谢途径和它们与生理功能之间的关系。代谢障碍必然造成器官功能的异常,导致疾病的发生。例如,肝是物质代谢的重要器官,不仅在三大营养物质代谢中发挥重要作用,同时还参与体内的分泌、排泄、生物转化等重要过程,被誉为人体的"化工厂"。肝功能障碍可导致多种物质代谢的紊乱,进而引起一系列临床症状。血液是体液的重要组成部分,在维持机体的新陈代谢、血浆晶体渗透压、酸碱平衡及神经兴奋性等方面发挥着重要的作用。这些器官所具有的功能主要是由于它们含有的化学物质所发生的一系列反应所决定的,因此从整体代谢的角度来讲,肝、血液等重要器官组织的代谢过程也是生物化学研究的主要内容。

二、生物化学的研究任务

生物化学研究的主要任务包括两个方面:一方面是从分子水平上阐明细胞内及细胞间全部的化学反应及其代谢转变的规律,进而揭示生命现象的本质;另一方面是将生物化学的研究成果应用于生产生活实践、医学研究、疾病的防治与护理等过程中,从而实现维护人体健康的目的。

第三节 生物化学与医学、护理学

生物化学是研究生命的化学组成及其在生命活动中变化规律的一门重要的医学基础课程。近年来随着科学的发展,生物化学理论和技术越来越多地渗透到医学各个学科,被广泛应用于人们所关注的、影响人类生命健康的重大疾病的分子研究中。生物化学可以为后续学习基础医学、临床医学、护理学、药学和医学技术等奠定基础。

一、生物化学与医学

医学是生物学的应用性学科,包括基础医学和临床医学。生物化学与医学的发展相互联系、相互促进,其理论和技术已被广泛应用到医学的各个领域。

(一)生物化学与基础医学

生物化学是一门重要的实验性基础医学学科,与生理学、微生物学、免疫学、遗传学、药理学和病理学等其他基础医学学科有着广泛的联系。这些学科的知识相互渗透、彼此交叉,共同解释生命现象和疾病的本质。尤其是随着分子生物学的发展,有关生命科学的研究已深入到分子水平,由此产生许多新兴的交叉学科,如分子生理学、分子免疫学、分子遗传学等。这些交叉学科运用生物化学的理论和技术在分子水平上阐明器官、组织的生理功能。

(二)生物化学与临床医学

随着医学的发展,生物化学的理论和技术已广泛应用于疾病的预防、诊断、治疗和预后诊断,从分子水平上探讨各种疾病的发生发展机制也已成为现代医学研究的共同目标。临床上许多疾病的发生与物质代谢紊乱或物质缺乏有关,如糖尿病、动脉粥样硬化、肝性脑病、黄疸等是物质代谢紊乱引起的,夜盲症、佝偻病等是缺乏某种维生素引起的。因此,对体液中各种生化指标(如糖、脂、无机盐和酶类等)的检测已成为疾病诊断的常规指标。

如今医学各学科已进入分子医学时代,在更深层次上探索疾病的病因,作出更为准确、灵敏的诊断,以及找到更为有效的防治方法。近年来对于一些重大疾病如肿瘤、心脑血管疾病、遗传疾病、神经系统疾病、免疫性疾病等都在分子水平上展开了研究,这些都离不开生物化学理论和技术的支持。基因诊断和基因治疗为临床医学带来了全新的理念。例如,DNA重组技术能将疾病相关基因进行克隆,从而更深层次地揭示了疾病的发病机制,同时也为疾病的诊断和治疗提供了新的策略。随着生物化学与分子生物学的发展,其理论和技术也越来越广泛地应用于临床医学领域。

二、生物化学与护理学

护理学是以生命科学和社会科学理论为基础建立起来的一门综合性应用科学,与生命科学的各学科必然存在一定的联系与交叉。生物化学作为生命科学的一门重要学科,能为解决护理学领域的实际问题提供必需的理论和技术。因此,生物化学在护理教育体系中占有十分重要的地位,是当今医学院校培养从事临床护理、预防保健、护理管理、护理学和助产学教学与科研等高级专门人才的一门十分重要的基础课程。

护理工作与维护人体健康密切相关。社会对护理人员的要求不能仅局限于单纯地被动执行医嘱的护理工作模式，更要求护理人员注重服务对象的整体性，具备对常见疾病的病因、发病机制做出分类鉴别的能力，以及一定的疾病诊断、治疗和预防的能力。生物化学能够为护理人员提供认识健康、维护健康的基本知识和了解疾病并对患者进行有效护理的理论基础。例如，指导患者如何从膳食中获取营养物质，指导患者远离与疾病发生发展有关的因素，对患者进行健康教育等，都需要生物化学知识作为支撑。

三、护理和助产专业学生学习生物化学的意义

护理和助产专业学生学习生物化学的意义体现在：一方面生物化学为学生学习护理和助产专业培养体系中的其他学科提供了必要的理论和技术，是学生学习护理和助产专业核心课程的基础；另一方面学生通过生物化学课程学习，掌握疾病的发生、发展、治疗、预防的相关知识，为治疗、咨询、健康教育综合服务模式的护理和助产人才培养奠定扎实的理论基础。

此外，生物化学的理论和技术在药学研究、药品生产、药物质量控制和药品临床应用中也有广泛的应用。

（王 杰）

第一章 | 蛋白质的结构与功能

ER 1-1 教学课件　ER 1-2 思维导图

学习目标

1. 掌握：蛋白质的元素组成和基本结构单位、蛋白质各级结构的概念及特点；蛋白质的主要理化性质。
2. 熟悉：肽与肽键；蛋白质结构与功能的关系。
3. 了解：蛋白质在生命活动中的重要作用。
4. 能够运用蛋白质相关知识分析解释临床及生活中的实际问题。
5. 具有正确的营养与健康观念。

情景导入

自 2011 年起，我国各地相继启动实施农村义务教育学生营养改善计划（简称"蛋奶工程"），目的是通过为学生提供鸡蛋和牛奶等营养食品，提高农村学生尤其是贫困地区和家庭经济困难学生的健康水平，均衡学生膳食营养，强健学生体魄。截至 2021 年底，农村义务教育学生营养改善计划已惠及学生 3.5 亿人次，取得了良好的效果。

请思考：

1. 蛋白质对人体有哪些重要作用？
2. 临床工作中患者蛋白质代谢失衡的评估方法有哪些？
3. 面对蛋白质代谢失衡患者，护理人员如何做好人文关怀？

蛋白质（protein）是由氨基酸（amino acid）通过肽键连接而成的一类含氮化合物。蛋白质是构成细胞的基本有机物，是生命活动的主要承担者。没有蛋白质就没有生命。人体内的蛋白质约占细胞干重的 45%，而且分布广泛，几乎所有的器官组织都含有蛋白质。各种蛋白质都有特定的结构和功能，生物体的多样性就是由蛋白质结构和功能的多样性决定的。因此，了解蛋白质的结构与功能有助于从分子水平上认识复杂的生命现象，探索生命的本质。

第一节　蛋白质的分子组成

一、蛋白质的元素组成

元素分析结果表明，组成蛋白质的元素主要有 5 种：碳（C）、氢（H）、氧（O）、氮（N）和硫（S）。此外，有些蛋白质还含有少量磷、硒或金属元素铁、铜、锌、锰、钴、钼等，个别蛋白质还含有碘。

各种蛋白质的含氮量比较接近，平均为 16%，即每克氮相当于 6.25g 蛋白质，通过测定生物样品的含氮量可推算出其蛋白质的大致含量。

三聚氰胺

三聚氰胺（melamine，$C_3H_6N_6$）是一种以尿素为原料合成的氮杂环有机化合物，是一种重要的化工原料，可用于塑料、木材、造纸、涂料、黏合剂等生产过程中。常温下三聚氰胺为白色单斜晶体，无味，可溶于甲醛、甲醇等有机溶剂，对身体有害，不可用于食品加工或作为食品添加物。人们常通过测定食品的氮含量乘以6.25来间接推算食品中蛋白质的含量。三聚氰胺分子中有6个非蛋白氮，在食品中添加三聚氰胺会使食品的"蛋白质"测试含量偏高。

100g样品中蛋白质大致含量＝每克样品的含氮克数×6.25×100

二、蛋白质的基本结构单位——氨基酸

（一）氨基酸的结构

存在于自然界的氨基酸有300多种，但组成人体蛋白质的氨基酸仅有20种。这20种氨基酸在结构上均有共同的特点：

1. 除脯氨酸为 α- 亚氨基酸外，其余均为 α- 氨基酸，即 α- 碳原子上都结合有一个氨基（—NH_2）和一个羧基（—COOH）。α- 氨基酸的结构通式如下：

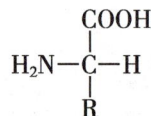

$$H_2N-\overset{\overset{\displaystyle COOH}{|}}{\underset{\underset{\displaystyle R}{|}}{C}}-H$$

注：R表示氨基酸的侧链基团

2. 除甘氨酸外，其余均为 L-α- 氨基酸。分子结构的不对称性使氨基酸具有旋光异构现象，存在着 L 型和 D 型两种构型（图1-1）。组成人体蛋白质的氨基酸均为 L 型（甘氨酸除外），故称为 L-α- 氨基酸。

（二）氨基酸的分类

氨基酸的区别主要体现在其侧链基团 R 的不同。根据氨基酸侧链基团 R 的结构和理化性质（主要是解离性质），可将20种氨基酸分为五大类，即非极性脂肪族氨基酸、极性中性氨基酸、酸性氨基酸、碱性氨基酸和芳香族氨基酸（表1-1）。

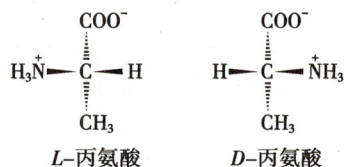

图 1-1　氨基酸的旋光异构体

1. **非极性脂肪族氨基酸**　这类氨基酸侧链为非极性疏水基团，如甲基、氢原子等，在水溶液中的溶解度小于极性中性氨基酸。

2. **极性中性氨基酸**　这类氨基酸侧链为极性基团，如羟基、巯基和酰胺基等，因此有较强的亲水性。由于这类氨基酸的羧基和氨基数量相等，故称为中性氨基酸。

3. **酸性氨基酸**　这类氨基酸侧链上含有能够进行酸性解离（在溶液中释放出 H^+）的羧基，在生理条件下带负电，故为酸性氨基酸。

4. **碱性氨基酸**　这类氨基酸侧链上含有能够进行碱性解离（在溶液中结合 H^+ 或释放 OH^-）的基团，如赖氨酸中氨基、精氨酸中的胍基、组氨酸中的咪唑基，这些基团在生理条件下带正电，故为碱性氨基酸。

5. **芳香族氨基酸**　这类氨基酸均含有苯环结构，疏水性较强，酚基和吲哚基在一定条件下易于解离。这类氨基酸均含有共轭双键，因此具有紫外吸收性质。

表 1-1 组成人体蛋白质的 20 种氨基酸及分类

中文名	英文名	简写符号	结构式	等电点（pI）
1. 非极性脂肪族氨基酸				
甘氨酸	glycine	Gly，G	$H-\underset{\underset{NH_2}{\mid}}{CH}-COOH$	5.97
丙氨酸	alanine	Ala，A	$CH_3-\underset{\underset{NH_2}{\mid}}{CH}-COOH$	6.00
缬氨酸	valine	Val，V	$CH_3-\underset{\underset{CH_3}{\mid}}{CH}-\underset{\underset{NH_2}{\mid}}{CH}-COOH$	5.96
亮氨酸	leucine	Leu，L	$CH_3-\underset{\underset{CH_3}{\mid}}{CH}-CH_2-\underset{\underset{NH_2}{\mid}}{CH}-COOH$	5.98
异亮氨酸	isoleucine	Ile，I	$CH_3-CH_2-\underset{\underset{CH_3}{\mid}}{CH}-\underset{\underset{NH_2}{\mid}}{CH}-COOH$	6.02
脯氨酸	proline	Pro，P	环状结构 CHCOOH / NH	6.30
甲硫氨酸	methionine	Met，M	$CH_3SCH_2CH_2-\underset{\underset{NH_2}{\mid}}{CH}COOH$	5.74
2. 极性中性氨基酸				
丝氨酸	serine	Ser，S	$HO-CH_2-\underset{\underset{NH_2}{\mid}}{CH}COOH$	5.68
苏氨酸	threonine	Thr，T	$HO-\underset{\underset{CH_3}{\mid}}{CH}-\underset{\underset{NH_2}{\mid}}{CH}COOH$	5.60
半胱氨酸	cysteine	Cys，C	$HS-CH_2-\underset{\underset{NH_2}{\mid}}{CH}COOH$	5.07
天冬酰胺	asparagine	Asn，N	$\underset{H_2N}{}\overset{\overset{O}{\parallel}}{C}-CH_2-\underset{\underset{NH_2}{\mid}}{CH}COOH$	5.41
谷氨酰胺	glutamine	Gln，Q	$\underset{H_2N}{}\overset{\overset{O}{\parallel}}{C}CH_2CH_2-\underset{\underset{NH_2}{\mid}}{CH}COOH$	5.65
3. 酸性氨基酸				
天冬氨酸	aspartic acid	Asp，D	$HOOC-CH_2-\underset{\underset{NH_2}{\mid}}{CH}COOH$	2.97
谷氨酸	glutamic acid	Glu，E	$HOOCCH_2CH_2-\underset{\underset{NH_2}{\mid}}{CH}COOH$	3.22

中文名	英文名	简写符号	结构式	等电点（pI）
4. 碱性氨基酸				
赖氨酸	lysine	Lys, K	$NH_2CH_2CH_2CH_2CH_2\!-\!CHCOOH$ （下 NH_2）	9.74
精氨酸	arginine	Arg, R	$NH_2CNHCH_2CH_2CH_2\!-\!CHCOOH$ （下 NH，NH_2）	10.76
组氨酸	histidine	His, H	$HC\!=\!C\!-\!CH_2\!-\!CHCOOH$ （N NH NH_2，CH）	7.59
5. 芳香族氨基酸				
苯丙氨酸	phenylalanine	Phe, F	（苯环）$-CH_2-CH-COOH$ （下 NH_2）	5.48
酪氨酸	tyrosine	Tyr, Y	$HO-$（苯环）$-CH_2-CHCOOH$ （下 NH_2）	5.66
色氨酸	tryptophan	Trp, W	（吲哚环）$-CH_2-CH-COOH$ （下 NH_2，NH）	5.89

此外，脯氨酸、半胱氨酸结构特殊。脯氨酸属于亚氨基酸，在蛋白质合成加工时可被修饰成羟脯氨酸（图 1-2）。蛋白质中半胱氨酸多以胱氨酸形式存在，这是由于 2 分子半胱氨酸脱氢通过二硫键连接形成胱氨酸，这对维持蛋白质的结构起着重要作用（图 1-3）。

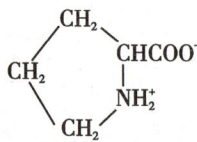

图 1-2　脯氨酸结构图

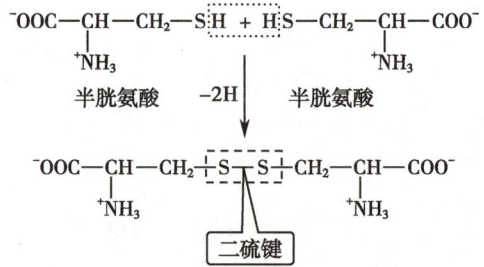

图 1-3　胱氨酸的生成

（三）氨基酸的连接方式——肽键

1. 肽键（peptide bond）　肽键是由一个氨基酸的 α- 羧基（—COOH）与另一个氨基酸的 α- 氨基（—NH₂）脱水缩合而成的酰胺键（—CO—NH—）。

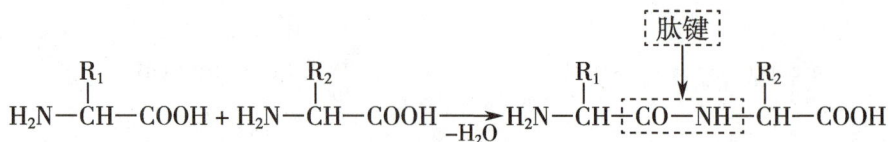

2. 肽（peptide）　肽是氨基酸通过肽键相连而成的化合物。由 2 分子氨基酸脱水缩合成的肽称为二肽，3 分子氨基酸脱水缩合成的肽称为三肽，依次类推。一般来说，由 20 个以内氨基酸相连而

成的肽称为寡肽，20 个以上氨基酸相连而成的肽称为多肽，大于 50 个氨基酸相连而成的肽称为蛋白质。多肽分子中的氨基酸相互衔接形成长链，故又称多肽链（polypeptide chain）（图 1-4）。肽链中的氨基酸因参与肽键的形成而变得残缺不全，因此肽和蛋白质分子中的氨基酸均称为氨基酸残基（amino acid residue）。

多肽链中有自由氨基的一端称为氨基末端或 N 端，有自由羧基的一端称为羧基末端或 C 端。多肽分子中的氨基酸残基的排列顺序从 N 端开始，由左向右，直到 C 端。

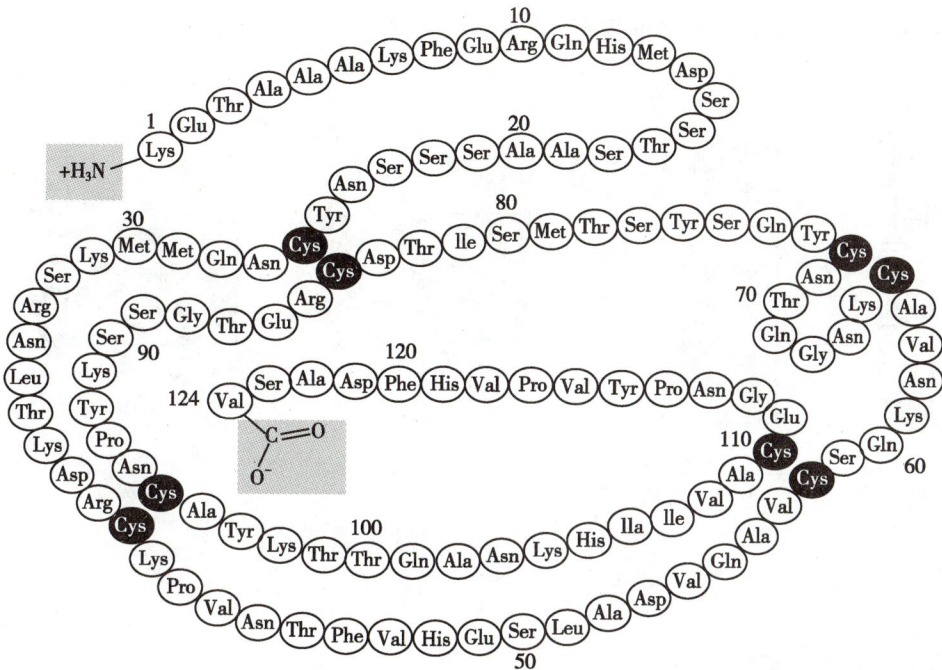

图 1-4　牛核糖核酸酶的多肽链

（四）体内重要的生物活性肽

生物活性肽是指具有生物活性的小分子肽，是生物体内重要的信息分子，在代谢调节、神经传导和生长发育等方面发挥着重要作用。

例如，谷胱甘肽（glutathione，GSH）是由谷氨酸、半胱氨酸和甘氨酸组成的三肽（图 1-5）。分子中半胱氨酸上的巯基（—SH）是谷胱甘肽的主要功能基团，具有还原性，可作为体内重要的还原剂，能保护体内含有巯基的蛋白质或酶免遭氧化而处于活性状态。同时，GSH 被氧化生成氧化型谷胱甘肽（GSSG）（图 1-6）。GSSG 在 GSH 还原酶的催化下还原成为 GSH。另外，GSH 的巯基还有嗜核特性，可与外源性嗜电子毒物（如致癌剂或药物等）结合，从而避免这些毒物与 DNA、RNA 及蛋白质结合，保护机体免遭毒物侵害。

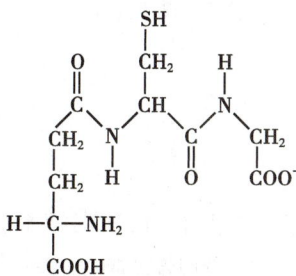

图 1-5　谷胱甘肽（GSH）

图 1-6　GSH 与 GSSG 的互变

第二节　蛋白质的分子结构

生物体内任何一种蛋白质中所含氨基酸的种类、数量以及排列顺序各不相同，并能各自形成特定的三维空间结构，从而决定其独特的生物活性，以完成生命活动中所需的生理功能。蛋白质的分子结构可分为一级结构、二级结构、三级结构和四级结构（图1-7），后三者统称为蛋白质的空间结构（或称为空间构象），是蛋白质特有的性质与独特生理功能的基础。但并非所有的蛋白质都有四级结构，由1条多肽链形成的蛋白质只有一级结构、二级结构和三级结构，由2条或2条以上具有独立三级结构的多肽链形成的蛋白质才有四级结构。

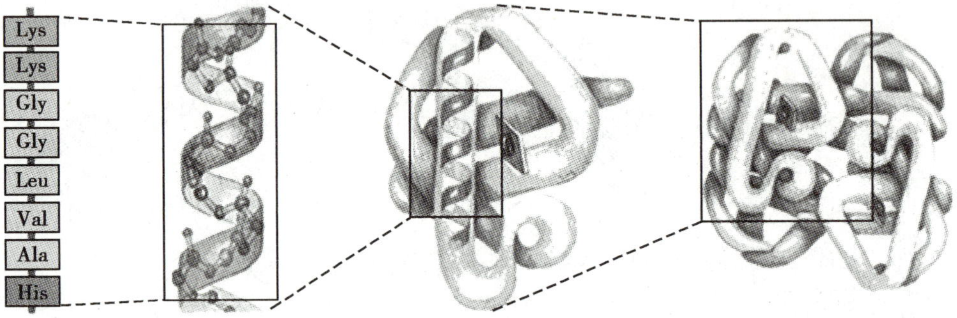

| 一级结构 | 二级结构 | 三级结构 | 四级结构 |
| 氨基酸残基 | α-螺旋 | 多肽链 | 装配单元 |

图1-7　蛋白质分子结构示意图

一、蛋白质的一级结构

蛋白质一级结构（protein primary structure）是指多肽链中氨基酸从N端至C端的排列顺序。维持蛋白质一级结构稳定的主要化学键是肽键。此外，有些蛋白质还含有二硫键，由2个半胱氨酸的巯基（—SH）脱氢氧化而成。

例如，牛胰岛素是世界上第一个被确定一级结构的蛋白质，由51个氨基酸残基构成A、B两条多肽链，A链有21个氨基酸残基，B链有30个氨基酸残基。A链和B链通过A7和B7、A20和B19之间的2个二硫键连接起来，A链中的A6和A11还形成了一个链内二硫键（图1-8）。

图1-8　牛胰岛素的一级结构

蛋白质一级结构是其空间结构和生物活性的基础，蛋白质的多样性就是由蛋白质分子中的氨基酸数量、组成及排列顺序决定的。蛋白质一级结构的阐明对揭示某些疾病的发病机制、指导疾病治疗有着十分重要的意义。

中国科学家在世界上首次人工合成具有生物活性的结晶牛胰岛素

1958年，中国生物化学奠基人、中国科学院院士邹承鲁与多名中国杰出科学家发起了人工合成牛胰岛素的工作，确定了胰岛素全合成路线，为胰岛素的人工合成作出了重要贡献。经过多名科学家前赴后继的努力，终于在1965年9月17日在世界上首次人工合成了具有生物活性的结晶牛胰岛素。人工牛胰岛素的合成标志着人类在认识生命、探索生命奥秘的征途中迈出了关键性的一步，开辟了人工合成蛋白质的新时代。

二、蛋白质的空间结构

（一）蛋白质的二级结构

蛋白质二级结构（protein secondary structure）是指多肽链主链原子间局部的空间排布，不涉及氨基酸残基侧链的构象。蛋白质二级结构是在一级结构的基础上，多肽链主链原子局部在空间进行折叠和盘曲而形成的构象。

1. 蛋白质二级结构的结构基础——肽单元　蛋白质二级结构的形成是以肽单元（或称肽键平面）为基础的。肽键是蛋白质分子中的主要共价键，性质比较稳定。它虽是单键，但具有部分双键的性质，难以自由旋转。肽单元是由参与肽键组成的 C、O、N、H 四个原子和与它们相邻的两个 α 碳原子（$C_{\alpha 1}$、$C_{\alpha 2}$）共同构成的刚性平面（图1-9）。肽单元可随 α 碳原子两侧单键的旋转而进行折叠、盘曲，进而形成不同的结构形式。

2. 蛋白质二级结构的结构形式　蛋白质二级结构常见有 4 种结构类型，分别是 α- 螺旋、β- 折叠、β- 转角和 Ω 环，以及无规卷曲。其中 α- 螺旋和 β- 折叠是蛋白质二级结构的主要形式。

（1）α- 螺旋（α-helix）：是蛋白质分子中最稳定的二级结构（图1-10）。其基本特征是：①多肽链以肽键平面为单位，以 C_α 为转折点，使多肽链主链围绕纵轴呈顺时针方向旋转的右手螺旋结构；②螺旋每圈由 3.6 个氨基酸残基组成，螺距为 0.54nm；③相邻螺旋之间由第 n 个氨基酸肽键上 C=O 与第 $n+3$ 个肽键上 N—H 形成氢键，方向与 α- 螺旋长轴基本平行；④氨基酸残基侧链 R 在螺旋外侧，其形状、大小及电荷性质均影响 α- 螺旋形成。各种蛋白质分子中 α- 螺旋氨基酸占总氨基酸组

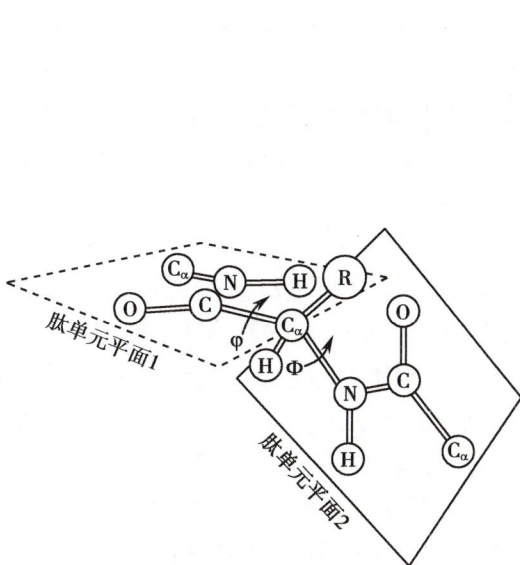

图1-9　肽单元

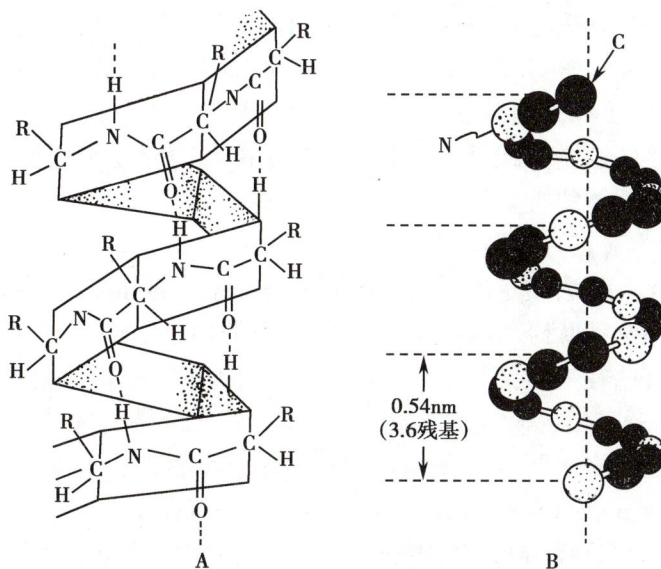

图1-10　α- 螺旋结构示意图

成的比例各不相同，如角蛋白几乎全是由 α- 螺旋组成，而小分子蛋白质尤其是多肽几乎无 α- 螺旋的存在。α- 螺旋对维持蛋白质分子空间结构的相对稳定起着十分重要的作用。

（2）**β- 折叠**（β-pleated sheet）：又称 β- 片层，是蛋白质二级结构的另一种主要形式（图 1-11）。其结构特点是：①多肽链充分伸展，每个肽单元以 C_α 为旋转点，依次折叠成锯齿状结构；②氨基酸残基侧链 R 基团交替地伸向锯齿状结构的上下方，形成的锯齿状结构较短，只含 5~8 个氨基酸残基；③两条以上的多肽链或一条多肽链中的若干肽段可互相靠拢，平行排列，通过肽链间的氢键相连接，氢键方向与折叠的长轴垂直，是维持 β- 折叠结构的主要化学键；④构成 β- 折叠的两条肽链如走向相同，即为顺向平行，反之则为反向平行，反向平行较顺向平行稳定性高。胰岛素分子中约 14% 的氨基酸残基组成 β- 折叠，而糜蛋白酶分子中约 45% 的氨基酸残基组成 β- 折叠。β- 折叠的可塑性较大。

（3）**β- 转角**（β-turn）**和 Ω 环**：β- 转角是指肽链出现 180° 左右转向回折时的 U 形有规律的二级结构（图 1-12）。其结构特点是：①主链骨架本身以约 180° 回折；②回折部分通常由 4 个连续的氨基酸残基构成，第 2 个氨基酸残基常为脯氨酸，其他常见的残基有甘氨酸、色氨酸、天冬氨酸和天冬酰胺等；③构象依靠第 n 个氨基酸残基的羧基氧（O）和第 $n+3$ 个氨基酸残基的氨基氢（H）之间形成的氢键维系，氢键方向垂直于肽链骨架的走向。

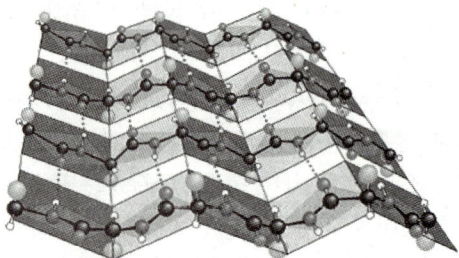

图 1-11　β- 折叠结构示意图

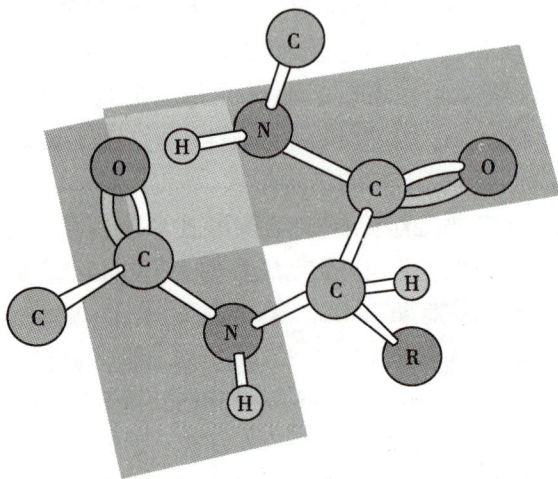

图 1-12　β- 转角结构示意图

Ω 环是存在于球状蛋白质的一种二级结构，因其结构的形状像希腊字 Ω 而得名，形式上可看成是 β- 转角的延伸。Ω 环以亲水基团为主，主要存在于蛋白质分子的表面，与分子识别有关。

（4）**无规卷曲**（random coil）：是指多肽链除了上述几种比较规则的构象之外，其余没有确定规律性的肽链二级结构构象。无规卷曲普遍存在于各种天然蛋白质分子中，同时也是蛋白质分子结构和功能的重要组成部分。

（二）蛋白质的三级结构

蛋白质三级结构（protein tertiary structure）是指整条肽链中全部氨基酸残基的相对空间位置，即整条肽链所有原子在三维空间的排布位置。蛋白质三级结构既包括主链构象，又包括侧链构象。有些在一级结构上相距甚远的氨基酸残基，经肽链折叠在空间结构上可以非常接近。绝大多数由一条多肽链构成的蛋白质必须形成三级结构才能具有生物活性。蛋白质三级结构的形成和稳定主要靠多肽链 R 基团之间相互作用而形成的次级键维持，如疏水键、离子键、氢键和范德瓦耳斯力（van der Waals force）。其中疏水键是维持蛋白质三级结构稳定的最主要作用力（图 1-13）。

三级结构一旦破坏，蛋白质的生物活性随之丧失。例如，肌红蛋白（myoglobin，Mb）是由 153 个氨基酸残基构成的单链蛋白质，含有 1 个血红素辅基，能够可逆地与氧结合和分离（图 1-14）。由于侧链 R 基团的相互作用,多肽链进一步折叠、缠绕,形成紧密的球状结构。亲水基团多分布于分子表面,而疏水侧链则位于分子内部。因此,具有三级结构的蛋白质多具有亲水性。

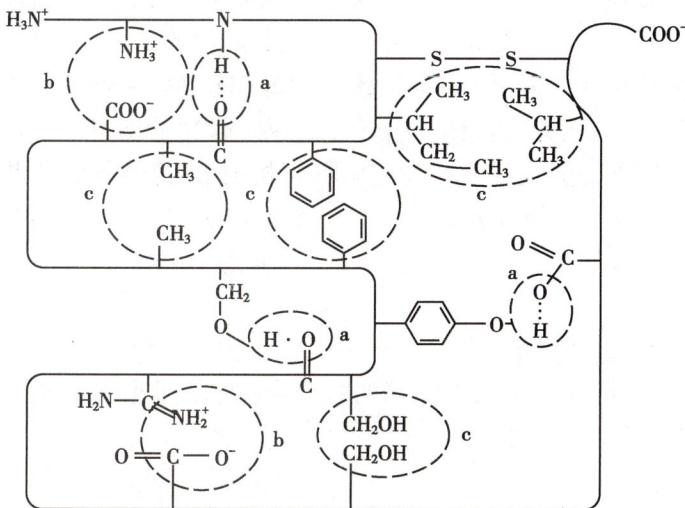

图 1-13　维持蛋白质三级结构的次级键
a.氢键;b.离子键;c.疏水键。

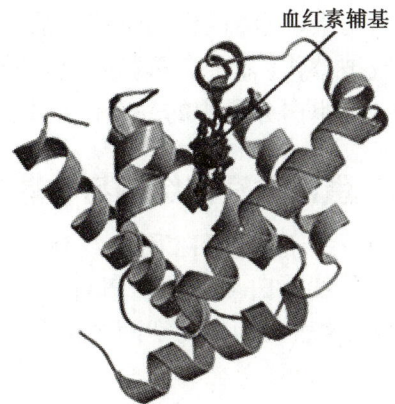

图 1-14　肌红蛋白的三级结构

分子量大的蛋白质分子由于多肽链上相邻的超二级结构紧密联系,形成多个相对独特并承担不同生物学功能的空间区域,这些区域称为结构域(domain)。一般每个结构域由 100~300 个氨基酸残基组成。结构域之间的肽键松散、弯曲,形成分子内裂隙结构。这个结构常常是酶的活性中心或受体分子的配体结合部位。如纤连蛋白含有与细胞、胶原、DNA 和肝素等结合的 6 个结构域。

(三)蛋白质的四级结构

生物体内有许多蛋白质需要两条或两条以上肽链聚合在一起才能行使正确的生物学功能,每一条肽链都具有完整的三级结构,称为亚基(subunit)。这些亚基之间通过非共价键的相互作用维持着亚基之间的空间排布,称为蛋白质四级结构(protein quaternary structure)。维持四级结构的主要化学键是氢键和离子键。亚基单独存在时不具有生物活性,只有按特定组成与方式聚合成完整的四级结构时,蛋白质才具有生物活性。具有四级结构的蛋白质所含的亚基可以相同,也可以不同。

第三节　蛋白质结构与功能的关系

蛋白质的功能是由其结构决定的。蛋白质一级结构决定其空间结构,并进一步决定蛋白质的功能。蛋白质分子结构的细微改变都可能导致蛋白质功能的改变或丧失。但只要蛋白质一级结构未被破坏,其原来的空间结构就可能恢复,功能也会随之恢复。

一、蛋白质一级结构与功能的关系

(一)一级结构相似,功能也相似

如促肾上腺皮质激素和促黑激素有一段相同的氨基酸序列,因此促肾上腺皮质激素也可促使皮下黑色素生成,但作用较弱。催产素和升压素均为 9 肽,其中仅有 2 个氨基酸不同,因此催产素兼有升压素样作用,升压素也兼有催产素样作用。

(二)一级结构不同,功能也不同

催产素和升压素虽然仅有 2 个氨基酸不同,但催产素对子宫平滑肌的收缩作用远比升压素强,而对血管壁的升压效应和抗利尿作用只有升压素的 1%。

（三）一级结构改变，功能也随之改变

如果将胰岛素分子A链N端的第一个氨基酸残基切去，其活性只剩下2%~10%，若再将紧邻的第2~4位氨基酸残基切去，其活性完全丧失；将胰岛素分子A、B两链间的二硫键破坏，此时胰岛素的功能也完全消失。

当然，并非蛋白质一级结构中的每个氨基酸都很重要，如将胰岛素分子B链第28~30位氨基酸残基切去，其活性仍能维持原活性的100%。这说明只有蛋白质分子中起关键作用的氨基酸残基缺失或被替代，才会严重影响其空间结构和生物学功能，甚至导致疾病的发生。镰状细胞贫血就是由于血红蛋白分子中的一个位点上的氨基酸的改变而导致的。

二、蛋白质空间结构与功能的关系

（一）肌红蛋白和血红蛋白的结构与功能的关系

肌红蛋白与血红蛋白（hemoglobin，Hb）都是含有血红素辅基的蛋白质，所以都能可逆地与O_2结合，这表明相似的空间结构有相似的功能（图1-15）。

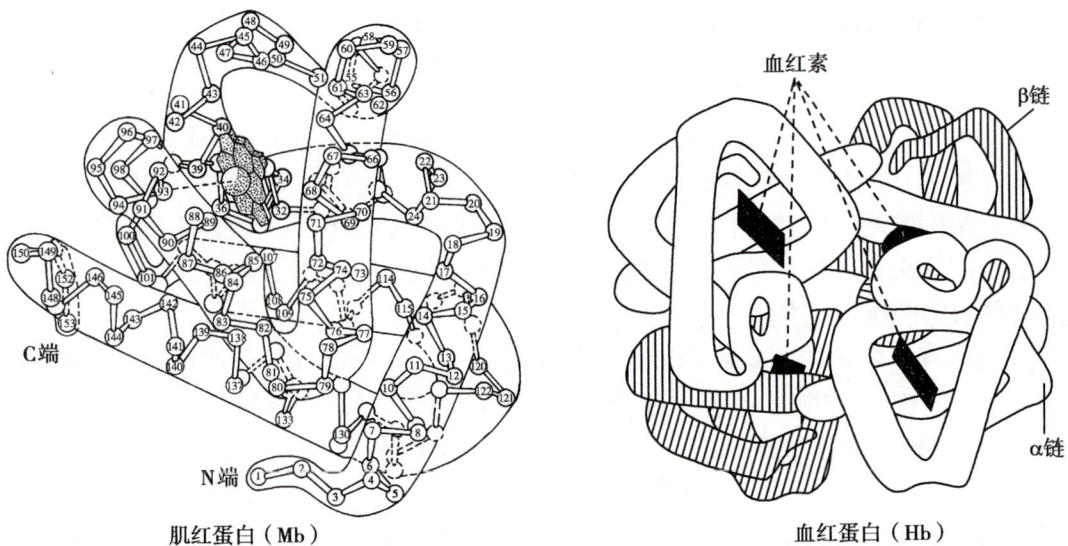

图1-15　肌红蛋白（Mb）与血红蛋白（Hb）结构示意图

由于Mb与Hb空间结构上有所不同，两者与O_2结合的特性是有差异的。Hb是由两个α亚基和两个β亚基组成的四聚体，而Mb是由一条含有血红素辅基的多肽链形成的蛋白质，因此氧分压较低时，Mb易与O_2结合，而Hb较难与O_2结合，这样有利于肌肉等组织及时获取氧气（图1-16）。

（二）蛋白质构象改变与疾病

蛋白质多肽链的正确折叠对其空间构象的形成和生物学功能的发挥至关重要。若蛋白质的折叠发生错误，尽管其一级结构不变，但蛋白质的空间结构发生改变，就会影响其功能，严重时可导致疾病的发生，如阿尔茨海默病、亨廷顿病和牛海绵状脑病等。

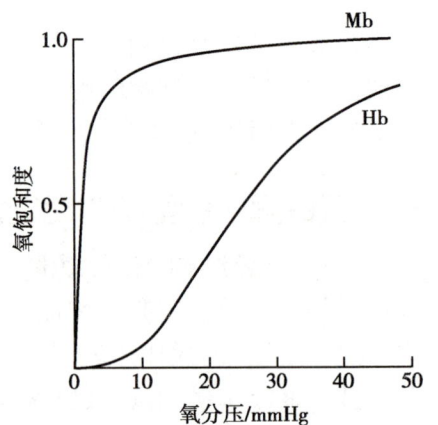

图1-16　Mb与Hb的氧解离曲线

第四节　蛋白质的理化性质与应用

蛋白质是由氨基酸组成的高分子化合物,除具有两性解离、紫外吸收和茚三酮反应等理化性质外,还具有胶体性质、变性与复性、双缩脲反应等性质。利用这些理化性质可对蛋白质进行分离、纯化和鉴定。

一、蛋白质的两性解离和等电点

蛋白质分子除两端的氨基和羧基可解离外,氨基酸残基侧链中某些基团在一定的溶液 pH 条件下也可解离成带负电荷或正电荷的基团。当蛋白质溶液处于某一 pH 时,蛋白质解离成正、负离子的趋势相等,即成为兼性离子,净电荷为零,此时溶液的 pH 称为该蛋白质的等电点(isoelectric point,pI)。

当蛋白质溶液的 pH > pI 时,该蛋白质颗粒带负电荷,成为阴离子;反之,则带正电荷,成为阳离子。当蛋白质溶液的 pH = pI 时,该蛋白质颗粒不带电荷。

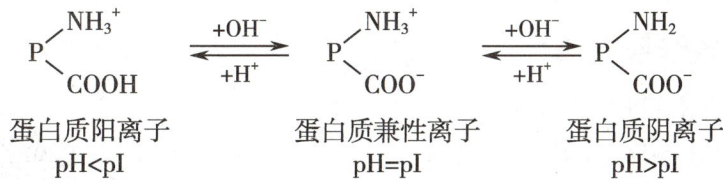

$$P\begin{array}{c}NH_3^+\\COOH\end{array}\quad\underset{+H^+}{\overset{+OH^-}{\rightleftharpoons}}\quad P\begin{array}{c}NH_3^+\\COO^-\end{array}\quad\underset{+H^+}{\overset{+OH^-}{\rightleftharpoons}}\quad P\begin{array}{c}NH_2\\COO^-\end{array}$$

蛋白质阳离子　　　　　　蛋白质兼性离子　　　　　蛋白质阴离子
pH < pI　　　　　　　　　　pH = pI　　　　　　　　pH > pI

体内各种蛋白质的等电点不同,但大多数接近于 pH 5.0。因此,在人体体液 pH 7.4 的环境中,大多数蛋白质都带有负电荷。

利用蛋白质的两性解离性质,通过电泳和层析等方法可分离提取蛋白质分子。

二、蛋白质的胶体性质

(一)亲水胶体性质与蛋白质沉淀

1. 亲水胶体性质　蛋白质是高分子化合物,其分子量在 $10^4 \sim 10^6$ kD 之间,分子直径可达 1~100nm,在水溶液中具有胶体的各种性质。蛋白质的表面带有许多亲水的极性基团,如 $-NH_3^+$、$-COO^-$、$-SH$ 和 $-OH$ 等。这些基团具有强烈的吸引水分子的作用,使蛋白质分子表面形成一层厚厚的水化膜。此外,蛋白质分子在一定 pH 溶液中带有同种电荷(同种电荷相斥),正是由于蛋白质表面有水化膜和表面电荷的存在,可以使蛋白质颗粒相互隔开,进而阻止蛋白质颗粒的相互聚集,防止蛋白质从溶液中沉淀析出。因此,水化膜和表面电荷是维持蛋白质亲水胶体性质的两个最重要的稳定因素。

2. 蛋白质的沉淀　若去掉蛋白质分子表面的水化膜,中和表面电荷,蛋白质就极易从溶液中析出而形成沉淀(图 1-17)。例如,向蛋白质溶液中加入高浓度的中性盐(如硫酸铵、硫酸钠或氯化钠等),可破坏蛋白质分子表面的水化膜,中和部分表面电荷,使蛋白质从溶液中沉淀析出,这种方法称为盐析。通过盐析法沉淀的蛋白质不变性,因此实验室常用此方法对蛋白质进行初步分离。此外,有机溶剂、重金属盐及生物碱试剂也可使蛋白质发生沉淀,但沉淀出的蛋白质会发生变性。

(二)不能透过半透膜

蛋白质分子颗粒大,不易透过半透膜。利用此性质,通过透析和超滤可实现分离提纯蛋白质的目的。将混有小分子杂质的蛋白质溶液放入用不同孔径的半透膜制成的透析袋中,小分子物质可以逸出,从而实现纯化蛋白质的目的。这种利用半透膜把大分子蛋白质与小分子物质分离的方法称为透析。临床上对尿毒症患者实施的血液透析就是利用此原理。

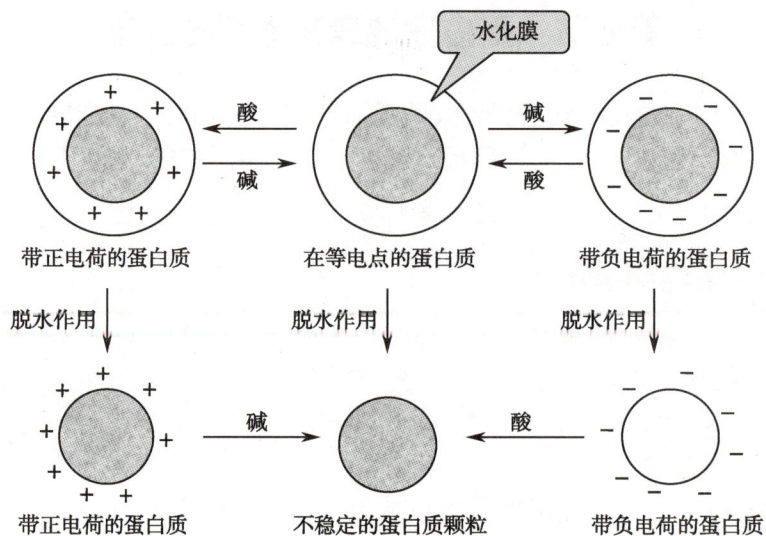

图 1-17 蛋白质分子的沉淀

三、蛋白质变性、复性与凝固

(一) 蛋白质变性和复性

蛋白质的性质与其结构密切相关。某些物理或化学因素能够破坏蛋白质的空间结构，导致蛋白质理化性质的改变和生物活性的丧失，这种现象称为蛋白质变性（denaturation）（图 1-18）。

引起蛋白质变性的因素有强酸、强碱、有机溶剂、尿素、去污剂（如十二烷基硫酸钠）、重金属离子等化学因素和高热、高压、超声波、紫外线、X 射线等物理因素。蛋白质变性的实质是次级键断裂，蛋白质空间结构被破坏，但不涉及肽键及氨基酸序列的改变，即蛋白质一级结构不被破坏。蛋白质变性后理化性质和生物活性发生改变，主要表现为溶解度降低、易于沉淀、结晶能力消失、黏度增加、生物活性丧失、易被蛋白酶水解等。

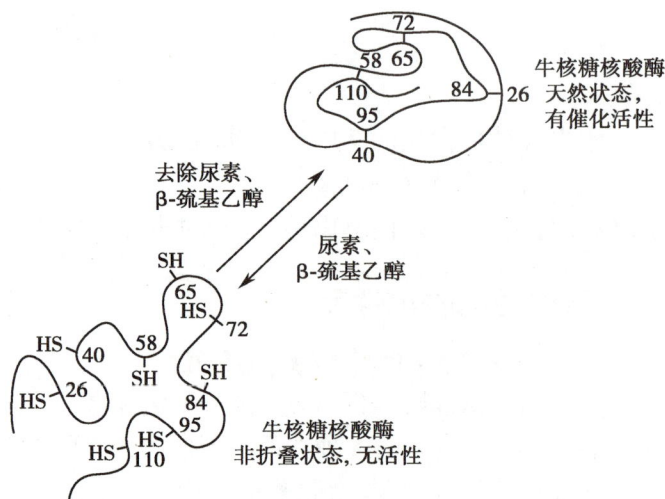

图 1-18 蛋白质的变性和复性

大多数蛋白质变性后空间构象严重破坏，不能恢复其天然状态，称为不可逆性变性。若蛋白质变性程度较轻，去除变性因素后仍可恢复其原有天然构象和功能，称为蛋白质复性（renaturation）（图 1-18）。例如，牛核糖核酸酶在尿素和 β- 巯基乙醇作用下变性后，利用透析去除尿素和 β- 巯基乙醇，该酶又可恢复其空间构象及活性。蛋白质变性在医学上具有重要的实际应用价值，如消毒灭菌和低温保存蛋白质制剂（如抗体、疫苗）等。

(二) 蛋白质凝固

天然蛋白质或等电点状态的变性蛋白质经加热煮沸，有规则的肽链结构被打开，呈松散状不规则的结构，分子的不对称性增加，疏水基团暴露，进而凝聚成凝胶状的蛋白块，这种现象称为蛋白质凝固。煮熟的鸡蛋就是蛋白质凝固的典型例子。

(三) 蛋白质变性、凝固与沉淀的关系

蛋白质变性与沉淀有很密切的关系。变性的蛋白质易于沉淀，但不一定都发生沉淀。沉淀的

蛋白质易发生变性，但并不都变性，如盐析沉淀的蛋白质就不发生变性。凝固的蛋白质均已变性，且不再溶解。凝固实际上是蛋白质变性后进一步发展的不可逆的结果。

四、蛋白质的紫外吸收性质

大多数蛋白质分子中含有带共轭双键的苯丙氨酸、酪氨酸和色氨酸，这些氨基酸在 280nm 波长处有最大吸收峰（图 1-19）。因此，大多数蛋白质在 280nm 波长处有特征性吸收峰。利用这一性质可以对蛋白质进行定量鉴定。

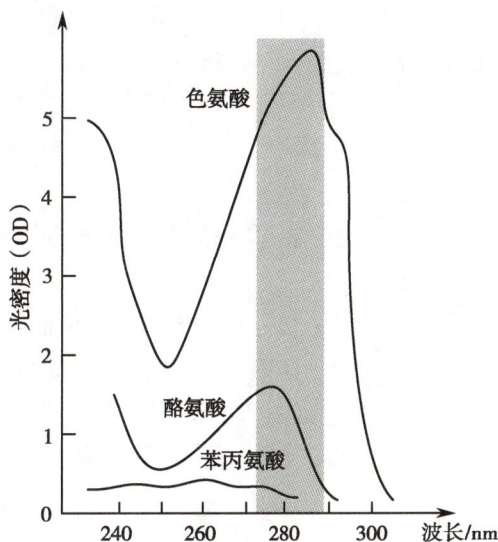

图 1-19　芳香族氨基酸的紫外吸收曲线

五、蛋白质的呈色反应

蛋白质与某些化学试剂作用产生一定的颜色反应，称为蛋白质的呈色反应。

（一）茚三酮反应

同氨基酸一样，蛋白质可与茚三酮发生反应生成蓝紫色的化合物，该化合物最大吸收峰在 570nm 波长处。此吸收峰值的大小与氨基酸释放出的氨量成正比，故此方法既可检测蛋白质的水解程度，又可对氨基酸进行定量测定。

（二）双缩脲反应

蛋白质和多肽分子中的肽键在碱性条件下与硫酸铜共热生成紫红色或红色的化合物，称为双缩脲反应。此颜色的深浅与蛋白质的含量成正比，故此方法可用来对蛋白质进行定量测定。此外，由于氨基酸不出现双缩脲反应，此反应也可用于检测蛋白质的水解程度。

（三）酚试剂反应

蛋白质分子中色氨酸和酪氨酸的酚可以使试剂中的磷钨酸和磷钼酸盐还原生成蓝色化合物。酚试剂反应是最常用的蛋白质定量方法。此方法灵敏度比双缩脲反应高 100 倍，比紫外分光光度法高 10~20 倍，常用于测定一些微量蛋白质的含量，如血清黏蛋白、脑脊液中的蛋白质等。

> **思考题**

1. 写出 α- 氨基酸的结构通式。
2. 人体中组成蛋白质的氨基酸有多少种？这些氨基酸是如何进行分类的？
3. 什么是蛋白质的一级结构、二级结构、三级结构、四级结构？维持各级结构的主要化学键是什么？
4. 举例说明蛋白质空间构象的改变与疾病的关系。
5. 患儿，女性，4 岁。啼哭不止，上呼吸道反复感染，原因不明。体格检查发现该患儿双下肢膝关节处肿胀，轻微触摸即导致患儿大声啼哭。红细胞镰变试验阳性。诊断为镰状细胞贫血。试分析镰状细胞贫血产生的分子机制及血红蛋白分子结构与功能的关系。

ER 1-3

练习题

（张　艳）

第二章 | 核酸的结构与功能

教学课件　　　思维导图

学习目标

1. 掌握：核酸的基本组成成分、基本结构单位及核苷酸的连接方式；核酸的一级结构、二级结构。
2. 熟悉：核酸的分布及功能；核酸的元素组成特点；DNA 的变性、复性及核酸的分子杂交。
3. 了解：体内某些重要核苷酸；核酸的超级结构及一般理化性质。
4. 能够运用核酸的变性与复性知识解释分子杂交的原理。
5. 具有严谨认真、勇于探索的科学精神。

情景导入

某夫妇的 3 岁女儿失踪，派出所民警采集了他们的血清并录入全国打拐 DNA 数据库。2 年后公安机关发现一名女童的 DNA 信息与该夫妇的 DNA 信息高度吻合，成功为该夫妇找到了失散的女儿。

请思考：

1. 为什么 DNA 可以提供准确的信息？
2. DNA 数据还在哪些方面具有应用价值？

核酸（nucleic acid）是由核苷酸聚合而成的生物信息大分子，因最初从脓细胞核中提取，呈酸性，故称为核酸。核酸分为脱氧核糖核酸（deoxyribonucleic acid，DNA）和核糖核酸（ribonucleic acid，RNA）两类。

核酸几乎存在于一切生物体内。98% 以上的 DNA 存在于细胞核的染色质中，少量存在于线粒体或叶绿体中，其功能是遗传信息的载体，决定细胞和个体的基因型。RNA 仅有 10% 存在于细胞核内，90% 分布于细胞质中，其功能是传递 DNA 分子上的遗传信息、参与蛋白质生物合成或作为某些病毒的遗传信息载体。

第一节　核酸的分子组成

一、核酸的元素组成及特点

核酸由 C、H、O、N、P 等主要元素组成，其中 P 是核酸的特征元素，且含量比较恒定，为 9%~10%，平均为 9.5%。

二、核酸的基本结构单位——核苷酸

核酸在核酸酶的作用下水解为核苷酸（nucleotide）。核苷酸进一步水解生成磷酸和核苷，核苷再进一步水解生成碱基和戊糖。核苷酸是核酸的基本单位，由碱基、戊糖和磷酸构成。

（一）核苷酸的三个基本组成成分

1. 碱基　碱基是含氮的杂环化合物，分为嘌呤与嘧啶两类。常见的嘌呤包括腺嘌呤（adenine, A）和鸟嘌呤（guanine, G）；嘧啶包括胞嘧啶（cytosine, C）、尿嘧啶（uracil, U）和胸腺嘧啶（thymine, T）。DNA 分子中一般含 A、G、C、T 四种碱基；RNA 分子中一般含 A、G、C、U 四种碱基。嘌呤与嘧啶碱基的结构式见图 2-1。

2. 戊糖　为了有别于碱基中各原子的编号，戊糖的碳原子标以 C-1′、C-2′ 等。RNA 分子中的戊糖是 β-D- 核糖（ribose），DNA 分子中的戊糖是 β-D-2′- 脱氧核糖（deoxyribose）。两者的差别仅在于核糖与脱氧核糖 C-2′ 原子所连接的基团不同（图 2-2）。

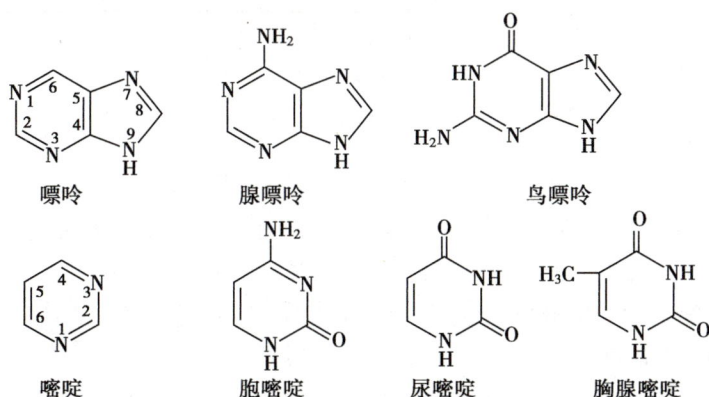

图 2-1　嘌呤与嘧啶碱基的结构式

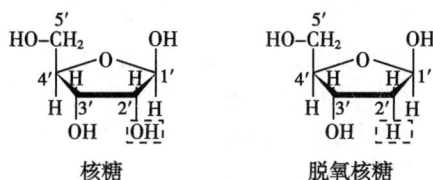

图 2-2　核糖与脱氧核糖的结构式

3. 磷酸　磷酸（H_3PO_4）为三元酸，在一定条件下可通过酯键同时连接两个核苷酸中的戊糖，使多个核苷酸连接成长链。

（二）核苷与核苷酸

1. 核苷　戊糖 C-1′ 原子上的羟基和嘌呤的 N-9 原子或嘧啶的 N-1 原子上的氢脱水缩合形成糖苷键，由此形成的化合物称为核苷。根据戊糖的不同分为核苷和脱氧核苷（图 2-3）。核苷加上碱基第一个字就构成了核苷的命名。如 RNA 中常见的核苷有四种：腺苷、鸟苷、胞苷和尿苷。DNA 中的脱氧核苷也有四种：脱氧腺苷、脱氧鸟苷、脱氧胞苷和脱氧胸苷。

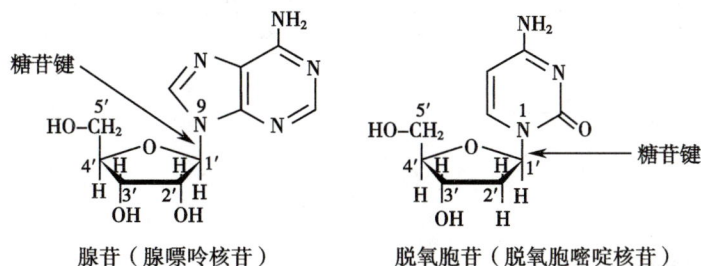

图 2-3　核苷与脱氧核苷的结构式

2. 核苷酸　核苷或脱氧核苷 C-5′ 原子上的羟基与磷酸脱水后形成磷酸单酯键，构成核苷酸或脱氧核苷酸。根据连接的磷酸基团的数目不同，核苷酸可分为核苷一磷酸（NMP）、核苷二磷酸（NDP）和核苷三磷酸（NTP）（N 代表 A、G、C、U）；脱氧核苷酸可分为脱氧核苷一磷酸（dNMP）、脱氧核苷二磷酸（dNDP）和脱氧核苷三磷酸（dNTP）（N 代表 A、G、C、T）（图 2-4）。各种核苷酸加上碱基名称的第一个字就构成了核苷酸的命名，如 GMP 是鸟苷一磷酸，dCDP 是脱氧胞苷二磷酸，ATP 是腺苷三磷酸等。RNA 和 DNA 的基本单位见表 2-1。

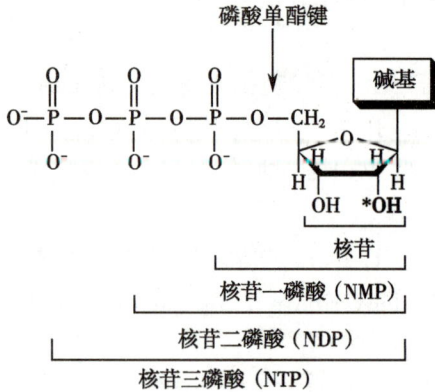

图 2-4 核苷酸的结构式

表 2-1 构成 RNA 和 DNA 的基本单位

RNA 的基本单位	DNA 的基本单位
腺苷一磷酸（AMP）	脱氧腺苷一磷酸（dAMP）
鸟苷一磷酸（GMP）	脱氧鸟苷一磷酸（dGMP）
胞苷一磷酸（CMP）	脱氧胞苷一磷酸（dCMP）
尿苷一磷酸（UMP）	脱氧胸苷一磷酸（dTMP）

（三）某些重要的核苷酸及衍生物

1. 多磷酸核苷酸　多磷酸核苷酸在体内具有许多重要功能。如 NTP 和 dNTP 是高能磷酸化合物，含两个高能磷酸单酯键，水解时释放出较多的能量。它们不仅是核酸合成的原料，而且在多种物质的合成中起活化或供能的作用，其中 ATP 最为重要，是体内能量的直接来源和利用形式（图 2-5）。

2. 环化核苷酸　体内常见的环化核苷酸有 3′,5′- 环腺苷酸（cAMP）和 3′,5′- 环鸟苷酸（cGMP），它们作为激素的第二信使，在信息传递中起着重要作用。

3. 辅酶类核苷酸　有的核苷酸衍生物还是重要的辅酶，如烟酰胺腺嘌呤二核苷酸（NAD$^+$，辅酶 I）、烟酰胺腺嘌呤二核苷酸磷酸（NADP$^+$，辅酶 II）以及黄素单核苷酸（FMN）、黄素腺嘌呤二核苷酸（FAD）都是多种脱氢酶的辅酶。此外，辅酶 A（CoA）是含有腺苷酸的化合物，是酰基转移酶的辅酶。

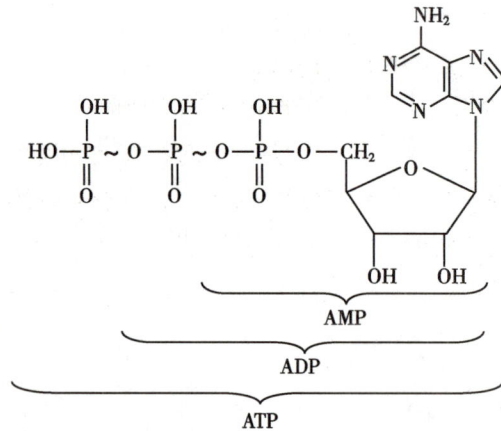

图 2-5 AMP、ADP、ATP 结构

三、核酸中核苷酸的连接方式

核酸中核苷酸的连接键是 3′,5′- 磷酸二酯键，由前一个核苷酸的 3′- 羟基与后一个核苷酸的 5′- 磷酸脱水缩合形成。核苷酸借 3′,5′- 磷酸二酯键连接而成的线性大分子称为多核苷酸链。每条核苷酸链具有两个末端，即带有游离磷酸基的末端称 5′- 端和带有游离羟基的末端称 3′- 端（图 2-6a）。按照通行规则，以 5′→3′ 方向为正方向，书写时 5′- 端写在左侧，3′- 端写在右侧（图 2-6b）。

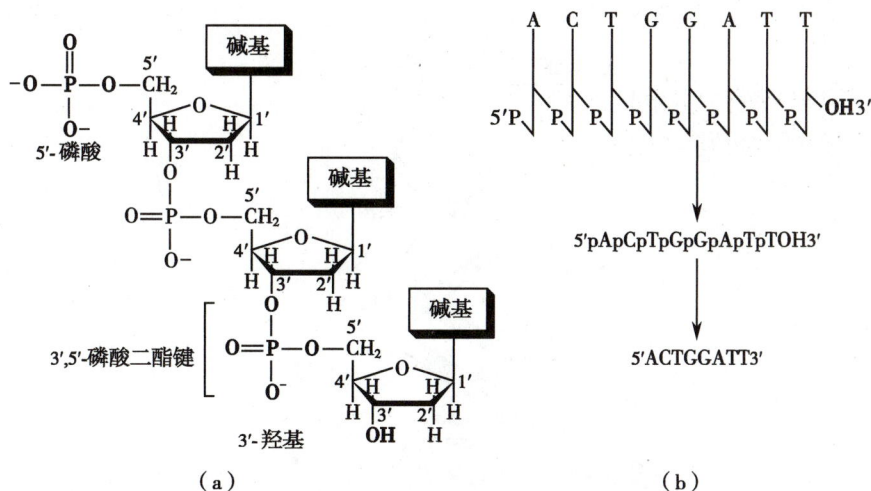

图 2-6　核苷酸的连接方式(a)与 DNA 一级结构的书写方式(b)

第二节　DNA 的分子结构

一、DNA 的一级结构

　　DNA 的一级结构是指 DNA 分子中脱氧核苷酸从 5'- 端到 3'- 端的排列顺序。由于脱氧核苷酸之间的差别仅在于碱基的不同,所以 DNA 的一级结构就是碱基的排列顺序,又称碱基序列。DNA 一级结构的书写方式从繁到简见图 2-6b。自然界中 DNA 的长度可以高达几十万个碱基,而 DNA 携带的遗传信息完全依靠碱基排列顺序变化,一个由 n 个碱基组成的 DNA 会有 4^n 个可能的排列组合,由此提供了巨大的遗传信息编码潜力。

二、DNA 的二级结构

　　DNA 的二级结构是双螺旋结构。1953 年,两位青年科学家沃森和克里克根据 X 射线衍射数据和碱基数据分析,提出了 DNA 分子双螺旋结构的模型。这一模型的提出为 DNA 功能的研究奠定了科学基础。

　　DNA 中四种碱基组成的夏格夫(Chargaff)规则为:①腺嘌呤与胸腺嘧啶的摩尔数相等,鸟嘌呤与胞嘧啶的摩尔数相等;②不同生物种属的 DNA 碱基组成不同;③同一个体的不同器官、不同组织的 DNA 具有相同的碱基组成。这一规则暗示了 DNA 的碱基 A 与 T、G 与 C 是以某种相互配对的方式存在的。

　　DNA 双螺旋结构(图 2-7)具有如下特点:

　　1. DNA 是反向平行、右手螺旋的双链结构　　DNA 分子由两条反向平行的脱氧核苷酸链围绕同一个螺旋轴形成右手螺旋结构。DNA 双螺旋结构的直径为 2.37nm,螺距为 3.54nm。双螺旋结构的外侧是由磷酸与脱氧核糖组成的亲水性骨架,内侧是疏水的碱基,碱基平面与中心轴垂直。从外观上看,DNA 双螺旋结构的表面有一个大沟与小沟。

　　2. DNA 双链之间形成互补碱基对　　两条链在同一平面上的碱基形成氢键,使两条链连接在一起。A 与 T 之间形成两个氢键,G 与 C 之间形成三个氢键。A-T、G-C 配对的规律称为碱基互补规律,两条链为互补链。每一个螺旋有 10.5 个碱基对,每两个相邻的碱基对平面之间的垂直距离为 0.34nm。

　　3. 碱基堆积力和氢键共同维持了 DNA 双螺旋结构的稳定　　DNA 双螺旋结构的横向稳定性靠两条链间碱基对的氢键维系,纵向稳定性则靠碱基平面间的疏水性碱基堆积力维系。

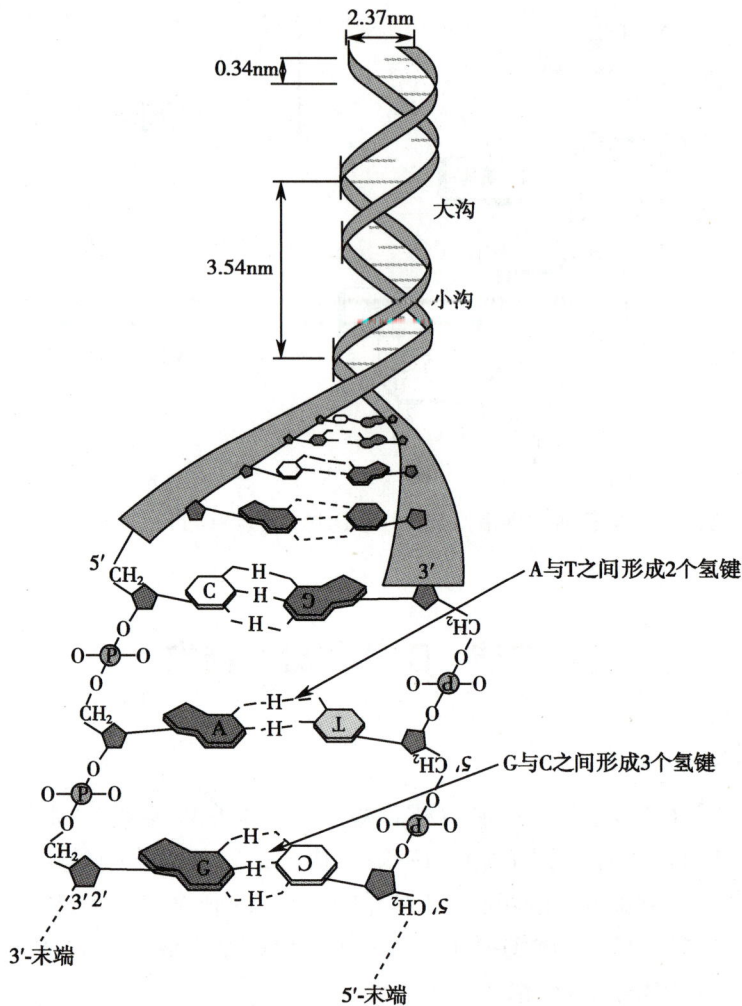

图 2-7　DNA双螺旋结构示意图

DNA双螺旋结构模型不仅成功地解释了核酸的许多理化性质，而且将DNA的结构与功能很好地联系起来，极大地推动了分子生物学的发展，成为生物学发展史上的重要里程碑。

三、DNA 的超级结构

生物界的 DNA 是长度十分可观的大分子，因此 DNA 在双螺旋结构的基础上还要进一步盘曲折叠、压缩形成致密的超级结构，才能纳入小小的细胞乃至细胞核中。

（一）超螺旋结构

原核生物、真核生物线粒体或叶绿体中的 DNA 是共价封闭的双螺旋环状结构，这种环状结构还需再螺旋化形成超螺旋（图 2-8）。当螺旋方向与 DNA 双螺旋方向相同时，形成正超螺旋，反之则形成负超螺旋，自然界以负超螺旋为主。

（二）真核生物染色体中 DNA 的组装

真核生物的 DNA 以高度有序的形式存在于细胞核内，在细胞周期的大部分时间里以松散的染色质形式出现，在细胞分裂期形成高度致密的染色体。核小体（nucleosome）是染色质的基本组成单位，由 DNA 和 H_1、H_{2A}、H_{2B}、H_3、H_4 五种组蛋白共同构成。首先，由各两分子的组蛋白 H_{2A}、H_{2B}、H_3 和 H_4 形成八聚体的核心组蛋白；DNA 双链在八聚体上盘绕 1.75 圈，形成核小体的核心颗粒；核心颗粒之间再由 DNA 和组蛋白 H_1 连接起来，形成串珠样的染色质细丝；染色质细丝进一步折叠盘曲成中空螺旋管、超螺旋管，之后进一步压缩成染色单体，在核内组装成染色体。在分裂期形成染色体的过程中，DNA 被压缩了 8 000~10 000 倍（图 2-9）。

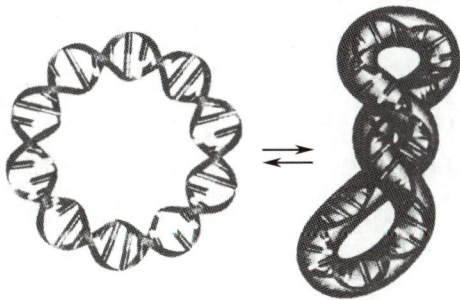

图 2-8　DNA 环状结构与超螺旋结构

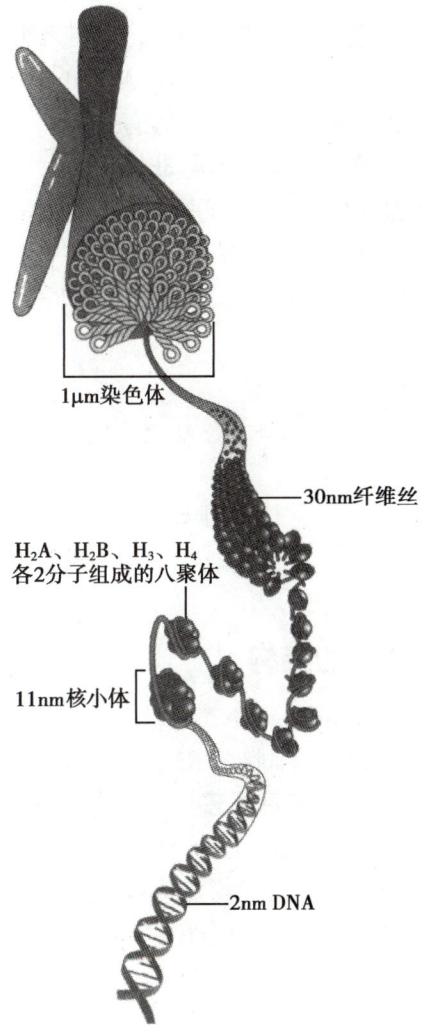

图 2-9　真核生物染色体中 DNA 的组装

1μm染色体

30nm纤维丝

H_2A、H_2B、H_3、H_4
各2分子组成的八聚体

11nm核小体

2nm DNA

第三节　RNA 的分子结构

　　RNA 的一级结构是指 RNA 分子中核苷酸从 5′- 端到 3′- 端的排列顺序。RNA 通常以一条核苷酸链的形式存在，但可以通过链内的碱基配对（A 与 U，G 与 C）形成局部双螺旋，从而形成茎环状的二级结构和特定的三级结构。

　　RNA 的结构多种多样，其功能各不相同。

一、mRNA 的结构

　　mRNA（messenger RNA，信使 RNA）是蛋白质生物合成的直接模板，仅占细胞总 RNA 的 2%~5%，但种类最多，且大小各不相同。原核生物中 mRNA 转录后一般不需要加工，而真核生物细胞核内初合成的 RNA 分子比成熟的 mRNA 大得多，分子大小不一，故被称为核不均一 RNA（hnRNA）。hnRNA 是 mRNA 前体，在细胞核内存在的时间极短，经剪接、加工转变为成熟的 mRNA。真核细胞成熟 mRNA 的结构特点如下：

　　1. 5′ 帽结构　大部分真核细胞 mRNA 的 5′- 端都以 7- 甲基鸟苷 - 三磷酸核苷（m^7GpppN）为起

始结构,这种结构称为 5′ 帽结构(5′ cap structure)。该结构与 mRNA 从细胞核向细胞质转运、与核糖体和翻译起始因子的结合以及 mRNA 的稳定性都有一定的关系。

2. 3′- 端多(A)尾　大部分真核细胞 mRNA 的 3′- 端有数十至数百个腺苷酸连接而成的多腺苷酸结构,称为多(A)尾[poly(A)tail]。多(A)尾与 mRNA 从核内向细胞质的转移、维系 mRNA 的稳定性以及翻译起始的调控等有关。

3. 分子中有编码区和非编码区　mRNA 编码区从 5′→3′ 方向,每 3 个相邻的核苷酸为一组,编码一种氨基酸,称为三联体密码(triplet code)或密码子(codon)。AUG 是起始密码子,由 AUG 及其后续的三联体密码组成的核苷酸序列称为可读框(open reading frame, ORF)。ORF 终止于终止密码子(UAA、UGA 和 UAG)。真核细胞 mRNA 结构示意图见图 2-10。

图 2-10　真核细胞 mRNA 结构示意图

二、tRNA 的结构

tRNA(transfer RNA,转运 RNA)能携带氨基酸,并按 mRNA 上的密码子顺序将氨基酸"对号入座"。tRNA 约占细胞总 RNA 的 15%,具有较好的稳定性,所有 tRNA 具有以下特点:

1. 含稀有碱基最多　tRNA 含有多种稀有碱基,占所有碱基的 10%~20%,包括二氢尿嘧啶(DHU)、假尿苷(ψ)、次黄嘌呤(I)和甲基化的嘌呤(如 m^7G、m^7A)等。

2. "三叶草形"二级结构　tRNA 的茎 - 环结构的二维形象似"三叶草",由五个部分组成。其中与 tRNA 功能密切相关的两个部分是氨基酸臂和反密码子环(图 2-11a)。tRNA 分子 3′- 端的氨基酸臂为"CCA-OH"的结构,是结合氨基酸的部位。反密码子环有由三个碱基组成的反密码子,可以识别 mRNA 上的密码子。

3. 倒"L"形三级结构　tRNA 三级结构是在"三叶草"的基础上折叠而成的三维结构,呈倒"L"形。氨基酸臂和反密码子环分别位于倒"L"形结构的两端(图 2-11b)。

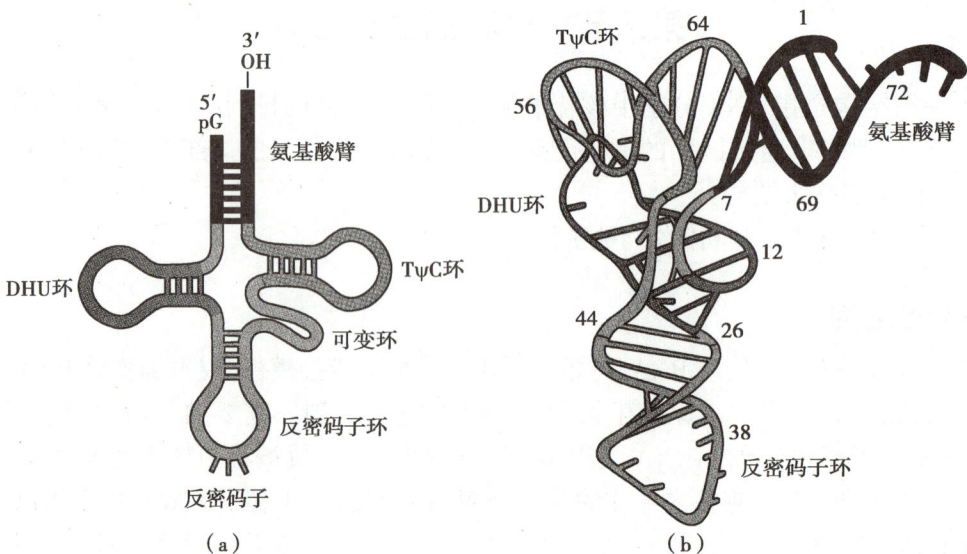

图 2-11　tRNA 的二级结构(a)与三级结构(b)

三、rRNA 的结构

rRNA（ribosomal RNA，核糖体 RNA）与蛋白质共同构成核糖体（ribosome），是细胞内蛋白质生物合成的场所。rRNA 是细胞内含量最多的 RNA，占细胞总 RNA 的 80% 以上。

核糖体由大、小两个不同的亚基组成。原核生物有 3 种 rRNA，其中 23S 与 5S rRNA 存在于大亚基，16S rRNA 存在于小亚基。真核生物有 4 种 rRNA，其中 28S、5.8S 和 5S rRNA 存在于大亚基，小亚基只含有 18S rRNA。

不同来源的 rRNA 的碱基组成差别很大，各种 rRNA 的核苷酸序列已经测定，并据此推测出了它们的二级结构和空间结构。如真核生物的 18S rRNA 的二级结构呈花状，众多的茎 - 环结构为核糖体蛋白的结合和组装提供了结构基础。原核生物 16S rRNA 的二级结构也极为相似。

第四节　核酸的理化性质与应用

一、核酸的一般性质

核酸是生物大分子，其大小常用核苷酸数目（nt，用于单链 DNA 或 RNA）、碱基对数目（bp 或 kbp，用于双链 DNA）表示。核酸为线性大分子，有非常高的黏度，RNA 分子比 DNA 分子小，所以黏度也比 DNA 小许多。DNA 和 RNA 均属于极性化合物，微溶于水，不溶于乙醇、乙醚、氯仿等有机溶剂。

核酸是两性电解质，含有酸性的磷酸基和碱性的碱基。因磷酸基的酸性较强，核酸分子通常表现出较强的酸性。在生理条件下，分子中磷酸基团解离成多价阴离子状态。

二、核酸的紫外吸收性质

嘌呤和嘧啶都含有共轭双键，因此核苷、核苷酸、核酸都具有紫外吸收的特征，在中性条件下其最大吸收峰在 260nm 附近。利用这一性质可以对核酸溶液进行定性和定量分析，也可利用溶液 260nm 和 280nm 处吸光度（absorbance, A）的比值（A_{260}/A_{280}）估计核酸的纯度。纯 DNA 样品的 A_{260}/A_{280} 应为 1.8，而纯 RNA 样品的 A_{260}/A_{280} 应为 2.0。若有蛋白质和酚的污染，此比值下降。

三、DNA 的变性与复性

（一）DNA 变性

DNA 变性是指在某些理化因素的作用下，DNA 双链互补碱基对之间的氢键发生断裂，使双链 DNA 解链为单链的过程。引起 DNA 变性的因素有加热、有机溶剂、酸、碱、尿素和酰胺等。DNA 变性可使其理化性质发生一系列改变，如黏度下降、紫外吸收值增加等。

在实验室内最常用的 DNA 变性方法之一是加热。加热使 DNA 解链过程中有更多的共轭双键得以暴露，致使 DNA 在 260nm 处的吸光度增高，称为增色效应（hyperchromic effect），是监测 DNA 变性最常用的指标。

如果在连续加热的过程中以温度相对于 A_{260} 作图，所得的曲线称为解链曲线（图 2-12）。从曲线中可以看出，DNA 变性从开始解链到完全解链是在一个相当窄的温度范围内完成的。在 DNA 解链过程中，A_{260} 的值达到最大变化值的一半时所对应的温度称为解链温度（melting temperature，T_m）或融解温度。在此温度时，50% 的 DNA 双链被打开。T_m 值的大小主要与 DNA 长度以及碱基的 G-C 含量有关。G-C 含量越高，T_m 值越高，这是因为 G-C 碱基对比 A-T 碱基对之间多 1 个氢键，因此解开 G-C 碱基对间的氢键要消耗更多的能量。

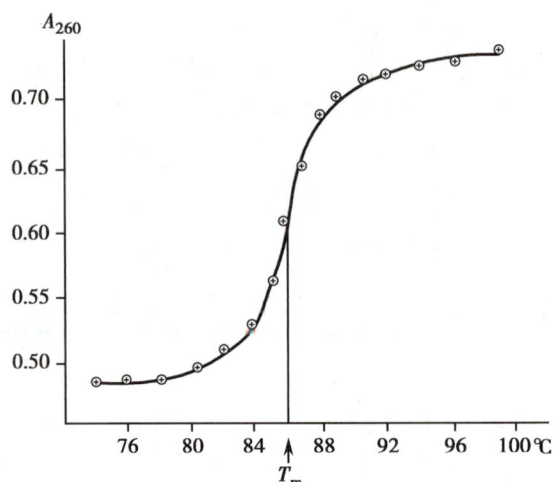

图 2-12　DNA 解链曲线

（二）DNA 复性

当变性条件缓慢地除去后，两条解离的互补链可重新配对，恢复原来的双螺旋结构，这一过程称为 DNA 复性。复性的 DNA 理化性质及活性均可以恢复。热变性的 DNA 经缓慢冷却后可以复性，这一过程称为退火。但是热变性的 DNA 迅速冷却至 4℃ 以下，则复性不能进行，这一特性被用来保持 DNA 的变性状态。

四、核酸分子杂交

核酸分子杂交（molecular hybridization of nucleic acid）是指由不同来源的单链核酸分子结合形成杂化双链的过程（图 2-13）。核酸分子杂交可发生在 DNA-DNA、RNA-RNA 和 DNA-RNA 之间，其基础是 DNA 的热变性与复性。

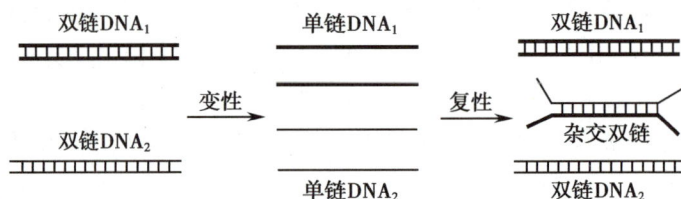

图 2-13　核酸分子杂交的示意图

对天然或人工合成的 DNA 或 RNA 片段进行放射性核素或荧光标记，做成探针，经杂交后检测放射性核素或荧光物质的位置，寻找与探针有互补关系的 DNA 或 RNA，可用于测定基因拷贝数、基因定位、确定生物的遗传进化关系等。

核酸分子杂交技术已广泛应用于核酸结构及功能研究、遗传病诊断、肿瘤病因学研究、病原体检测等领域，是核酸序列检测的常用方法之一。

> **知识拓展**
>
> ### 聚合酶链反应
>
> 聚合酶链反应（polymerase chain reaction，PCR）是一种扩增特定的 DNA 片段的分子生物学技术。该技术是利用核酸的变性和复性的原理设计的。DNA 在 95℃ 高温时变性，变成单链，低温时引物与单链按碱基配对的原则结合，再调温度至 DNA 聚合酶最适反应温度（72℃），最

终使模板 DNA 得到复制而增加数量。如此反复循环进行 25~35 次，使得模板 DNA 的数量呈几何级数量增加。与其他技术相比，PCR 技术具有灵敏度高、特异性好、及时方便等优点。

思考题

1. 将核酸完全水解后可得到哪些组分？DNA 和 RNA 的水解产物有何不同？
2. 对某双链 DNA 而言，若一条链中 $(A+G)/(T+C)=0.7$，则：
(1) 互补链中 $(A+G)/(T+C)=?$
(2) 在整个 DNA 分子中 $(A+G)/(T+C)=?$
3. 试述核酸分子杂交技术的基本原理及在基因诊断和检测中的应用。

（朱 丹）

ER 2-3
练习题

ER 3-1
教学课件

ER 3-2
思维导图

1. 掌握：酶的概念；酶的活性中心；酶原及酶原的激活；同工酶的概念及其生理意义；酶浓度、底物浓度、温度、pH、激活剂和抑制剂对酶促反应速度的影响；维生素的概念及 B 族维生素与辅酶的关系。

2. 熟悉：酶促反应的特点；酶促反应的机制；米氏常数的意义；各种维生素的生理作用及缺乏症。

3. 了解：酶在医学上的应用；酶与疾病的关系。

4. 能够运用酶学知识正确处理、管理酶标本、酶制剂；运用维生素知识指导合理膳食。

5. 具有科学思维、严谨细致的职业精神和正确的营养健康观念。

情景导入

患者，男性，30 岁。因剧烈腹痛、恶心、呕吐入院。无胆结石、高血压、糖尿病等疾病史。体格检查：腹肌紧张，压痛明显。超声示胰腺实质不均匀、有液性包块。血液生化检查发现血清淀粉酶高于正常值 3 倍以上。诊断为急性胰腺炎。

请思考：

1. 什么是酶？酶对人体有什么作用？

2. 影响酶活性的因素有哪些？

3. 作为护理人员，如何从人文关怀的角度体现对患者的关爱？

　　生命的基本特征是新陈代谢，在新陈代谢过程中，几乎所有的化学反应都需要生物催化剂的催化才能进行。酶（enzyme）是由活细胞合成的、具有催化功能的特殊蛋白质，是体内最主要的生物催化剂。酶所催化的化学反应称为酶促反应。在酶促反应中被酶催化的物质称为底物，反应的生成物称为产物。酶所具有的催化能力称为酶活性，如果酶失去催化能力，称为酶失活。酶是生物体能够进行物质代谢和生命活动的必要条件。

第一节　酶的结构与功能

一、酶的分子组成

　　酶按分子组成的不同可分为单纯酶和缀合酶两大类。

（一）单纯酶

　　单纯酶（simple enzyme）是指分子组成中仅有蛋白质的酶。如淀粉酶、脂肪酶、蛋白酶、核糖核酸酶、脲酶等水解酶都是单纯酶。

(二)缀合酶

缀合酶（conjugated enzyme）又称结合酶，由蛋白质和非蛋白质两部分组成。其中蛋白质部分称为酶蛋白，非蛋白质部分称为辅因子（cofactor）。酶蛋白和辅因子单独存在时均无活性，只有两者结合成全酶（holoenzyme）后才有催化活性。酶蛋白决定反应的特异性，辅因子决定反应的类型与性质。

酶的辅因子包括金属离子和小分子有机化合物。其中金属离子是最常见的辅因子，如 K^+、Na^+、Mg^{2+}、$Cu^+(Cu^{2+})$、Zn^{2+}、$Fe^{2+}(Fe^{3+})$ 等，主要作用是作为酶活性中心的组成成分，参与催化反应、传递电子、在酶与底物间起桥梁作用、中和底物的阴离子、稳定酶的构象等。而作为辅因子的小分子有机化合物则多为 B 族维生素及其衍生物，主要参与酶的催化过程，起着传递电子、原子或某些化学基团的作用。

辅因子按与酶蛋白结合的紧密程度可分为辅酶（coenzyme）和辅基（prosthetic group）。辅酶与酶蛋白以非共价键相连，结合疏松，可通过透析和超滤的方法除去。而辅基则与酶蛋白以共价键相连，结合紧密，不能通过透析和超滤的方法除去。

二、酶的活性中心与必需基团

(一)必需基团

酶分子中与酶活性密切相关的化学基团称为必需基团（essential group）。常见的必需基团有—COOH、—NH_2、—OH、—SH、咪唑基等。

(二)酶的活性中心

某些必需基团在酶的一级结构上可能相距很远，但在空间上互相靠近并形成具有一定空间构象的区域，该区域能与底物结合并催化底物转化为产物，称为酶的活性中心（active center）或活性部位（active site）。活性中心内的必需基团按功能可分为结合基团和催化基团。其中结合基团主要与底物结合，催化基团则催化底物转变为产物，也有些必需基团可同时具有这两方面的功能（图 3-1）。酶的活性中心是酶发挥催化作用的关键部位，如果酶的活性中心被非底物成分占据或构象被破坏，酶就会失去活性。

还有一些必需基团虽然不参与活性中心的组成，但却是维持酶活性中心的空间构象所必需的，对维持酶的活性至关重要，这些基团称为活性中心外的必需基团。

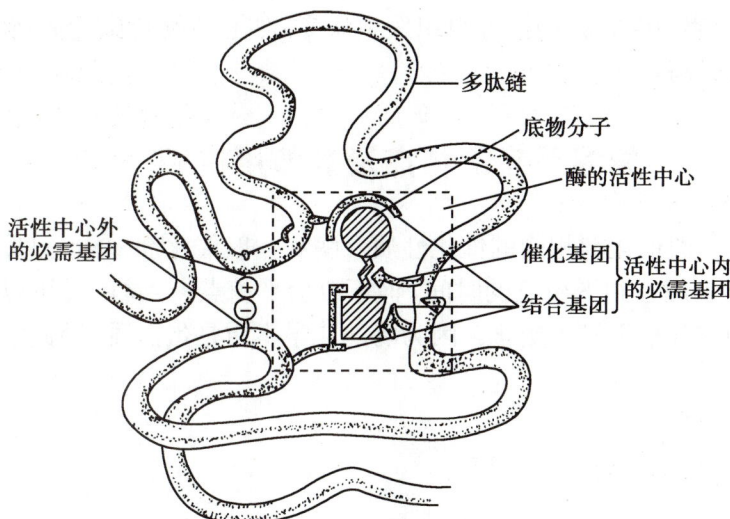

图 3-1　酶的活性中心示意图

三、同工酶

同工酶（isoenzyme）是指催化相同的化学反应，但其分子结构、理化性质乃至免疫学性质均不同的一组酶。同工酶存在于同一种属或同一个体的不同组织、细胞中。现已发现有 100 多种同工酶。

乳酸脱氢酶（lactate dehydrogenase，LDH）是发现最早、研究最多的同工酶。LDH 是四聚体，由骨骼肌型（M 型）和心肌型（H 型）两种亚基以不同比例组成，共有五种同工酶：$LDH_1(H_4)$、LDH_2（H_3M）、$LDH_3(H_2M_2)$、$LDH_4(HM_3)$、$LDH_5(M_4)$（图 3-2）。LDH 在不同组织器官中的含量与分布不同，心肌中 LDH_1 较多，肝中 LDH_5 较多，因此在不同的组织与细胞中具有不同的代谢特点。LDH 同工酶在人体各组织器官中的含量与分布见表 3-1。

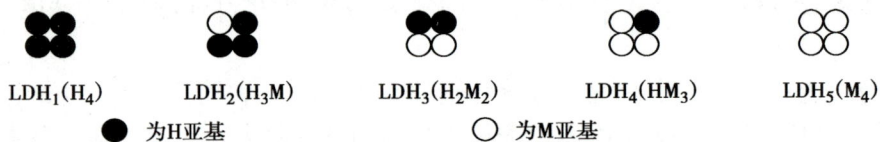

图 3-2 乳酸脱氢酶同工酶示意图

表 3-1 人体各组织器官中 LDH 同工酶的含量与分布

组织器官	同工酶百分比				
	LDH_1	LDH_2	LDH_3	LDH_4	LDH_5
心肌	67	29	4	<1	<1
肾	52	28	16	4	<1
肝	2	4	11	27	56
骨骼肌	4	7	21	27	41
红细胞	42	36	15	5	2
肺	10	20	30	25	15
胰	30	15	50	—	5
脾	10	25	40	25	5
子宫	5	25	44	22	4

临床上同工酶的检测有助于疾病的诊断、鉴别诊断及预后的判断。例如，通过检测患者血清中 LDH 同工酶的电泳图谱，可以辅助诊断哪些器官组织发生病变，如心肌梗死患者血清 LDH_1 升高，肝细胞受损的患者血清 LDH_5 升高。

第二节 酶促反应的特点及其作用机制

酶是生物催化剂，具有与一般催化剂相同的催化性质。酶和一般催化剂一样，只催化热力学上允许的化学反应；能缩短化学反应达到平衡点的时间，但不改变平衡点；少量的酶可以大大加快化学反应的速度，而反应前后的质和量不发生变化。因为酶的化学本质是蛋白质，因此它又具有不同于一般催化剂的催化特点。

一、酶促反应的特点

（一）高度的催化效率

脲酶催化尿素水解的速度是 H^+ 催化作用的 7×10^{12} 倍，过氧化氢酶催化过氧化氢分解的速度

是 Fe^{3+} 催化作用的 8×10^{10} 倍。由此可见,酶的催化效率非常高。与一般催化剂相比,酶的催化效率要高 $10^7 \sim 10^{13}$ 倍,比非催化反应高 $10^8 \sim 10^{20}$ 倍。

(二) 高度的专一性

酶对其催化的底物具有严格的选择性,通常将这种酶对底物的选择性称为酶的专一性或酶的特异性。酶的专一性可分为三种类型:

1. 绝对专一性 有的酶只能催化某一种特定结构的底物分子发生化学反应,生成特定的产物,称为绝对专一性。例如,脲酶只能催化尿素水解,生成 CO_2 和 NH_3,对其衍生物则无作用;琥珀酸脱氢酶只能催化琥珀酸和延胡索酸之间的氧化还原反应。

2. 相对专一性 有些酶可以作用于一类化合物或一种化学键,其专一性相对较低,称为相对专一性。例如,脂肪酶可催化脂肪水解,也可水解简单的酯;蔗糖酶不仅能水解蔗糖,也能水解棉子糖中同一种糖苷键。

3. 立体异构专一性 有些酶对底物的立体构象有选择,仅能作用于底物的一种立体异构体,这种对底物立体构象的选择性称为立体异构专一性。例如,乳酸脱氢酶仅能催化 L- 乳酸脱氢,而对 D- 乳酸没有催化作用。

(三) 高度的不稳定性

由于酶的化学本质是蛋白质,能使蛋白质发生变性的因素都能改变酶的活性,甚至使酶失活,如强酸、强碱、重金属离子、高温等。因此,酶促反应通常在常温、常压和接近中性条件下才能顺利进行。

(四) 可调节性

酶的活性和含量受许多因素调节。机体通过各种调控方式改变酶的活性和含量,精确调控体内物质代谢过程,使之有序进行,以保障生命活动正常进行。

二、酶促反应的作用机制

酶和一般催化剂一样,都是通过降低反应的活化能来加快反应速度。不过酶可通过其特有的作用机制,能比一般催化剂更有效地大幅度降低反应的活化能,使更多的底物分子进入活化状态,进而转变为产物。酶促反应活化能的变化见图 3-3。

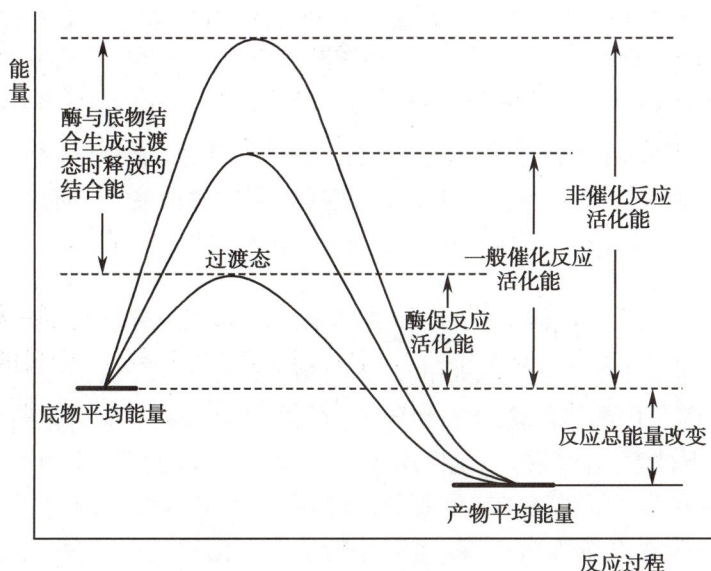

图 3-3 酶促反应活化能的变化

（一）酶-底物复合物的形成与诱导契合学说

酶在发挥催化作用之前，必须先与底物结合形成酶 - 底物复合物。但是酶与底物的结合不是简单的锁钥关系。酶在与底物相互接近时，其结构由于相互诱导而发生相互变形、相互吻合，进而再相互结合，这一过程称为酶 - 底物结合的诱导契合学说（induced-fit theory）。在相互诱导过程中，底物发生变形而变得不稳定，更易受到酶的催化攻击。

$$E + S \rightleftharpoons ES \longrightarrow E + P$$

（二）邻近效应与定向排列

酶的活性中心是酶结合底物并将底物转变成产物的部位。在酶的活性中心中，底物之间相互接近并形成有利于反应的正确定向关系，这种邻近效应与定向排列大大提高了酶促反应的速率。

（三）多元催化

酶具有两性解离的性质，其分子上的基团有的呈酸性解离，有的呈碱性解离。因此，同一种酶常常具有酸、碱双重催化作用，可以极大地提高酶的催化效率。

（四）表面效应

酶的活性中心多为氨基酸残基的疏水基团组成，疏水环境避免了在底物与酶之间形成水的隔膜，有利于酶与底物的密切接触。

实际上，酶的催化作用往往是上述多种机制共同作用的结果，故酶具有高度的催化效率。

第三节　酶的调节

酶的调节包括酶的活性调节与酶的含量调节两种方式。酶的活性调节是通过改变酶的结构，使已有酶的活性发生变化，由此调节代谢。这类调节方式效应快，但不持久，故又称快速调节。而酶的含量调节则通过改变酶的生成与降解速度调节酶的活性，此方式产生效应慢，但较为持久，故又称慢速调节。

一、酶的活性调节

酶的活性调节受体内多种因素影响，以满足机体应对各种各样内外环境的变化和生命活动的需要。在通常情况下，酶的活性调节主要通过调节代谢途径中的关键酶来实现。此外，酶还以一种特殊形式存在于机体组织细胞中。

（一）酶原与酶原激活

有些酶在细胞内合成或初分泌时没有催化活性，这种无活性的酶前体称为酶原（zymogen）。在一定条件下，酶原水解掉一个或几个特定的肽段，使其构象发生改变而具有酶的活性。这种由无活性酶原转变为有活性酶的过程称为酶原激活，其本质是酶活性中心的形成或暴露。图 3-4 为胰蛋白酶原激活的过程。

酶原的存在和酶原激活具有重要的生理意义。消化系统中的蛋白酶以酶原的形式分泌，可以避免消化器官本身被酶水解破坏；同时酶原也是体内酶的储备形式，保证酶在特定的环境和部位发挥其催化作用。例如，胰蛋白酶以酶原合成和分泌，可以保护胰腺不被消化破坏。胰蛋白酶原进入肠道后，在肠激酶作用下被激活而发挥消化作用。又如，在正常情况下血液中的凝血酶（凝血因子Ⅱ）等凝血因子均以无活性的酶原形式存在，可避免血液在血管内凝固，保证血液的正常流动。当血管破损或某些病理状态下凝血系统被激活，凝血酶原转变成有活性的凝血酶，导致凝血。如果体内的酶原发生异常激活，可导致疾病的发生，如急性胰腺炎等。

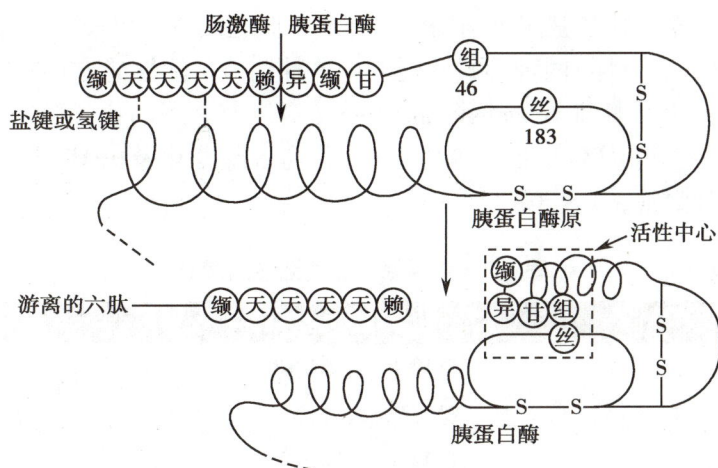

图 3-4 胰蛋白酶原激活过程示意图

知识拓展

酶原的激活与急性胰腺炎

正常胰腺能分泌胰蛋白酶、糜蛋白酶、胰脂肪酶、胰淀粉酶、胰磷脂酶 A_2 等十几种消化酶类。这些酶在胰腺细胞内合成和初分泌时均是以无活性的酶原形式存在，避免胰腺自身消化。急性胰腺炎是一种常见疾病，是由于某些因素使胰腺内的上述酶原在未进入肠道时被激活，引起胰腺组织自身消化，导致胰腺水肿、出血、肿胀甚至坏死的炎症反应。

（二）别构调节与化学修饰调节

别构调节与化学修饰调节是体内快速调节酶活性的重要方式。

1. **别构调节**　体内一些代谢物可与某些酶活性中心外的某一部位可逆性结合，引起酶的构象改变，进而使酶的活性发生改变，这种改变酶活性的调节称为别构调节（allosteric regulation）。受别构调节的酶称为别构酶。别构酶常由多亚基组成多聚体，各亚基之间以非共价键相连。能引起别构效应的物质称为别构效应剂，其中能使酶活性增强的物质称为别构激活剂，能使酶活性受抑制的物质称为别构抑制剂。别构效应剂与酶结合的部位称为别构部位或调节部位。表 3-2 为某些代谢途径中的别构酶及其别构效应剂。

表 3-2　某些代谢途径中的别构酶及其别构效应剂

代谢途径	别构酶	别构激活剂	别构抑制剂
糖酵解	己糖激酶	AMP、ADP、Pi、FDP	G-6-P
	磷酸果糖激酶 -1	FDP	柠檬酸、ATP
	丙酮酸激酶		ATP、乙酰 CoA
三羧酸循环	柠檬酸合酶	AMP、ADP	ATP、长链脂酰 CoA
	异柠檬酸脱氢酶	AMP、ADP	ATP
糖原分解	磷酸化酶 b	AMP、G-1-P、Pi	ATP、G-6-P
糖异生	丙酮酸羧化酶	乙酰 CoA、ATP	AMP
脂肪酸合成	乙酰 CoA 羧化酶	柠檬酸、异柠檬酸	长链脂酰 CoA
氨基酸代谢	谷氨酸脱氢酶	ADP、亮氨酸、甲硫氨酸	GTP、ATP、NADH

2. 化学修饰调节　某些化学基团可与酶蛋白上的一些基团进行可逆性共价结合，使酶发生无活性与有活性（或低活性与高活性）两种形式的转变。这种调节酶活性的方式称为化学修饰（chemical modification）调节，又称共价修饰（covalent modification）调节。酶的化学修饰主要有磷酸化与去磷酸化、乙酰化与去乙酰化、甲基化与去甲基化、腺苷化与去腺苷化及—SH与—S—S—的互变等，其中以磷酸化与去磷酸化最为常见（表3-3）。

表3-3　化学修饰对酶活性的调节

酶	化学修饰类型	酶活性改变
糖原磷酸化酶	磷酸化 / 去磷酸化	激活 / 抑制
糖原合酶	磷酸化 / 去磷酸化	抑制 / 激活
丙酮酸脱氢酶	磷酸化 / 去磷酸化	抑制 / 激活
磷酸果糖激酶	磷酸化 / 去磷酸化	抑制 / 激活
乙酰 CoA 羧化酶	磷酸化 / 去磷酸化	抑制 / 激活
HMG-CoA 还原酶	磷酸化 / 去磷酸化	抑制 / 激活
甘油三酯脂肪酶	磷酸化 / 去磷酸化	激活 / 抑制

二、酶的含量调节

除通过改变酶分子结构调节细胞内酶的活性外，机体也可通过改变细胞内酶蛋白的合成与降解的速率调节酶的含量，从而影响代谢的速度和强度。

（一）酶蛋白的合成调节

酶蛋白的合成调节包括诱导和阻遏两个方面。诱导物诱发酶蛋白合成的作用称为诱导作用，反之则称为阻遏作用。某些底物、产物、激素、药物等诱导或阻遏酶的生物合成。酶基因被诱导表达后，尚需经过转录水平和翻译水平的加工修饰等过程，所以其效应出现较迟，一般需要几小时以上方可见效。一旦酶被诱导合成后，即使去除诱导因素，酶的活性仍然持续存在。因此，酶合成的诱导与阻遏是一种缓慢而长效的调节。例如，胰岛素可诱导合成 HMG-CoA 还原酶，促进体内胆固醇合成，而胆固醇则阻遏 HMG-CoA 还原酶的合成，抑制胆固醇的合成。

（二）酶蛋白的降解调控

酶含量还受到酶蛋白降解速度的影响。酶蛋白的降解与一般蛋白质的降解途径相同，存在两种途径：①组织蛋白降解的溶酶体途径（又称非 ATP 依赖性蛋白质降解途径），由溶酶体内的组织蛋白酶非选择性地催化分解一些膜结合蛋白、长半衰期蛋白和细胞外的蛋白质；②组织蛋白降解的细胞质途径（又称 ATP 依赖性泛素介导的蛋白质降解途径），主要降解异常或损伤的蛋白质，以及几乎所有短半衰期（10min~2h）的蛋白质。

第四节　影响酶促反应速度的因素

了解影响酶促反应速度的因素，对指导临床工作具有重要意义。影响酶促反应速度的因素主要有底物浓度、酶浓度、温度、pH、激活剂和抑制剂等。需要注意的是，当研究某一因素对酶促反应速度的影响时，酶促反应体系中其他因素应保持不变。

一、底物浓度的影响

在酶浓度和其他反应条件不变的情况下，底物浓度的变化对酶促反应速度的影响呈矩形双曲线（图 3-5）。在底物浓度很低时，酶促反应速度随底物浓度的增加而加快，两者成正比关系；随着底物浓度的进一步增高，酶促反应速度虽然仍加快，但不再与底物浓度成正比关系；当继续增加底物并达到一定浓度时，反应速度将不再增加，此时酶促反应速度达到最大值，称为酶促反应速度的最大速度（V_{max}），此时酶的活性中心已被底物饱和。

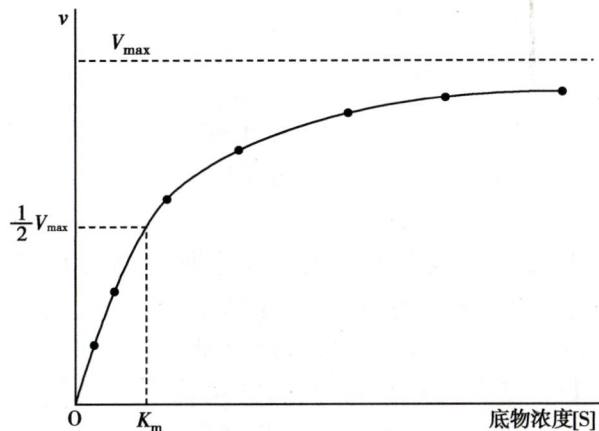

图 3-5　底物浓度对酶促反应速度的影响

（一）米氏方程

中间产物学说可以帮助我们理解底物浓度与酶促反应速度的关系。该学说认为，酶（E）与底物（S）首先结合成酶-底物复合物（ES），即中间产物。在酶的催化下，此复合物再分解为产物（P）和酶。在底物浓度很低时，酶没有全部与底物结合，此时增加[S]，ES 与 P 的生成均成正比关系增加；随着[S]的不断增加，酶逐渐被底物所饱和，ES 与 P 的生成依然增加，但不成正比关系；当[S]增加到一定程度时，反应体系中的酶都以 ES 的形式存在，此时再增加[S]也不会增加 ES，酶促反应速度趋于恒定，达到最大。

$$E + S \rightleftharpoons ES \longrightarrow E + P$$

根据中间产物学说，1913 年米凯利斯（L. Michaelis）与曼滕（M. Menten）提出了酶促反应速度与底物浓度关系的数学方程式，即著名的米氏方程。

$$v = \frac{V_{max}[S]}{K_m + [S]}$$

式中，v 为不同[S]时的反应速度，[S]为底物浓度，V_{max} 为最大反应速度，K_m 为米氏常数。当[S]$\ll K_m$ 时，$v = \frac{V_m}{K_m}[S]$，反应速度与底物浓度成正比。当[S]$\gg K_m$ 时，$v \cong V_{max}$，达到最大反应速度，此时增加底物浓度不再影响酶促反应速度。

（二）K_m 值的意义

1. K_m 值是酶促反应速度为最大速度一半时的底物浓度。当 $v = 1/2 V_{max}$ 时，米氏方程可以变换为：

$$\frac{1}{2} V_{max} = \frac{V_{max}[S]}{K_m + [S]}$$

整理得：$K_m = [S]$

2. K_m 值是酶的特征性常数之一，只与酶的结构、底物和反应环境有关，与酶的浓度无关。

3. K_m 值可以表示酶与底物的亲和力。K_m 值和酶与底物的亲和力呈负相关，K_m 值大，酶与底物的亲和力小，反之则亲和力大。

4. K_m 值可以判断酶作用的最适底物，即 K_m 值最小的底物一般认为是该酶的天然底物或最适底物。

二、酶浓度的影响

在一定的温度和 pH 条件下，底物浓度足以使酶饱和的情况下，酶的浓度越大，酶促反应的速度越快，两者呈正相关（图 3-6）。

三、温度的影响

温度对酶促反应速度有双重影响：一方面温度升高可加快酶促反应速度，另一方面升温也增加了酶蛋白变性的机会。

如图 3-7 所示，当温度升高到某一温度时，酶促反应速度达到最快。酶促反应速度最快时的环境温度称为酶的最适温度（optimum temperature）。环境温度低于最适温度时，温度越低、酶的活性越小，酶促反应速度越慢，但低温一般不破坏酶的活性，只是酶的活性被抑制。温度回升后，酶的活性又可恢复。环境温度高于最适温度时，酶促反应速度因酶变性而变慢，直至酶蛋白完全变性时酶促反应停止，反应速度为零。

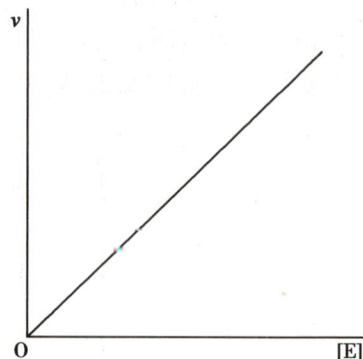

图 3-6　酶浓度对酶促反应速度的影响

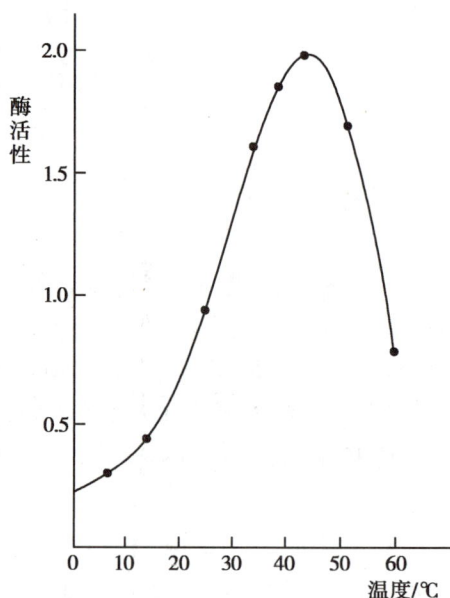

图 3-7　温度对淀粉酶活性的影响

知识拓展

低温麻醉

在低温条件下，人体的代谢变得缓慢，各种损耗由此降低，机体需要的供血、供氧量也相应减少，心脏也因此可以短暂停止跳动，低温麻醉就是利用这一原理。在脑手术、心血管手术中，安全阻断循环对心、脑、肺、肾无明显损害，可以为手术赢得时间。

一般温血动物组织中酶的最适温度在 35~40℃之间；温度升高到 60℃以上时，大多数酶开始变性；80℃时大多数酶则会发生不可逆性变性而失活。

四、pH 的影响

pH 通过影响酶和底物的解离及活性中心的空间构象而影响酶和底物的结合（图 3-8）。酶促反应速度最大时的环境 pH 称为酶的最适 pH（optimum pH）。酶的最适 pH 往往与其所处的环境密切相关，如人体体液中多数酶的最适 pH 接近中性；但也有少数例外，如胃蛋白酶的最适 pH 约为 1.8、肝精氨酸酶的最适 pH 为 9.8。酶所处溶液的 pH 偏离其最适 pH，酶的活性即会降低，远离最适 pH 还会导致酶变性失活。

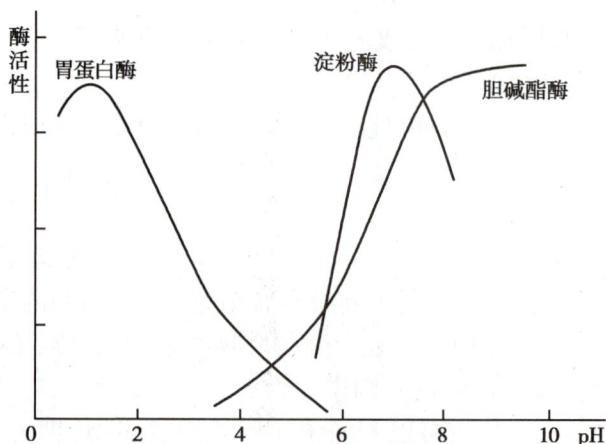

图 3-8　pH 对某些酶活性的影响

五、激活剂的影响

能够使酶从无活性变为有活性或使酶活性增加的物质称为酶的激活剂。常见的激活剂有金属离子和小分子有机化合物，如 Mg^{2+}、K^+、Mn^{2+}、Cl^- 及胆汁酸盐等。激活剂按对酶的影响程度的不同可分为必需激活剂和非必需激活剂。大多数金属离子激活剂对酶促反应是不可缺少的，为必需激活剂，如 Mg^{2+} 是大多数激酶的必需激活剂。有些激活剂缺少时，酶仍然具有一定活性，这类激活剂为非必需激活剂，如 Cl^- 是唾液淀粉酶的非必需激活剂。

六、抑制剂的影响

抑制剂是指能使酶的催化活性下降或丧失而不引起酶蛋白变性的物质。抑制剂主要通过与酶的必需基团结合而抑制酶的催化活性。根据抑制剂与酶结合的牢固程度，其抑制作用分为不可逆抑制和可逆抑制两类。

（一）不可逆抑制

不可逆抑制（irreversible inhibition）是指抑制剂与酶的必需基团以共价键结合，使酶失去活性，采用透析、超滤等方法不能除去抑制剂而恢复酶的催化活性。有机磷农药（如敌百虫、敌敌畏、乐果和马拉硫磷等）能特异地与胆碱酯酶活性中心丝氨酸残基的羟基共价结合，使胆碱酯酶失活，导致乙酰胆碱堆积，引起胆碱能神经兴奋性增强，中毒者会出现恶心、呕吐、多汗、肌肉震颤、瞳孔缩小、惊厥等症状。临床上常使用乙酰胆碱拮抗剂阿托品和胆碱酯酶再激活剂解磷定治疗有机磷农药中毒。

某些重金属离子（Hg^{2+}、Ag^+、Pb^{2+} 等）和含砷的化合物可与巯基酶的—SH 结合，使酶失去活性，进而导致机体中毒。例如，路易士气是一种含砷的有毒化合物，能抑制体内巯基酶的活性，从而使神经系统、皮肤、黏膜等发生病变和代谢功能紊乱。临床上可用二巯丙醇或二巯丁二钠进行解毒。

（二）可逆抑制

可逆抑制（reversible inhibition）是指抑制剂通过非共价键与酶结合，使酶失去活性，可以采用透析、超滤等方法除去抑制剂而恢复酶的催化活性。可逆抑制分为以下三种类型：

1. 竞争性抑制　竞争性抑制（competitive inhibition）是指抑制剂（I）与底物结构相似，通过与底物竞争结合酶的活性中心而阻碍酶与底物的结合。反应式为：

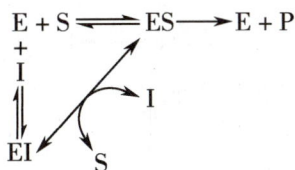

$$
\begin{array}{c}
E+S \rightleftharpoons ES \longrightarrow E+P \\
+ \\
I \\
\updownarrow \\
EI
\end{array}
\quad
\begin{array}{c}
I \\
S
\end{array}
$$

竞争性抑制是可逆抑制，其抑制作用的强弱取决于抑制剂（I）与底物的相对比例，因此可以通过增加底物浓度，减弱甚至解除竞争性抑制剂的抑制作用。

酶的竞争性抑制在临床上应用广泛，许多抗代谢药和抗肿瘤药都是竞争性抑制剂。临床上常用于治疗痛风的别嘌醇就是通过竞争性抑制尿酸生成过程的黄嘌呤氧化酶，抑制尿酸生成，达到治疗痛风的目的；广谱抗生素磺胺类药物抑制细菌的作用也是基于这一原理。

磺胺类药物与对氨基苯甲酸的结构相似，故能竞争性抑制二氢蝶酸合酶，阻碍二氢叶酸的合成，从而导致四氢叶酸合成障碍，进而影响细菌体内核酸的合成，使细菌生长繁殖受到抑制。人体能直接利用食物中的叶酸还原成四氢叶酸，故不受磺胺类药物的影响。

$$H_2N-\!\!\!\!\bigcirc\!\!\!\!-SO_3NHR \qquad H_2N-\!\!\!\!\bigcirc\!\!\!\!-COOH$$

磺胺类药物（R为各种取代基）　　　　对氨基苯甲酸

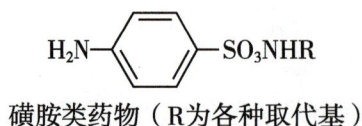

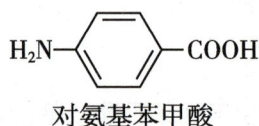

根据竞争性抑制的特点，临床上应用此类药物时首剂应加倍，目的是保持血液中较高的药物浓度，以快速达到有效的竞争性抑菌效果。

2. 非竞争性抑制　非竞争性抑制（noncompetitive inhibition）是指抑制剂与底物结构不相似，通常与酶的活性中心以外的部位结合，改变酶的空间构象，导致酶的活性下降。酶与底物结合后仍可以与抑制剂结合，而抑制剂与酶结合后也不影响底物与酶的结合。底物与抑制剂之间无竞争关系，不能通过增加底物浓度减弱或消除抑制。因此，非竞争性抑制的强弱完全取决于抑制剂的浓度。其反应式为：

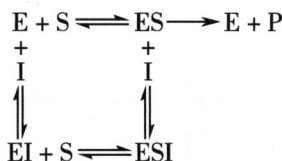

ER 3-5
酶的竞争性
抑制作用

$$
\begin{array}{ccccc}
E + S & \rightleftharpoons & ES & \longrightarrow & E + P \\
+ & & + & & \\
I & & I & & \\
\updownarrow & & \updownarrow & & \\
EI + S & \rightleftharpoons & ESI & &
\end{array}
$$

竞争性抑制与非竞争性抑制的作用机制见图3-9。

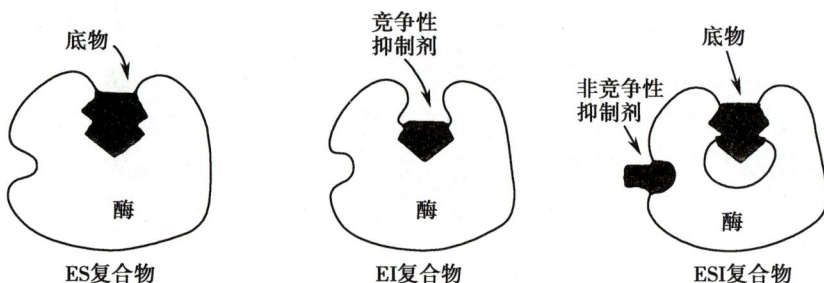

底物　　　　　　　竞争性　　　　　　　　底物
　　　　　　　　　抑制剂　　非竞争性
　　　　　　　　　　　　　　抑制剂

ES复合物　　　　　EI复合物　　　　　ESI复合物

图 3-9　竞争性抑制与非竞争性抑制的作用机制

ER 3-6
酶的非竞争性
抑制

3. 反竞争性抑制　反竞争性抑制（uncompetitive inhibition）是指抑制剂与酶和底物形成的中间产物（ES）结合而减少中间产物转化为产物的量，从而发挥抑制酶活性的作用。其反应式为：

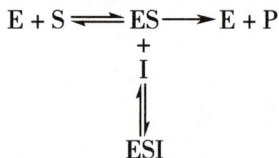

$$
\begin{array}{ccccc}
E + S & \rightleftharpoons & ES & \longrightarrow & E + P \\
& & + & & \\
& & I & & \\
& & \updownarrow & & \\
& & ESI & &
\end{array}
$$

第五节　酶与医学的关系

生物体的正常生理活动有赖于酶在体内物质代谢中有序的催化作用以及对代谢的调节功能。许多疾病的发生发展与酶的异常有关。酶在物质代谢过程中表现出的特殊作用决定了酶在医学上的广泛应用。

一、酶与疾病的发生

酶的先天缺乏或活性异常是许多疾病发生的原因。如白化病是由于先天缺乏酪氨酸酶，蚕豆病是由于体内先天性葡萄糖-6-磷酸脱氢酶合成障碍等。许多疾病也可引起酶的异常。如急性胰腺炎时血清和尿中淀粉酶的活性升高，肝衰竭时凝血酶、抗凝血酶Ⅲ都明显减少。

二、酶与疾病的诊断

酶在临床诊断中具有重要作用。正常人体内酶活性较为稳定，当某些器官和组织受损或发生疾病后，血液或其他体液中一些酶的活性异常。如急性肝炎或心肌炎时，血清转氨酶活性升高；肝硬化和胆管阻塞时，血清碱性磷酸酶的活性明显升高；有机磷中毒时，血清中胆碱酯酶的活性下降；严重肝病时，血清中凝血酶原、凝血因子Ⅱ等含量明显降低。因此，临床上测定血液、尿液或分泌液中某些酶的活性能够帮助诊断疾病，特别是血清酶活性的测定对疾病的诊断具有重要的价值。

三、酶与疾病的治疗

随着社会进步和科技发展，酶在临床治疗上的应用越来越广泛。如胃蛋白酶、胰蛋白酶、胰脂肪酶用于治疗消化不良；胰蛋白酶、胰凝乳蛋白酶用于外科扩创、伤口净化及治疗浆膜粘连等；链激酶及尿激酶用于心脑血管栓塞的治疗等。

一些药物的抑菌作用也是通过抑制细菌重要代谢途径中酶的活性而实现的；抗肿瘤药如5-氟尿嘧啶、6-巯基嘌呤等，也都是通过抑制肿瘤细胞核苷酸代谢途径中相关酶的活性，达到遏制肿瘤生长的目的。

第六节　维　生　素

一、维生素概述

（一）维生素的定义与作用

维生素（vitamin）是维持机体正常功能所必需，在体内不能合成或合成量少，必须由食物提供的一类小分子有机化合物。维生素主要作用是调节物质代谢、促进生长发育和维持正常生理功能等。

维生素按溶解性不同可分为脂溶性维生素和水溶性维生素两大类。脂溶性维生素包括维生素A、维生素D、维生素E和维生素K，水溶性维生素包括B族维生素和维生素C。B族维生素包括维生素B_1、维生素B_2、维生素PP、泛酸、维生素B_6、生物素、硫辛酸、叶酸、维生素B_{12}等。

（二）维生素的需要量

机体每日对维生素的需要量并不多，每天只需几毫克或几微克，但绝不可缺少，长期缺乏某种维生素会导致相应的缺乏症。同时，某些维生素摄入过量也会导致中毒，多见于脂溶性维生素。

（三）维生素缺乏与中毒

当体内维生素缺乏时，会导致机体出现相应的缺乏症。维生素缺乏的常见原因主要有以下几个方面：

1. 摄入量不足　膳食构成或膳食调配不合理、严重的偏食、食物的烹调方法和储存不当，均可造成机体某些维生素的摄入不足。常见于食物中供给的维生素不足，或因加工、烹调、储存方法不当造成维生素大量破坏与流失，如淘米过度、米面加工过细均可使B族维生素大量破坏丢失。

2. 机体的吸收利用率降低　如胃酸分泌减少、消化道或胆道梗阻、长期腹泻等，造成维生素吸收、利用减少。

3. 维生素的需要量相对增高　妊娠与哺乳期妇女、生长发育期儿童、某些疾病患者等对维生素的需要量相对增高。

4. 某些药物影响维生素的供给　长期服用抗生素可抑制肠道正常菌群的生长，从而导致由肠道细菌合成的维生素的缺乏，如维生素K、维生素PP、叶酸等。

水溶性维生素易随尿排出体外，当摄入过多时不易引起机体中毒。脂溶性维生素在人体内大部分储存于肝及脂肪组织，可通过胆汁代谢并排出体外。但如果大剂量摄入，有可能干扰其他营养素的代谢并导致体内积存过多而引起中毒。

知识拓展

维生素的发现

维生素的发现是20世纪的伟大发现之一。最早发现食物中维生素的是艾克曼（C. Eijkman）。艾克曼在研究中发现，患有多发性神经炎的鸡出现痉挛，颈部向后弯曲，症状与脚气病相似，而用米糠代替精米喂养的鸡都很健康。根据这一研究结果，他用米糠治愈了脚气病患者。1911年，芬克（C. Funk）在艾克曼等人的实验基础上从米糠中成功提取到维生素B_1。

二、脂溶性维生素

脂溶性维生素难溶于水，易溶于脂肪及有机溶剂（如苯、乙醚、氯仿等）。在食物中，脂溶性维生素常与脂质共同存在，并随脂质吸收，吸收后的脂溶性维生素主要储存在肝和脂肪组织中。当脂质吸收不良时，脂溶性维生素吸收量也减少，易引起缺乏症。

（一）维生素A

维生素A化学性质活泼，易被空气氧化。故维生素A的制剂应装在棕色瓶内避光储存。天然维生素A有A_1（视黄醇）及A_2（3-脱氢视黄醇）两种形式。维生素A在体内的活性形式包括视黄醇、视黄醛和视黄酸。

1. 来源　维生素A来源于动物性食物，如肝、肉类、蛋黄、乳制品、鱼肝油等。植物中虽不含维生素A，但含有维生素A原——胡萝卜素，其中以β-胡萝卜素最为重要。很多植物性食品如胡萝卜、红辣椒、菠菜、芥菜等有色蔬菜中含有丰富的胡萝卜素。β-胡萝卜素在小肠黏膜或肝中可转变成为维生素A。正常成年人每日维生素A的需要量为80~100μg。

2. 生化作用及其缺乏症、中毒

（1）**构成视觉细胞内的感光物质——视紫红质**：视紫红质是人体视网膜感受暗光和弱光的物质，由11-顺视黄醛（维生素A的活性形式）和视蛋白合成。当视紫红质感光时，11-顺视黄醛转变为全反型视黄醛，同时引发神经冲动并传递至脑引起视觉。当维生素A缺乏时，视紫红质的合成减少，视网膜感受弱光能力降低，暗适应时间延长，严重时会导致夜盲症。

（2）**维持上皮组织结构完整和功能健全**：维生素A能促进上皮组织发育和分化所需要的糖蛋白合成，从而维持上皮组织的完整与健全，其中影响最显著的是眼、呼吸道、消化道、泌尿道及生殖系统等组织的黏膜上皮。当维生素A缺乏时，可引起上皮组织干燥、增生和角化等，眼部表现为泪腺上皮角化、泪液分泌受阻，导致角膜、结膜干燥，临床上称眼干燥症。

（3）**促进生长、发育**：维生素A缺乏时，类固醇激素合成减少，影响细胞分化，从而影响儿童生长发育，出现生长停滞、骨骼生长不良等。

（4）**其他作用**：维生素A还有抗氧化、抑癌、维持正常免疫功能的作用。

维生素A过量时可导致机体中毒，表现为剧烈头痛、两眼突出、全身脱皮等症状。

（二）维生素 D

维生素 D 是类固醇衍生物，包括维生素 D_2（麦角钙化醇）和维生素 D_3（胆钙化醇）。维生素 D_3 在体内经肝脏和肾脏二次羟化生成具有生物活性的 $1,25-(OH)_2-D_3$（图 3-10）。

1. 来源　人体皮下组织中储存的 7-脱氢胆固醇经紫外线照射后可转化为维生素 D_3，适当阳光照射完全可以满足人体对维生素 D 的需要。植物中的麦角固醇经紫外线照射后可转化为维生素 D_2。正常成人每日维生素 D 的需要量为 5~10μg。

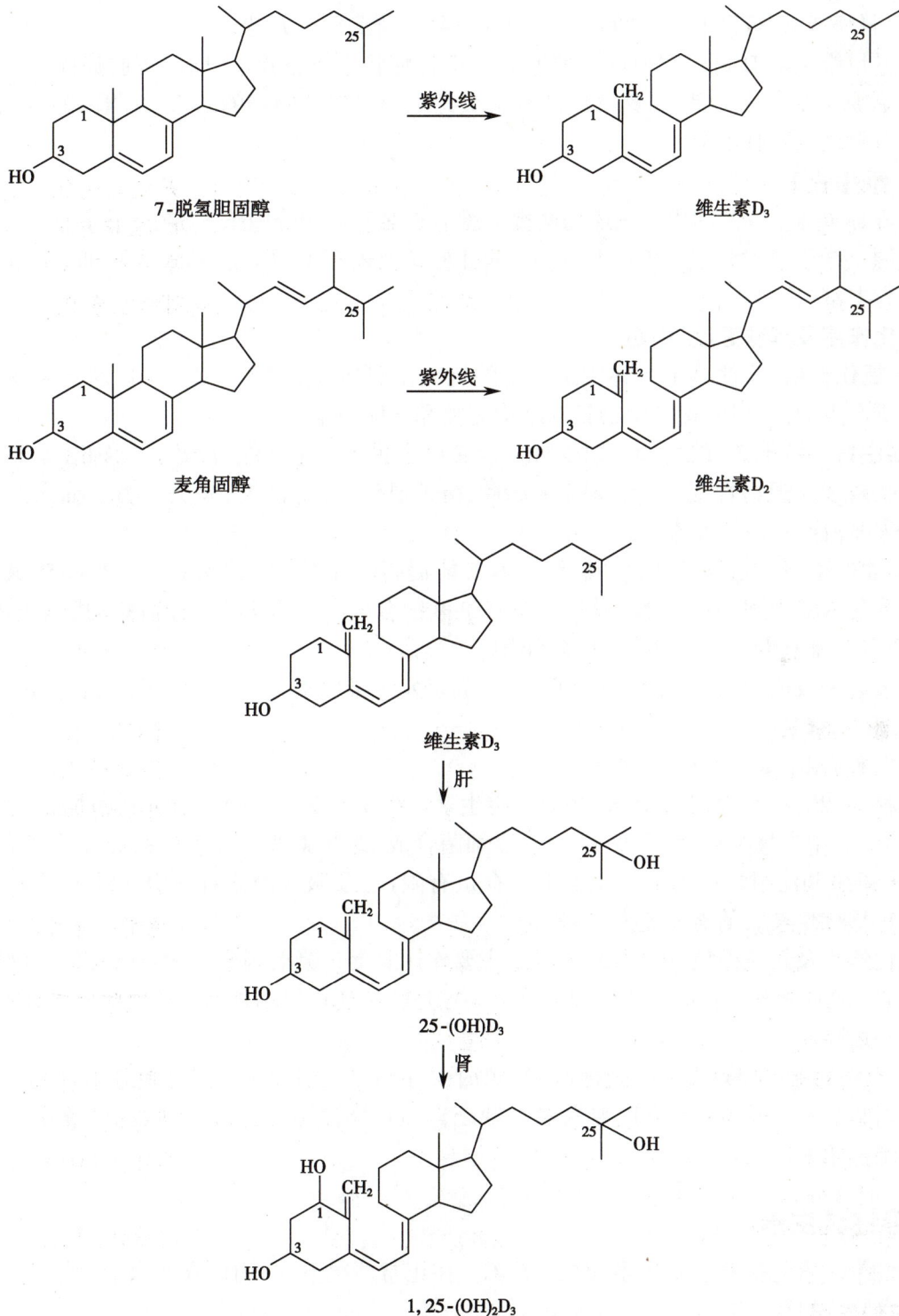

图 3-10　维生素 D_2 和 D_3 的生成与活化

2. 生化作用及其缺乏症、中毒

(1) **调节钙、磷代谢**：$1,25\text{-}(OH)_2\text{-}D_3$ 可促进小肠和肾小管对钙、磷的吸收与重吸收，促进骨内钙、磷的动员和沉积，维持血钙、血磷的正常水平。

(2) **调控细胞的生长和分化**：$1,25\text{-}(OH)_2\text{-}D_3$ 具有抑制肿瘤细胞的增殖和分化、促进胰岛 β 细胞合成和分泌胰岛素等功能。

婴幼儿缺乏维生素 D，会引起体内钙、磷的吸收障碍，使血钙、血磷的含量降低，成骨作用出现障碍，临床表现为手足抽搐，严重者出现佝偻病。成人缺乏维生素 D，可导致骨软化症及骨质疏松。肝胆疾病、肾病或某些药物也会抑制维生素 D 的羟化，导致骨质疏松。

摄入过量维生素 D 可引起中毒。维生素 D 中毒症状主要有异常口渴、皮肤瘙痒、厌食、嗜睡、呕吐、腹泻、尿频、高钙血症、高钙尿症及软组织钙化等。皮肤储存的 7- 脱氢胆固醇有限，因此日光浴不会引起维生素 D 中毒。

（三）维生素 E

维生素 E 包括生育酚和生育三烯酚两类。维生素 E 对氧十分敏感，易被氧化。

1. 来源 维生素 E 广泛存在于植物油、油性种子及麦芽中，以麦胚油、大豆油、玉米油和葵花籽油中最为丰富。

2. 生化作用及其缺乏症、中毒

(1) **抗氧化作用**：维生素 E 是体内最重要的抗氧化剂和自由基清除剂，可以对抗生物膜上的脂质过氧化所产生的自由基，保护生物膜的结构完整和功能正常。

(2) **促生育和抗不育**：雌性动物缺少维生素 E 则失去正常生育能力；雄性动物缺少维生素 E 则睾丸生殖上皮发生退行性变，伴有输精管萎缩，精子退化、尾部消失、丧失活力。临床上常用维生素 E 治疗先兆流产及习惯性流产。

(3) **其他作用**：促进血红素的合成，维生素 E 能提高血红素合成过程中的关键酶 5- 氨基酮戊酸（ALA）合酶和 ALA 脱水酶的活性，从而促进血红素的合成。在预防和治疗冠状动脉粥样硬化性心脏病、肿瘤和延缓衰老等方面具有一定的作用。

维生素 E 一般很少缺乏，毒性也较低，人类尚未发现维生素 E 中毒，但也不宜长期过量服用。

（四）维生素 K

维生素 K 有 K_1、K_2、K_3 和 K_4 四种。

1. 来源 维生素 K_1 和维生素 K_2 是天然维生素。维生素 K_1 在深绿色蔬菜（如甘蓝、菠菜、莴苣等）和动物的肝中含量丰富，维生素 K_2 由肠道细菌合成；维生素 K_3、维生素 K_4 是由人工合成的，能溶于水，可口服和注射。体内维生素 K 的储存量有限，脂质吸收障碍首先引起维生素 K 缺乏。正常成年人每日维生素 K 的需要量为 60~80μg。

2. 生化作用及其缺乏症 维生素 K 的最主要作用是促进凝血因子 Ⅱ（凝血酶原）、凝血因子 Ⅶ、凝血因子 Ⅸ、凝血因子 Ⅹ 在肝中的合成。另外，维生素 K 还可以增加骨密度，减少动脉钙化，降低动脉硬化的危险性。

维生素 K 缺乏可导致凝血时间延长，严重时引起出血。但因维生素 K 在食物中分布广泛，肠道细菌也可以合成，所以很少出现维生素 K 缺乏。但长期使用抗生素、肝功能异常及脂质吸收障碍可导致维生素 K 缺乏。

三、水溶性维生素

水溶性维生素包括 B 族维生素和维生素 C。在正常情况下，体内储存的水溶性维生素很少，必须经常从食物中摄取。

B 族维生素的共同特点

　　B 族维生素的共同特点有：①在自然界经常共同存在，最丰富的来源是酵母、蔬菜和动物肝脏；②从低等的微生物到高等动物和人类，都需要它们作为营养要素；③在生物体内主要作为辅酶或辅基参与代谢；④从化学结构上看，多数含有 N；⑤从性质上看，B 族维生素易溶于水，对酸稳定，易被碱或热破坏。

（一）B 族维生素与辅酶

　　B 族维生素的作用主要是参与构成酶的辅因子，影响酶的催化作用。

　　1. 维生素 B_1　维生素 B_1 化学结构因具有含 S 的噻唑环和含氨基的嘧啶环，故又称硫胺素（thiamine）。

　　（1）来源：主要存在于种子的外皮和胚芽中，富含维生素 B_1 的食物有瘦肉、谷类、豆类、绿叶蔬菜等。维生素 B_1 在碱性溶液中加热易被破坏，在酸性溶液中不易被破坏。正常成年人每日维生素 B_1 的需要量为 1.2~1.5mg。

　　（2）生化作用及其缺乏症：维生素 B_1 在体内磷酸化后转变为硫胺素焦磷酸（thiamine pyrophosphate，TPP）。TPP 是维生素 B_1 在体内的活性形式（图 3-11）。TPP 是 α- 酮酸脱氢酶复合物的辅酶和转酮基酶的辅酶。维生素 B_1 缺乏时 TPP 合成不足，丙酮酸和 α- 酮戊二酸的氧化脱羧以及戊糖磷酸途径发生障碍，导致糖的氧化利用受阻。维生素 B_1 缺乏可出现手足麻木、四肢无力等多发性外周神经炎的症状，严重者心跳加快、心脏扩大和心力衰竭。此外，维生素 B_1 缺乏还可以导致食欲缺乏、消化不良等消化功能障碍。

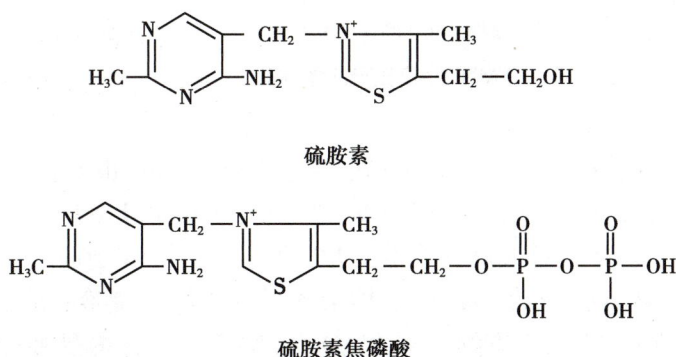

硫胺素

硫胺素焦磷酸

图 3-11　硫胺素焦磷酸

ER 3-7

脚气病与脚气

　　2. 维生素 B_2　维生素 B_2 又称核黄素（riboflavin）。体内核黄素经磷酸化作用可转变为黄素单核苷酸（flavin mononucleotide，FMN）和黄素腺嘌呤二核苷酸（flavin adenine dinucleotide，FAD）两种活性形式（图 3-12）。

　　（1）来源：维生素 B_2 在谷类、黄豆、肝、肉、蛋、奶及奶制品中含量丰富，肠道细菌也可合成。维生素 B_2 在碱性溶液中受光照射时极易被破坏，应避光保存。正常成年人每日维生素 B_2 的需要量为 1.2~1.5mg。

　　（2）生化作用及其缺乏症：FMN 和 FAD 是各种黄素酶的辅基，在三羧酸循环、氧化磷酸化、α- 酮酸脱羧、脂肪酸 β- 氧化、氨基酸脱氨、嘌呤氧化等代谢过程中起传递氢的作用。

　　维生素 B_2 对维持皮肤、黏膜和视觉的正常功能有着非常重要的作用，缺乏时主要表现为皮肤干燥、舌尖疼痛、舌乳头红肿、口角糜烂、阴囊炎、口角炎、角膜血管增生和巩膜充血等症状；幼儿缺乏可导致生长迟缓。

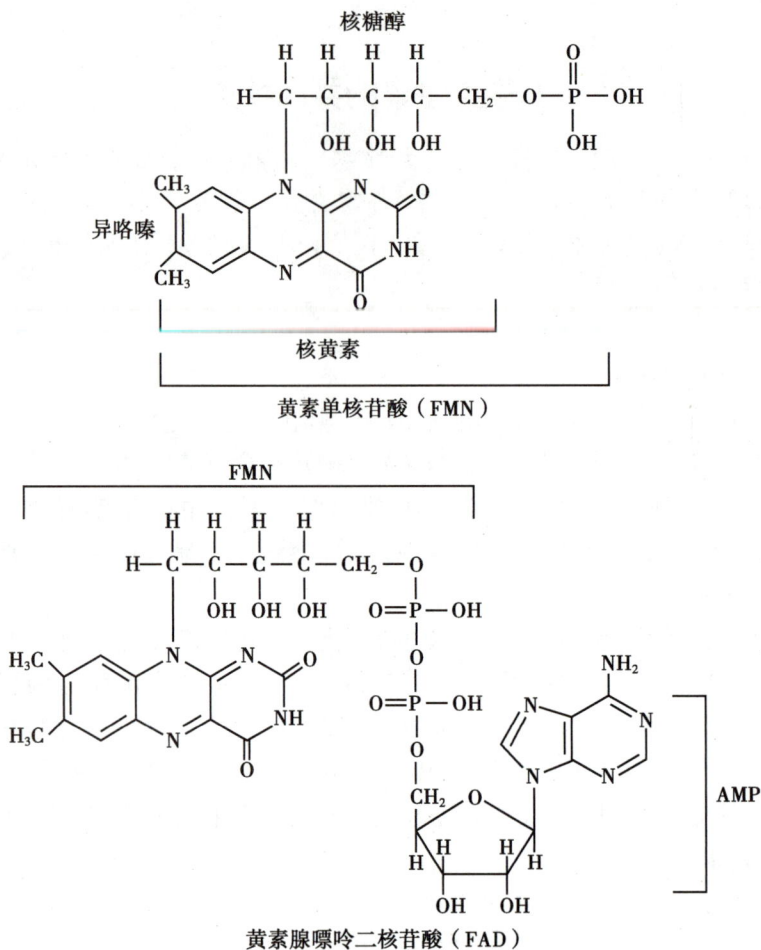

图 3-12　FMN、FAD 的化学结构

3. 维生素 PP　维生素 PP 包括烟酸（nicotinic acid）和烟酰胺（nicotinamide）。

（1）来源：维生素 PP 来源广泛，酵母、花生、谷类、豆类、肉类和动物肝中都非常丰富。其性质较稳定，不易被酸、碱及热破坏。正常成年人每日维生素 PP 的需要量为 15～20mg。

（2）生化作用及其缺乏症：维生素 PP 在体内的活性形式是烟酰胺腺嘌呤二核苷酸（NAD^+，辅酶Ⅰ）或烟酰胺腺嘌呤二核苷酸磷酸（$NADP^+$，辅酶Ⅱ）。NAD^+ 和 $NADP^+$ 在体内是多种不需氧脱氢酶的辅酶（图 3-13）。这两种辅酶结构中的烟酰胺部分具有可逆加氢和脱氢的特性，在生物氧化过程中起着递氢体和递电子体的作用，参与体内糖代谢、脂质代谢和氨基酸代谢等。

在一般饮食条件下很少发生维生素 PP 缺乏。长期单食玉米者有可能发生维生素 PP 缺乏病——糙皮病。其特征是体表暴露部分出现对称性皮炎、消化不良、精神不安等症状，严重时可出现顽固性腹泻和痴呆。痴呆是神经组织变性的结果。

4. 泛酸

（1）来源：泛酸（pantothenic acid）又称遍多酸、维生素 B_5，因其广泛存在于动植物组织而得名。

（2）生化作用及其缺乏症：泛酸在体内的活性形式是辅酶 A（coenzyme A，CoA）和酰基载体蛋白质（acyl carrier protein，ACP）。CoA 和 ACP 是各种酰基转移酶的辅酶，主要起传递酰基的作用，广泛参与糖、脂质、蛋白质代谢及肝的生物转化作用。CoA 的功能部位主要是其分子上的—SH，故常以 HSCoA 表示。由于肉、奶、鱼类、谷物等富含泛酸，人体肠道也能合成，一般不会出现缺乏症。在治疗其他 B 族维生素缺乏症时给予适量的泛酸能提高疗效。

NAD⁺的结构

NADP⁺的结构

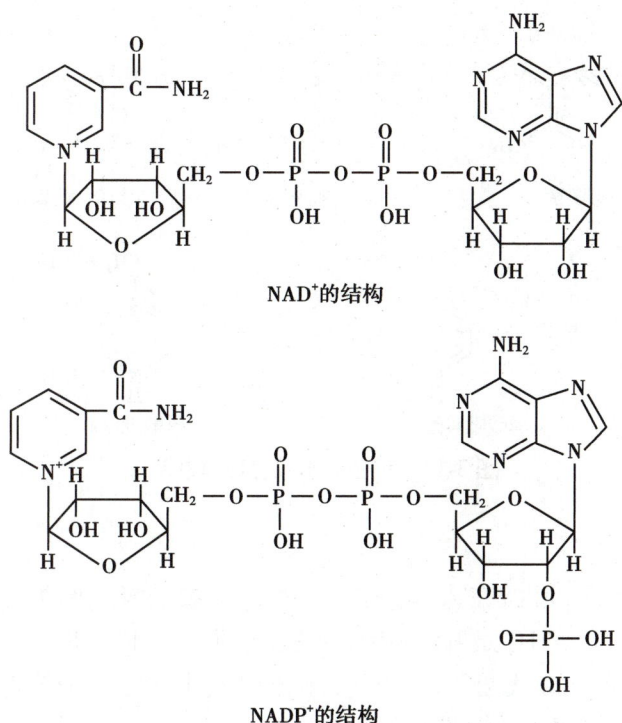

图 3-13　NAD⁺ 和 NADP⁺的结构

5. 生物素

（1）来源：生物素（biotin）又称维生素 B_7，来源广泛，肠道细菌也能合成。生物素耐酸不耐碱，高温和氧化剂可使之灭活。

（2）**生化作用及其缺乏症**：生物素作为体内多种羧化酶（如丙酮酸羧化酶、乙酰辅酶 A 羧化酶等）的辅基，在羧化反应中起 CO_2 载体的作用。

大量食用生鸡蛋清可引起生物素缺乏。新鲜鸡蛋中含有一种抗生物素蛋白，能与生物素结合而不能被吸收。蛋清加热后这种抗生物素蛋白即被破坏。长期服用抗生素可抑制肠道正常细菌生长，可造成生物素缺乏，主要表现为疲乏、恶心、呕吐、食欲缺乏、皮炎及脱屑性红皮病等。

6. 维生素 B_6

（1）来源：维生素 B_6 包括吡哆醇（pyridoxine）、吡哆醛（pyridoxal）和吡哆胺（pyridoxamine），广泛存在于动植物食品，肝、鱼、肉类、坚果、豆类、蛋黄和酵母中含量丰富，肠道细菌也可以合成。

（2）**生化作用及其缺乏症**：维生素 B_6 在体内的活性形式是磷酸吡哆醛和磷酸吡哆胺（图 3-14），两者可以相互转变。磷酸吡哆醛是氨基酸转氨酶的辅酶，具有传递氨基的作用，参与体内氨基酸代谢；是氨基酸脱羧酶的辅酶，能促进谷氨酸脱羧形成抑制性神经递质 γ- 氨基丁酸，临床上常用维生素 B_6 治疗小儿惊厥和妊娠呕吐；是血红素合成的关键酶 5- 氨基酮戊酸（ALA）合酶的辅酶，参与血红素的合成，因此缺乏维生素 B_6 可能导致铁粒幼细胞贫血。

异烟肼能与磷酸吡哆醛的醛基结合，使之失去辅酶作用，在服用异烟肼时应同时补充维生素 B_6。

7. 硫辛酸

硫辛酸在自然界分布广泛，在肝和酵母中含量最为丰富。硫辛酸是酰基载体，也是硫辛酸乙酰转移酶的辅酶，参与丙酮酸、α- 酮戊二酸的氧化脱羧反应，进而参与糖的有氧氧化。目前未见有硫辛酸缺乏症。

8. 叶酸

叶酸（folic acid）由蝶啶、对氨基苯甲酸和谷氨酸三部分组成。

（1）来源：叶酸在绿叶植物中含量十分丰富，故而得名。酵母、肝、水果和绿叶蔬菜是叶酸的主要来源。肠菌细菌也可合成叶酸。正常成年人每日叶酸的需要量为 200~400μg。

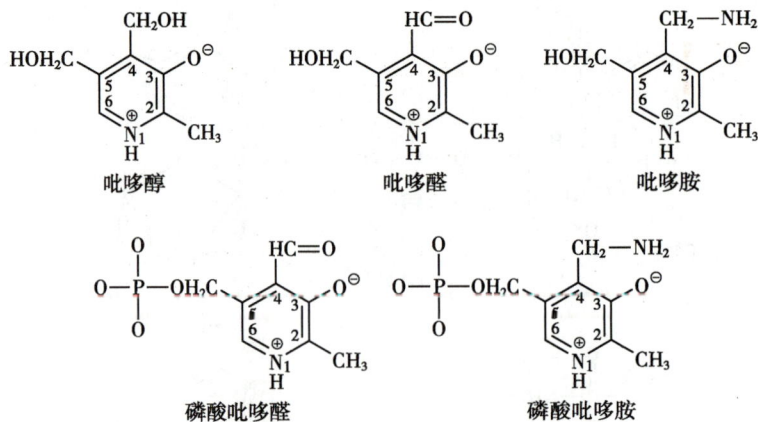

图 3-14　维生素 B_6 及其磷酸酯

（2）**生化作用及其缺乏症**：叶酸在人体小肠、肝等部位被加氢还原为二氢叶酸，再进一步还原生成 5,6,7,8- 四氢叶酸（FH_4）。FH_4 是叶酸在体内的活性形式。FH_4 是一碳单位转移酶的辅酶，在体内参与核苷酸合成及甲硫氨酸代谢等。叶酸一般不易发生缺乏。但当叶酸缺乏时，骨髓幼红细胞 DNA 合成减少，细胞分裂速度降低，造成巨幼细胞贫血。孕妇缺乏时可导致早产、先兆流产、胎儿畸形等。孕妇及哺乳期妇女应适量补充叶酸，可降低胎儿脊柱裂和神经管缺陷的危险性。

9. 维生素 B_{12}　维生素 B_{12} 又称钴胺素，是唯一含金属元素的维生素（图 3-15）。

（1）**来源**：维生素 B_{12} 主要来源于动物性食品，鱼、肉、牛奶和肝中含量丰富，肠道细菌也能合成。植物中不含维生素 B_{12}。正常成年人每日维生素 B_{12} 的需要量为 2~3μg。

（2）**生化作用及其缺乏症**：维生素 B_{12} 在体内的活性形式主要是甲钴胺素和 5′- 脱氧腺苷钴胺素。甲钴胺素是甲硫氨酸合成酶的辅酶，催化同型半胱氨酸甲基化生成甲硫氨酸。5′- 脱氧腺苷钴胺素是 L- 甲基丙二酰 CoA 变位酶的辅酶，催化琥珀酰 CoA 的生成。

长期素食或严重吸收障碍可导致维生素 B_{12} 缺乏。维生素 B_{12} 缺乏时，甲硫氨酸合成障碍，四氢叶酸不能再利用，也可导致巨幼细胞贫血。临床上采取

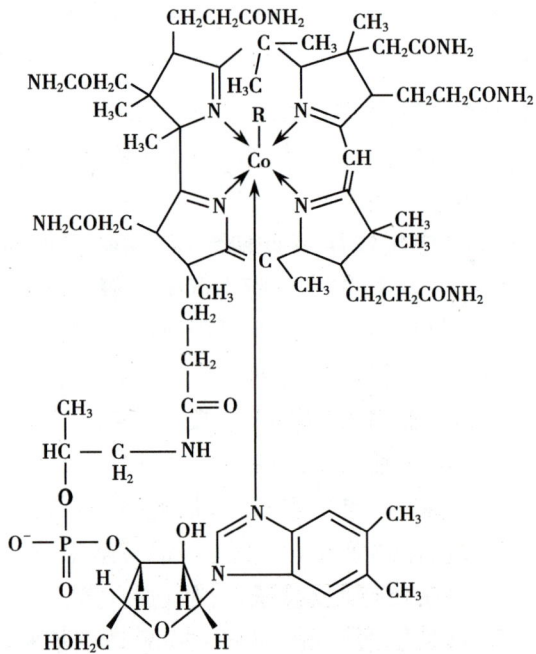

图 3-15　维生素 B_{12} 的结构

叶酸和维生素 B_{12} 联合用药的方法治疗巨幼细胞贫血。维生素 B_{12} 缺乏还可引起高同型半胱氨酸血症，进而增加动脉粥样硬化、血栓生成和高血压的危险性。此外，维生素 B_{12} 缺乏时还可引起神经脱髓鞘病变。

正常膳食者很少发生维生素 B_{12} 缺乏症。但维生素 B_{12} 的吸收需要一种由胃壁细胞分泌的高度特异的糖蛋白（内因子）和胰腺分泌的胰蛋白酶参与，因此胃和胰腺功能障碍时可引起维生素 B_{12} 的缺乏。

B 族维生素的辅酶形式、功能和缺乏症见表 3-4。

表3-4 B族维生素的辅酶形式、功能和缺乏症

维生素	活性形式	生理功能	缺乏症
维生素 B_1（硫胺素）	TPP	1. 构成 α-酮酸脱氢酶复合物的辅酶 2. 转酮基酶的辅酶 3. 抑制胆碱酯酶，影响神经传导	脚气病及胃肠功能障碍
维生素 B_2（核黄素）	FMN、FAD	构成各种黄素酶的辅基，参与体内生物氧化过程，维持皮肤、黏膜和视觉的正常功能	皮肤干燥、舌尖疼痛、舌乳头红肿、口角糜烂、阴囊炎
维生素 PP（烟酸、烟酰胺）	NAD^+、$NADP^+$	是多种不需氧脱氢酶的辅酶，参与体内生物氧化过程	糙皮病
泛酸（遍多酸）	CoA、ACP	各种酰基转移酶的辅酶，广泛参与供能物质的代谢及肝的生物转化	未见
生物素		多种羧化酶的辅基，起 CO_2 载体作用	疲乏、恶心、呕吐、食欲缺乏、皮炎及脱屑性红皮病等
维生素 B_6（吡哆醇、吡哆醛和吡哆胺）	磷酸吡哆醛、磷酸吡哆胺	氨基酸转氨酶的辅酶，氨基酸脱羧酶的辅酶，同型半胱氨酸分解代谢的辅酶	脂溢性皮炎样、口炎、舌炎、周围神经病变、铁粒幼细胞贫血等
硫辛酸	6,8-二硫辛酸	在 α-酮酸氧化作用和脱羧作用中行使偶联酰基转移和电子转移的功能	未见
叶酸	FH_4	一碳单位转移酶的辅酶，在体内参与核苷酸合成及甲硫氨酸代谢等	巨幼细胞贫血，孕妇缺乏时可出现早产、先兆流产、胎儿畸形等
维生素 B_{12}	甲钴胺素、5'-脱氧腺苷钴胺素	影响一碳单位的代谢和脂肪酸的合成	巨幼细胞贫血、高同型半胱氨酸血症、神经脱髓病变等

（二）维生素 C

维生素 C 又称抗坏血酸（ascorbic acid），呈酸性，对碱和热不稳定。抗坏血酸分子中 C_2 和 C_3 羟基可以氧化脱氢生成脱氢抗坏血酸，后者又可接受氢再还原成抗坏血酸。

1. **来源** 维生素 C 存在于新鲜蔬菜和水果中。长时间储存的水果和蔬菜中的维生素 C 会被抗坏血酸氧化酶氧化，含量大大减少。正常成年人每日维生素 C 的需要量为 60mg。

2. **生化作用及其缺乏症**

（1）维生素 C 是一些羟化酶的辅酶，参与体内多种羟化反应。如胶原蛋白的生成、胆固醇的转化、许多有机药物或毒物的生物转化等，都需要羟化作用才能完成。缺乏维生素 C 会影响胶原蛋白的合成，导致坏血病，表现为毛细血管脆性增强、易破裂、牙龈糜烂、皮下出血点或紫癜等。维生素 C 缺乏还可影响胆固醇转化，使体内胆固醇增加，发生动脉粥样硬化的风险增大。

（2）维生素 C 是重要的抗氧化剂，其抗氧化作用主要体现在：①在谷胱甘肽还原酶的作用下，促使氧化型谷胱甘肽（GSSG）转变为还原型谷胱甘肽（GSH），起到解毒和保护细胞膜的作用；②可使肠道内 Fe^{3+} 还原成 Fe^{2+}，促进铁的吸收；③使体内的 Fe^{3+} 还原，促进血红素的合成；④还原高铁血红蛋白，使之恢复运氧能力。

（3）维生素 C 可促进抗体的合成，还可增加淋巴细胞的增殖和趋化，从而增强机体免疫力。

思考题

1. 患儿，女性，4岁。身体消瘦，四肢皮肤干燥、苍白、毛囊粗大，平时爱揉眼睛，晚上看不清东西，还经常感冒。

请思考：

(1) 该患儿可能患有哪种疾病？

(2) 为预防和治疗该病，应该补充哪些食品？

2. 患者，男性，42岁。酒后出现上腹部疼痛2天，疼痛部位在剑突下，有烧灼感并伴有恶心，类似症状最早出现在半年前，但因进食后缓解而未引起重视。胃镜检查确诊为十二指肠溃疡，幽门螺杆菌阳性。治疗方案为：①根除幽门螺杆菌感染；②抑制胃酸分泌；③保护胃黏膜。医生建议该患者规律生活，精神放松，饮食定时定量，避免刺激性大的食物如浓茶、咖啡、烟酒等。

请思考：

(1) 胃酸和胃蛋白酶在十二指肠溃疡发生中的作用是什么？

(2) 十二指肠溃疡治疗中抑制胃酸分泌的目的是什么？

ER 3-8

练习题

（段正秀）

第四章 ｜ 生物氧化

ER 4-1
教学课件

ER 4-2
思维导图

学习目标

1. 掌握：生物氧化的概念；氧化呼吸链的概念、组成成分；两条氧化呼吸链的名称及意义；氧化磷酸化的概念及影响因素；氧化磷酸化偶联部位与生成 ATP 数。

2. 熟悉：生物氧化的意义、方式及特点；氧化呼吸链中酶复合体的功能；两条氧化呼吸链的排列方式；线粒体外 NADH 进入线粒体的两种穿梭机制的名称及意义。

3. 了解：参与生物氧化的酶类；氧化磷酸化偶联机制；单加氧酶体系、抗氧化酶体系及其作用。

4. 能够运用生物氧化知识解释 CO 中毒等临床症状的生化机制，进行健康教育宣传。

5. 具有自我保护的安全意识和人文关怀的职业素质。

糖、蛋白质、脂质等营养物质在生物体内氧化分解生成 CO_2 和 H_2O 并释放能量的过程称为生物氧化（biological oxidation）。本章主要介绍线粒体内产生能量的氧化过程，即营养物质氧化产能的过程。

第一节 生物氧化的概述

一、生物氧化的意义与方式

生物体每天要从外界摄入糖、脂质和蛋白质等营养物质，这些营养物质在体内经氧化分解，最终生成 CO_2 和 H_2O，并逐步释放能量，其中一部分能量以底物水平磷酸化和氧化磷酸化的方式转化到 ATP 分子中，供机体肌肉收缩、物质转运、化学合成等各种生命活动的需要。由此可见，生物氧化的主要意义是为机体产能。生物氧化在活细胞的线粒体内进行，消耗氧生成 CO_2，与细胞呼吸有关，故又称细胞呼吸或组织呼吸。

生物氧化的方式包括加氧、脱氢及失电子，其中以脱氢、失电子为主。

二、生物氧化的特点

生物氧化遵循自然界氧化还原的一般规律，同种物质在体内外氧化的终产物是相同的（都是 CO_2 和 H_2O），释放的能量是相等的。但生物氧化又有与体外氧化显著不同的特点：①氧化过程在体温和近中性 pH 的温和环境中进行；②氧化过程由一系列酶促反应逐步完成，并伴随能量逐步释放；③终产物中的 H_2O 由物质代谢脱下的氢经呼吸链传递给氧而生成，CO_2 由物质代谢生成的中间产物有机酸经脱羧反应生成。

三、生物氧化的酶类

参与生物氧化的酶主要是不需氧脱氢酶类。依据辅因子不同，该类酶可分为两类：一类是以

NAD$^+$ 或 NADP$^+$ 为辅酶的不需氧脱氢酶,如乳酸脱氢酶、苹果酸脱氢酶等;另一类是以 FMN 或 FAD 为辅基的不需氧脱氢酶,如琥珀酸脱氢酶、脂酰 CoA 脱氢酶等。当生物体进行有氧呼吸时,物质经脱氢反应生成的氢原子(2 个氢质子和 2 个电子)被 NAD$^+$ 和 FAD 接受生成 NADH+H$^+$ 和 FADH$_2$,再通过一系列酶促反应逐步将电子传递给氧,最终使氢质子与氧结合生成水,并产生 ATP。

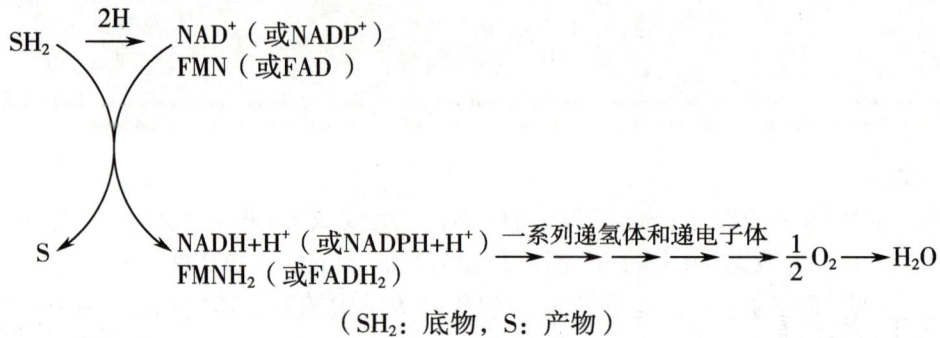

SH$_2$ $\xrightarrow{2H}$ NAD$^+$ (或NADP$^+$) FMN (或FAD)

S → NADH+H$^+$ (或NADPH+H$^+$) FMNH$_2$ (或FADH$_2$) $\xrightarrow{\text{一系列递氢体和递电子体}}$ → → → → $\frac{1}{2}$O$_2$ → H$_2$O

(SH$_2$:底物,S:产物)

除此之外,生物体内参与氧化的酶类还包括氧化酶类、需氧脱氢酶类、加氧酶类(包括单加氧酶和双加氧酶)、过氧化物酶类(包括过氧化氢酶和过氧化物酶)等,这些酶与 ATP 的生成无关,但在体内尿酸生成、生物转化、抗氧化等代谢途径中发挥重要作用。

第二节 生成 ATP 的生物氧化体系

情景导入

患者,女性,35 岁。在家里洗澡时突然晕倒,家人发现后意识到患者可能是 CO 中毒,迅速打开门窗,将该患者紧急送医就诊。医生立即给予患者吸氧等抢救措施。实验室检查:血碳氧血红蛋白高于 30%。诊断为中度 CO 中毒。经抢救,患者意识恢复。

试问:
1. 试解释 CO 中毒的相关机制。
2. CO 中毒的家庭救治方法有哪些?
3. 生活中如何避免 CO 中毒?

生成 ATP 的生物氧化体系主要存在于线粒体内,包括氧化呼吸链和氧化磷酸化两个过程。

一、氧化呼吸链

(一)氧化呼吸链的概念

线粒体内膜上存在一系列具有递氢或递电子作用的酶和辅酶复合体,它们按一定顺序排列,可将代谢物脱下的成对氢原子(2H)逐步传递给氧生成水,并释放能量。这种在线粒体内膜上具有递氢和递电子的酶和辅酶复合体所构成的连锁反应体系称为氧化呼吸链(oxidative respiratory chain),其中传递氢的酶或辅酶称为递氢体,仅能传递电子的酶或辅酶称为递电子体。由于递氢过程也能传递电子,因此氧化呼吸链又称电子传递链(electron transport chain)。

(二)氧化呼吸链的主要组分

目前已发现参与构成氧化呼吸链的递氢体和递电子体有 20 余种,大体上可归纳为五类:

1. 烟酰胺核苷酸 烟酰胺核苷酸包括 NAD$^+$(辅酶 I,Co I)和 NADP$^+$(辅酶 II,Co II)。因它们分子中的烟酰胺部分(维生素 PP)能可逆地加氢和脱氢,使 NAD$^+$ 和 NADP$^+$ 分别具有递氢和供氢的作用。但只有 NAD$^+$ 作为递氢体能够参与氧化呼吸链组成。

需要说明的是，烟酰胺接受氢后，只能接受一个氢原子和一个电子，将另一个质子（H$^+$）游离出来，因此将还原型的 NAD$^+$ 和 NADP$^+$ 分别写成 NADH+H$^+$ 和 NADPH+H$^+$（图 4-1）。

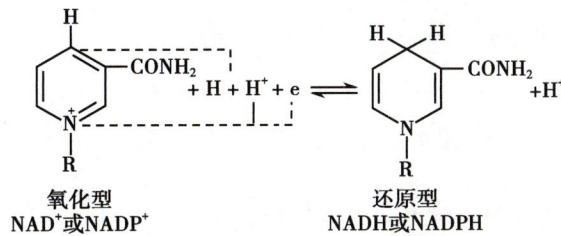

图 4-1　NAD$^+$ 及 NADP$^+$ 的加氢和脱氢反应

2. 黄素蛋白　黄素蛋白又称黄素酶，是一类以 FMN 和 FAD 为辅基的脱氢酶。FMN 和 FAD 分子中都含有核黄素（维生素 B$_2$），其异咯嗪环的 N^1 和 N^{10} 能可逆地进行加氢或脱氢反应，故 FMN 和 FAD 是氧化呼吸链中的递氢体。FMN 和 FAD 接受氢后生成还原型的 FMNH$_2$ 和 FADH$_2$（图 4-2）。

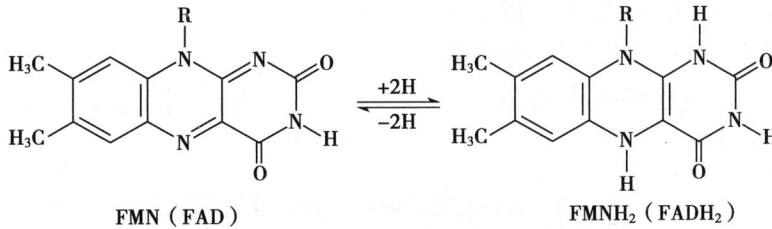

图 4-2　FMN 及 FAD 的加氢和脱氢反应

3. 泛醌　泛醌又称辅酶 Q（coenzyme Q，CoQ 或 Q），是一类小分子、脂溶性醌类化合物。泛醌结构中含有由多个异戊二烯单位相接而成的侧链。不同来源的泛醌其侧链的异戊二烯单位的数目不同，人和哺乳动物的 CoQ 因其侧链由 10 个异戊二烯单位组成，故用 CoQ$_{10}$（Q$_{10}$）表示。泛醌分子中的苯醌结构能可逆地加氢和脱氢，故泛醌也是氧化呼吸链的递氢体。

泛醌接受一个电子和一个质子还原成半醌，再接受一个电子和一个质子还原成二氢泛醌，后者又可脱去电子和质子而被氧化恢复为泛醌（图 4-3）。

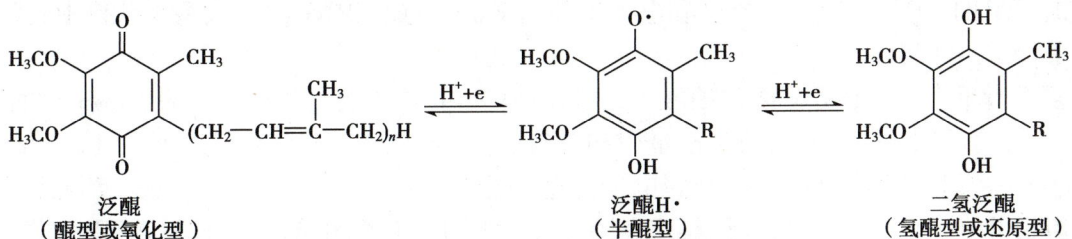

图 4-3　泛醌的加氢和脱氢反应

4. 铁硫蛋白　铁硫蛋白又称铁硫中心，是一类分子中含有等量铁原子和硫原子（Fe$_2$S$_2$，Fe$_4$S$_4$）的蛋白质，通常简写为 FeS 或 Fe-S（图 4-4）。Fe-S 通过其中的铁原子和半胱氨酸残基的 S 原子相连，铁原子可以通过二价和三价形式的相互转变传递电子，故 Fe-S 是氧化呼吸链中的递电子体。在呼吸链中，铁硫蛋白常与其他递氢体和递电子体构成复合体，复合体中的铁硫蛋白是传递电子的反应中心。

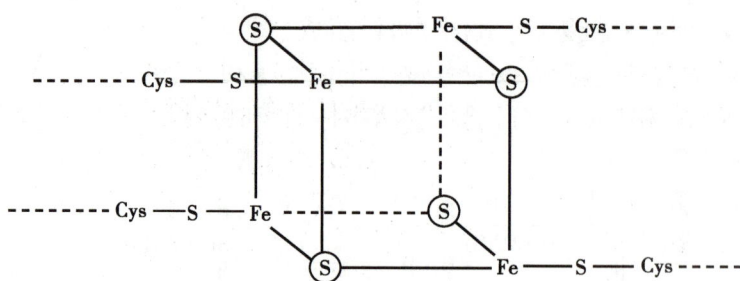

图 4-4　铁硫蛋白的结构示意图

5. 细胞色素　细胞色素(cytochrome, Cyt)是细胞内一类含血红素样辅基(铁卟啉)的蛋白质,可通过 $Fe^{2+} \leftrightarrow Fe^{3+} + e^-$ 反应传递电子,因此是氧化呼吸链中的递电子体。因细胞色素均具有特殊的吸收光谱而能呈现颜色,故而得名。细胞色素根据吸收光谱和最大吸收波长的不同可分为 Cyta、Cytb、Cytc 三类,每一类中又可分出诸多亚类。氧化呼吸链内主要含有 Cytb、$Cytc_1$、Cytc、Cyta 和 $Cyta_3$。由于 Cyta 和 $Cyta_3$ 结合紧密,不易分开,常称为 $Cytaa_3$。

氧化呼吸链中细胞色素传递电子的顺序是 $Cytb \rightarrow Cytc_1 \rightarrow Cytc \rightarrow Cytaa_3$,最后由 $Cytaa_3$ 将电子传递给氧,使氧激活成氧离子(O^{2-}),故将 $Cytaa_3$ 称为细胞色素 c 氧化酶。细胞色素 c 氧化酶以铜原子为辅基,故也可通过 Cu^+ 和 Cu^{2+} 的相互转变传递电子。

(三)氧化呼吸链中的酶复合体及功能

实验证明,氧化呼吸链的各种组分在线粒体内膜上大多是以酶复合体的形式存在并协同发挥传递氢和电子作用的(表 4-1)。

表 4-1　人线粒体呼吸链复合体及其作用

复合体	酶	辅基	主要作用
复合体 I	NADH-泛醌还原酶	FMN, Fe-S	将 NADH 的氢原子传递给泛醌
复合体 II	琥珀酸-泛醌还原酶	FAD, Fe-S	将琥珀酸中的氢原子传递给泛醌
复合体 III	泛醌-细胞色素 c 还原酶	血红素 b、c_1, Fe-S	将电子从还原性泛醌传递给细胞色素 c
复合体 IV	细胞色素 c 氧化酶	血红素 aa_3, Cu	将电子从细胞色素 c 传递给氧

1. 复合体 I　复合体 I 又称 NADH-泛醌还原酶,主要功能是将电子从 NADH 传递给泛醌。人复合体 I 含有以 FMN 为辅基的黄素蛋白和铁硫蛋白。大多数代谢物脱下的氢由 NAD^+ 接受,形成还原型的 $NADH + H^+$,后者将氢质子和电子传递给 FMN 生成 $FMNH_2$,经一系列铁硫中心的作用,再将电子传递给泛醌。

2. 复合体 II　复合体 II 又称琥珀酸-泛醌还原酶,主要功能是将电子从琥珀酸传递给泛醌。人复合体 II 含有以 FAD 为辅基的黄素蛋白和铁硫蛋白,琥珀酸等代谢物脱氢后由 FAD 接受生成 $FADH_2$,经一系列铁硫中心的作用,再将电子传递给泛醌。

3. 复合体 III　复合体 III 又称泛醌-细胞色素 c 还原酶,主要功能是将电子从泛醌传递给 Cytc。复合体 III 含有两种 Cytb($Cytb_L$、$Cytb_H$)、$Cytc_1$ 和铁硫蛋白。其电子传递过程通过"Q 循环"实现,即递氢体泛醌与单电子传递体细胞色素之间的电子传递通过一系列复杂的电子传递过程,最终将电子传递给 Cytc。

4. 复合体 IV　复合体 IV 又称细胞色素 c 氧化酶,可将电子从 Cytc 传递给氧,使氧还原成 H_2O。复合体 IV 含有 Cu_A、Cu_B 和 $Cytaa_3$。其电子传递过程是 Cyt_C 传出电子经 Cu_A 传递给 Cyta,再到 $Cyta_3$-Cu_B。这个过程需要依次传递 4 个电子,并从线粒体基质中获得 4 个 H^+,最终将 1 分子 O_2 还原成 2 分子 H_2O。

泛醌因侧链的疏水作用，能在线粒体内膜中迅速扩散，极易从线粒体内膜分离出来，因此不包含在上述复合体中。Cytc 呈水溶性，与线粒体内膜外表面结合不紧密，极易与线粒体内膜分离，故也不包含在上述复合体中。泛醌和 Cytc 作为可移动的电子传递体与镶嵌在线粒体内膜上的复合体共同组成呼吸链。

呼吸链各复合体的位置示意图见图 4-5。

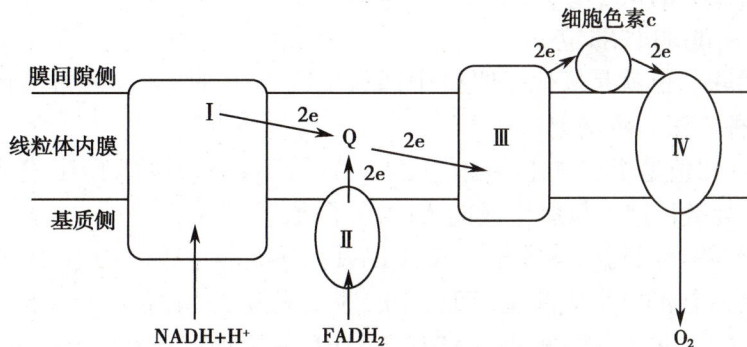

图 4-5　呼吸链各复合体的位置示意图

（四）体内两条重要的氧化呼吸链

目前认为体内氧化呼吸链有两条，即 NADH 氧化呼吸链和 $FADH_2$ 氧化呼吸链。

1. NADH 氧化呼吸链　NADH 氧化呼吸链是体内最重要的氧化呼吸链，由 NAD^+、复合体 I、泛醌（Q）、复合体 III、细胞色素 c 及复合体 IV 组成（图 4-6）。因为体内大多数脱氢酶都以 NAD^+ 为辅酶，故 NADH 氧化呼吸链可接受大多数代谢物脱下的氢。

NADH 氧化呼吸链的电子传递模式如下：

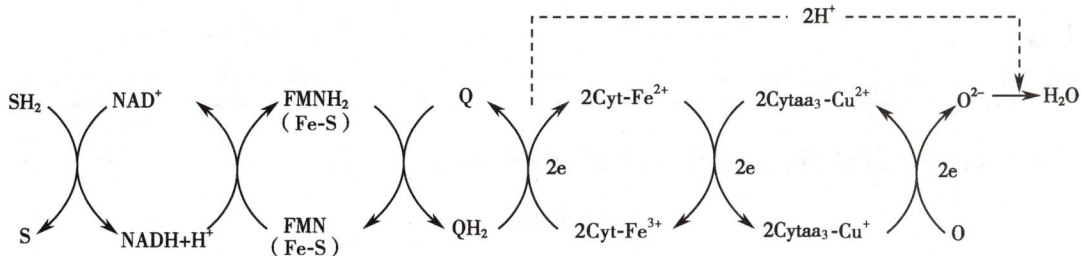

$$NADH \rightarrow 复合体 I \rightarrow Q \rightarrow 复合体 III \rightarrow Cytc \rightarrow 复合体 IV \rightarrow O_2$$

图 4-6　NADH 氧化呼吸链

2. $FADH_2$ 氧化呼吸链　$FADH_2$ 氧化呼吸链由复合体 II、Q、复合体 III、细胞色素 c 及复合体 IV 组成，主要接受琥珀酸等少数代谢物脱下的氢，故又称琥珀酸氧化呼吸链（图 4-7）。

$FADH_2$ 氧化呼吸链电子传递模式如下：

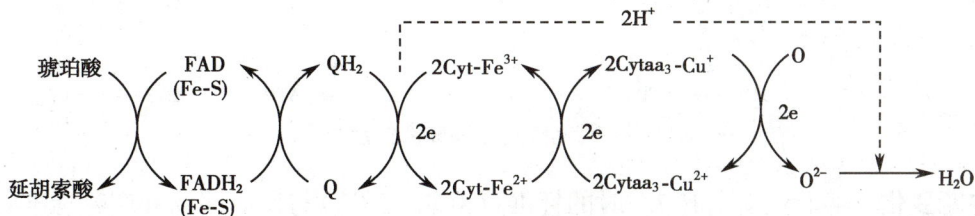

$$琥珀酸 \rightarrow 复合体 II \rightarrow Q \rightarrow 复合体 III \rightarrow Cytc \rightarrow 复合体 IV \rightarrow O_2$$

图 4-7　$FADH_2$ 氧化呼吸链

二、氧化磷酸化

（一）氧化磷酸化的概念与意义

代谢物脱下的氢经呼吸链传递给氧生成水的过程伴有能量释放，释放的能量可驱动 ADP 磷酸化成 ATP，这种脱氢氧化与 ADP 磷酸化相偶联的过程称氧化磷酸化（oxidative phosphorylation）。氧化磷酸化是体内生成 ATP 的最主要方式。

（二）氧化磷酸化的偶联部位

氧化磷酸化的偶联部位就是氧化呼吸链中偶联生成 ATP 的部位，通常由计算 P/O 比值（磷氧比）和自由能变化两种方法大致确定。

1. P/O 比值　P/O 比值是指在氧化磷酸化过程中每消耗 $1/2$ 摩尔 O_2 所生成的 ATP 的摩尔数，即一对电子通过氧化呼吸链传递给氧所生成的 ATP 分子数。

研究发现，丙酮酸等代谢物脱下的氢经 NADH 氧化呼吸链传递，P/O 比值接近 2.5，说明 NADH 氧化呼吸链可能存在 3 个 ATP 生成部位；而琥珀酸脱氢测得 P/O 比值接近 1.5，说明 $FADH_2$ 氧化呼吸链可能存在 2 个 ATP 生成部位。根据 NADH、$FADH_2$ 氧化呼吸链 P/O 比值的差异（表 4-2），提示 NADH 氧化呼吸链在 NADH→Q 之间（复合体 I）、Q→Cytc 之间（复合体 III）、Cytc→O_2 之间（复合体 IV）分别存在 1 个 ATP 生成部位。$FADH_2$ 氧化呼吸链在 Q→Cytc 之间（复合体 III）、Cytc→O_2 之间（复合体 IV）分别存在 1 个 ATP 生成部位。实验证实，一对电子经 NADH 氧化呼吸链传递，P/O 比值约为 2.5，即产生 2.5 分子 ATP；经 $FADH_2$ 氧化呼吸链传递，P/O 比值约为 1.5，即产生 1.5 分子 ATP。

表 4-2　离体线粒体的 P/O 比值

底物	呼吸的组成	P/O 比值	生成 ATP 数
β- 羟丁酸	NAD^+→FMN→CoQ→Cytc→O_2	2.4~2.8	2.5
琥珀酸	FAD→CoQ→Cytc→O_2	1.7	1.5
抗坏血酸	Cytc→$Cytaa_3$→O_2	0.88	1
细胞色素 c	$Cytaa_3$→O_2	0.61~0.68	1

体内两条氧化呼吸链的氧化磷酸化偶联部位见图 4-8。

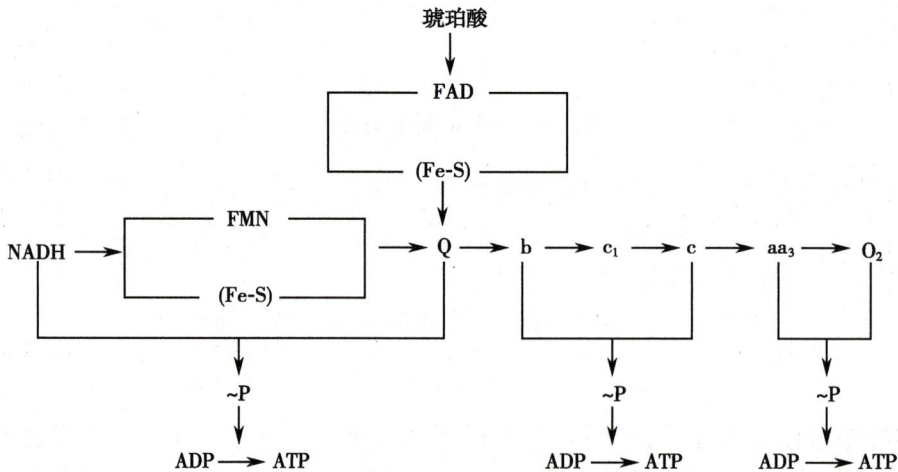

图 4-8　氧化磷酸化偶联部位示意图

2. 自由能变化　实验证明，pH 7.0 时的标准自由能（$\triangle G'^O$）与反应底物和产物标准氧化还原电位差值（$\triangle E^O$）之间存在下述关系：

$$\triangle G'^O = -nF\triangle E^O$$

式中，n 为电子转移数目，F 为法拉第常数（96.5kJ/mol·V）。

从 NAD^+ 到 CoQ 测得的电位差为 0.36V，从 CoQ 到 Cytc 为 0.19V，从 $Cytaa_3$ 到分子氧为 0.58V。计算它们相应的 $\triangle G'^O$ 分别为 −69.5kJ/mol、−36.7kJ/mol、−112kJ/mol，足以提供生成 ATP 所需的能量（生成 1 摩尔 ATP 需 30.5kJ/mol），说明复合体Ⅰ、复合体Ⅲ、复合体Ⅳ是直接产生 ATP 的部位。

电子传递链的其他部位释放的能量不足以产生 1 个 ATP，故以热能形式散发。

（三）氧化磷酸化的偶联机制

氧化磷酸化偶联的基本机制是产生跨线粒体内膜的质子梯度。1961 年，米切尔（P. Mitchell）提出的化学渗透假说阐明了氧化磷酸化的偶联机制（图 4-9），其基本要点是：电子经氧化呼吸链传递时释放能量，将 H^+ 从线粒体基质侧泵到膜间隙。由于质子不能自由穿过线粒体内膜，这样在膜内、外产生质子电化学梯度（H^+ 浓度梯度和跨膜电位差），储存电子传递时释放的能量。当质子顺浓度梯度回流时，储存的能量被 ATP 合酶利用，催化 ADP 与 Pi 合成 ATP。

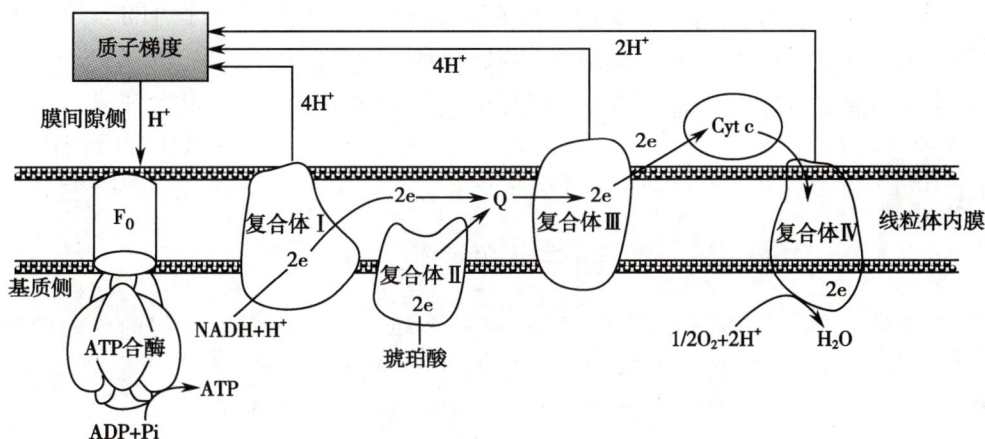

图 4-9　化学渗透假说示意图

（四）影响氧化磷酸化的因素

影响氧化磷酸化的主要因素包括细胞内 ADP 浓度和 ATP/ADP 比值、抑制剂以及甲状腺激素等。

1. 细胞内 ADP 浓度和 ATP/ADP 比值　这是体内调节氧化磷酸化最主要的因素。在正常情况下，氧化磷酸化的速度主要受细胞对能量需求的影响。当细胞内蛋白质合成等耗能代谢途径活跃时，对能量的需求增加，ATP 加快分解，导致 ADP 浓度增高，ATP/ADP 比值下降，氧化磷酸化速率加快，以补充 ATP，用于满足机体进行合成反应的需求。随着 ATP 不断合成，ADP 浓度下降，ATP/ADP 比值开始升高，当回升至正常水平后，氧化磷酸化速率也随之放慢。这种调节有利于机体合理利用体内能源物质，避免浪费。此外，ADP 和 ATP 浓度也是调节三羧酸循环、糖酵解等体内主要代谢途径的重要因素。

2. 抑制剂　一些化合物可以通过阻断或干扰氧化磷酸化过程中的某个环节，实现对氧化磷酸化的抑制作用。

（1）**呼吸链抑制剂**：可与呼吸链中的某种成分结合，进而阻断呼吸链氢和电子的传递。如鱼藤酮、粉蝶霉素 A 及异戊巴比妥等主要与复合体Ⅰ中的铁硫蛋白结合，阻断电子从铁硫中心向泛醌传递；萎锈灵、丙二酸是复合体Ⅱ的抑制剂；抗霉素 A 抑制复合体Ⅲ中的 $Cytb \rightarrow Cytc_1$ 电子传递；CN^- 可结合复合体Ⅳ中的氧化型 $Cyta_3$，阻断电子由 Cyta 传递到 $Cyta_3$；CO 与还原型 $Cyta_3$ 结合，阻断电子传递给 O_2。

CO 及其中毒机制

CO 为无色、无味、无臭的气体。凡是碳或含碳物质在缺氧时燃烧,均可产生 CO。使用柴草、煤炭、燃气时,如果通风不畅或使用不当,可增加 CO 中毒的危险。人体吸入 CO 后,一部分 CO 与血红蛋白结合形成 HbCO,引起血红蛋白氧运输量明显减少;另一部分 CO 直接与细胞线粒体内的 $Cyta_3$ 结合,抑制组织细胞内呼吸。CO 中毒时的临床表现与血中 HbCO 水平可能不一致,血浆 HbCO 水平可以为 CO 中毒诊断提供参考,但 HbCO 只有在中毒后立即测定才具有可靠的临床意义。

(2)**解偶联剂**:不阻断呼吸链中氢和电子的传递,而是抑制 ADP 磷酸化生成 ATP,即解除氧化与磷酸化之间的偶联。这样,氧化呼吸链在传递氢的过程中所释放的能量就会全部以热能的形式散失。如最早发现的解偶联剂 2,4- 二硝基苯酚可通过解偶联作用使体温升高。人、哺乳动物的棕色脂肪组织线粒体内膜中含有丰富的解偶联蛋白,可通过氧化磷酸化解偶联释放热量,这对于维持机体体温十分重要。因此,棕色脂肪组织是机体产热御寒的重要组织,对新生儿尤为重要。如果不注意保暖或周围环境温度过低,新生儿因散热过多而致使棕色脂肪耗尽,可导致新生儿硬肿病。因此,注意新生儿保暖是临床产科护理工作中一项十分重要的措施。

新生儿硬肿病

人、哺乳动物的棕色脂肪组织是机体的产热御寒组织。棕色脂肪组织的代谢是新生儿在寒冷环境中急需产热时的主要能量来源。如果周围环境温度过低,新生儿散热过多,棕色脂肪耗尽,体温下降,皮下脂肪凝固而变硬,同时低温时周围毛细血管扩张,渗透性增加,易发生水肿,从而导致新生儿硬肿病,严重者可继发肺出血、休克及多器官功能衰竭。

(3)**氧化磷酸化抑制剂**:对电子传递及 ADP 磷酸化均有抑制作用。如寡霉素可结合 ATP 合酶的 F_0 单位,阻断质子回流,抑制 ATP 合酶的活性,继而抑制 ADP 磷酸化成 ATP;同时导致线粒体内膜两侧的质子电化学梯度增高,影响质子的泵出,抑制电子传递。

抑制剂对氧化磷酸化的影响见图 4-10。

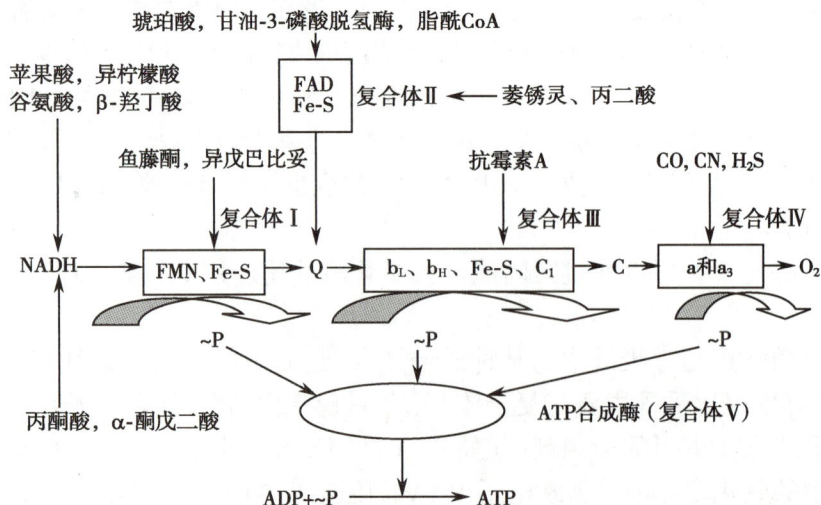

图 4-10　抑制剂对氧化磷酸化的影响

3. 甲状腺激素　甲状腺激素能诱导细胞膜上钠钾 ATP 酶的生成，此酶催化 ATP 分解，使 ADP 生成增多，线粒体中 ATP/ADP 比值减小，又会导致氧化磷酸化加速，使 ATP 生成增多。另外，甲状腺激素 T_3 还可以使解偶联蛋白基因表达增加，引起机体耗氧并产热。因此，甲状腺功能亢进患者体内甲状腺激素水平升高，导致 ATP 的生成与分解都增强，进而引起机体耗氧量和产热量均增加，表现为易激、多食、怕热、多汗、基础代谢率增高等。

知识拓展

线粒体 DNA 突变可影响机体氧化磷酸化功能

　　线粒体 DNA 呈裸露的环状双螺旋结构，缺乏蛋白质保护和损伤修复系统，容易受到损伤而发生突变，其突变率远高于核内的基因组 DNA。线粒体 DNA 突变可影响机体氧化磷酸化功能。

三、线粒体外 NADH 的转运

　　线粒体内产生的 NADH 可直接进入氧化呼吸链被氧化，但细胞质中产生的 NADH 必须通过线粒体内膜上的某种穿梭机制才能进入线粒体，然后进入氧化呼吸链被氧化。线粒体内膜上存在转运 NADH 的穿梭机制主要有甘油 -3- 磷酸穿梭和苹果酸 - 天冬氨酸穿梭两种。

（一）甘油 -3- 磷酸穿梭

甘油 -3- 磷酸穿梭机制主要存在于脑和骨骼肌中。

　　细胞质中生成的 NADH 在甘油 -3- 磷酸脱氢酶催化下，使磷酸二羟丙酮还原成甘油 -3- 磷酸，后者通过线粒体外膜，再经位于线粒体内膜的甘油 -3- 磷酸脱氢酶催化生成磷酸二羟丙酮和 $FADH_2$，磷酸二羟丙酮可再出线粒体继续下一轮穿梭，而 $FADH_2$ 则进入 $FADH_2$ 氧化呼吸链（图 4-11）。

　　由此可见，通过甘油 -3- 磷酸穿梭机制进入到线粒体中的 2H 经 $FADH_2$ 氧化呼吸链传递，可产生 1.5 分子 ATP。

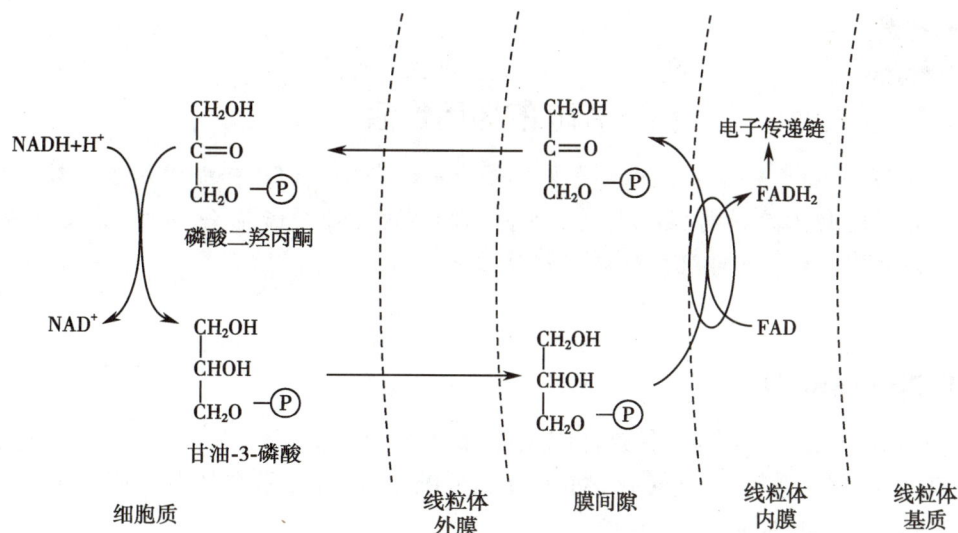

图 4-11　甘油 -3- 磷酸穿梭机制

（二）苹果酸 - 天冬氨酸穿梭

苹果酸 - 天冬氨酸穿梭机制主要存在于肝和心肌中。

细胞质中产生的 NADH 在苹果酸脱氢酶催化下，使草酰乙酸还原成苹果酸，苹果酸通过线粒体内膜上的 α-酮戊二酸转运蛋白进入线粒体内。进入线粒体的苹果酸经苹果酸脱氢酶催化生成草酰乙酸和 NADH＋H⁺，后者进入 NADH 氧化呼吸链。生成的草酰乙酸经天冬氨酸转氨酶作用生成 α-酮戊二酸和天冬氨酸，天冬氨酸借线粒体内膜上的酸性氨基酸转运蛋白运出线粒体再转变成草酰乙酸，继续进行穿梭（图 4-12）。

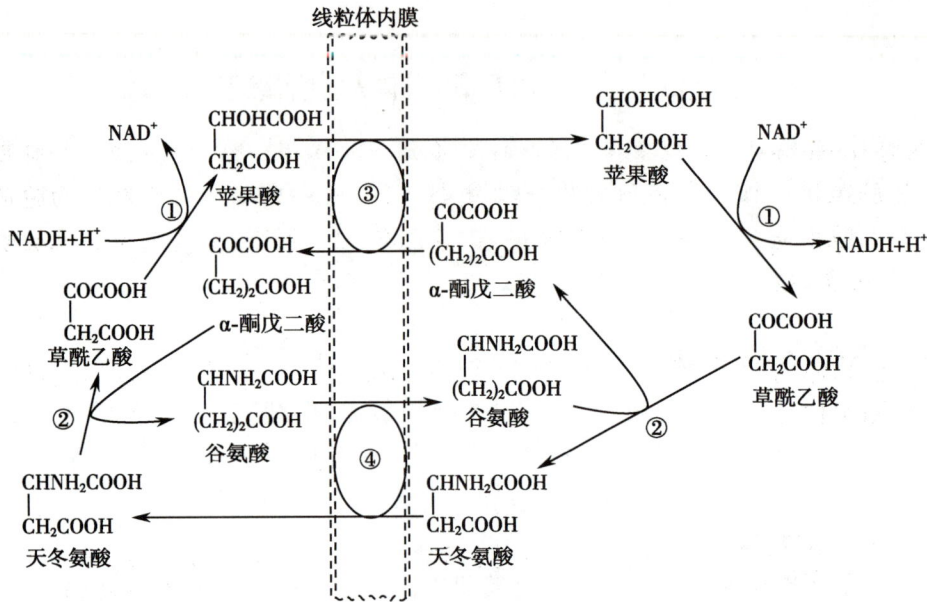

图 4-12　苹果酸 - 天冬氨酸穿梭机制
①苹果酸脱氢酶；②天冬氨酸转氨酶；③α-酮戊二酸转运蛋白；④酸性氨基酸转运蛋白。

由此可见，通过苹果酸 - 天冬氨酸穿梭机制进入到线粒体的 2H 经 NADH 氧化呼吸链传递，可产生 2.5 分子 ATP。

知识拓展

ATP 的药用价值

纯净的 ATP 为白色粉末状，能溶于水。作为一种药品，ATP 有提供能量和改善机体代谢的作用，常用于辅助治疗进行性肌萎缩、脑出血后遗症、心功能不全、心肌炎及肝炎等疾病。ATP 片剂可以口服，注射液可肌内注射或静脉滴注。

四、ATP 的转移与利用

ATP 是高能磷酸化合物，体内多数合成反应都以 ATP 为直接能源。因此，体内绝大多数高能化合物与 ATP 之间可以发生相互转化，如 UTP、CTP、GTP 通常是在核苷二磷酸激酶的催化下与 ATP 实现相互转化。其反应如下：

$$ATP + UDP \rightleftharpoons ADP + UTP$$

$$ATP + CDP \rightleftharpoons ADP + CTP$$

$$ATP + GDP \rightleftharpoons ADP + GTP$$

此外，肌肉、脑和神经等组织中存在另一种高能磷酸化合物——肌酸磷酸，与 ATP 在肌酸激酶（CK）的催化下可实现相互转化。当机体处于安静状态下，ATP 充足时，其分子中的高能磷酸键可在肌酸激酶的催化下转移给肌酸（C）生成肌酸磷酸（C~P）储存，但肌酸磷酸不能直接为机体供能。当上述组织耗能增加时，ATP 减少，ADP 增多，肌酸磷酸可将高能磷酸键转移给 ADP，生成 ATP 再被利用。

知识拓展

肌酸激酶及其临床意义

肌酸激酶（creatine kinase，CK）又称肌酸磷酸激酶，骨骼肌、心肌、平滑肌等肌肉组织含量最多，其次是脑组织，胃肠道、肺和肾等组织含量较少。肌酸激酶主要存在于细胞质和线粒体中，是一个与细胞内能量转运、肌肉收缩、ATP 再生有直接关系的重要激酶。肌酸激酶活性测定可用于骨骼肌疾病及心肌疾病的诊断。

由此可见，生物体内能量的释放、储存、转移和利用都是以 ATP 为中心，通过 ATP 与 ADP 的相互转变完成的（图 4-13）。

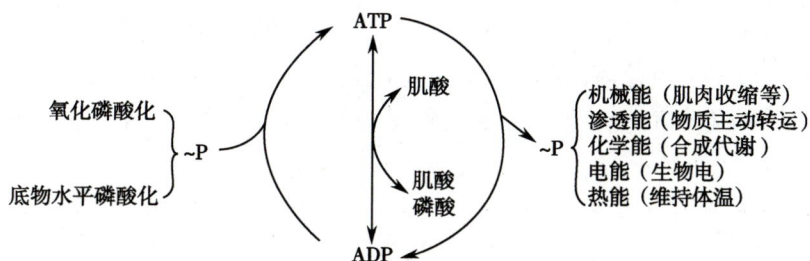

图 4-13　ATP 的生成、储存和利用示意图

第三节　非供能氧化体系

除上述生物氧化体系外，体内还存在不产生 ATP 的氧化体系。这些体系主要存在于细胞的微粒体、过氧化物酶体等部位，参与体内的生物转化、抗氧化过程。

一、单加氧酶体系

单加氧酶体系在肝及肾上腺的细胞中含量最多，由细胞色素 P450、NADPH＋H^+、NADPH-细胞色素 P450 还原酶组成。该酶可催化氧分子中的一个氧原子加在底物分子上，使底物羟化，同时催化另一个氧原子与氢（来自 NADPH＋H^+）结合生成水，故又称混合功能氧化酶或羟化酶。

$$RH + NADPH + H^+ + O_2 \longrightarrow ROH + NADP^+ + H_2O$$

单加氧酶体系催化的反应主要参与体内药物和毒物的生物转化、维生素 D_3 的活化、类固醇激素的合成、胆汁酸的合成等。

二、抗氧化酶体系

物质在体内氧化的过程中会产生一些活性氧类（reactive oxygen species，ROS），如超氧阴离子（·O_2^-）、H_2O_2、羟自由基（·OH）等。这些活性氧类可引起体内的蛋白质、DNA、脂质等生物大分子的氧化损伤,造成细胞的结构和功能受损,进而引起相应的疾病。因此,机体需通过抗氧化酶体系及时将它们清除,防止它们累积对机体造成有害影响。

(一) 超氧化物歧化酶

机体在氧化过程中产生的超氧阴离子($\cdot O_2^-$)可再接受单个电子还原生成 H_2O_2,后者可再接受单个电子还原生成羟自由基($\cdot OH$)。由此可见,清除超氧阴离子对于防御活性氧类至关重要。

超氧化物歧化酶(superoxide dismutase,SOD)是人体防御内外环境中超氧阴离子损伤的重要酶,可催化($\cdot O_2^-$)生成 O_2 和 H_2O_2,后者可被过氧化氢酶分解。

$$2\cdot O_2^- + 2H^+ \xrightarrow{\text{SOD}} H_2O_2 + O_2$$

SOD 是一组金属酶,哺乳动物细胞中有 3 种同工酶。在真核生物细胞质中存在 Cu,Zn-SOD,其活性中心中含 Cu^{2+}、Zn^{2+};线粒体内存在 Mn-SOD,其活性中心中含 Mn^{2+}。

体内其他自由基清除剂有维生素 C、维生素 E、维生素 A、泛醌等,它们共同组成人体抗氧化体系。

(二) 过氧化物酶体氧化体系

过氧化物酶体氧化体系的主要作用是清除过氧化氢(H_2O_2),包括过氧化氢酶和过氧化物酶。

1. 过氧化氢酶 过氧化氢酶又称触酶,其辅基含有 4 个血红素,催化反应如下:

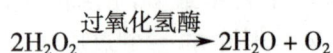

$$2H_2O_2 \xrightarrow{\text{过氧化氢酶}} 2H_2O + O_2$$

2. 过氧化物酶 过氧化物酶以血红素为辅基,利用 H_2O_2 直接氧化酚类或胺类化合物,同时将 H_2O_2 还原成 H_2O,催化的反应如下:

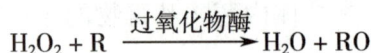

$$H_2O_2 + R \xrightarrow{\text{过氧化物酶}} H_2O + RO$$

虽然 H_2O_2 对机体有一定的危害,但也可被机体利用。如甲状腺细胞中产生的 H_2O_2 可使 $2I^-$ 氧化成 I_2,促使酪氨酸碘化生成甲状腺激素;粒细胞和吞噬细胞产生的 H_2O_2 可杀死吞噬的细菌。

思考题

1. 患者，女性，52岁。晨起被发现昏迷不醒，未见呕吐，房间密闭，有一煤火炉。高血压病史5年，无肝、肾和糖尿病病史，无药物过敏史。初步诊断为CO中毒。

问题：

（1）简要阐述CO通过抑制机体氧化呼吸链使机体中毒的机制。

（2）除CO外，还有哪些抑制剂能抑制氧化磷酸化？简要说明其各自的抑制机制。

2. 某新生儿近日发现皮肤变硬并伴对称性水肿，指压呈凹陷性。入院询问病史得知，患儿洗澡后出现上述症状。通过一系列检查，初步诊断为新生儿硬肿病。

问题：

（1）试从病史分析该患儿发生新生儿硬肿病的原因。

（2）请解释新生儿硬肿病发生的生化机制。

（3）从事新生儿护理工作中应注意什么？

ER 4-3

练习题

（文 程）

第五章 | 糖 代 谢

ER 5-1  ER 5-2
教学课件　　思维导图

学习目标

1. 掌握：糖各条代谢途径的概念、反应部位、关键酶及生理意义。
2. 熟悉：糖各条代谢途径的基本反应过程及反应特点；血糖恒定的意义及调节。
3. 了解：糖各条代谢途径的调节；糖代谢紊乱引起的各种疾病的临床表现、生化机制及护理要点。
4. 能够运用糖代谢知识分析解释糖尿病等疾病的生化机制，进行健康教育宣传。
5. 具有严谨求实、关爱患者的职业素养。

糖是自然界最丰富的物质之一，广泛存在于动植物中。食物中的糖类主要是淀粉。淀粉被消化后以葡萄糖（glucose，G）的形式吸收入血液，成为血糖的主要来源。血糖随血液流经全身各组织，被摄取后发挥作用。

第一节　糖的概述

一、糖的生理功能

（一）氧化供能

糖是人体所需的一类重要营养物质，主要生理功能是为机体生命活动提供能量。维持人体生命活动所需能量的 50%~70% 来自糖的氧化分解。1mol 葡萄糖在体内彻底氧化可释放 2 870kJ（685.62kcal）的能量，其中约 34% 转变为 ATP，供机体各种生命活动使用。

（二）维持血糖水平

糖在体内的储存形式是糖原。血糖升高时糖原生成降低血糖，血糖降低时糖原分解补充血糖，以维持血糖水平的恒定。血糖的恒定可保证脑等重要器官的能量供应。

（三）提供合成原料

糖分解代谢的中间产物可作为合成其他物质的原料。如糖的代谢产物可转变生成脂肪酸和甘油磷酸，进而合成脂肪；糖还可转变为某些氨基酸以及参与核苷酸的合成等。

（四）参与构成组织细胞

糖是组成机体组织细胞的重要成分。例如，结缔组织、软骨、骨基质中含糖蛋白或蛋白聚糖，神经组织和生物膜中含糖脂等。

（五）其他功能

糖还参与构成某些具有特殊功能的物质，如某些激素、酶、免疫球蛋白、血型物质、凝血因子等。

糖的分类

　　糖按化学组成可分为单糖、寡糖、多糖和结合糖。单糖是指在温和条件下不能再水解的糖，常见的单糖有葡萄糖、果糖、半乳糖等。寡糖是指能够水解产生2~10个单糖分子的糖，常见的有蔗糖、麦芽糖、乳糖等。多糖是指能够水解产生10个以上单糖分子的糖，主要有淀粉、纤维素、糖原等。结合糖是指糖与脂质或蛋白质等结合形成的糖，主要有糖脂、糖蛋白、蛋白聚糖等。

二、糖的消化吸收

　　人体主要从食物中获取糖类物质，经消化吸收后进入组织细胞，以满足机体多种生理活动的需要。

（一）糖的消化

　　食物中可被机体分解利用的糖类有植物淀粉、动物糖原以及麦芽糖、蔗糖、乳糖等；纤维素不能被消化，但有刺激肠道蠕动的作用，也是维持健康的必需营养素。

　　食物中的糖类以淀粉为主，其消化从口腔开始，主要在小肠进行，由淀粉酶等逐步水解生成葡萄糖而被吸收；肠黏膜细胞含有蔗糖酶和乳糖酶等，可分别水解蔗糖和乳糖。有些人缺乏乳糖酶，在食用牛奶后发生乳糖消化吸收障碍而引起腹胀、腹泻等症状，称为乳糖不耐受。

（二）糖的吸收

　　糖类被消化成单糖后才能在小肠被吸收。如糖的主要消化产物葡萄糖需依赖小肠黏膜细胞上的 Na^+ 依赖型葡萄糖转运蛋白（sodium-dependent glucose transporter，SGLT）吸收入血，经血液循环供身体各组织细胞摄取利用。

三、糖代谢的概况

　　消化吸收入血的葡萄糖是血糖的主要来源。血糖浓度正常时，机体主要依赖糖的氧化分解供应能量。当无氧或氧供不足时，葡萄糖经无氧氧化生成乳酸并释放少量能量。当氧供充足时，葡萄糖进行有氧氧化生成 CO_2 和 H_2O 并释放大量能量。当血糖升高时，葡萄糖合成糖原储存；血糖降低时，肝糖原分解补充血糖。血糖还可由非糖物质经糖异生补充，从而维持血糖的恒定。此外，糖通过戊糖磷酸途径为机体提供两种具有重要功能的物质，即核糖-5-磷酸和NADPH。糖代谢概况见图5-1。

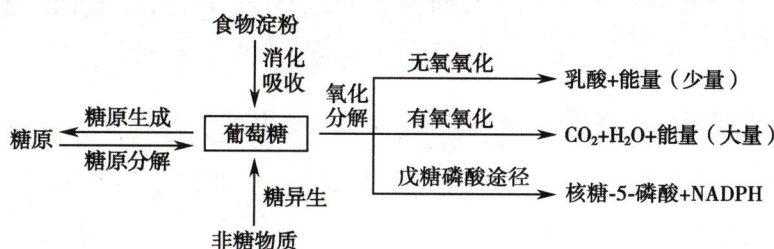

图 5-1　糖代谢的概况

第二节　糖的分解代谢

　　葡萄糖的分解代谢途径有三条：①糖的无氧氧化；②糖的有氧氧化；③戊糖磷酸途径。

一、糖的无氧氧化

葡萄糖或糖原在无氧或氧供不足的条件下分解生成乳酸并释放少量能量的过程称为糖的无氧氧化（anaerobic oxidation）。糖的无氧氧化在全身各组织细胞中均可进行，其亚细胞定位在细胞质。

（一）反应过程

糖的无氧氧化的反应过程分为三个阶段：第一阶段是耗能阶段，即葡萄糖消耗 ATP 并裂解为丙糖磷酸；第二阶段是产能阶段，即丙糖磷酸经过一系列反应转变为丙酮酸并生成 ATP；第三阶段是丙酮酸在无氧条件下加氢还原生成乳酸。

1.耗能阶段 此阶段中 1 分子葡萄糖生成 2 分子丙糖磷酸，包括磷酸化、异构化、再磷酸化和裂解四个步骤。

(1)葡萄糖磷酸化生成葡萄糖 -6- 磷酸：葡萄糖进入细胞后由己糖激酶（hexokinase，HK）催化生成葡萄糖 -6- 磷酸。此反应不可逆，是糖的无氧氧化的限速反应，消耗 1 分子 ATP。

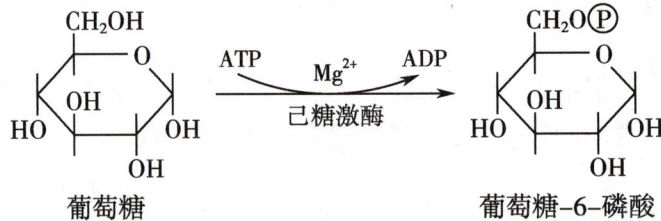

葡萄糖　　　　　　　　　　　　葡萄糖 -6- 磷酸

如果糖原发生无氧氧化，糖原的 1 个葡萄糖单位先经糖原磷酸化酶催化生成葡萄糖 -1- 磷酸，然后变位生成葡萄糖 -6- 磷酸，两步反应均不消耗 ATP。

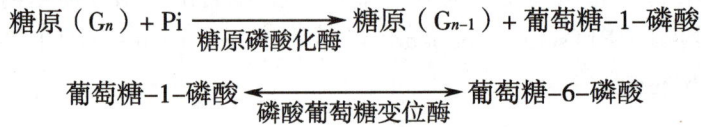

$$糖原（G_n）+ Pi \xrightarrow{\text{糖原磷酸化酶}} 糖原（G_{n-1}）+ 葡萄糖 -1- 磷酸$$

$$葡萄糖 -1- 磷酸 \xrightleftharpoons{\text{磷酸葡萄糖变位酶}} 葡萄糖 -6- 磷酸$$

知识链接

己糖激酶与葡萄糖激酶

哺乳动物体内已发现 4 种己糖激酶同工酶，分别称为Ⅰ、Ⅱ、Ⅲ、Ⅳ型。Ⅰ、Ⅱ、Ⅲ型主要存在于肝外组织，对葡萄糖的亲和力较高，在血糖浓度较低时即可发生较强的催化作用。Ⅳ型只存在于肝脏，也称为葡萄糖激酶（glucokinase，GK），对葡萄糖亲和力较低，只有当血糖水平较高时才能充分发挥催化活性。

---

(2)葡萄糖 -6- 磷酸异构生成果糖 -6- 磷酸：该反应是由己糖磷酸异构酶催化的可逆反应。

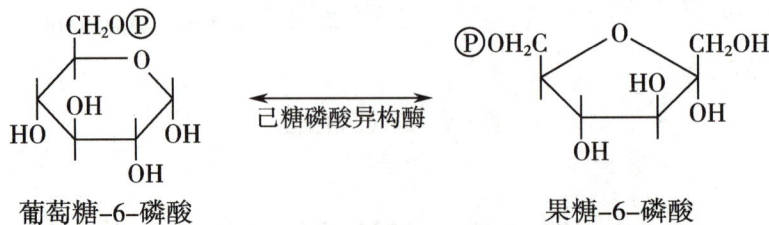

葡萄糖 -6- 磷酸　　　　　　　　　　果糖 -6- 磷酸

(3)果糖 -6- 磷酸磷酸化生成果糖 -1,6- 二磷酸：这是由磷酸果糖激酶 -1（phosphofructokinase-1，PFK-1）催化的磷酸化反应。此反应不可逆，是糖的无氧氧化的第二个限速反应，消耗 1 分子 ATP。

果糖-6-磷酸   果糖-1,6-二磷酸

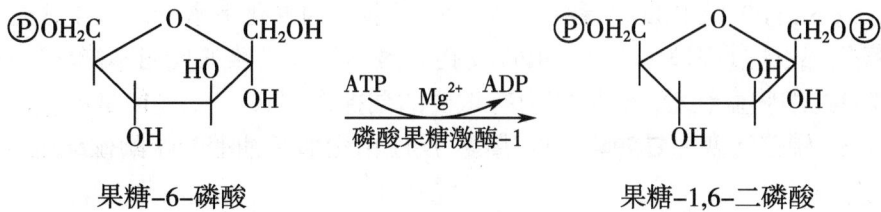

（4）**己糖磷酸裂解成 2 分子丙糖磷酸**：在醛缩酶催化下，1 分子果糖 -1,6- 二磷酸裂解成 2 分子丙糖磷酸，即 1 分子甘油醛 -3- 磷酸和 1 分子磷酸二羟丙酮，此反应是可逆的。

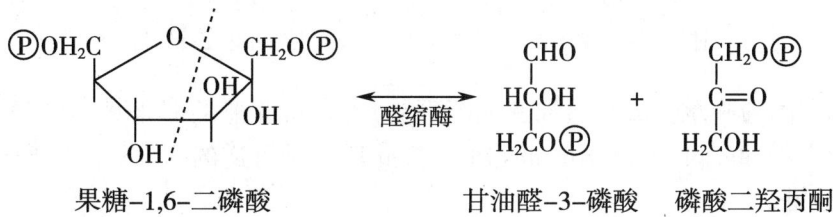

果糖-1,6-二磷酸   甘油醛-3-磷酸   磷酸二羟丙酮

甘油醛 -3- 磷酸和磷酸二羟丙酮是同分异构体，在丙糖磷酸异构酶催化下可相互转变。

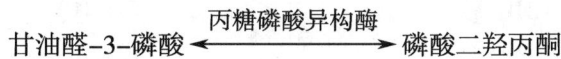

$$甘油醛-3-磷酸 \underset{丙糖磷酸异构酶}{\rightleftharpoons} 磷酸二羟丙酮$$

上述反应为糖的无氧氧化的耗能阶段，1 分子葡萄糖经过两次磷酸化，消耗 2 分子 ATP，生成 2 分子丙糖磷酸。糖原的 1 个葡萄糖单位分解生成 2 分子丙糖磷酸，只消耗 1 分子 ATP。

2. 产能阶段 此阶段中丙糖磷酸氧化为丙酮酸，主要包括一步脱氢反应和两步底物水平磷酸化反应。

（1）**甘油醛 -3- 磷酸脱氢**：在甘油醛 -3- 磷酸脱氢酶的催化下，甘油醛 -3- 磷酸脱氢磷酸化生成含有高能磷酸键的甘油酸 -1,3- 二磷酸。此反应是可逆的，脱下的氢以 NAD^+ 为受氢体生成 $NADH+H^+$。

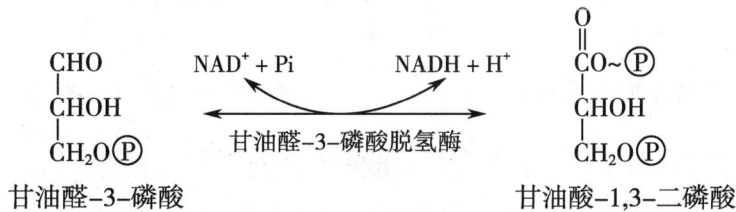

甘油醛-3-磷酸   甘油酸-1,3-二磷酸

（2）**甘油酸 -1,3- 二磷酸底物水平磷酸化**：在磷酸甘油酸激酶催化下，甘油酸 -1,3- 二磷酸将其高能磷酸键转移给 ADP，生成 ATP 和甘油酸 -3- 磷酸。此反应是可逆的，这是糖的无氧氧化过程中第一次底物水平磷酸化反应，生成 1 分子 ATP。

在物质代谢过程中，某些特殊的脱氢或脱水反应可在底物水平发生能量重新分布，生成高能化学键，此高能化学键转移给 ADP 或 GDP 磷酸化生成 ATP 或 GTP 的过程称为底物水平磷酸化（substrate level phosphorylation），是机体生成 ATP 的又一种方式。

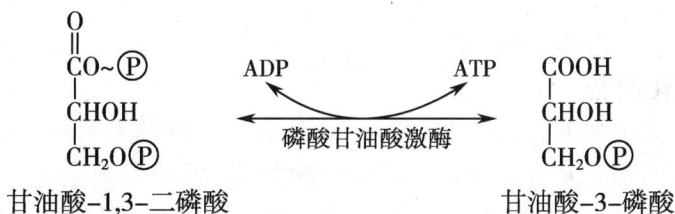

甘油酸-1,3-二磷酸   甘油酸-3-磷酸

在红细胞中，甘油酸 -1,3- 二磷酸还可在磷酸甘油酸变位酶的催化下转变成甘油酸 -2,3- 二磷酸

（2,3-bisphosphoglycerate，2,3-BPG），后者在 2,3-BPG 磷酸酶的催化下水解磷酸生成甘油酸 -3- 磷酸，继续糖的无氧氧化，故此过程被称为 2,3-BPG 支路。虽然经此支路的代谢不能净生成能量，但其中间产物 2,3-BPG 对红细胞血红蛋白运氧能力有重要的调控作用。

（3）**甘油酸 -3- 磷酸转变为甘油酸 -2- 磷酸**：反应由磷酸甘油酸变位酶催化进行。此反应是可逆的。

（4）**甘油酸 -2- 磷酸脱水生成磷酸烯醇式丙酮酸**：在烯醇化酶的催化下，甘油酸 -2- 磷酸脱水生成磷酸烯醇式丙酮酸（phosphoenolpyruvate，PEP）。此反应是可逆的，反应中分子内能量重新分布，形成一个高能磷酸键。

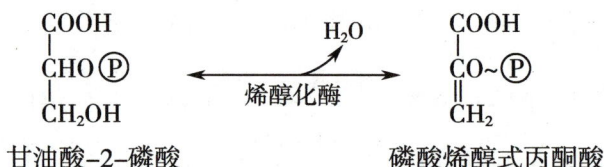

（5）**丙酮酸的生成**：在丙酮酸激酶（pyruvate kinase，PK）催化下，磷酸烯醇式丙酮酸将其高能磷酸键转移给 ADP 生成 ATP。反应中产生的烯醇式丙酮酸可自动转变为丙酮酸。此反应是不可逆的，这是糖的无氧氧化的第二次底物水平磷酸化反应，也是糖的无氧氧化的第三个限速反应。

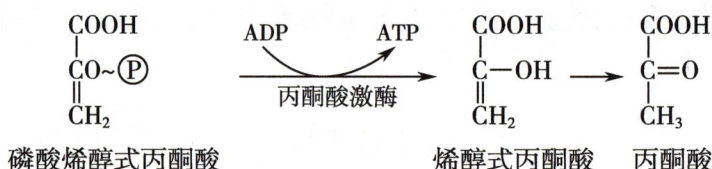

通过以上两个阶段，葡萄糖最终氧化生成丙酮酸。该过程又称糖酵解（glycolysis）。

3. 加氢还原阶段 此阶段丙酮酸还原为乳酸。

在无氧或缺氧条件下，甘油醛 -3- 磷酸脱氢产生的 $NADH + H^+$ 不能进入线粒体氧化，在乳酸脱氢酶催化下使丙酮酸还原为乳酸，同时重新生成 NAD^+，使糖酵解能够继续进行。此反应是可逆的。

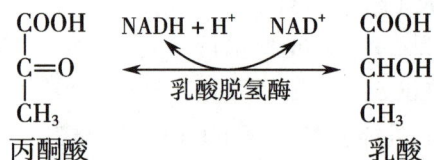

糖的无氧氧化反应的全过程见图 5-2。

（二）糖的无氧氧化特点

1. 反应过程均在细胞质中进行，没有氧的参与，故乳酸是糖的无氧氧化的必然产物。

2. 反应过程中的大多数反应是可逆的，只有己糖激酶、磷酸果糖激酶 -1 和丙酮酸激酶催化的三步反应是不可逆的，这 3 个酶是糖酵解的关键酶。其中磷酸果糖激酶 -1 的催化效率最低，是糖酵解中的限速反应。

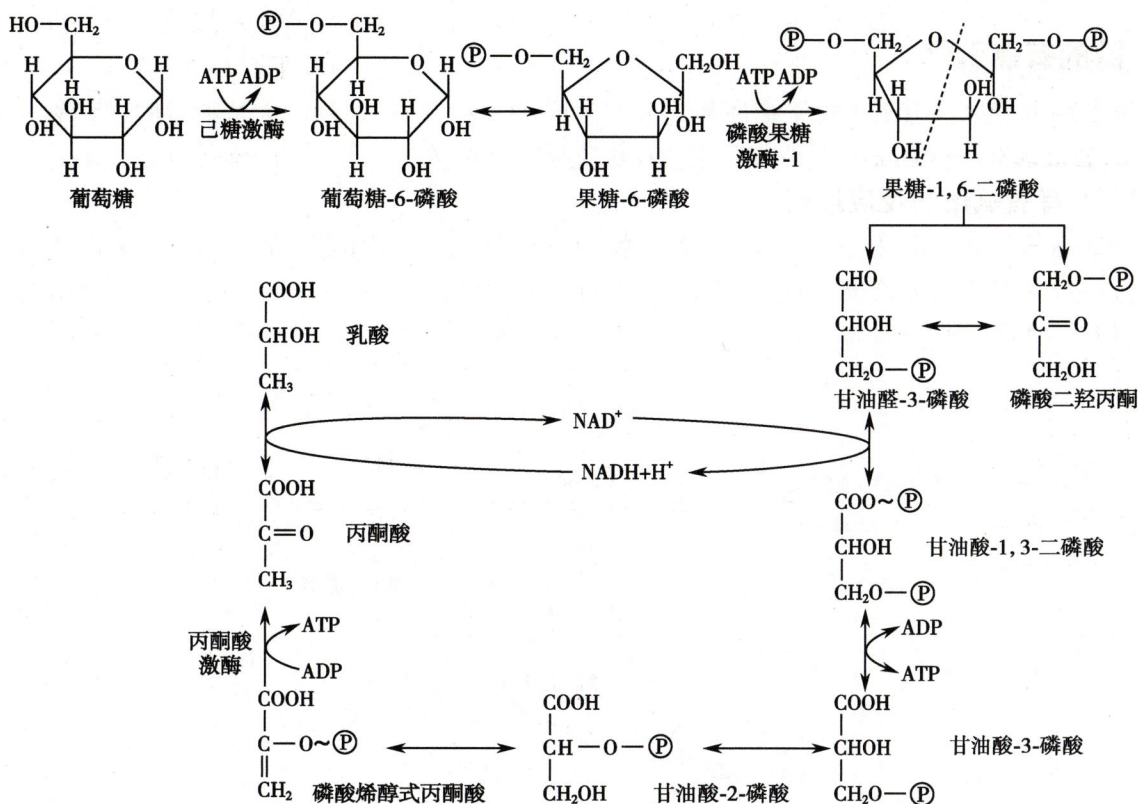

图 5-2 糖的无氧氧化反应的全过程

3. 在无氧或氧供不足条件下,葡萄糖氧化不完全,反应中释放的能量较少。1 分子葡萄糖经无氧氧化生成 2 分子乳酸,可净生成 2 分子 ATP;若从糖原开始,1 分子葡萄糖无氧氧化生成 2 分子乳酸,则净生成 3 分子 ATP。

(三) 无氧氧化的生理意义

1. 糖的无氧氧化最主要的生理意义是在无氧或氧供不足条件下为机体快速供能。例如,剧烈运动时由于肌肉供血不足,组织处于相对缺氧状态,此时运动所需的能量主要通过糖的无氧氧化获得。这对保证骨骼肌得到充足的能量供应非常重要。

2. 成熟红细胞没有线粒体,不能进行有氧氧化,所需的能量只能依赖糖的无氧氧化供应。

3. 某些特定类型或代谢比较活跃的组织细胞,如视网膜细胞、睾丸细胞、白细胞、肿瘤细胞等,即使不缺氧也常由糖的无氧氧化提供部分能量。

知识链接

高原训练运动员的生化机制

成熟红细胞中,2,3-BPG 支路生成的 2,3-BPG 可以结合血红蛋白,稳定其脱氧状态。高原地区空气中氧气浓度较低,长期处于此环境中的人体内红细胞内的 2,3-BPG 浓度会逐步增加,如此可使氧和血红蛋白释放更多的氧,以满足低氧状态下组织器官的氧气供应,所以高原居民比平原居民更能耐受低氧环境。基于此原理,在高原地区建立运动员训练基地,加强运动员在高原的训练,可提高运动员体内红细胞的 2,3-BPG 水平,增强在缺氧状态时获取氧气的能力,即高原训练可增强运动员的耐缺氧能力。

二、糖的有氧氧化

葡萄糖或糖原在有氧条件下彻底氧化分解生成 CO_2 和 H_2O，并释放大量能量的过程称为糖的有氧氧化（aerobic oxidation），其亚细胞定位在细胞质和线粒体。

（一）有氧氧化的反应过程

糖的有氧氧化可分为三个阶段：①葡萄糖或糖原转变生成丙酮酸，即糖酵解；②丙酮酸进入线粒体内氧化脱羧生成乙酰 CoA；③乙酰 CoA 进入三羧酸循环并偶联氧化磷酸化，彻底氧化生成 CO_2、H_2O 和 ATP（图 5-3）。

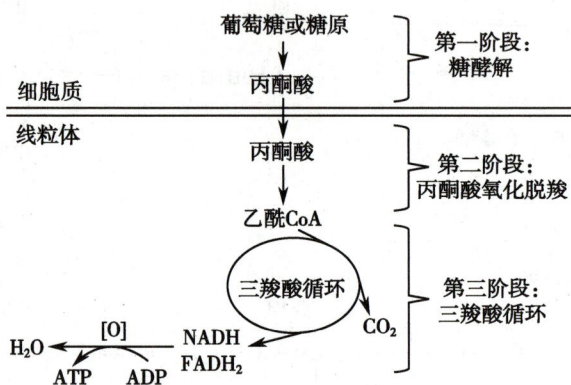

图 5-3　糖的有氧氧化的三个阶段

1. 葡萄糖或糖原氧化分解为丙酮酸　此阶段在细胞质进行，反应过程与糖酵解相同。但在有氧条件下，糖酵解过程中甘油醛 -3- 磷酸脱氢生成的 $NADH+H^+$ 经穿梭作用进入线粒体，氧化磷酸化生成 ATP；丙酮酸则进入线粒体继续氧化。

2. 丙酮酸氧化脱羧生成乙酰 CoA　细胞质中经糖酵解生成的丙酮酸进入线粒体后，在丙酮酸脱氢酶复合物（pyruvate dehydrogenase complex）催化下氧化脱羧，并与 HSCoA 结合生成含有高能硫酯键的乙酰 CoA。此反应不可逆。总反应式为：

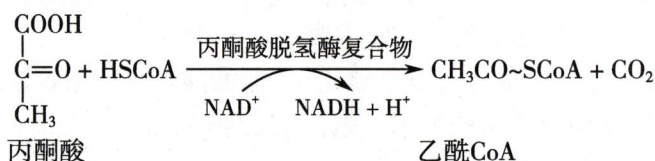

$$\underset{\text{丙酮酸}}{\begin{array}{c} COOH \\ | \\ C\!=\!O \\ | \\ CH_3 \end{array}} + HSCoA \xrightarrow[\substack{NAD^+ \quad NADH+H^+}]{\text{丙酮酸脱氢酶复合物}} \underset{\text{乙酰CoA}}{CH_3CO\!\sim\!SCoA} + CO_2$$

丙酮酸脱氢酶复合物主要由丙酮酸脱氢酶（E_1）、二氢硫辛酰胺乙酰转移酶（E_2）和二氢硫辛酰胺脱氢酶（E_3）三种酶按一定比例组合而成。此外，还有五种辅酶参与反应，即硫胺素焦磷酸（TPP）、硫辛酸、HSCoA、FAD 及 NAD^+。这五种辅酶涉及五种维生素，即维生素 B_1、硫辛酸、泛酸、维生素 B_2 和维生素 PP。

3. 乙酰 CoA 进入三羧酸循环　乙酰 CoA 经三羧酸循环、氧化磷酸化彻底氧化为 CO_2 和 H_2O，并释放大量能量，完成糖的有氧氧化。

（二）三羧酸循环

三羧酸循环（tricarboxylic acid cycle，TAC）是指从乙酰 CoA 与草酰乙酸缩合生成含有三个羧基的柠檬酸开始，经过一系列反应，重又生成草酰乙酸的过程，又称柠檬酸循环（citric acid cycle）。为纪念提出三羧酸循环学说的科学家克雷布斯（H. Krebs），这一循环反应还被称为克雷布斯循环（Krebs cycle）。三羧酸循环反应的全过程均在线粒体中进行。

1. 三羧酸循环的反应过程

(1) 乙酰 CoA 与草酰乙酸缩合为柠檬酸：该反应由柠檬酸合酶（citrate synthase）催化，缩合反应所需能量来自乙酰 CoA 中的高能硫酯键。此反应不可逆，这是三羧酸循环的第一个限速反应。

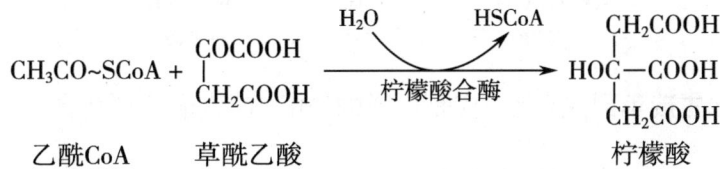

$$CH_3CO{\sim}SCoA + \begin{array}{l} COCOOH \\ | \\ CH_2COOH \end{array} \xrightarrow[\text{柠檬酸合酶}]{H_2O \quad HSCoA} \begin{array}{l} CH_2COOH \\ | \\ HOC{-}COOH \\ | \\ CH_2COOH \end{array}$$

乙酰CoA　　　草酰乙酸　　　　　　　　　　　柠檬酸

(2) 柠檬酸异构化生成异柠檬酸：此步骤分为两步可逆反应，即在顺乌头酸酶的催化下，柠檬酸先脱水生成顺乌头酸，然后再加水生成异柠檬酸。此反应是可逆的。

$$\begin{array}{l} CH_2COOH \\ | \\ HOC{-}COOH \\ | \\ CH_2COOH \end{array} \underset{\text{顺乌头酸酶}}{\overset{H_2O}{\rightleftharpoons}} \begin{array}{l} CHCOOH \\ \| \\ C{-}COOH \\ | \\ CH_2COOH \end{array} \underset{\text{顺乌头酸酶}}{\overset{H_2O}{\rightleftharpoons}} \begin{array}{l} HOCHCOOH \\ | \\ CH{-}COOH \\ | \\ CH_2COOH \end{array}$$

柠檬酸　　　　　　　　　顺乌头酸　　　　　　　　异柠檬酸

(3) 异柠檬酸氧化脱羧生成 α- 酮戊二酸：此反应由异柠檬酸脱氢酶（isocitrate dehydrogenase）催化，是三羧酸循环中第一次氧化脱羧，生成 1 分子 CO_2，脱下的 H 由 NAD^+ 接受生成 $NADH+H^+$。此反应是不可逆的，这是三羧酸循环的第二个限速反应。

$$\begin{array}{l} HOCHCOOH \\ | \\ CH{-}COOH \\ | \\ CH_2COOH \end{array} \xrightarrow[\text{异柠檬酸脱氢酶}]{NAD^+ \quad CO_2 \quad NADH+H^+} \begin{array}{l} COCOOH \\ | \\ CH_2 \\ | \\ CH_2COOH \end{array}$$

异柠檬酸　　　　　　　　　　　　　　　　α–酮戊二酸

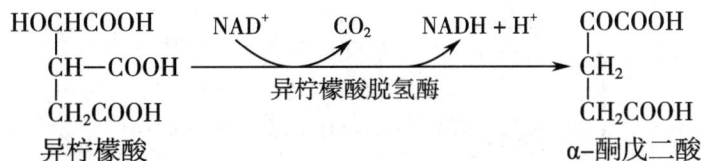

(4) α- 酮戊二酸氧化脱羧生成琥珀酰 CoA：此反应由 α- 酮戊二酸脱氢酶复合物（α-ketoglutarate dehydrogenase complex）催化，是三羧酸循环的第二次氧化脱羧，生成 1 分子 CO_2，脱下的 H 由 NAD^+ 接受，生成 $NADH+H^+$。此反应不可逆，这是三羧酸循环的第三个限速反应。α- 酮戊二酸脱氢酶复合物的组成和催化的反应过程与丙酮酸脱氢酶复合物类似，这使得 α- 酮酸戊二酸脱羧、脱氢、形成高能硫酯键等反应可迅速完成。

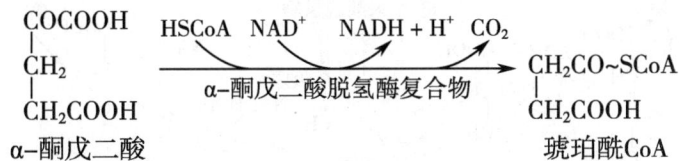

$$\begin{array}{l} COCOOH \\ | \\ CH_2 \\ | \\ CH_2COOH \end{array} \xrightarrow[\text{α–酮戊二酸脱氢酶复合物}]{HSCoA \quad NAD^+ \quad NADH+H^+ \quad CO_2} \begin{array}{l} CH_2CO{\sim}SCoA \\ | \\ CH_2COOH \end{array}$$

α–酮戊二酸　　　　　　　　　　　　　　　　琥珀酰CoA

(5) 琥珀酰 CoA 生成琥珀酸：此反应是可逆的，由琥珀酰 CoA 合成酶催化。琥珀酰 CoA 是高能化合物，此过程为底物水平磷酸化反应，可生成 1 分子 GTP，后者可将高能磷酸键转给 ADP 生成 ATP，故此反应相当于三羧酸循环中唯一直接产生 ATP 的反应。

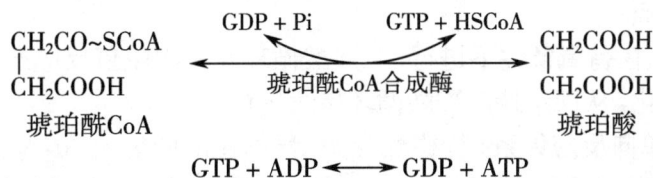

$$\begin{array}{l} CH_2CO{\sim}SCoA \\ | \\ CH_2COOH \end{array} \underset{\text{琥珀酰CoA合成酶}}{\overset{GDP+Pi \quad GTP+HSCoA}{\rightleftharpoons}} \begin{array}{l} CH_2COOH \\ | \\ CH_2COOH \end{array}$$

琥珀酰CoA　　　　　　　　　　　　　　　　琥珀酸

$$GTP + ADP \rightleftharpoons GDP + ATP$$

(6) 琥珀酸脱氢生成延胡索酸：琥珀酸在琥珀酸脱氢酶的催化下脱氢生成延胡索酸，脱下的氢由 FAD 接受生成 FADH$_2$。此反应是可逆的。

$$\begin{array}{c} \text{CH}_2\text{COOH} \\ | \\ \text{CH}_2\text{COOH} \end{array} \xrightleftharpoons[\text{琥珀酸脱氢酶}]{\text{FAD} \quad \text{FADH}_2} \begin{array}{c} \text{CHCOOH} \\ \| \\ \text{HCCOOH} \end{array}$$

琥珀酸   延胡索酸

（7）**延胡索酸加水生成苹果酸**：此反应是可逆的，由延胡索酸酶催化。

$$\begin{array}{c} \text{CHCOOH} \\ \| \\ \text{HCCOOH} \end{array} \xrightleftharpoons[\text{延胡索酸酶}]{\text{H}_2\text{O}} \begin{array}{c} \text{CH(OH)COOH} \\ | \\ \text{CH}_2\text{COOH} \end{array}$$

延胡索酸   苹果酸

（8）**苹果酸脱氢生成草酰乙酸**：在苹果酸脱氢酶催化下，苹果酸脱氢生成草酰乙酸，脱下的氢由 NAD$^+$ 接受生成 NADH+H$^+$。此反应是可逆的。

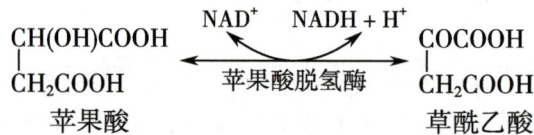

$$\begin{array}{c} \text{CH(OH)COOH} \\ | \\ \text{CH}_2\text{COOH} \end{array} \xrightleftharpoons[\text{苹果酸脱氢酶}]{\text{NAD}^+ \quad \text{NADH + H}^+} \begin{array}{c} \text{COCOOH} \\ | \\ \text{CH}_2\text{COOH} \end{array}$$

苹果酸   草酰乙酸

生成的草酰乙酸可再次接受乙酰基进入下一次循环。三羧酸循环反应的全过程见图 5-4。

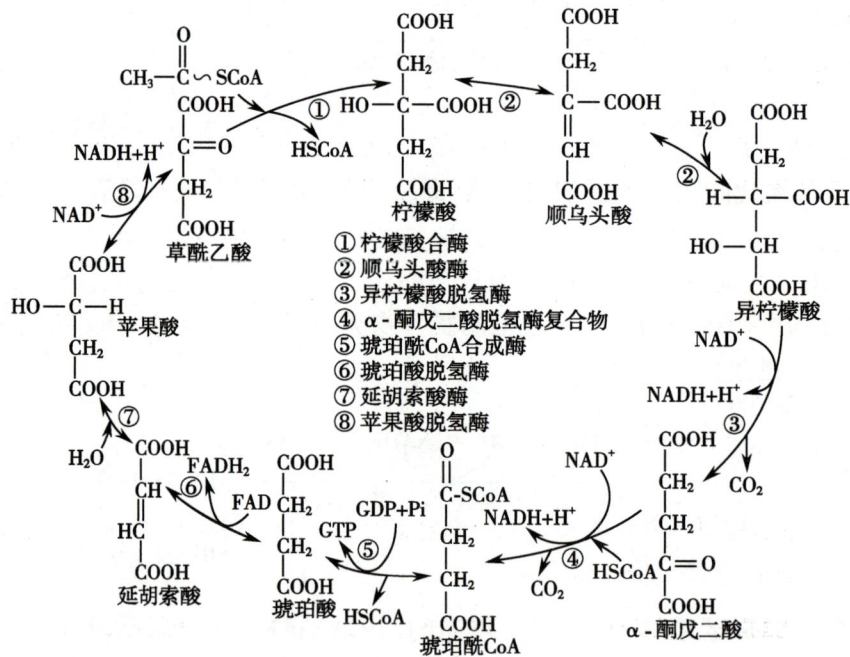

图 5-4 三羧酸循环反应的全过程

2. 三羧酸循环的特点

（1）**三羧酸循环必须在有氧条件下进行**：三羧酸循环经多次脱氢反应产生的大量还原性氢必须在有氧条件才能继续氧化，从而维持三羧酸循环持续进行。

（2）**三羧酸循环是单向反应体系**：柠檬酸合酶、异柠檬酸脱氢酶、α- 酮戊二酸脱氢酶复合物是三羧酸循环的三个关键酶，它们催化的均为单向不可逆反应，故三羧酸循环是不可逆的。

（3）**三羧酸循环是机体的主要产能途径**：乙酰 CoA 进入三羧酸循环，每循环一次，有 4 次脱氢反应，共生成 3 分子 NADH + H⁺ 和 1 分子 $FADH_2$，经氧化磷酸化可生成 9 分子 ATP，加上琥珀酰 CoA 底物水平磷酸化产生的 1 分子 ATP，乙酰 CoA 每进行一次三羧酸循环共生成 10 分子 ATP。

（4）**三羧酸循环的中间产物需要不断补充**：由于体内各代谢途径的相互交汇和转变，三羧酸循环的中间产物常脱离循环进入其他代谢途径，如草酰乙酸接受氨基转变为天冬氨酸，α-酮戊二酸接受氨基转变为谷氨酸等。因此，为了维持三羧酸循环的中间产物浓度，就必须及时补充消耗的中间产物。这种由其他物质转变为三羧酸循环中间产物的反应称为回补反应。草酰乙酸是三羧酸循环的启动物质，是乙酰基进入三羧酸循环的重要载体，因而由丙酮酸生成草酰乙酸是三羧酸循环最重要的回补反应。

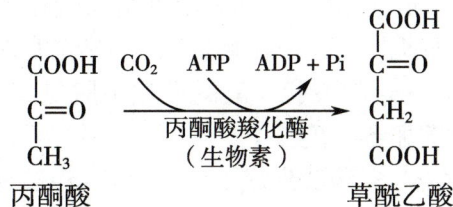

3. 三羧酸循环的生理意义

（1）**三羧酸循环是体内三大营养物质彻底氧化分解的共同代谢通路**：糖、脂肪、蛋白质在体内进行氧化分解产生乙酰 CoA，然后经三羧酸循环彻底氧化为 CO_2 和 H_2O，并释放能量以满足机体需要。

（2）**三羧酸循环是体内物质代谢相互联系的枢纽**：三羧酸循环是一个开放的反应系统，它的许多中间产物与其他物质代谢途径相沟通。糖异生作用需依赖三羧酸循环，脂肪酸、胆固醇等合成也需三羧酸循环协助提供前体物质，还有许多氨基酸的碳架都是三羧酸循环的中间产物，如转氨基作用中所需要的草酰乙酸、α-酮戊二酸均主要由三羧酸循环提供。

（三）有氧氧化的生理意义

糖的有氧氧化的生理意义是为机体提供能量。1 分子葡萄糖经有氧氧化可净生成 32（或 30）分子 ATP（表 5-1）。因此，糖的有氧氧化是机体获得能量的主要方式。

表 5-1　葡萄糖有氧氧化时 ATP 的生成与消耗

反应阶段	反应过程	ATP 生成方式	ATP 数量
第一阶段	葡萄糖→葡萄糖 -6- 磷酸		−1
	葡萄糖 -6- 磷酸→葡萄糖 -1,6- 二磷酸		−1
	甘油醛 -3- 磷酸→甘油酸 -1,3- 二磷酸	NADH（$FADH_2$）氧化呼吸链	2.5（1.5）× 2*
	甘油酸 -1,3- 二磷酸→甘油酸 -3- 磷酸	底物水平磷酸化	1 × 2
	磷酸烯醇式丙酮酸→丙酮酸	底物水平磷酸化	1 × 2
第二阶段	丙酮酸→乙酰 CoA	NADH 氧化呼吸链	2.5 × 2
第三阶段	异柠檬酸→α- 酮戊二酸	NADH 氧化呼吸链	2.5 × 2
	α- 酮戊二酸→琥珀酰 CoA	NADH 氧化呼吸链	2.5 × 2
	琥珀酰 CoA →琥珀酸	底物水平磷酸化	1 × 2
	琥珀酸→延胡索酸	$FADH_2$ 氧化呼吸链	1.5 × 2
	苹果酸→草酰乙酸	NADH 氧化呼吸链	2.5 × 2
净生成能量			32（30）

　* ①1 分子葡萄糖生成 2 分子甘油醛 -3- 磷酸，故 ×2。②细胞质中产生的 1 分子 NADH + H⁺ 经苹果酸 - 天冬氨酸穿梭进入线粒体氧化可生成 2.5 分子 ATP；若经甘油 -3- 磷酸穿梭进入线粒体氧化则生成 1.5 分子 ATP。

三、戊糖磷酸途径

戊糖磷酸途径（pentose-phosphate pathway）又称磷酸戊糖途径，是指从糖酵解的中间产物葡萄糖-6-磷酸开始反应，生成NADPH和核糖-5-磷酸。核糖-5-磷酸经过一系列的基团转移反应，生成果糖-6-磷酸和甘油醛-3-磷酸再回到糖酵解的过程。此途径主要发生在肝、脂肪组织、哺乳期乳腺、肾上腺皮质、性腺、骨髓及成熟红细胞等组织细胞中，其亚细胞定位在细胞质。

（一）反应过程

戊糖磷酸途径的反应过程可分为两个阶段：第一阶段是氧化反应，葡萄糖-6-磷酸生成核糖-5-磷酸、NADPH和CO_2；第二阶段为非氧化反应，即一系列基团转移反应。

1. 氧化反应阶段 首先，葡萄糖-6-磷酸在葡萄糖-6-磷酸脱氢酶的催化下加水、脱氢生成葡萄糖酸-6-磷酸，后者在葡萄糖酸-6-磷酸脱氢酶的催化下脱氢、脱羧生成核酮糖-5-磷酸。核酮糖-5-磷酸在异构酶催化下生成核糖-5-磷酸。

在氧化反应阶段，1分子葡萄糖-6-磷酸生成1分子核糖-5-磷酸的同时，可生成2分子NADPH和1分子CO_2。葡萄糖-6-磷酸脱氢酶是戊糖磷酸途径的关键酶，其活性控制着NADPH和核糖-5-磷酸生成的速度。

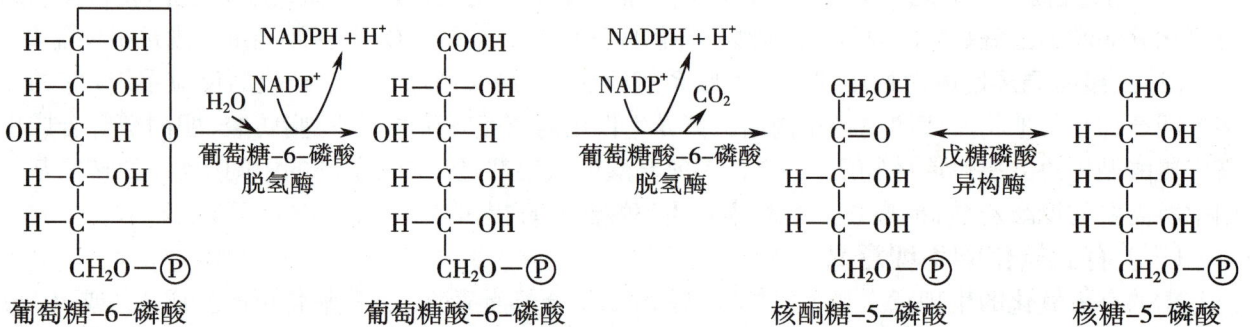

2. 基团转移反应阶段 在第一阶段生成的2分子NADPH和1分子核糖-5-磷酸可用作体内诸多合成代谢的原料，但由于细胞对NADPH的需求量比核糖-5-磷酸大得多，为避免核糖-5-磷酸积累，多余的核糖-5-磷酸即进入第二阶段。3分子核酮糖-5-磷酸经一系列基团转移反应可转变成2分子果糖-6-磷酸和1分子甘油醛-3-磷酸而进入糖酵解。戊糖磷酸途径反应的全过程见图5-5。

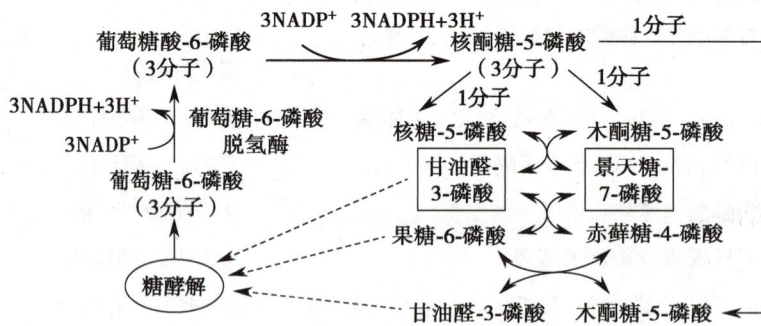

图 5-5　戊糖磷酸途径反应的全过程

（二）生理意义

1. 核糖-5-磷酸是合成核苷酸及其衍生物的重要原料 戊糖磷酸途径是体内核糖-5-磷酸生成的主要途径。在损伤后修复的组织或更新旺盛的组织，如梗死后的心肌、部分切除后的肝等，戊糖磷酸途径均比较活跃。

2. NADPH 作为供氢体参与体内许多重要的代谢反应

（1）NADPH 作为供氢体参与合成代谢，如 NADPH 是脂肪酸、胆固醇、类固醇激素等多种物质生物合成时的重要原料。

（2）NADPH 作为供氢体参与体内羟化反应，如某些药物、毒物、激素等在体内的生物转化过程需单加氧酶系的催化，NADPH 是单加氧酶系的辅酶，为反应供氢。

（3）NADPH 作为谷胱甘肽还原酶的辅酶，维持还原型 GSH 的正常含量。GSH 是体内重要的抗氧化剂，可保护细胞中含巯基的酶或蛋白质免受破坏，尤其对维持红细胞膜正常结构与功能有重要作用。还原型 GSH 转变为氧化型 GSSG 时失去抗氧化作用，红细胞易损伤而发生破裂，导致溶血性贫血。

知识链接

葡萄糖 -6- 磷酸脱氢酶缺乏症

葡萄糖 -6- 磷酸脱氢酶缺乏症是一种遗传性溶血性疾病。葡萄糖 -6- 磷酸脱氢酶基因突变，导致红细胞戊糖磷酸途径代谢异常，不能有效地提供足够的 NADPH 以维持还原型谷胱甘肽（GSH）的抗氧化作用。该病患者在遇到某些因素（如食用新鲜蚕豆）时，红细胞膜极易被氧化而发生溶血反应，因此临床上该病又称蚕豆病。

四、糖分解代谢的调节

机体对代谢途径的调节主要是通过调节关键酶的含量和活性实现的。酶活性的调节有别构调节和化学修饰调节两种方式，一种酶可以同时受两种方式的调节，也可以只受其中一种方式调节或以其中一种方式调节为主。

（一）糖的无氧氧化的调节

糖的无氧氧化的关键酶有己糖激酶、磷酸果糖激酶 -1 和丙酮酸激酶。机体对糖的无氧氧化的调节主要是通过激素、代谢物对这些关键酶的调节。

1. 激素的调节　胰岛素可诱导己糖激酶、磷酸果糖激酶 -1 和丙酮酸激酶的合成，提高其活性，促进糖酵解过程。

2. 代谢物对关键酶的别构调节　磷酸果糖激酶 -1 是最主要的调节点。果糖 -1,6- 二磷酸、ADP、AMP 等是其别构激活剂，特别是果糖 -1,6- 二磷酸是最强的别构激活剂；柠檬酸、ATP、长链脂肪酸等则为其别构抑制剂。当体内能量消耗过多，ATP 分解变成 ADP、AMP，致使 ADP、AMP 增多，别构激活磷酸果糖激酶 -1，糖分解加快，使 ATP 生成增多，以供机体利用；反之，磷酸果糖激酶 -1 活性被抑制，糖分解速度减慢，ATP 生成减少。饥饿时，机体动员储存脂肪酸氧化分解，生成的长链脂肪酸是磷酸果糖激酶 -1 的别构抑制剂，抑制糖的分解，维持血糖。

（二）糖的有氧氧化的调节

1. 糖酵解的调节　与上述糖的无氧氧化的调节相同。

2. 丙酮酸脱氢酶复合物的调节　丙酮酸脱氢酶复合物受别构调节和化学修饰调节。ATP、乙酰 CoA 和 NADH 是该酶复合物的别构抑制剂，而 AMP、HSCoA 和 NAD$^+$ 则是该酶复合物的别构激活剂。丙酮酸脱氢酶复合物还可受磷酸化和去磷酸化的化学修饰调节。

3. 三羧酸循环的调节　三羧酸循环的三个关键酶柠檬酸合酶、异柠檬酸脱氢酶、α- 酮戊二酸脱氢酶复合物均可受代谢物的别构调节，是糖的有氧氧化的重要调节点。例如，ATP、柠檬酸、NADH、长链脂酰 CoA 是柠檬酸合酶的抑制剂，抑制其活性；而 AMP 对抗 ATP 的抑制作用，是柠檬酸合酶的激活剂。异柠檬酸脱氢酶和 α- 酮戊二酸脱氢酶复合物也有类似的调节。此外，它们还受细胞内能量状态的影响。当 NADH/NAD⁺、ATP/ADP 比值升高时，上述三个关键酶的活性均被抑制，使三羧酸循环减慢。

（三）糖的有氧氧化与无氧氧化的相互调节

巴斯德（L. Pasteur）在研究酵母菌发酵时发现，在氧供充足的条件下，细胞内糖的无氧氧化受到抑制，葡萄糖消耗和乳酸生成减少，这种有氧氧化对无氧氧化的抑制作用称为巴斯德效应（Pasteur effect）。后来，克拉布特里（H. Crabtree）在研究癌细胞时发现，给予葡萄糖时，无论氧供充足与否，都呈现很强的糖的无氧氧化反应，而有氧氧化受到抑制。此种现象较普遍地存在于癌细胞中，也存在于视网膜细胞、睾丸细胞和白细胞等组织细胞中，这种糖的无氧氧化抑制有氧氧化的现象称为克拉布特里效应（Crabtree effect）或反巴斯德效应。

（四）戊糖磷酸途径的调节

葡萄糖 -6- 磷酸脱氢酶是戊糖磷酸途径的关键酶，其活性主要受 NADPH/NADP⁺ 比值的影响。如果细胞内的 NADPH/NADP⁺ 比值升高，戊糖磷酸途径会被抑制，反之则被激活。

第三节　糖原的合成与分解

糖原（glycogen）是动物体内糖的储存形式。糖原是由 α-1,4- 糖苷键（直链）和 α-1,6- 糖苷键（分支处）连接形成的大分子葡萄糖聚合体，呈多分支状。糖原具有一个还原性末端和多个非还原性末端，糖原的合成与分解均始于非还原性末端。

体内大多数组织都含有糖原，总量约为 400g，主要存在于肝和骨骼肌中，能供机体 8~12 小时的能量消耗。肝糖原约占肝重的 5%（总量约 100g），可直接分解为葡萄糖补充血糖，对脑组织和红细胞的能量供应尤为重要。肌糖原的含量为肌肉重量的 1%~2%（总量约 300g），主要为肌肉收缩提供能量。

一、糖原的合成

由单糖（主要是葡萄糖）合成糖原的过程称为糖原合成（glycogenesis），又称糖原生成。主要在肝和骨骼肌细胞的细胞质中进行。

糖原合成的基础是葡萄糖的活化，然后是糖原直链延伸和糖原分支的形成，后两个步骤交替进行，最终形成糖原大分子。

（一）葡萄糖的活化

葡萄糖分子必须先经过活化生成"活性葡萄糖"，才能用于延伸糖链。

1. 葡萄糖磷酸化生成葡萄糖 -6- 磷酸　此过程与糖酵解的第一步反应相同，需消耗 1 分子 ATP。

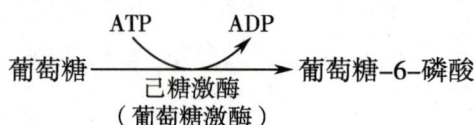

$$葡萄糖 \xrightarrow[\substack{已糖激酶\\（葡萄糖激酶）}]{ATP \quad ADP} 葡萄糖{-}6{-}磷酸$$

2. 葡萄糖 -6- 磷酸转变为葡萄糖 -1- 磷酸　此反应是可逆的，由磷酸葡萄糖变位酶（phosphoglucomutase, PGM）催化。

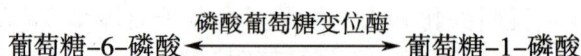

$$葡萄糖{-}6{-}磷酸 \xrightleftharpoons[\quad]{磷酸葡萄糖变位酶} 葡萄糖{-}1{-}磷酸$$

3. 尿苷二磷酸葡萄糖的生成　葡萄糖 -1- 磷酸在尿苷二磷酸葡萄糖焦磷酸化酶（UDPG 焦磷酸化酶）催化下，消耗 1 分子 UTP，生成尿苷二磷酸葡萄糖（uridine diphosphate glucose，UDPG）和焦磷酸。该反应是可逆的,但由于焦磷酸迅速被焦磷酸酶水解为 2 分子无机磷酸,所以反应会向着有利于生成 UDPG 的方向进行。生成的 UDPG 可看作"活性葡萄糖",在体内充当葡萄糖供体。

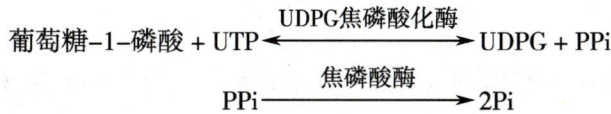

$$葡萄糖–1–磷酸 + UTP \xrightleftharpoons[]{UDPG焦磷酸化酶} UDPG + PPi$$

$$PPi \xrightarrow{焦磷酸酶} 2Pi$$

葡萄糖的活化是一个消耗能量的过程,每生成 1 分子 UDPG,需消耗 1 分子 ATP 和 1 分子 UTP,相当于 2 个高能磷酸键。

(二) 糖原直链的延伸

糖原合成过程中,游离的葡萄糖不能作为 UDPG 的葡萄糖基的接受体,而是需要一个小分子的糖原分子作为引物。在糖原合酶的催化下,UDPG 将葡萄糖单位转移到糖原引物上,并以 α-1,4- 糖苷键相连。此反应不可逆,是糖原合成的限速反应,糖原合酶是关键酶。上述反应不断进行,每进行一次,原有糖链即延伸一个葡萄糖单位。

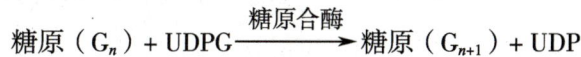

$$糖原（G_n） + UDPG \xrightarrow{糖原合酶} 糖原（G_{n+1}） + UDP$$

知识链接

糖原引物

糖原合成中作为引物的第一个糖原分子从何而来,过去一直不是很清楚。后来研究发现,在糖原分子核心存在着一种名为糖原蛋白(glycogenin)的蛋白酪氨酸 - 葡萄糖基转移酶,它可对自身进行化学修饰,将 UDPG 分子的葡萄糖基结合到糖原蛋白的酪氨酸残基上,这个结合上去的葡萄糖分子即成为糖原合成时的引物。

(三) 糖原分支的形成

当糖原合酶催化糖原直链延伸长度超过 11 个葡萄糖单位时,分支酶即可将长 6~7 个葡萄糖残基的一段糖链转移到邻近的糖链上,并以 α-1,6- 糖苷键相连接,形成分支结构(图 5-6)。

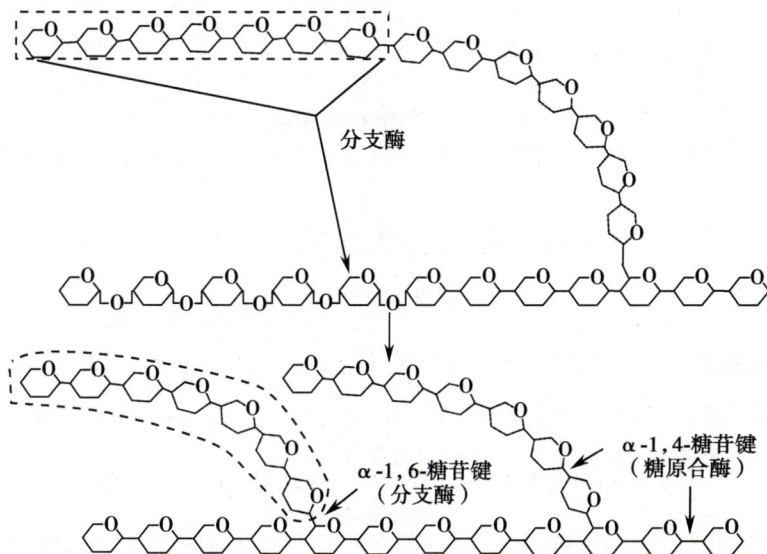

图 5-6　分支酶作用示意图

糖原合成反应如此反复进行,最后形成大分子糖原。糖原分支的形成不仅可以增加糖原的水溶性,更重要的是可以增加非还原性末端的数量,有利于糖原的分解利用。

二、糖原的分解

糖原分解是指糖原分解为葡萄糖 -6- 磷酸或葡萄糖的过程,其亚细胞定位在细胞质。肝糖原分解可生成葡萄糖以补充血糖,而肌肉中由于缺乏葡萄糖 -6- 磷酸酶,肌糖原分解生成的葡萄糖 -6- 磷酸不能直接分解成葡萄糖补充血糖,只能通过糖酵解氧化分解供能。糖原的分解过程大致分为以下四个步骤:

(一)糖原分解为葡萄糖 -1- 磷酸

糖原分解从糖原分子的非还原端开始,由糖原磷酸化酶(glycogen phosphorylase)水解糖链中的 α-1,4- 糖苷键,生成葡萄糖 -1- 磷酸和比原先少了 1 分子葡萄糖的糖原。此反应不可逆,糖原磷酸化酶是糖原分解的关键酶。

$$糖原（G_n）+ Pi \xrightarrow{\text{糖原磷酸化酶}} 糖原（G_{n-1}）+ 葡萄糖–1–磷酸$$

(二)脱支酶的作用

糖原磷酸化酶对 α-1,6- 糖苷键无作用。当糖链的末端葡萄糖基逐个磷酸化分解至离分支点约 4 个葡萄糖基时,由于位阻,磷酸化酶不能再发挥作用,而是由脱支酶催化,将糖链上的 3 个葡萄糖基链转移至邻近糖链末端,仍以 α-1,4- 糖苷键相连。剩余 1 个以 α-1,6- 糖苷键与糖链形成分支的葡萄糖基被脱支酶水解生成游离葡萄糖(图 5-7)。糖原在糖原磷酸化酶和脱支酶的交替作用下被逐步分解,水解下来的葡萄糖单位约 85% 以葡萄糖 -1- 磷酸的形式继续分解,15% 则为游离葡萄糖。

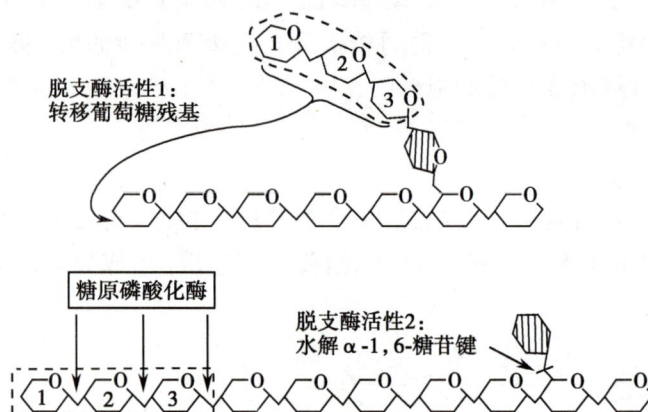

图 5-7　脱支酶作用示意图

(三)变位

葡萄糖 -1- 磷酸在变位酶作用下转变为葡萄糖 -6- 磷酸。此反应是可逆的。

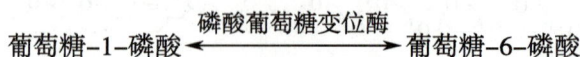

$$葡萄糖–1–磷酸 \underset{\text{磷酸葡萄糖变位酶}}{\rightleftharpoons} 葡萄糖–6–磷酸$$

(四)水解

在肝、肾细胞中,葡萄糖 -6- 磷酸由葡萄糖 -6- 磷酸酶(glucose-6-phosphatase)催化水解为葡萄糖,从细胞中扩散入血补充血糖。此反应不可逆。

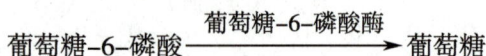

$$葡萄糖–6–磷酸 \xrightarrow{\text{葡萄糖–6–磷酸酶}} 葡萄糖$$

糖原合成与分解的反应过程见图 5-8。

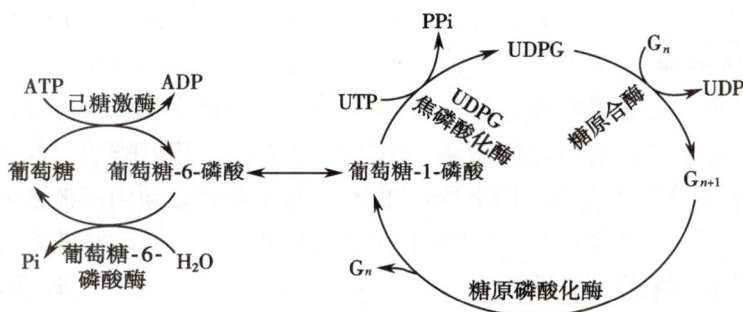

图 5-8 糖原合成与分解的总反应过程

三、糖原的合成与分解的生理意义及调节

（一）糖原合成与分解的生理意义

糖原是体内糖的储存形式。当葡萄糖供应丰富或细胞内能量充足时，如餐后血糖浓度升高，一部分糖以糖原形式储存，降低血糖；当糖供应不足或能量需求增加时，储存的肝糖原可迅速分解为葡萄糖释放入血，维持血糖浓度，这对于主要依赖血糖作为能量来源的脑、红细胞等组织来说有重要意义。

（二）糖原合成与分解的调节

糖原合成与糖原分解是围绕维持血糖恒定进行的两个方向相反的代谢过程，可通过调节其关键酶（糖原合酶和糖原磷酸化酶）的活性进行调节。调节的结果是糖原合酶激活、糖原磷酸化酶抑制，或糖原磷酸化酶激活、糖原合酶抑制。

糖原合酶与糖原磷酸化酶均可受共价修饰调节和别构调节的双重作用。

1. 共价修饰调节 糖原合酶和糖原磷酸化酶均可接受磷酸化修饰调节，但结果不同，糖原合酶磷酸化后活性被抑制，而糖原磷酸化酶磷酸化后活性则被激活，以此达到双向调节的目的。

2. 别构调节 糖原合酶和磷酸化酶都是别构酶，均可受代谢物的别构调节。葡萄糖及 ATP 是糖原磷酸化酶的别构抑制剂，而 AMP 是别构激活剂。葡萄糖 -6- 磷酸是糖原合酶的别构激活剂。

知识链接

糖原贮积症

糖原贮积症（glycogen storage disease，GSD）是一类婴幼儿先天性隐性遗传性代谢病。引起 GSD 的病因是先天性糖原代谢酶的缺陷，导致糖原分解或合成障碍，从而造成不同组织器官中糖原或异型糖原的过多贮积，主要受累的器官有肝、肾、肌肉、脑和小肠等，其中肝糖原贮积症是 GSD 最常见的类型，多在新生儿或婴幼儿时期发病，患儿通常无智力发育障碍，但生长发育迟缓，体型矮小，肥胖，腹部膨隆，肝显著增大、质地坚硬。多数患儿不能存活至成年。

第四节 糖 异 生

由非糖物质转变为葡萄糖或糖原的过程称为糖异生（gluconeogenesis）。能异生为糖的非糖物质主要有乳酸、丙酮酸等有机酸和生糖氨基酸、甘油等。糖异生主要发生在肝，其次是肾，亚细胞定位在细胞质和线粒体。

一、糖异生的反应过程

糖异生的反应过程主要是糖异生途径。糖异生途径是指由丙酮酸生成葡萄糖的过程，是糖酵解的逆反应过程。但由于糖酵解中己糖激酶、磷酸果糖激酶-1及丙酮酸激酶催化的三步单向反应有很大的能量变化，构成所谓"能障"，因此丙酮酸异生为葡萄糖必须由另外的酶催化这三步单向反应的逆过程，才能绕过这三个"能障"，使糖异生途径顺利进行。

（一）丙酮酸到磷酸烯醇式丙酮酸

此过程又称丙酮酸羧化支路，分两步反应完成。第一步反应是在线粒体内的丙酮酸羧化酶的催化下，丙酮酸羧化生成草酰乙酸，此反应不可逆，需要消耗1分子ATP。第二步反应是生成的草酰乙酸通过苹果酸穿梭作用，从线粒体转移到细胞质，在磷酸烯醇式丙酮酸羧激酶催化下脱羧磷酸化转变为磷酸烯醇式丙酮酸。此反应也不可逆，消耗1分子GTP。

因此，上述两步反应共消耗2个高能磷酸键。

（二）果糖-1,6-二磷酸转变为果糖-6-磷酸

此反应不可逆，由特异的果糖二磷酸酶-1催化完成。

（三）葡萄糖-6-磷酸水解为葡萄糖

在葡萄糖-6-磷酸酶的催化下，葡萄糖-6-磷酸水解生成葡萄糖，完成己糖激酶催化反应的逆过程。

非糖物质进行糖异生均需进入糖异生途径才能完成。例如，乳酸异生成糖，需先脱氢生成丙酮酸，然后经糖异生途径异生为葡萄糖；甘油异生成糖，则由甘油激酶催化生成甘油-3-磷酸，再脱氢生成糖酵解的中间产物磷酸二羟丙酮，然后沿糖异生途径经两个限速反应即可异生为葡萄糖（图5-9）。

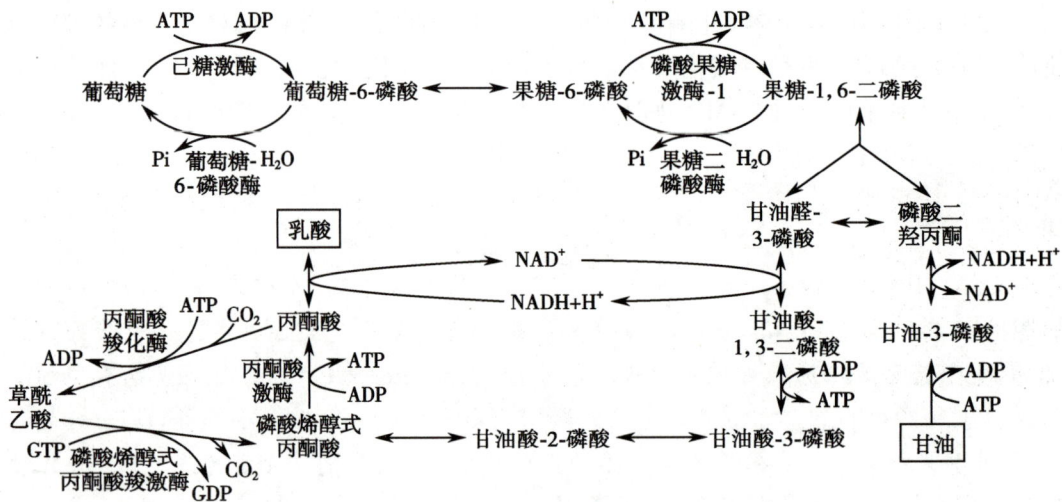

图 5-9 乳酸和甘油糖异生的总反应过程

二、糖异生的生理意义

（一）维持血糖浓度的恒定

体内肝糖原的储量有限，空腹12~18h肝糖原即被耗尽，因此糖异生主要在饥饿情况下维持血糖浓度的相对恒定，这对于保证脑组织及红细胞的葡萄糖供应具有重要意义。

（二）有利于乳酸再利用

剧烈运动或氧供应不足时，葡萄糖或糖原是骨骼肌中提供能量的主要物质。葡萄糖或肌糖原酵解产生大量的乳酸，可经血液运输至肝，再异生为肝糖原储存或异生为葡萄糖补充血糖。异生的葡萄糖释入血液后又可被肌肉组织摄取，如此形成一个循环，称为乳酸循环（图 5-10）。故糖异生有利于乳酸的再利用，同时也有助于补充或恢复肝糖原储备和肌糖原的更新。

（三）调节酸碱平衡

长期饥饿或禁食后体内产生大量的酸性物质，如乳酸、丙酮酸、谷氨酸等，使体液 pH 降低，而 pH 降低可促进肾小管磷酸烯醇式丙酮酸羧激酶的合成，肾糖异生作用增强。另外，谷氨酰胺脱氨及谷氨酸脱氨反应增强，肾小管细胞将 NH_3 分泌入肾小管腔，与原尿中的 H^+ 结合，降低原尿的中 H^+ 浓度，有利于排氢保钠作用，对于防止代谢性酸中毒有重要意义。

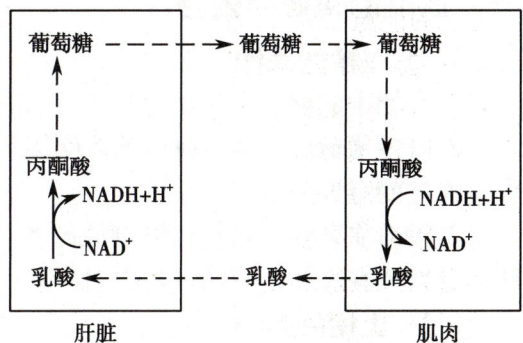

图 5-10 乳酸循环

三、糖异生的调节

糖异生有四个关键酶，分别为丙酮酸羧化酶、磷酸烯醇式丙酮酸羧激酶、果糖二磷酸酶 -1、葡萄糖 -6- 磷酸酶。机体通过调节这些酶的活性实现对糖异生的调节。

（一）激素的调节

激素对糖异生的调节主要通过调节糖异生关键酶的活性以及调节糖异生原料供应实现。如胰高血糖素、肾上腺素等激素，一方面可诱导糖异生关键酶的合成及活性；另一方面还可通过促进脂肪分解，产生的甘油可作为糖异生的原料，生成的脂肪酸氧化再生成乙酰 CoA，后者可别构激活糖异生。而胰岛素则促进糖酵解，抑制脂肪分解，抑制糖异生。

（二）代谢物的别构调节

1. ATP/ADP、AMP 的调节作用 体内能量状态可调节糖的分解和异生。ATP 是丙酮酸羧化酶和果糖二磷酸酶 -1 的别构激活剂，也是丙酮酸激酶和磷酸果糖激酶 -1 的别构抑制剂，故 ATP 水平升高时激活糖异生，抑制糖的分解。ADP、AMP 升高时则作用相反。

2. 乙酰 CoA 的调节作用 乙酰 CoA 是丙酮酸羧化酶的别构激活剂，同时又是丙酮酸脱氢酶复合物的别构抑制剂。当脂肪酸大量分解生成过多的乙酰 CoA 时，一方面抑制丙酮酸脱氢酶复合物的活性，使丙酮酸堆积，为糖异生提供原料，另一方面激活丙酮酸羧化酶，加快糖异生作用。

第五节 血 糖

> **情景导入**
>
> 患者，男性，56 岁。多饮、多食、多尿伴消瘦半年。生化检查：空腹血糖 11.2mmol/L。初步诊断为糖尿病。
>
> **请思考：**
> 1. 简要解释糖尿病发病的生化机制。
> 2. 作为护理人员，在糖尿病患者的护理工作中应注意哪些方面？

血糖（blood glucose）即血液中的葡萄糖。血糖是体内糖的运输形式，全身各组织细胞均主要从血液中摄取葡萄糖作为能量来源。在正常情况下，血糖水平相对恒定，维持在 3.89~6.11mmol/L（70~110mg/dl）之间。血糖浓度的相对恒定是机体对血糖的来源和去路进行精细调节的结果。

一、血糖的来源与去路

（一）血糖的来源

1. 食物中的糖 在正常情况下，食物中的淀粉经消化吸收后的葡萄糖是血糖的主要来源。

2. 肝糖原分解 空腹时血糖浓度逐渐降低，肝糖原分解生成的葡萄糖释放入血补充血糖，是空腹时血糖的重要来源。

3. 糖异生作用 饥饿时肝糖原储备减少，不足以维持血糖浓度，此时糖异生作用增强，体内一些非糖物质转变为葡萄糖，以维持血糖的正常浓度。

（二）血糖的去路

1. 氧化供能 血糖进入组织细胞进行氧化分解供应能量，是血糖的主要去路。

2. 合成糖原 当血糖升高时，血糖可被肝、肌肉等组织摄取，合成糖原储存。

3. 转变为其他物质 当血糖较高时，葡萄糖可转变为脂肪储存或转变为非必需氨基酸和其他单糖及其衍生物如核糖、氨基糖、葡萄糖醛酸等发挥作用。

二、血糖的调节

血糖浓度相对恒定，有赖于血糖来源与去路的动态平衡，这是糖、脂肪、氨基酸代谢协调的结果，也是肝、肌肉、脂肪等组织器官代谢协调的结果，而各条代谢途径之间以及各器官之间的精确协调则主要依赖体内激素的调节作用。

调节血糖的激素分为两类：一类是降低血糖的激素，胰岛素是体内唯一降血糖的激素；另一类是升高血糖的激素，主要有胰高血糖素、肾上腺素、糖皮质激素等。两类作用不同的激素相互协调，共同调节维持血糖的正常水平（表5-2）。

表 5-2　激素对血糖的调节

降低血糖的激素		升高血糖的激素	
胰岛素	1. 促进葡萄糖进入肌肉、脂肪组织细胞	糖皮质激素	1. 促进肝外组织蛋白分解生成氨基酸
	2. 促进糖的有氧氧化		2. 促进糖异生
	3. 促进糖原合成	肾上腺素	1. 促进肝糖原分解
	4. 促进糖转变成脂肪		2. 促进肌糖原酵解
	5. 抑制糖原分解		3. 促进糖异生
	6. 抑制糖异生	胰高血糖素	1. 促进糖原分解
			2. 促进糖异生

三、糖代谢异常与疾病

（一）高血糖与糖尿病

临床上将空腹血糖浓度高于正常范围称为高血糖。如果血糖浓度高于肾糖阈（8.89mmol/L），超过了肾小管对葡萄糖的重吸收能力，则尿中出现葡萄糖，称为糖尿。持续性高血糖和糖尿多见于病理情况，胰岛素分泌缺陷或升血糖激素分泌亢进均可导致高血糖，甚至出现糖尿。

胰岛素分泌不足或胰岛素受体缺陷引起的以高血糖为特征的代谢性疾病称为糖尿病。糖尿病患者血糖不易进入组织细胞而引起多方面的糖代谢紊乱，如组织细胞缺乏葡萄糖供能，糖原合成减少、分解增强,糖异生作用增强等。总之,血糖来源增加而去路受阻,可出现持续性高血糖和糖尿。糖尿病典型的临床表现是多尿、多饮、多食、体重减轻的"三多一少"症状。糖尿病不仅是糖代谢发生紊乱,还可引起脂质及蛋白质代谢等代谢紊乱,进而诱发多种并发症。

(二)低血糖

空腹血糖浓度低于正常范围称为低血糖。低血糖的常见原因为:①饥饿或不能进食时,外源性血糖来源减少,内源性的肝糖原枯竭,糖异生作用因原料减少而减弱,造成低血糖;②胰岛 β 细胞功能亢进(如胰岛肿瘤),胰岛素分泌过多,引起低血糖;③严重肝疾病(如肝癌),肝功能低下,糖原的合成、分解及糖异生等糖代谢途径均受损,肝不能及时有效地调节血糖浓度,易产生低血糖;④内分泌功能异常,如垂体功能或肾上腺皮质功能减退,对抗胰岛素的升血糖激素分泌减少,也会引起低血糖;⑤空腹饮酒时,乙醇在肝内氧化,会过多地将 NAD^+ 转变为 $NADH+H^+$,进而过多地将丙酮酸还原生成乳酸,抑制糖异生作用,使血糖来源减少,引起低血糖。

脑细胞所需能量主要依赖摄取血液中的葡萄糖氧化分解供应。血糖浓度过低可影响脑细胞的能量供应,进而影响脑的正常功能,患者可出现头晕、心悸、出冷汗、手颤、倦怠无力等症状,严重者出现昏迷甚至死亡。

思考题

1. 试比较糖的无氧氧化与有氧氧化的异同。
2. 试述与葡萄糖 -6- 磷酸有关的代谢途径及其在糖代谢中的重要作用。
3. 患者,男性,36 岁。饮酒后出现头晕、恶心,伴全身大汗、面色苍白。医生问诊得知,该患者空腹饮酒,尚未达到醉酒程度,结合症状诊断为低血糖。该患者经静脉注射高浓度葡萄糖后症状缓解。

ER 5-3
练习题

请思考:
(1)试分析空腹饮酒引起低血糖的生化机制。
(2)该患者的护理要点是什么?

(张凤英　李 岩)

第六章 | 脂质代谢

教学课件　　　思维导图

学习目标

1. 掌握：甘油三酯的分解代谢；胆固醇合成原料、限速酶及胆固醇的转化；血浆脂蛋白的组成、分类及生理功能。
2. 熟悉：甘油三酯的合成代谢；甘油磷脂代谢；血浆脂蛋白代谢异常及高脂血症。
3. 了解：脂质物质的分布及生理功能；血脂的种类与含量。
4. 能够运用脂质代谢知识分析解释高脂血症等疾病的生化机制，进行健康教育宣传。
5. 具有勤于学习、学以致用的学习态度和严谨求实、关爱患者的职业素养。

情景导入

患者，男性，28 岁。2 年前活动后出现心前区钝痛伴肩背部疼痛，持续 1~2 分钟，休息后可缓解，平均每周发作一次。近 2 个月来自觉活动时疼痛加剧，持续 3~5 分钟，最长可达 10 分钟，休息后仍可缓解，平均每周发作 2~3 次。体格检查：四肢小关节可见多处结节性黄色瘤。生化检查：血清总胆固醇 15.81mmol/L，低密度脂蛋白胆固醇 12.02mmol/L，高密度脂蛋白胆固醇 0.86mmol/L，甘油三酯 0.71mmol/L。家族史：患者父母均有高胆固醇血症。诊断为：冠状动脉粥样硬化性心脏病伴心肌梗死。

请思考：

1. 冠状动脉粥样硬化与胆固醇的关系是什么？
2. 作为一名护理人员，针对该患者的情况如何制定防治及护理方案？

脂质（lipid）是一类不溶于水而溶于有机溶剂（如乙醚、氯仿、苯等）的有机化合物，包括脂肪（fat）和类脂（lipoid）两大类。脂肪即甘油三酯（triglyceride，TG），又称三酰甘油，是由 1 分子甘油与 3 分子长链脂肪酸通过酯键结合生成的。类脂是指生物体内除脂肪外的所有脂质，包括磷脂（phospholipid，PL）、糖脂（glycolipid，GL）、胆固醇（cholesterol，Ch）及胆固醇酯（cholesteryl ester，CE）等。

第一节　脂质的概述

一、脂质的分布及生理功能

（一）脂质的分布

脂肪主要存在于皮下、大网膜、肠系膜、肾周围及肌纤维间等脂肪组织的脂肪细胞中，是体内能量储存的一种方式。成年男子脂肪含量占体重的 10%~20%，女子稍高。人体内脂肪含量易受营养状况、机体活动量等因素影响而有较大变动，故脂肪又称可变脂。

类脂是构成各种生物膜的基本成分，神经组织含量最多，其他组织含量较少。类脂约占体重的5%，且不受营养状况及活动量的影响，故类脂又称固定脂或基本脂。

（二）脂质的生理功能

1. 脂肪的生理功能

（1）储能和供能：1g 脂肪在体内完全氧化时可释放出 38kJ（9.3kcal）能量，比 1g 糖或蛋白质释放出的能量多 1 倍以上，是机体饥饿或禁食时能量的主要来源。

（2）维持体温和保护内脏：皮下脂肪组织不易导热，可减少热量散失而保持体温。内脏周围的脂肪组织有软垫作用，能缓冲外界的机械撞击，保护内脏免受损伤。

（3）提供必需脂肪酸：机体需要却不能自身合成，必须由食物（主要是植物油）供给的脂肪酸，称为必需脂肪酸，如亚油酸、亚麻酸等。

（4）促进脂溶性维生素的吸收：脂溶性维生素由于不溶于水，需要溶解在肠道内的脂质物质中伴随脂质一起吸收。当人体脂质消化吸收障碍时，会出现脂溶性维生素的缺乏。

2. 类脂的生理功能　磷脂和胆固醇是细胞质膜、核膜、线粒体膜和神经鞘膜等主要结构成分，它们以脂双层形式构成生物膜的基本结构，维持生物膜的正常结构和功能。神经鞘膜具有绝缘等作用，以维持神经冲动的正常传导。胆固醇在体内可转化成胆汁酸、类固醇激素、维生素 D_3 等重要物质。

二、脂质的消化吸收

膳食中的脂质主要为脂肪，约占 90%，此外还含有少量磷脂、胆固醇等。脂质不溶于水，必须在小肠经胆汁中的胆汁酸盐乳化并分散成细小的微团后，才能被消化酶消化。

（一）脂质的消化

小肠上段是脂质消化的主要场所。胰腺分泌入十二指肠中消化脂质的酶，如胰脂酶、磷脂酶 A_2、辅脂酶及胆固醇酯酶等，可特异性催化脂肪及类脂生成甘油一酯、脂肪酸和胆固醇等，后者可与胆汁酸盐乳化形成更小的混合微团。这种微团体积更小，极性更大，易于穿过小肠黏膜细胞表面的水屏障，被肠黏膜细胞吸收。

（二）脂质的吸收

脂质的消化产物主要在十二指肠下段及空肠上段吸收。中链脂肪酸（6~10C）及短链脂肪酸（2~4C）构成的甘油三酯经胆汁酸盐乳化后即可被吸收，在肠黏膜细胞内脂肪酶的作用下水解为脂肪酸及甘油，通过门静脉进入血循环。长链脂肪酸（12~26C）及 2- 甘油一酯被吸收入肠黏膜细胞后，在脂酰 CoA 转移酶的催化下重新酯化成甘油三酯，并进一步与内质网合成的载脂蛋白 B48 等以及磷脂、胆固醇结合成乳糜微粒，经淋巴进入血循环。

第二节　甘油三酯代谢

甘油三酯是机体主要储能和供能物质，其分解与合成是脂质代谢的主要内容。各组织中的甘油三酯不断进行自我更新，其中脂肪组织和肝有较高的更新率，其次为小肠黏膜和肌肉组织，而皮肤和神经组织中的甘油三酯更新率最低。

一、甘油三酯分解代谢

（一）脂肪动员

储存在脂肪细胞中的甘油三酯被脂肪酶逐步水解为游离脂肪酸（free fatty acid，FFA）和甘油并释放入血，再经血液循环运输至全身各组织氧化利用的过程，称为脂肪动员。脂肪动员的过程如下：

$$甘油三酯 \xrightarrow[\substack{H_2O \quad 脂肪酸}]{甘油三酯脂肪酶} 甘油二酯 \xrightarrow[\substack{H_2O \quad 脂肪酸}]{甘油二酯脂肪酶} 甘油一酯 \xrightarrow[\substack{H_2O \quad 脂肪酸}]{甘油一酯脂肪酶} 甘油$$

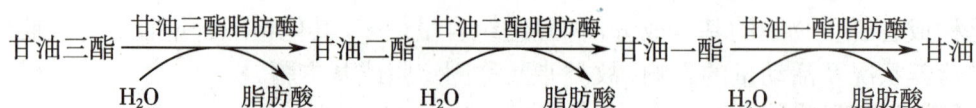

其中，甘油三酯脂肪酶（triglyceride lipase，TGL）是脂肪动员的限速酶，受多种激素的调节，故又称激素敏感性脂肪酶（hormone-sensitive lipase，HSL）。肾上腺素、去甲肾上腺素、胰高血糖素、肾上腺皮质激素等能使该酶活性增强，促进脂肪动员，称为脂解激素；胰岛素、前列腺素 E_2 可使该酶活性降低，抑制脂肪动员，称为抗脂解激素。这两类激素的协同作用使体内脂肪的水解速度得到有效的调节。进食后，胰岛素分泌增加，脂肪动员减弱；当禁食、饥饿或交感神经兴奋时，肾上腺素、胰高血糖素等分泌增加，脂肪动员加强。

（二）脂肪酸的氧化分解

脂肪动员所产生的游离脂肪酸释放入血后，与清蛋白结合形成脂肪酸 - 清蛋白复合物，随血液循环运输到全身各组织利用。除脑组织和成熟红细胞外，体内大多数组织都能氧化利用脂肪酸，但以肝和肌肉组织最为活跃。脂肪酸的氧化分解过程分为以下四个阶段：

1. 脂肪酸活化　脂肪酸首先要被活化才能进行下一步的氧化分解反应，活化反应在细胞质中完成。在 ATP、CoA-SH 和 Mg^{2+} 参与下，脂肪酸在硫激酶的催化下生成脂酰 CoA。

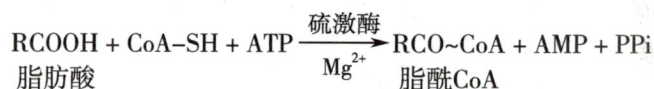

$$\underset{脂肪酸}{RCOOH} + CoA\text{-}SH + ATP \xrightarrow[Mg^{2+}]{硫激酶} \underset{脂酰CoA}{RCO\sim CoA} + AMP + PPi$$

反应过程中生成的焦磷酸（PPi）立即被细胞内的焦磷酸酶水解，阻止了逆向反应的进行，此反应共消耗 2 个高能磷酸键。

2. 脂酰 CoA 进入线粒体　催化脂酰 CoA 进一步氧化的酶系存在于线粒体基质内，而长链脂酰 CoA 不能直接通过线粒体内膜，需要线粒体内膜两侧的特异转运载体（肉碱）转运。在线粒体外膜上的肉碱脂酰转移酶 I（carnitine acyl-transferase I，CAT I）催化下，脂酰 CoA 转变为脂酰肉碱。生成的脂酰肉碱借助线粒体内膜上的脂酰肉碱 / 肉碱协同转运蛋白转运到线粒体基质。在线粒体内膜上的肉碱脂酰转移酶 II（CAT II）催化下，脂酰肉碱重新转变为脂酰 CoA，同时释放出肉碱。肉碱可借助脂酰肉碱 / 肉碱协同转运蛋白重回到内膜外侧，这就完成了脂酰 CoA 的转运（图 6-1）。

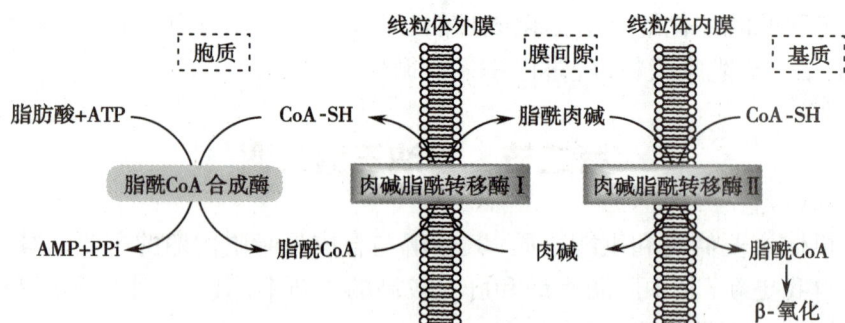

图 6-1　脂酰 CoA 进入线粒体示意图

此转运过程是脂肪酸氧化的限速步骤，CAT I 是限速酶。在饥饿、高脂低糖膳食或糖尿病等情况下，机体糖的利用障碍，该酶活性增高，脂肪酸氧化供能增加。

左旋肉碱与减肥

左旋肉碱（L-carnitine）又称 L- 肉碱，化学名称 β- 羟 -γ- 三甲铵丁酸，是一种促使脂肪转化为能量的类氨基酸。红肉是左旋肉碱的主要来源，对人体无毒副作用。左旋肉碱是脂肪代谢过程中一种必需的载体，能促进脂肪酸进入线粒体进行氧化分解。但左旋肉碱只是一种载体，至于消耗多少脂肪，并不取决于左旋肉碱量的多少，而是取决于机体能量消耗的多少。因此，单一应用左旋肉碱减肥并不一定能实现很好的减肥效果，必须配合适当的运动和饮食控制。

3. 脂酰 CoA 的 β- 氧化 脂酰 CoA 进入线粒体基质后进行氧化，氧化部位发生在脂酰基的 β 碳原子上，故称 β- 氧化。脂酰 CoA 每进行 1 次 β- 氧化，经过脱氢、加水、再脱氢、硫解四步连续反应，生成 1 分子乙酰 CoA 和少 2 个碳原子的脂酰 CoA，如此反复，直到完全氧化为乙酰 CoA。

β- 氧化反应过程如下：

（1）**脱氢**：在脂酰 CoA 脱氢酶的催化下，脂酰 CoA 从 α 和 β 碳原子上各脱去 1 个氢原子，生成反 Δ^2- 烯脂酰 CoA。脱下的 2 个氢原子由该酶的辅基 FAD 接受，生成 $FADH_2$。

（2）**加水**：在烯脂酰 CoA 水合酶的催化下，反 Δ^2- 烯脂酰 CoA 加水生成 L(+)-β- 羟脂酰 CoA。

（3）**再脱氢**：在 L(+)-β- 羟脂酰 CoA 脱氢酶的催化下，L(+)-β- 羟脂酰 CoA 再从 β 碳原子上脱下 2 个氢原子生成 β- 酮脂酰 CoA，而脱下的 2 个氢原子由该酶的辅基 NAD^+ 接受，生成 $NADH+H^+$。

（4）**硫解**：在 β- 酮脂酰 CoA 硫解酶的催化下，β- 酮脂酰 CoA 加 1 分子 CoA-SH 使 α 与 β 碳原子之间的化学键断裂，生成 1 分子乙酰 CoA 和 1 分子比原来少 2 个碳原子的脂酰 CoA。

上述生成的比原来少 2 个碳原子的脂酰 CoA 可反复进行脱氢、加水、再脱氢和硫解反应，最终使体内偶数碳原子的饱和脂肪酸沿上述三个阶段反应完全降解为乙酰 CoA（图 6-2）。

4. 乙酰 CoA 的去向

（1）**彻底氧化**：在体内各组织中，脂肪酸 β- 氧化生成的乙酰 CoA 直接在线粒休中进入三羧酸循环彻底氧化分解，生成 CO_2 和 H_2O，并释放能量。

（2）**转变成其他中间产物**：肝内脂肪酸氧化生成的乙酰 CoA，还有一部分能在肝细胞线粒体内生成酮体，并通过血液循环运往肝外组织氧化利用。

脂肪酸是人体极其重要的能源物质。以 16 碳的软脂酸为例，先在细胞质中活化生成软脂酰 CoA，然后进入线粒体经 7 次 β- 氧化，生成 7 分子 $FADH_2$、7 分子 $NADH+H^+$ 和 8 分子乙酰 CoA。1 分子 $FADH_2$ 通过呼吸链氧化产生 1.5 分子 ATP，1 分子 $NADH+H^+$ 氧化产生 2.5 分子 ATP，1 分子乙酰 CoA 通过三羧酸循环氧化产生 10 分子 ATP。因此，1 分子 16 碳的软脂酸彻底氧化共生成（7×1.5）+（7×2.5）+（8×10）＝108 分子 ATP。减去活化时消耗的 2 分子 ATP，净生成 106 分子 ATP。

（三）酮体的生成与利用

脂肪酸在线粒体中 β- 氧化生成的大量乙酰 CoA 除氧化磷酸化提供能量外，也可合成酮体。酮体（ketone body）是脂肪酸在肝中氧化分解时产生的中间代谢物，包括乙酰乙酸、β- 羟丁酸和丙酮。其中，β- 羟丁酸约占酮体总量的 70%，乙酰乙酸约占 30%，丙酮含量极微。

1. 酮体的生成 酮体在肝细胞线粒体内以乙酰 CoA 为原料合成，基本过程是：

（1）2 分子乙酰 CoA 在乙酰乙酰 CoA 硫解酶催化下缩合成乙酰乙酰 CoA，并释放出 1 分子 CoA-SH。

（2）乙酰乙酰 CoA 在羟甲基戊二酰 CoA 合酶（HMG-CoA 合酶）的催化下，再与 1 分子乙酰 CoA 缩合生成羟甲基戊二酰 CoA（HMG-CoA），并释放出 1 分子 CoA-SH。HMG-CoA 合酶是酮体生成的关键酶。

（3）HMG-CoA 在 HMG-CoA 裂合酶催化下裂解生成 1 分子乙酰乙酸和 1 分子乙酰 CoA。大部分

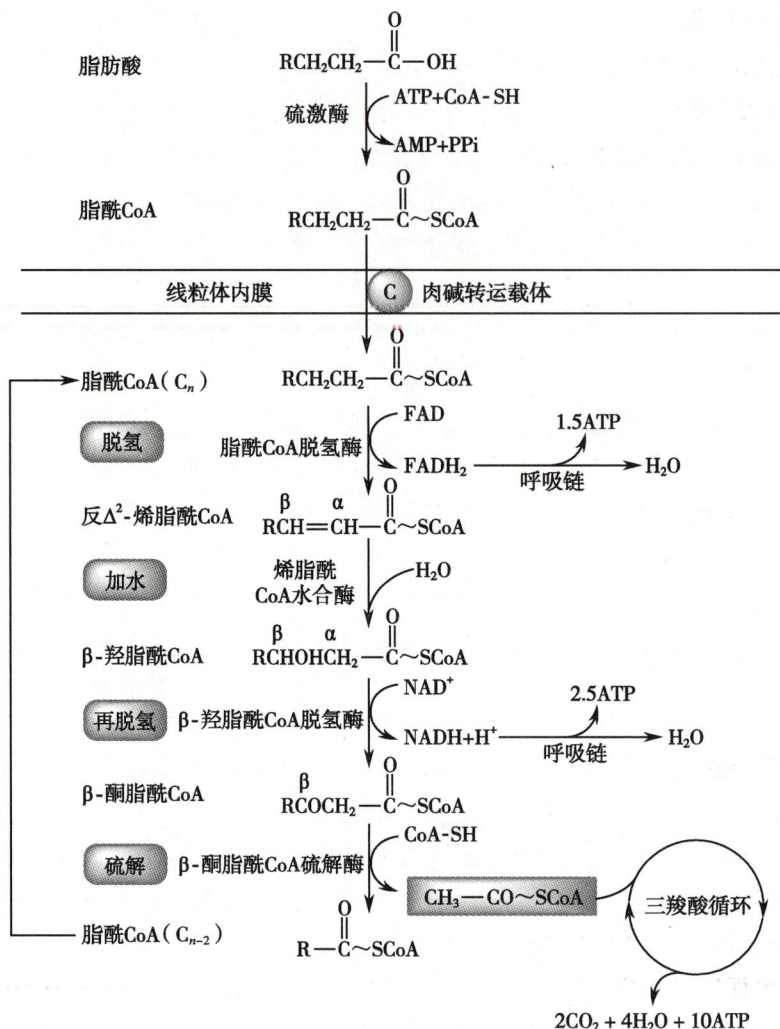

图 6-2 脂肪酸的 β- 氧化

乙酰乙酸在线粒体内膜 β- 羟丁酸脱氢酶催化下被还原成 β- 羟丁酸（此过程为可逆反应），部分乙酰乙酸脱羧生成少量丙酮。

酮体的生成过程见图 6-3。

肝细胞具有较强合成酮体的酶系，但缺乏分解利用酮体的酶类，不能氧化利用酮体，所以肝中生成的酮体需要运输到肝外组织进一步氧化分解，这也是酮体代谢的特点。

2. 酮体的利用 许多肝外组织如心肌、骨骼肌、肾、脑等组织中具有活性很强的利用酮体的酶（图 6-4）。

（1）**乙酰乙酸硫激酶**：催化乙酰乙酸生成乙酰乙酰 CoA。

（2）**琥珀酰 CoA 转硫酶**：催化琥珀酰 CoA 中的 CoA-SH 转移给乙酰乙酸，生成乙酰乙酰 CoA。

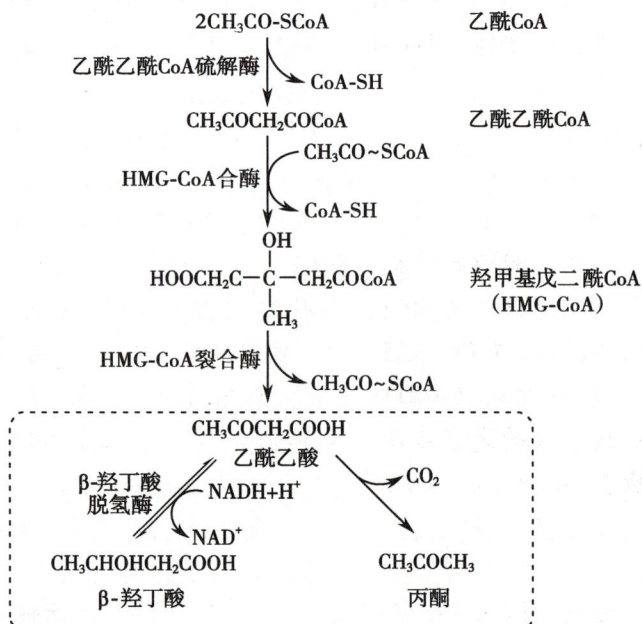

图 6-3 酮体的生成

（3）**乙酰乙酰 CoA 硫解酶**：以上各种组织中生成的乙酰乙酰 CoA 在乙酰乙酰 CoA 硫解酶的催化下，生成 2 分子乙酰 CoA，乙酰 CoA 可进入三羧酸循环彻底氧化分解，并释放能量为这些组织利用。

酮体中的 β- 羟丁酸可在 β- 羟丁酸脱氢酶的催化下脱氢生成乙酰乙酸，然后再沿上述途径被氧化分解。丙酮含量很少，可随尿排出。当血液中酮体升高时，丙酮也可以通过肺呼吸排出。

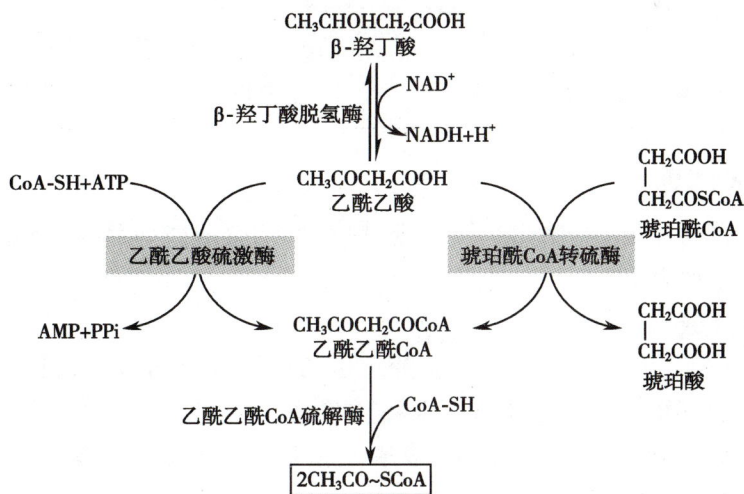

图 6-4　酮体的利用

3. 酮体生成的生理意义　酮体是肝内脂肪酸正常的中间代谢产物，是肝输出能源的一种形式。酮体分子小、易溶于水、便于血液运输，能通过血脑屏障和毛细血管壁。因此在正常情况下，肝生成的酮体能迅速被转移至肝外组织利用，是体内许多组织尤其是脑和肌肉组织的重要能源。脑组织不能氧化利用脂肪酸，却能利用酮体。当长期饥饿、糖供应不足时，酮体可部分代替葡萄糖成为脑和肌肉等组织的主要能源。

正常人血中仅含有少量酮体，为 0.03~0.5mmol/L（0.3~0.5mg/dl）。在长期饥饿、高脂低糖膳食或严重糖尿病时，脂肪动员加强，脂肪酸在肝内分解增多，酮体生成增加，超过肝外组织利用的能力，引起血中酮体增多，称为酮血症。由于酮体中的乙酰乙酸、β- 羟丁酸是有机酸，酮体过多可导致酮症酸中毒。血酮体超过肾阈值便可随尿排出，引起酮尿（可高达 5 000mg/24h 尿，正常为 ≤125mg/24h 尿）。尤其是未得到有效控制的糖尿病患者，血液酮体含量可高出正常情况的数十倍，此时呼气中的丙酮含量增高，可闻到患者呼出的气体中有特殊的"烂苹果味"。

（四）甘油的分解代谢

脂肪动员所产生的甘油溶于水，直接由血液运输到肝、肾和小肠黏膜等组织细胞。甘油经甘油激酶催化生成甘油 -3- 磷酸，然后在甘油 -3- 磷酸脱氢酶催化下生成磷酸二羟丙酮，后者可进入糖代谢途径彻底氧化分解并释放能量，也可异生为葡萄糖和糖原。肌肉和脂肪组织因甘油激酶活性很低，对游离的甘油利用有限。

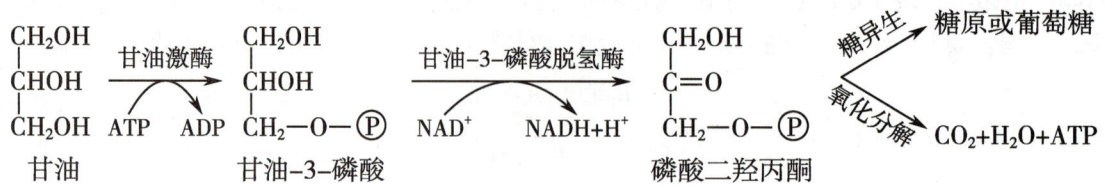

二、甘油三酯合成代谢

甘油三酯的合成部位是肝、脂肪组织及小肠，其中肝的合成能力最强。脂肪酸和甘油 -3- 磷酸是合成甘油三酯的基本原料。

（一）脂肪酸的合成

体内合成的脂肪酸最初均为 16 碳的软脂酸。更长碳链的脂肪酸是在肝细胞的线粒体或内质网对软脂酸进行加工使其碳链延长完成的，而碳链的缩短是在线粒体内通过 β- 氧化进行的。

1. 合成部位　主要是肝，另外肾、脑、肺、乳腺及脂肪组织等也能合成脂肪酸，因为在这些组织细胞的细胞质中都含有合成脂肪酸的酶系。

2. 合成原料　主要是乙酰 CoA。此外，还需要 ATP 供能、NADPH 供氢及其他因子。其中乙酰 CoA 主要来自糖代谢，NADPH 来自戊糖磷酸途径。

细胞内的乙酰 CoA 全部在线粒体内产生，而脂肪酸的合成却在细胞质，因此必须把线粒体中的乙酰 CoA 转移至细胞质才能用于脂肪酸的合成。乙酰 CoA 不能自由透过线粒体膜，必须通过柠檬酸 - 丙酮酸穿梭机制才能实现。该循环反应过程为：线粒体中的乙酰 CoA 先与草酰乙酸缩合生成柠檬酸，然后通过线粒体膜上的载体转运至细胞质，由细胞质中的柠檬酸裂合酶催化裂解生成乙酰 CoA 和草酰乙酸。乙酰 CoA 即可用于脂肪酸的合成，而草酰乙酸则在苹果酸脱氢酶的作用下还原成苹果酸，苹果酸也可在苹果酸酶的作用下分解为丙酮酸，以上生成的苹果酸和丙酮酸经载体转运至线粒体，最终均可转变成草酰乙酸，再参与转运乙酰 CoA（图 6-5）。

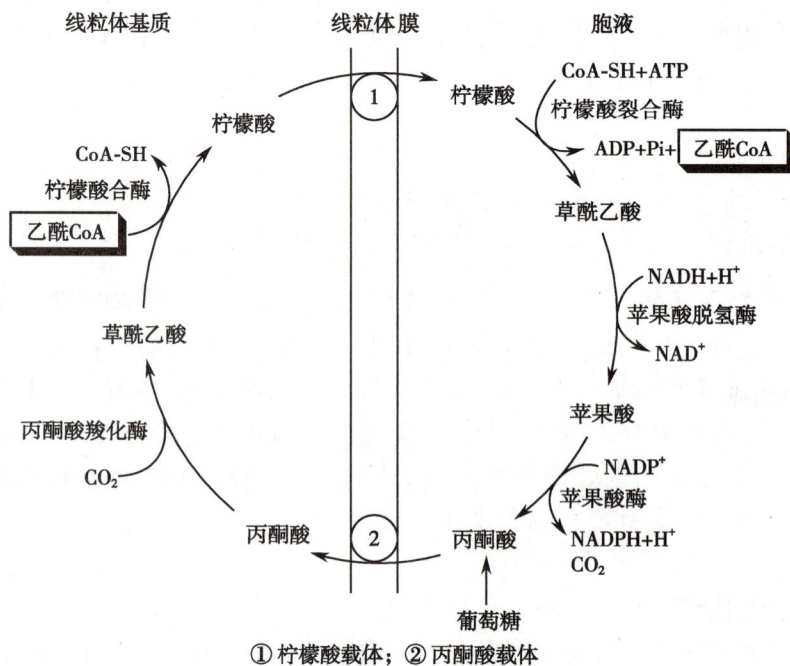

图 6-5　柠檬酸 - 丙酮酸穿梭

3. 合成过程

(1) 丙二酰 CoA 的合成：在乙酰 CoA 羧化酶的催化下，乙酰 CoA 羧化生成丙二酰 CoA（又称丙二酸单酰 CoA）。乙酰 CoA 羧化酶是脂肪酸合成的关键酶，其辅基是生物素，Mn^{2+} 为激活剂，反应式如下：

$$CH_3-CO\sim SCoA + HCO_3^- + ATP \xrightarrow{\text{乙酰CoA羧化酶}} \begin{array}{c} COOH \\ | \\ CH_2 \\ | \\ CO\sim SCoA \end{array} + ADP + Pi$$

乙酰CoA   丙二酰CoA

(2) 软脂酸的合成：在脂肪酸合酶的催化下，1 分子乙酰 CoA 与 7 分子丙二酰 CoA 经过连续的加成反应，包括缩合、加氢、脱水和再加氢等反应，每次延长 2 个碳原子，经过 7 次循环，最终合成 16 碳的软脂酸。软脂酸合成的总反应式为：

$$CH_3CO\sim SCoA + 7HOOCCH_2CO\sim SCoA + 14NADPH + 14H^+ \xrightarrow{\text{脂肪酸合酶}}$$
$$CH_3(CH_2)_{14}COOH + 6H_2O + 7CO_2 + 8HSCoA + 14NADP^+$$

体内的单不饱和脂肪酸（如软油酸和油酸）是在脱饱和酶催化下分别由软脂酸和硬脂酸转变而来的。由于人体内缺乏 Δ^9 以上的脱饱和酶，不能合成亚油酸、亚麻酸和花生四烯酸等多不饱和脂肪酸。

知识拓展

反式脂肪酸与顺式脂肪酸

反式脂肪酸（trans fatty acid, TFA）是所有含反式双键的不饱和脂肪酸的总称，其双键上 2 个碳原子结合的 2 个氢原子分别在碳链的两侧，空间构象呈线性。与之相对应的顺式脂肪酸则是其双键上 2 个碳原子结合的 2 个氢原子在碳链的同侧，空间构象呈弯曲状。由于这两种脂肪酸的立体结构不同，导致它们的物理性质和生物学作用不同。顺式脂肪酸多为液态、熔点较低，而反式脂肪酸多为固态或半固态、熔点较高。反式脂肪酸具有干扰机体多不饱和脂肪酸代谢、抑制胎儿生长发育的作用，顺式脂肪酸则具有降低胆固醇水平、抗动脉粥样硬化等多方面作用。

（二）甘油-3-磷酸的合成

甘油-3-磷酸是合成甘油三酯的基本原料，主要来自糖代谢。糖代谢的中间产物磷酸二羟丙酮在甘油-3-磷酸脱氢酶的催化下，由 $NADH+H^+$ 提供氢原子还原成甘油-3-磷酸。此外，食物消化吸收的甘油及体内脂肪动员释放的甘油也能在甘油激酶（肝、肾等）的催化下生成甘油-3-磷酸。

(三) 甘油三酯的合成

甘油三酯合成在细胞质中完成，以肝合成能力最强。

1. 甘油二酯途径　肝和脂肪组织主要由此途径合成甘油三酯。糖代谢生成的甘油 -3- 磷酸在酰基转移酶的催化下依次加上 2 分子脂酰基生成磷脂酸。磷脂酸在磷脂酸磷酸酶的作用下脱去磷酸生成甘油二酯。最后在酰基转移酶的催化下，甘油二酯与 1 分子脂酰 CoA 反应生成甘油三酯。反应过程如下：

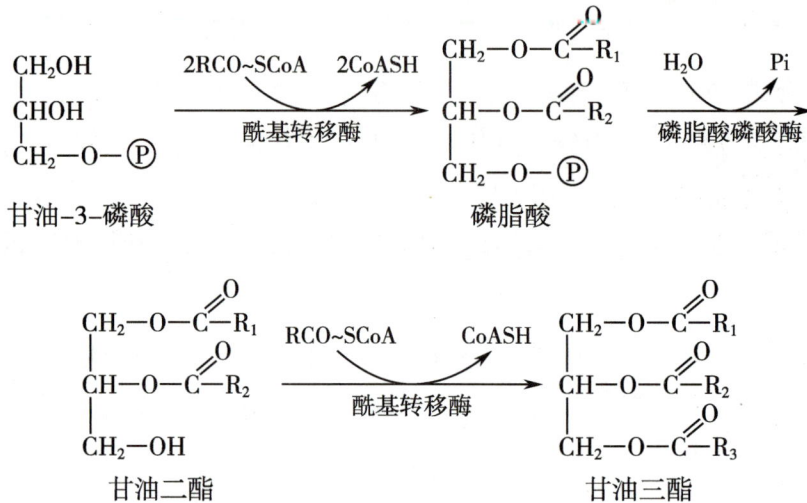

$$\begin{array}{c}CH_2OH\\CHOH\\CH_2-O-\text{P}\end{array}\quad\xrightarrow[\text{酰基转移酶}]{2RCO\sim SCoA\quad 2CoASH}\quad\begin{array}{c}CH_2-O-C-R_1\\CH-O-C-R_2\\CH_2-O-\text{P}\end{array}\quad\xrightarrow[\text{磷脂酸磷酸酶}]{H_2O\quad Pi}$$

甘油-3-磷酸　　　　　　　　　　　　　磷脂酸

$$\begin{array}{c}CH_2-O-C-R_1\\CH-O-C-R_2\\CH_2-OH\end{array}\quad\xrightarrow[\text{酰基转移酶}]{RCO\sim SCoA\quad CoASH}\quad\begin{array}{c}CH_2-O-C-R_1\\CH-O-C-R_2\\CH_2-O-C-R_3\end{array}$$

甘油二酯　　　　　　　　　　　　　甘油三酯

合成甘油三酯的三分子脂肪酸可以相同，也可以不同，既可以是饱和脂肪酸，也可以是不饱和脂肪酸。甘油三酯的合成速率受多种激素的影响，胰岛素促进糖转变为甘油三酯，胰高血糖素、肾上腺皮质激素等抑制甘油三酯的生物合成。由于甘油三酯合成的原料主要来自糖代谢，因此人和动物即使完全不摄取脂肪，在体内也可由糖大量转变成脂肪，这也是食糖过多容易发胖的原因。

2. 甘油一酯途径　小肠黏膜上皮细胞主要由此途径合成甘油三酯。主要是利用消化吸收的甘油一酯及脂肪酸先合成甘油二酯，并进而合成甘油三酯。反应过程如下：

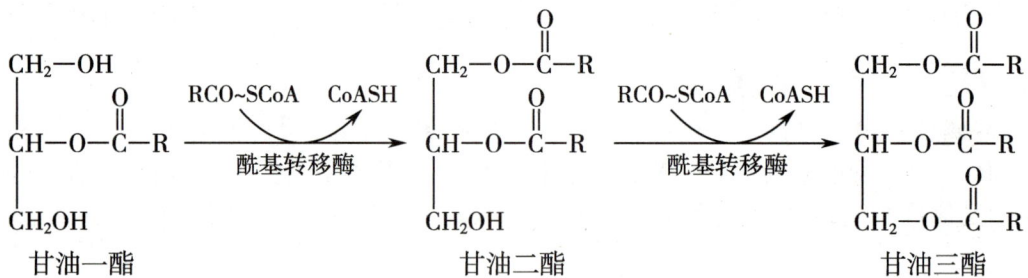

$$\begin{array}{c}CH_2-OH\\CH-O-C-R\\CH_2OH\end{array}\quad\xrightarrow[\text{酰基转移酶}]{RCO\sim SCoA\quad CoASH}\quad\begin{array}{c}CH_2-O-C-R\\CH-O-C-R\\CH_2OH\end{array}\quad\xrightarrow[\text{酰基转移酶}]{RCO\sim SCoA\quad CoASH}\quad\begin{array}{c}CH_2-O-C-R\\CH-O-C-R\\CH_2-O-C-R\end{array}$$

甘油一酯　　　　　　　　　　　甘油二酯　　　　　　　　　　　甘油三酯

第三节　磷脂代谢

一、磷脂代谢概述

磷脂（phospholipid）是含有磷酸基团的脂质，分为甘油磷脂与鞘磷脂两大类。由甘油构成的磷脂称为甘油磷脂（glycerophosphatide），由鞘氨醇或二氢鞘氨醇构成的磷脂称为鞘磷脂。人体内甘油磷脂含量较多。

甘油磷脂由甘油、脂肪酸、磷酸和含氮化合物组成，根据含氮化合物的不同分为不同类型的甘油磷脂。其结构如下：

$$
\begin{array}{l}
CH_2-O-C\!\!=\!\!O\ R_1\\
\quad\ \ |\\
CH-O-C\!\!=\!\!O\ R_2\\
\quad\ \ |\\
CH_2-O-P\!\!=\!\!O-X\\
\qquad\quad |\\
\qquad\ \ OH
\end{array}
$$

（X 为胆碱、水、乙醇胺、丝氨酸、甘油、肌醇、甘油二酯等）

二磷脂酰甘油（心磷脂）是由甘油的 C_1 和 C_3 与 2 分子磷脂酸结合而成。二磷脂酰甘油是线粒体内膜和细菌膜的重要成分，而且是唯一具有抗原性的磷脂分子。

鞘脂由鞘氨醇或二氢鞘氨醇、脂肪酸及取代基组成，按取代基的不同分为鞘磷脂和鞘糖脂。鞘磷脂的结构如下：

$$
\begin{array}{l}
CHOHCH\!\!=\!\!CH(CH_2)_{12}CH_3\quad 鞘氨醇\\
\ |\\
CHNHCO(CH_2)_nCH_3\qquad\quad n=12\sim22\\
\ |\\
CH_2-O-P\!\!=\!\!O-CH_2CH_2N^+(CH_3)_3\\
\qquad\quad |\\
\qquad\quad OH\qquad\qquad 胆碱
\end{array}
$$

鞘磷脂的取代基为磷酸胆碱或磷酸乙醇胺，鞘糖脂的取代基为糖基。人体内含量最多的鞘磷脂是神经鞘磷脂，由鞘氨醇、脂肪酸及磷酸胆碱构成，是神经组织各种膜和红细胞膜的主要结构脂质之一。神经髓鞘能防止神经冲动从一条神经纤维向周围神经纤维扩散，保证神经冲动的定向传导。

磷脂在体内还有其他重要生理功能，如促进脂质的消化吸收，参与构成血浆脂蛋白及细胞信号的传导等。另外，Ⅱ型肺泡上皮细胞可合成由 2 分子软脂酸构成的特殊磷脂酰胆碱，称为肺泡表面活性物质，其 1、2 位均为软脂酰基，是较强的乳化剂，能降低肺泡表面张力，有利于肺扩张和肺组织液体的稳定。新生儿肺泡表面活性物质合成障碍可导致肺不张，易诱发呼吸困难综合征。血小板活化因子为血管内皮细胞、血小板、巨噬细胞等合成的一种甘油磷脂，有极强的生物活性，能引起血小板聚集和 5- 羟色胺释放。

二、甘油磷脂代谢

（一）甘油磷脂的合成

1.合成部位　全身各组织细胞（除成熟红细胞外）内质网均有合成磷脂的酶系，均能合成甘油磷脂，但以肝、肾及肠等组织最为活跃。

2.合成原料　合成甘油磷脂的原料为甘油二酯、胆碱、乙醇胺、丝氨酸和肌醇等。乙醇胺由丝氨酸脱羧生成。胆碱可从食物中获得，也可在体内由丝氨酸接受 S- 腺苷甲硫氨酸（SAM）的甲基生成。丝氨酸和肌醇主要来自食物。

3.合成过程　甘油磷脂的合成有两条途径：

（1）**甘油二酯合成途径**：磷脂酰胆碱（卵磷脂）及磷脂酰乙醇胺（脑磷脂）主要通过此途径合成。这两类磷脂在体内含量最多，占磷脂总量的 75% 以上。甘油二酯是合成过程的重要中间物。

乙醇胺和胆碱受相应激酶的作用，在 ATP 的参与下生成磷酸乙醇胺和磷酸胆碱，然后再与 CTP 作用生成 CDP- 乙醇胺和 CDP- 胆碱（图 6-6）。

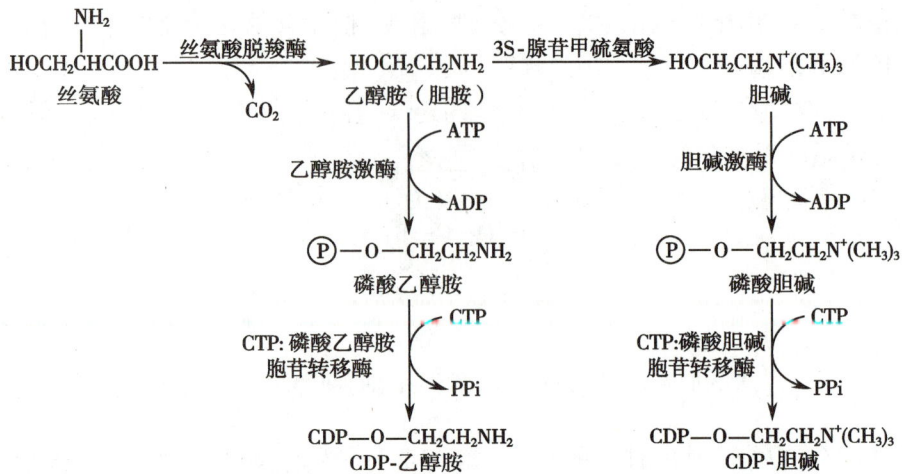

图 6-6　CDP- 胆碱和 CDP- 乙醇胺的合成

甘油二酯分别与 CDP- 胆碱和 CDP- 乙醇胺作用，生成磷脂酰胆碱和磷脂酰乙醇胺。另外，磷脂酰胆碱也可以由磷脂酰乙醇胺甲基化生成（图 6-7）。

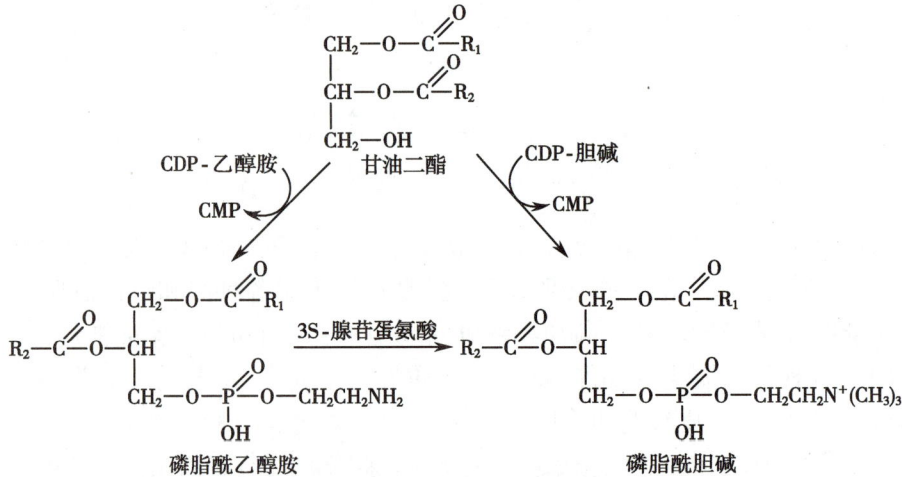

图 6-7　磷脂酰乙醇胺和磷脂酰胆碱的合成

（2）CDP- 甘油二酯合成途径：磷脂酰肌醇、磷脂酰丝氨酸和二磷脂酰甘油由此途径合成。CDP-甘油二酯是合成此类磷脂的直接前体和中间产物。反应过程见图 6-8。

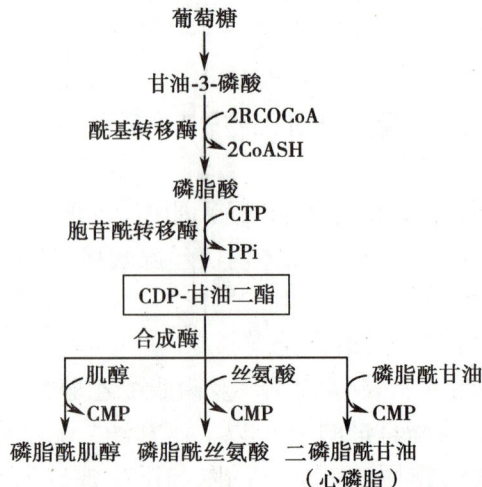

图 6-8　CDP- 甘油二酯合成途径

（二）甘油磷脂的分解

体内存在各种磷脂酶，能作用于甘油磷脂分子中不同的酯键，使甘油磷脂逐步水解生成甘油、脂肪酸、磷酸及各种含氮化合物，这些产物在体内还要进一步代谢。其中的磷脂酶 A_1 和磷脂酶 A_2 分别作用于甘油磷脂的 1 位和 2 位酯键；磷脂酶 B_1 作用于溶血磷脂的 1 位酯键；磷脂酶 C 作用于 3 位的磷酸单酯键；磷脂酶 D 则作用于磷酸与含氮化合物之间的酯键（图6-9）。

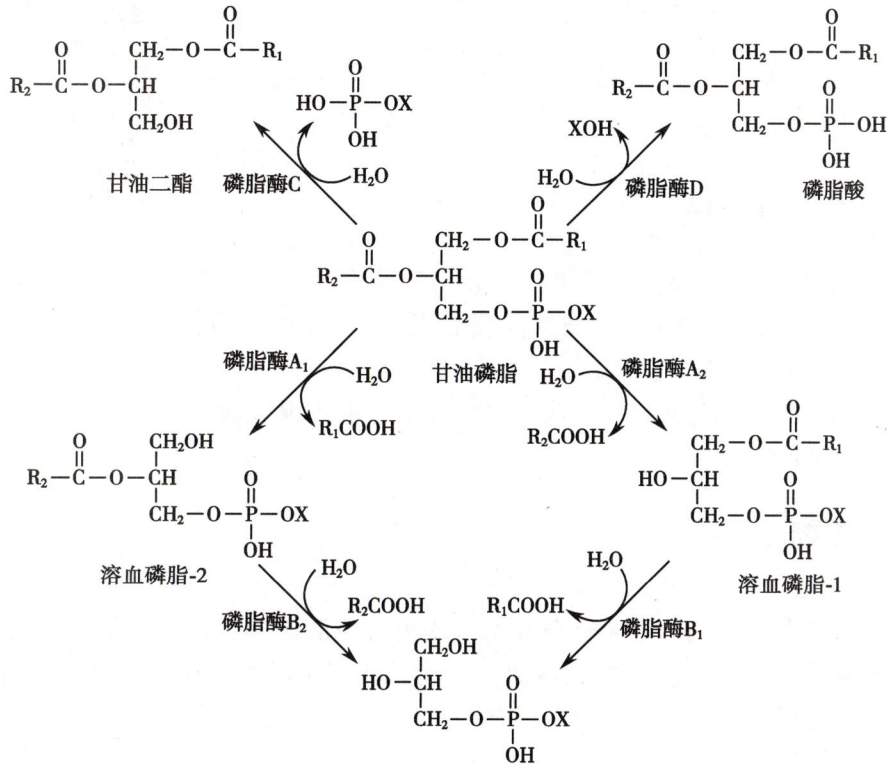

图6-9 磷脂酶作用于磷脂化学键的部位
X 为取代基团。

磷脂酶 A_2 以酶原形式存在于细胞膜及线粒体膜上。胰腺炎时，胰腺细胞膜上的磷脂酶 A_2 被未知因素激活，作用于胰腺细胞膜磷脂的 2 位酯键，产生多不饱和脂肪酸及溶血磷脂-1。溶血磷脂-1具有较强的表面活性，能使胰腺细胞膜受损，导致急性胰腺炎。磷脂酶 A_1 存在于动物组织溶酶体中（蛇毒及某些微生物也含有），能水解磷脂的 1 位酯键，产生脂肪酸及溶血磷脂-2，故被毒蛇咬伤后会出现因红细胞被大量破坏而引起的溶血。

（三）甘油磷脂与脂肪肝

肝细胞虽能合成大量脂肪，但不能储存脂肪。肝合成的甘油三酯与载脂蛋白、磷脂和胆固醇共同形成极低密度脂蛋白（VLDL），由肝细胞分泌入血，经血液循环向肝外组织输出。若脂肪在肝细胞中蓄积，则导致脂肪肝。

正常人肝中脂肪的含量占肝重的 3%~5%，如脂肪总量超过 10%，称为脂肪肝。形成脂肪肝的常见原因有：①肝内脂肪来源过多，如高糖高热量饮食；②肝功能障碍，氧化脂肪酸的能力减弱，合成、释放脂蛋白的功能降低；③合成磷脂的原料不足，使得甘油二酯转变为磷脂的量减少，转而生成甘油三酯；同时由于磷脂合成量减少，导致 VLDL 生成障碍，使肝内脂肪输出困难，导致脂肪来源增多，输出减少，在肝细胞内堆积形成脂肪肝。临床上常用磷脂及其合成原料（丝氨酸、甲硫氨酸、胆碱、肌醇及乙醇胺等）、有关辅助因子（叶酸、维生素 B_{12}、ATP 及 CTP 等）防治脂肪肝。

第四节　胆固醇代谢

胆固醇（cholesterol）最早从动物胆石中分离出来，故称为胆固醇。体内胆固醇以游离胆固醇和胆固醇酯两种形式存在。

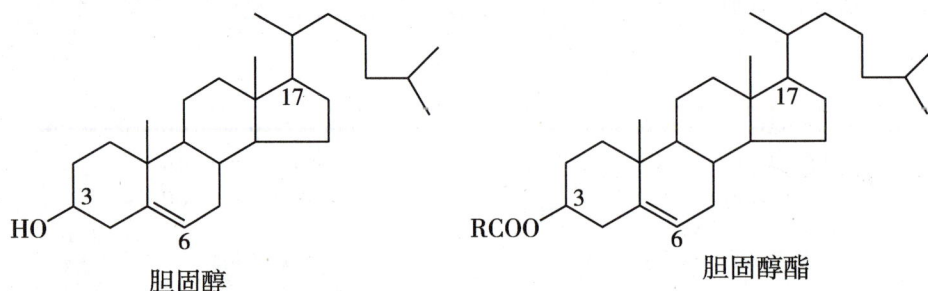

胆固醇　　　　　　　　　　　　　　　　胆固醇酯

健康成人体内的胆固醇含量约为 140g，广泛分布于全身各组织中，约 1/4 分布在脑及神经组织中。肝、肾、肠、肾上腺、卵巢等内脏，皮肤及脂肪组织，均含较多的胆固醇。人体中的胆固醇主要由机体各组织合成，也可来源于食物。

胆固醇在体内有重要的生理功能，是动物细胞膜的重要组成成分，也是合成类固醇激素、胆汁酸盐及维生素 D_3 的前体物质。

一、胆固醇的生物合成

（一）合成部位

除脑组织及成熟红细胞外，几乎全身各组织均可合成胆固醇，每日可合成 1g 左右。肝是胆固醇合成的主要场所，占合成总量的 70%~80%；其次是小肠，合成量约占 10%。胆固醇合成酶系存在于细胞质及滑面内质网膜。

（二）合成原料

胆固醇的合成原料是乙酰 CoA 和 $NADPH + H^+$，并需要 ATP 供能。线粒体中的乙酰 CoA 通过柠檬酸 - 丙酮酸循环进入细胞质，参与胆固醇的合成。每合成 1 分子胆固醇需 18 分子乙酰 CoA、16 分子 $NADPH + H^+$ 及 36 分子 ATP。乙酰 CoA 及 ATP 大多来自糖的有氧氧化，$NADPH + H^+$ 主要来自戊糖磷酸途径。因此，糖是胆固醇合成的主要原料来源。

（三）合成过程

胆固醇合成过程非常复杂，包括约 30 步化学反应，可分为三个阶段：

1. 甲羟戊酸的生成　在细胞质中，2 分子乙酰 CoA 在乙酰乙酰 CoA 硫解酶催化下缩合生成乙酰乙酰 CoA；然后在 HMG-CoA 合酶催化下再与 1 分子乙酰 CoA 缩合生成 HMG-CoA；HMG-CoA 由 HMG-CoA 还原酶催化，NADPH 供氢，还原生成甲羟戊酸（mevalonic acid，MVA）。其中的 HMG-CoA 还原酶是胆固醇合成的限速酶。

2. 鲨烯的生成　MVA 在一系列酶的催化下，由 ATP 供能，经磷酸化、脱羧等反应生成活泼的 5 碳的焦磷酸化合物。然后 3 分子 5 碳的焦磷酸化合物缩合生成 15 碳的焦磷酸法尼酯。2 分子焦磷酸法尼酯再缩合成 30 碳的鲨烯。

3. 胆固醇的生成　鲨烯与胆固醇结构相似，再经单加氧酶、环化酶等催化生成羊毛固醇，最后经氧化、脱羧、还原等反应，脱去 3 个羧基生成 27 碳的胆固醇（图 6-10）。

（四）胆固醇合成的调节

HMG-CoA 还原酶是胆固醇合成的限速酶，各种因素对胆固醇合成的调节主要是通过影响 HMG-CoA 还原酶的活性和含量实现的。

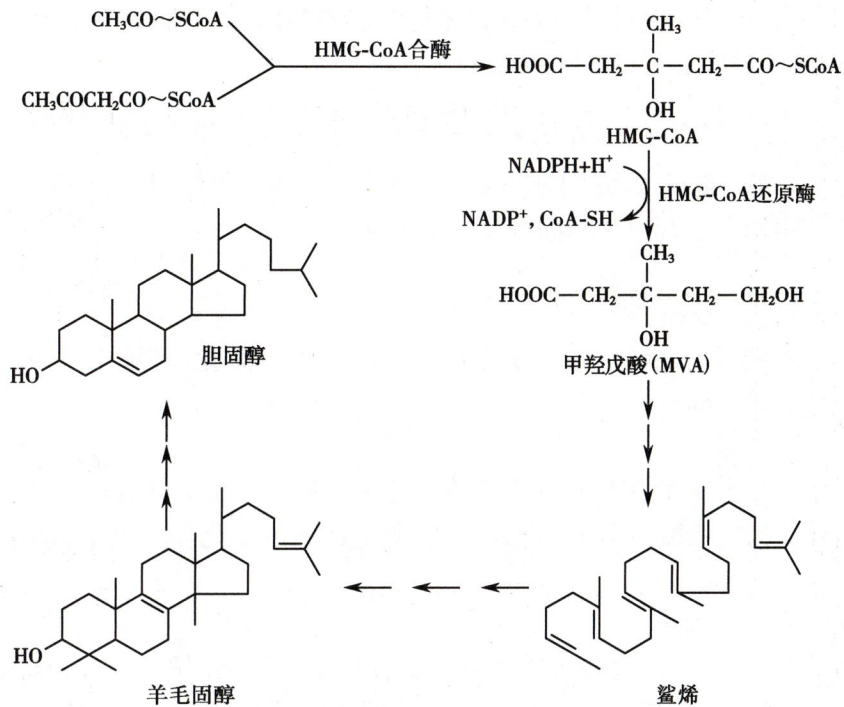

图 6-10　胆固醇的合成

1. 饥饿与饱食　饥饿、禁食可抑制肝合成胆固醇。饥饿引起肝 HMG-CoA 还原酶合成减少，酶活性降低。乙酰 CoA、ATP、NADPH＋H⁺ 等原料不足是肝胆固醇合成减少的重要原因。相反，摄取高糖高脂肪饮食后，HMG-CoA 还原酶活性升高，促进胆固醇合成。

2. 胆固醇　食物胆固醇可反馈抑制肝 HMG-CoA 还原酶的活性，从而抑制肝胆固醇的合成。相反，降低食物胆固醇量可解除胆固醇对肝中 HMG-CoA 还原酶的抑制作用，促进胆固醇合成。但食物胆固醇不能抑制小肠黏膜细胞合成胆固醇。

3. 激素　胰岛素及甲状腺素能诱导肝 HMG-CoA 还原酶的合成，从而增加胆固醇的合成。胰高血糖素及皮质醇则能抑制并降低 HMG-CoA 还原酶的活性，因而减少胆固醇的合成。甲状腺素除能促进胆固醇的合成外，还能促进胆固醇在肝中转变为胆汁酸，后者作用较前者更强，因而甲状腺功能亢进患者的血清胆固醇含量反而下降。

4. 药物的影响　他汀类药物能竞争性抑制 HMG-CoA 还原酶的活性，使体内胆固醇的合成减少。另外，有些药物如考来烯胺可通过干扰肠道胆汁酸盐的重吸收，促使体内更多的胆固醇转变为胆汁酸盐，从而降低血清胆固醇浓度。

二、胆固醇的酯化

细胞内和血浆中的游离胆固醇都可被酯化成胆固醇酯，但不同部位催化胆固醇酯化的酶及其反应过程不同。

（一）细胞内胆固醇的酯化

在组织细胞内，游离胆固醇可在脂酰 CoA 胆固醇酰基转移酶（acyl-coenzyme A-cholesterol acyl-transferase，ACAT）的催化下接受脂酰 CoA 的脂酰基形成胆固醇酯。反应式如下：

$$胆固醇 + RCO \sim SCoA \xrightarrow{ACAT} 胆固醇酯 + CoA{-}SH$$

（二）血浆内胆固醇的酯化

在血浆中，游离胆固醇在卵磷脂胆固醇酰基转移酶（lecithin-cholesterol acyltransferase，LCAT）

的催化下，卵磷脂 C_2 位上的脂酰基（一般多是不饱和脂肪酸）转移至胆固醇 C_3 位的 β- 羟基上，生成胆固醇酯及溶血磷脂酰胆碱。反应式如下：

$$\text{胆固醇} + \text{磷脂酰胆碱} \xrightarrow{\text{LCAT}} \text{胆固醇酯} + \text{溶血磷脂酰胆碱}$$

LCAT 由肝实质细胞合成，而后分泌入血，在血浆中发挥催化作用。肝实质细胞有病变或损害时，可使 LCAT 活性降低，引起血浆胆固醇酯含量下降。

三、胆固醇在体内的转变与排泄

胆固醇在体内不能被彻底氧化分解成 CO_2 和 H_2O，而是经氧化、还原等反应转变为其他具有重要生理功能的物质或排出体外。

（一）转化为胆汁酸

在肝中转化为胆汁酸是胆固醇在体内代谢的主要去路。正常人每天合成胆固醇 1~1.5g，其中 0.4~0.6g 在肝转变成为胆汁酸，随胆汁排入肠道，促进脂质的消化和吸收，抑制胆汁中胆固醇的析出等。

（二）转化为类固醇激素

胆固醇是肾上腺皮质、睾丸、卵巢等内分泌腺合成及分泌类固醇激素的原料。肾上腺皮质球状带、束状带细胞以胆固醇为原料合成醛固酮、皮质醇和少量皮质酮，参与水、电解质、糖类、脂质、蛋白质代谢的调节；性腺可以利用胆固醇为原料合成各种性激素。

（三）转化为维生素 D_3

人体皮肤细胞内的胆固醇经脱氢氧化生成 7- 脱氢胆固醇，后者经紫外线照射可转变为维生素 D_3。

（四）胆固醇的排泄

体内大部分胆固醇在肝脏转变为胆汁酸盐，随胆汁排出。还有一部分胆固醇可与胆汁酸结合，生成混合微团而溶于胆汁，直接随胆汁排出。未被吸收的胆固醇可直接或经肠道细菌作用还原为粪固醇随粪便排出。因此，胆管阻塞患者的血浆胆固醇含量会升高。

第五节　血脂和血浆脂蛋白

一、血脂组成

血浆中的脂质物质统称血脂，包括甘油三酯、磷脂、胆固醇、胆固醇酯和游离脂肪酸等。血脂的来源有两种：一是外源性脂质，即从食物消化吸收的脂质；二是内源性脂质，由肝、脂肪组织等合成后释放入血。血脂的去路主要包括经血液循环到各组织氧化供能；进入脂库储存，作为生物膜合成的原料；转变成其他物质（图 6-11）。

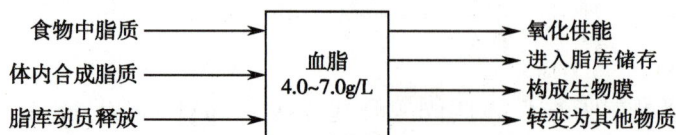

图 6-11　血脂的来源与去路

在正常情况下，血脂的来源与去路处于动态平衡状态，血脂含量相对稳定。长期摄入高脂高糖饮食可导致血脂含量升高。此外，血脂含量远不如血糖恒定，易受膳食、年龄、性别、职业及代谢等影响，波动范围较大。正常成人空腹 12~14 小时血脂的组成与含量见表 6-1。

表 6-1　正常成人空腹血脂的组成及含量

组成	血脂含量		空腹主要来源
	mg/dl	mmol/L	
甘油三酯	10~150	0.11~1.69	肝
总胆固醇	100~250	2.59~6.47	肝
胆固醇酯	70~200	1.81~5.17	
游离胆固醇	40~70	1.03~1.81	
卵磷脂	50~200	16.1~64.6	肝
脑磷脂	15~35	4.8~13.0	肝
神经磷脂	50~130	16.1~42.0	肝
游离脂肪酸	5~20	0.5~0.7	脂肪组织

血脂含量虽只占全身脂质总量的极少部分，但外源性和内源性脂质物质都通过血液运转于各组织之间。因此，血脂含量可以反映体内脂质代谢情况，临床上可作为高脂血症、动脉粥样硬化和冠心病的辅助诊断指标。

进食高脂肪膳食后，血浆脂质含量大幅度上升。但这种膳食造成的影响只是暂时的，通常在12 小时内可逐渐趋于正常。因此，临床上测定血脂时应在空腹 12~14 小时后采血，这样才能较为可靠地反映患者血脂水平的真实情况。

二、血浆脂蛋白

在血浆中，脂质以与蛋白质（称载脂蛋白）结合成脂蛋白的形式存在。脂蛋白是脂质在血中的运输形式，即血浆脂蛋白。

（一）血浆脂蛋白的分类

由于血浆脂蛋白所含脂质和蛋白质量的不同，各种血浆脂蛋白的理化性质（密度、颗粒大小、表面电荷、电泳速率等）差异较大，用电泳法和超速离心法均可将血浆脂蛋白分为四类。

1. **电泳法**　各类脂蛋白中的载脂蛋白不同，决定了其表面电荷多少不同，因此在电泳时迁移率的大小不同，按移动速度的快慢分为四条区带，依次是 α- 脂蛋白、前 β- 脂蛋白、β- 脂蛋白和乳糜微粒（图 6-12）。

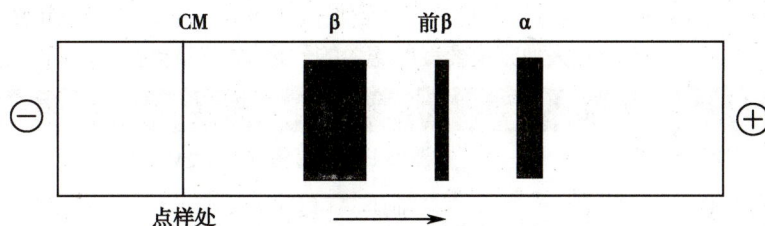

图 6-12　血浆脂蛋白琼脂糖凝胶电泳示意图

2. **超速离心法**　各类脂蛋白中蛋白质与脂质的比例不同，其密度也各不相同（脂质含量较高的脂蛋白密度相对小），因此血浆在一定密度的盐溶液中超速离心（50 000r/min）时，血浆中的各种脂蛋白沉降速度也不同，按密度从低到高分成四类，分别为乳糜微粒（chylomicron，CM）、极低密度脂蛋白（very low density lipoprotein，VLDL）、低密度脂蛋白（low density lipoprotein，LDL）和高密度脂蛋白（high density lipoprotein，HDL）。

(二）血浆脂蛋白的组成

所有的血浆脂蛋白均由脂质和载脂蛋白（apolipoprotein，apo）组成。

1. 脂质 组成血浆脂蛋白的脂质主要包括甘油三酯、磷脂、胆固醇及胆固醇酯等成分，其含量及组成比例在各类血浆脂蛋白中有很大差异（表6-2）。

表6-2 血浆脂蛋白的性质、组成和主要功能

分类	超速离心法	CM	VLDL	LDL	HDL
	电泳法	CM	前β-脂蛋白	β-脂蛋白	α-脂蛋白
性质	密度 /(g·ml⁻¹)	<0.950	0.950~1.006	1.019~1.063	1.063~1.210
	漂浮系数 /Sf	>400	20~400	0~20	沉降
	颗粒直径 /nm	80~500	30~80	18~25	5~17
组成 /%	蛋白质	1~2	5~10	20~25	45~55
	脂质	98~99	90~95	75~80	45~55
	甘油三酯	80~95	50~70	10	5
	磷脂	5~7	15	20	25
	总胆固醇	4~5	15~19	48~50	20~23
	游离胆固醇	1~2	5~7	8	5~6
	胆固醇酯	3	10~12	40~42	15~17
合成部位		小肠	肝	血浆	肝、小肠
主要功能		将食物中的TG和胆固醇从小肠转运至其他组织	转运内源性TG及胆固醇至外周组织，经脂酶水解后释放游离脂肪酸	内源性胆固醇的主要载体，经LDL受体介导而被外周组织摄取和利用	促进胆固醇从外周组织移去，转运胆固醇至肝脏或其他组织再分布

2. 载脂蛋白 目前人体中发现的载脂蛋白至少有20种，主要分为A、B、C、D、E五类，各类载脂蛋白又可分为许多亚类，如apoA又可分为AⅠ、AⅡ、AⅣ、AⅤ，apoB又可分为B100及B48，apoC又可分为CⅠ、CⅡ、CⅢ等。不同的脂蛋白中含不同的载脂蛋白。研究表明，载脂蛋白不但在结合和转运脂质及稳定脂蛋白的结构方面发挥重要作用，而且还可以调节脂蛋白代谢中关键酶的活性。此外，载脂蛋白还参与脂蛋白受体的识别，在脂蛋白代谢上发挥极为重要的作用。人血浆主要载脂蛋白的分布、功能及含量见表6-3。

表6-3 人血浆主要载脂蛋白的分布、功能及含量

载脂蛋白	分布	主要功能	血浆含量 /(mg·dl⁻¹)
AⅠ	HDL	激活LCAT，识别HDL受体	123.8±4.7
AⅡ	HDL	抑制LCAT	33±5
B100	VLDL，LDL	识别LDL受体	87.3±14.3
B48	CM	促进CM合成	—
CⅡ	CM，VLDL，HDL	激活LPL	5.0±1.8
CⅢ	CM，VLDL，HDL	抑制LPL，抑制肝apoE受体	11.8±3.6
E	CM，VLDL，HDL	识别LDL受体	3.5±1.2
(a)	LP(a)	抑制纤溶酶活性	0~120

（三）血浆脂蛋白的结构与功能

1. 血浆脂蛋白的结构　各种血浆脂蛋白都具有大致相似的球状结构。疏水性较强的甘油三酯和胆固醇酯位于脂蛋白的内核，既有极性基团又有非极性基团的载脂蛋白、磷脂、游离胆固醇借其疏水基团与内部的脂质通过疏水键相连，维持复合物的稳定，亲水极性基团朝外，形成单分子层覆盖于脂蛋白表面形成球形，使得脂蛋白具有水溶性，便于在血液中运输（图6-13）。

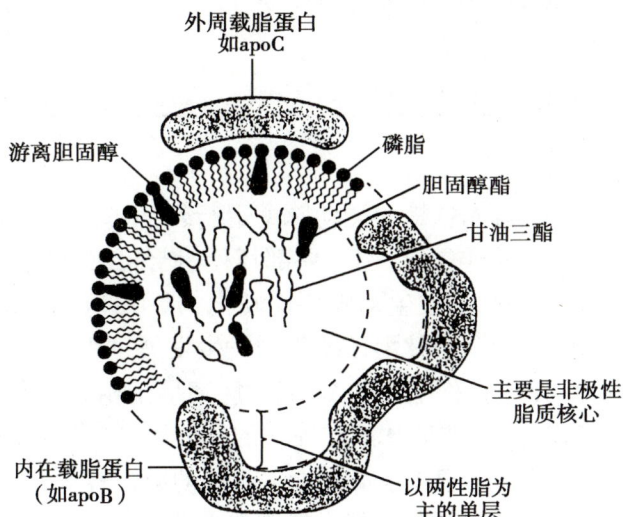

图6-13　血浆脂蛋白结构示意图

2. 血浆脂蛋白的功能

（1）CM 由小肠黏膜细胞摄取食物中的甘油三酯及胆固醇合成，运输外源性甘油三酯及胆固醇进入机体而被利用。

（2）VLDL 主要由肝合成，将肝内合成的甘油三酯和胆固醇运至肝外组织代谢利用。

（3）LDL 在血浆中由 VLDL 转变而来，主要经 LDL 受体途径代谢，将肝内的胆固醇运至肝外组织。

（4）HDL 主要由肝合成，少量由小肠合成，经代谢转变将肝外的胆固醇逆向转运至肝代谢。

三、血脂代谢异常与疾病

（一）高脂血症

空腹时血浆中的脂质有一种或几种浓度高于正常参考值上限即为高脂血症。因血脂是以脂蛋白形式存在的，所以又称高脂蛋白血症。目前临床上以成人空腹 12~14 小时血浆甘油三酯超过 2.26mmol/L（200mg/dl）、胆固醇超过 6.21mmol/L（240mg/dl），儿童胆固醇超过 4.14mmol/L（160mg/dl），作为高脂血症诊断标准。

影响血脂水平的因素是多方面的，既包括遗传因素，也包括膳食和生活方式等环境因素，此外与血脂水平相关的疾病在不同地区和民族发病率也有很大不同。传统的分类方法将脂蛋白异常血症分为6型（表6-4）。

目前临床上将高脂血症分为四类，即高甘油三酯血症、高胆固醇血症、混合型高脂血症和低高密度脂蛋白胆固醇血症。

高脂血症按发病原因可分为原发性和继发性两类。原发性高脂血症原因不明，但现已证明有些高脂血症是遗传性缺陷所致，如参与脂蛋白代谢的关键酶、载脂蛋白及脂蛋白受体的先天缺陷。继发性高脂血症是继发于糖尿病、甲状腺功能减退及肝、肾病变引起的脂蛋白代谢紊乱，也多见于肥胖、酗酒等。

表 6-4　脂蛋白异常血症分型

分型	血浆脂蛋白变化	血脂变化
I	乳糜微粒升高	甘油三酯↑↑↑、胆固醇↑
IIa	低密度脂蛋白升高	胆固醇↑↑
IIb	低密度脂蛋白及极低密度脂蛋白同时升高	胆固醇↑↑、甘油三酯↑↑
III	中密度脂蛋白升高（电泳出现宽 β 带）	胆固醇↑↑、甘油三酯↑↑
IV	极低密度脂蛋白升高	甘油三酯↑↑
V	极低密度脂蛋白及乳糜微粒同时升高	甘油三酯↑↑↑、胆固醇↑

（二）动脉粥样硬化

动脉粥样硬化（atherosclerosis，AS）是一类动脉壁退行性病理变化，其病理基础之一是大量脂质沉积在大、中动脉内膜上，形成粥样斑块，引起局部坏死、结缔组织增生、血管壁纤维化和钙化等病理改变，使血管腔狭窄。冠状动脉若发生动脉粥样硬化，常引起心肌缺血，导致冠状动脉粥样硬化性心脏病，简称冠心病。研究表明，动脉粥样硬化的发生发展过程与血浆脂蛋白代谢密切相关。

流行病学调查表明，血浆 LDL 水平升高与 AS 的发病率呈正相关，而 HDL 的浓度与 AS 的发生呈负相关，因此临床上认为 LDL 是导致动脉粥样硬化的危险因子，而 HDL 是抗动脉粥样硬化的保护因子。如患者血中 LDL 含量升高、HDL 含量降低，即是动脉粥样硬化最危险的因素。我国动脉粥样硬化性心血管疾病（ASCVD）一级预防低危人群主要血脂指标的参考标准见表 6-5。

表 6-5　ASCVD 一级预防低危人群主要血脂指标的参考标准

单位：mmol/L

分类	TC	LDL-C	HDL-C	TG	非 HDL-C
理想水平	—	< 2.6	—	—	< 3.4
合适水平	< 5.2	< 3.4	—	< 1.7	< 4.1
边缘增高	≥5.2 且 < 6.2	≥3.4 且 < 4.1	—	≥1.7 且 < 2.3	≥4.1 且 < 4.9
升高	≥6.2	≥4.1	—	≥2.3	≥4.9
降低	—	—	< 1.0	—	—

注：TC 为总胆固醇；LDL-C 为低密度脂蛋白胆固醇；HDL-C 为高密度脂蛋白胆固醇；TG 为甘油三酯。参考标准仅针对 ASCVD 一级预防低危人群。表中所列数值是干预前空腹 12h 测定的血脂水平。

研究证明，遗传缺陷与 AS 关系密切。参与脂蛋白代谢的关键酶 LPL 及 LCAT，载脂蛋白 apoCII、apoB、apoE、apoAI 和 apoCIII，以及 LDL 受体的遗传缺陷，均能引起脂蛋白代谢异常和高脂血症的发生。LPL 缺陷可导致 I 或 IV 型高脂血症；apoCII 基因缺陷不能激活 LPL，可产生与 LPL 缺陷相似的高脂血症；LDL 受体缺陷是引起家族性高胆固醇血症的重要原因。

知识链接

冠心病危险因素

冠心病是多因致病的疾病，高血脂不等同于冠心病。血脂异常是危险因素，而非诊断指标。另外，除遗传因素外，冠心病还与不健康的生活方式紧密相关，主要包括吸烟、高胆固醇和高脂饮食、超重、缺乏锻炼、紧张和心理压力、糖尿病、高血压等。这些危险因素可增加冠心病的发病危险。了解和尽可能减少这些危险因素可以减少心肌梗死和冠状动脉阻塞的发生。

1. 试述激素对脂肪动员过程的调节作用。

2. 饥饿或糖尿病患者易出现酮症的原因是什么？

3. 简述胆固醇在体内的代谢转变。

4. 某女性，28岁。女儿的诞生为她的生活增添不少乐趣。美中不足的是，生育后该女性体重一路飙升到80kg。这令她烦恼不已。经过一年的减肥之后，体重降下来了，但新的烦恼也来了。半年前，该女性出现食欲缺乏、恶心等，医院检查发现有重度脂肪肝。该女性大为惊讶：怎么人瘦下来了，却患上脂肪肝呢？

ER 6-4

练习题

请思考：

（1）请用本章知识解释减肥出现脂肪肝的原因。

（2）预防脂肪肝的措施有哪些？

（张建辉）

ER 7-1
教学课件

ER 7-2
思维导图

蛋白质是机体组织细胞的重要组成成分，是生命活动的物质基础，其营养价值无法由其他物质取代。氨基酸是组成蛋白质的基本单位，蛋白质分解和合成以及其他含氮物质的代谢都与氨基酸有关。体内蛋白质分解代谢首先要分解为氨基酸，后者再进一步进行代谢。因此，蛋白质分解代谢的核心内容是氨基酸代谢。

第一节　蛋白质的营养作用

一、蛋白质的生物学功能

（一）构成组织细胞的重要组成成分

蛋白质最重要的功能是参与构成各种细胞、组织和器官。机体不断从食物中摄取蛋白质，以维持细胞组织生长、更新和修复的需要，这对生长发育期的儿童、妊娠期妇女及康复期患者尤为重要。

（二）参与体内多种重要生命活动

蛋白质参与构成机体许多具有重要生物活性的物质，如酶、激素、抗原、抗体、转运蛋白、血红蛋白、凝血因子等,进而参与物质代谢与调节、免疫、运输、肌肉收缩、凝血等众多重要的生命活动,这对维持生命活动的正常进行具有重要意义。

(三)氧化供能

蛋白质也是能源物质,每克蛋白质在体内氧化分解可产生约17kJ(4kcal)的能量。但是在正常情况下,机体主要通过糖和脂肪供能,因此氧化供能是蛋白质的次要功能。只有在饥饿或禁食情况下,蛋白质才作为体内能量的来源之一,为机体氧化供能。

二、蛋白质的生理需要量和营养价值

(一)氮平衡

通过测定摄入食物的含氮量(摄入氮)及尿与粪中的含氮量(排出氮),可反映体内蛋白质的代谢状况,这种机体摄入氮量与同期内排出氮量之间的关系称为氮平衡。依据机体状况的不同,氮平衡有三种情况,即总氮平衡、正氮平衡及负氮平衡。

1. **总氮平衡** 摄入氮 = 排出氮,反映机体蛋白质"收支平衡"。见于正常成年人。

2. **正氮平衡** 摄入氮 > 排出氮,反映机体蛋白质摄入量大于排出量。见于儿童、孕妇及康复期患者。

3. **负氮平衡** 摄入氮 < 排出氮,反映蛋白质摄入量不能满足机体的需要。见于饥饿、营养不良及消耗性疾病患者。

(二)蛋白质的生理需要量

根据氮平衡实验计算,正常成年人在不进食蛋白质时,每日最低分解约20g蛋白质。食物蛋白质与人体蛋白质组成存在差异,不能被机体全部消化吸收,故每日应适当增加蛋白质的摄入量,以确保机体的总氮平衡。中国营养学会建议,成人膳食蛋白质平均需要量(EAR)为男性60g/d、女性50g/d,推荐摄入量(RNI)为男性65g/d、女性55g/d。

(三)蛋白质的营养价值

蛋白质的营养价值是指食物蛋白质在体内的利用率。食物蛋白质的营养价值的高低主要取决于其所含必需氨基酸的种类、数量和比例。

组成人体蛋白质的20种氨基酸中,有9种氨基酸在体内不能自身合成,必须由食物提供,称为必需氨基酸(essential amino acid),分别是亮氨酸、异亮氨酸、苏氨酸、缬氨酸、赖氨酸、甲硫氨酸、苯丙氨酸、色氨酸、组氨酸;其余11种氨基酸体内能够合成,不一定需要食物供给,称为非必需氨基酸(non-essential amino acid)。此外,精氨酸虽然能够在体内合成,但合成量较少,若长期供应不足或需要量增加,也可造成负氮平衡。因此,精氨酸被视为半必需氨基酸。

一般来说,含必需氨基酸种类全、数量多,且比例和人体接近的蛋白质,其营养价值高;反之,蛋白质营养价值低。动物蛋白质所含必需氨基酸的种类和比例与人体接近,利用度更高,故其营养价值高于植物蛋白质。营养价值较低的几种蛋白质混合食用,彼此间必需氨基酸可以相互补充,提高营养价值,称为蛋白质互补作用。例如,谷类蛋白质含赖氨酸较少而色氨酸较多,豆类蛋白质含赖氨酸较多而色氨酸较少,两者混合食用即可提高蛋白质的营养价值。临床上为维持危重患者或营养不良人群的总氮平衡,应适当补充氨基酸混合液,以防止病情恶化。

三、蛋白质的消化、吸收与腐败

蛋白质具有高度的种属特异性,食物蛋白质需分解成无种属特异性的小分子氨基酸及少量寡肽,方可被吸收,否则会产生过敏反应甚至毒性反应。未被消化吸收的部分则被肠道细菌分解,发生腐败作用,大多随粪便排出体外。

（一）蛋白质的消化

1. 胃中的消化 食物蛋白质的消化从胃开始。胃液中的胃蛋白酶原被胃酸以及胃蛋白酶自身激活为胃蛋白酶（pepsin）。在胃液的酸性条件下，胃蛋白酶可以非特异性地水解各种水溶性蛋白质，产物为多肽和少量氨基酸。

2. 肠中的消化 肠道是蛋白质消化的主要场所。未经消化或消化不全的蛋白质经小肠腔中多种蛋白酶和肽酶的共同催化，进一步水解为寡肽和氨基酸。在小肠黏膜细胞中，寡肽在寡肽酶的催化下最终分解为氨基酸。

（二）蛋白质的吸收

蛋白质的消化产物为氨基酸和寡肽（主要为二肽和三肽），可被小肠黏膜细胞吸收。其吸收方式主要是需载体耗能的主动转运吸收。

（三）蛋白质的腐败作用

肠道细菌对部分未被消化的蛋白质及部分未被吸收的寡肽和氨基酸进行分解的过程称为蛋白质的腐败作用。蛋白质的腐败作用是肠道细菌本身的代谢过程，以无氧分解为主。腐败产物大多对机体有害，如胺类、氨、酚类、吲哚及硫化氢等，也有少量可被机体利用的有机酸和维生素。腐败产物生成过多或肝功能低下时，则对机体产生毒害作用，其中以胺类和氨的危害最大。

在正常情况下，上述有害物质大部分可随粪便排出，只有小部分被吸收，经肝的代谢转化而解毒，故不会发生中毒现象。但长期习惯性便秘患者肠道吸收的腐败产物较多，可导致机体中毒。

第二节　氨基酸的一般代谢

一、氨基酸代谢概况

食物蛋白质经消化而被吸收的氨基酸（外源性），与体内组织蛋白质降解产生的氨基酸及体内合成的非必需氨基酸（内源性）混合在一起，分布于体内各组织细胞，构成机体的氨基酸代谢库。因氨基酸不能自由通过细胞膜，所以机体各组织中氨基酸的含量并不相同。肌肉组织中的氨基酸占氨基酸总代谢库的 50% 以上，肝中约占 10%、肾中约占 4%、血浆占 1%~6%。多数氨基酸主要在肝内分解代谢，某些氨基酸（支链氨基酸）主要在骨骼肌分解代谢。体内氨基酸主要代谢去路是合成组织蛋白质和多肽；通过氨基酸脱氨基和脱羧基作用进行分解代谢；转变成其他含氮物质。在正常情况下，体内氨基酸的来源和去路处于动态平衡（图 7-1）。

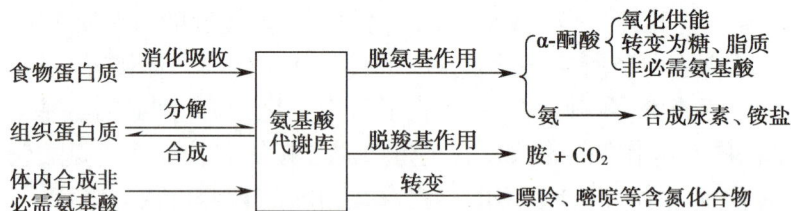

图 7-1　体内氨基酸的来源和去路

二、氨基酸脱氨基作用

氨基酸脱氨基作用是指氨基酸在酶的催化下脱去氨基生成 α- 酮酸和氨的过程，这是氨基酸分解代谢的主要途径。氨基酸脱氨基作用在体内多数组织中均可进行，主要方式包括转氨基作用、氧化脱氨基作用、联合脱氨基作用、嘌呤核苷酸循环，其中以联合脱氨基作用最为重要。

（一）转氨基作用

转氨基作用是指在转氨酶的催化下，α-氨基酸的氨基可逆地转移给 α-酮酸，结果是氨基酸脱去氨基生成相应的 α-酮酸，而原来的 α-酮酸则转变为另一种氨基酸。转氨基作用只是氨基发生了转移，并没有游离氨的生成，但 α-酮酸接受氨基后生成了相应的 α-氨基酸，故转氨基作用也是体内合成非必需氨基酸的重要途径。

$$
\underset{\text{COOH}}{\overset{R_1}{H-C-NH_2}} + \underset{\text{COOH}}{\overset{R_2}{C=O}} \underset{\xleftarrow{}}{\overset{\text{转氨酶}}{\rightleftharpoons}} \underset{\text{COOH}}{\overset{R_1}{C=O}} + \underset{\text{COOH}}{\overset{R_2}{H-C-NH_2}}
$$

转氨酶种类多、特异性强，除赖氨酸、脯氨酸和羟脯氨酸外，体内的氨基酸均可在相应转氨酶的催化下发生转氨基作用。其中尤以丙氨酸转氨酶（alanine transaminase，ALT）和天冬氨酸转氨酶（aspartate transaminase，AST）最为重要。

丙氨酸转氨酶又称谷丙转氨酶（glutamic-pyruvic transaminase，GPT），其催化的反应如下：

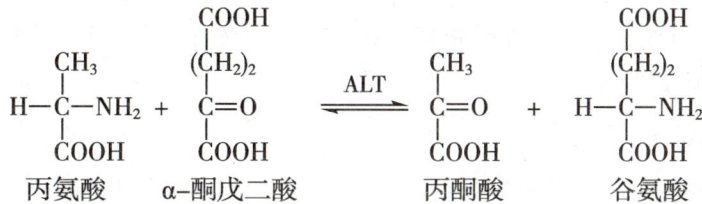

$$
\underset{\text{丙氨酸}}{\overset{CH_3}{H-C-NH_2}} + \underset{\text{α-酮戊二酸}}{\overset{COOH}{\underset{(CH_2)_2}{C=O}}} \overset{\text{ALT}}{\rightleftharpoons} \underset{\text{丙酮酸}}{\overset{CH_3}{C=O}} + \underset{\text{谷氨酸}}{\overset{COOH}{\underset{(CH_2)_2}{H-C-NH_2}}}
$$

天冬氨酸转氨酶又称谷草转氨酶（glutamic-oxaloacetic transaminase，GOT），其催化的反应如下：

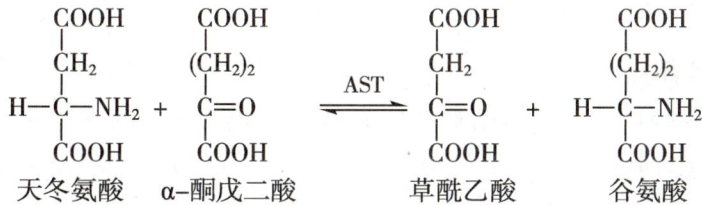

$$
\underset{\text{天冬氨酸}}{\overset{COOH}{\underset{CH_2}{H-C-NH_2}}} + \underset{\text{α-酮戊二酸}}{\overset{COOH}{\underset{(CH_2)_2}{C=O}}} \overset{\text{AST}}{\rightleftharpoons} \underset{\text{草酰乙酸}}{\overset{COOH}{\underset{CH_2}{C=O}}} + \underset{\text{谷氨酸}}{\overset{COOH}{\underset{(CH_2)_2}{H-C-NH_2}}}
$$

转氨酶的辅酶为维生素 B_6 的活性形式，即磷酸吡哆醛或磷酸吡哆胺，通过磷酸吡哆醛与磷酸吡哆胺分子互变起到传递氨基的作用（图 7-2）。

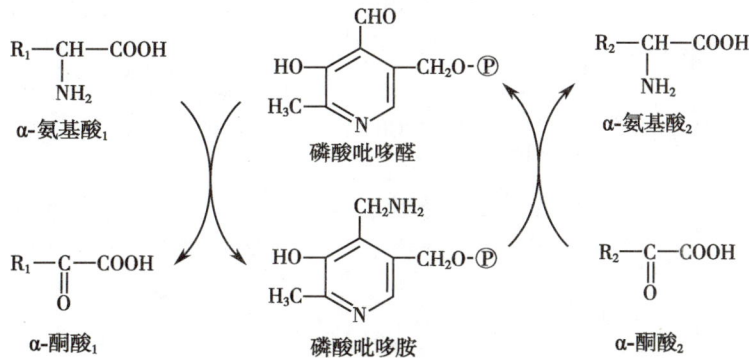

图 7-2　磷酸吡哆醛及磷酸吡哆胺传递氨基作用

转氨酶广泛分布于各种组织细胞中，其中以肝和心肌含量最丰富。不同组织细胞中转氨酶的含量有一定差异（表 7-1）。在正常情况下，血清中转氨酶活性较低。当组织细胞受损时，细胞膜通透性增加或细胞被破坏，大量转氨酶释放入血，血清中相应酶的活性明显升高。例如急性肝炎时，血清 ALT 活性显著升高；心肌梗死时，血清 AST 活性显著升高。因此，测定血清转氨酶活性可作为诊断某些疾病和预后测评指标之一。

表 7-1 正常成年人组织中 ALT 及 AST 活性（单位/克湿组织）

组织	AST	ALT	组织	AST	ALT
心	156 000	7 100	胰腺	28 000	2 000
肝	142 000	44 000	脾	14 000	1 200
骨骼肌	99 000	4 800	肺	10 000	700
肾	91 000	19 000	血清	20	16

（二）氧化脱氨基作用

氧化脱氨基作用是指在酶的催化下，氨基酸先经脱氢氧化生成不稳定的亚氨基酸，然后水解生成 α- 酮酸和氨的过程。催化此反应的酶主要有氨基酸氧化酶和 L- 谷氨酸脱氢酶，其中以 L- 谷氨酸脱氢酶最为重要。L- 谷氨酸脱氢酶是一种不需氧的脱氢酶，辅酶为 NAD^+ 或 $NADP^+$，在肝、肾、脑等组织中广泛存在，活性较高，而在骨骼肌和心肌中活性较低。该酶专一性强，只能催化 L- 谷氨酸氧化脱氨，生成 α- 酮戊二酸和 NH_3，其反应如下：

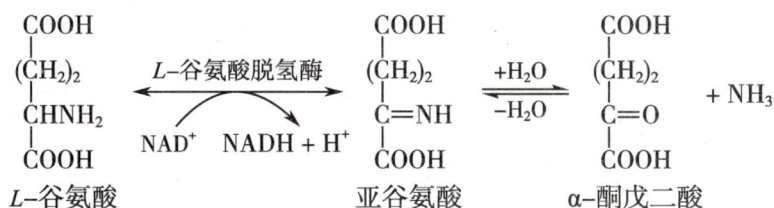

$$
\begin{array}{ccc}
\text{COOH} & \text{COOH} & \text{COOH} \\
| & | & | \\
\text{(CH}_2)_2 & \text{(CH}_2)_2 & \text{(CH}_2)_2 \\
| \quad\xrightarrow{\ L\text{-谷氨酸脱氢酶}\ } & | \quad\xrightleftharpoons[-H_2O]{+H_2O} & | \quad + NH_3 \\
\text{CHNH}_2 & \text{C=NH} & \text{C=O} \\
| \quad NAD^+ \quad NADH+H^+ & | & | \\
\text{COOH} & \text{COOH} & \text{COOH} \\
L\text{-谷氨酸} & \text{亚谷氨酸} & \alpha\text{-酮戊二酸}
\end{array}
$$

（三）联合脱氨基作用

联合脱氨基作用是指转氨基作用与氧化脱氨基作用偶联进行的脱氨基作用，是体内氨基酸脱氨基的最主要方式。联合脱氨基作用能使肝、肾等组织中的大部分氨基酸脱去氨基，其反应过程是氨基酸先与 α- 酮戊二酸经转氨基作用生成相应的 α- 酮酸及 L- 谷氨酸。L- 谷氨酸再经 L- 谷氨酸脱氢酶作用重新生成 α- 酮戊二酸，同时释放游离氨。由于联合脱氨基反应的全过程是可逆的，所以通过上述联合脱氨基的逆过程就可合成新的氨基酸（图 7-3）。

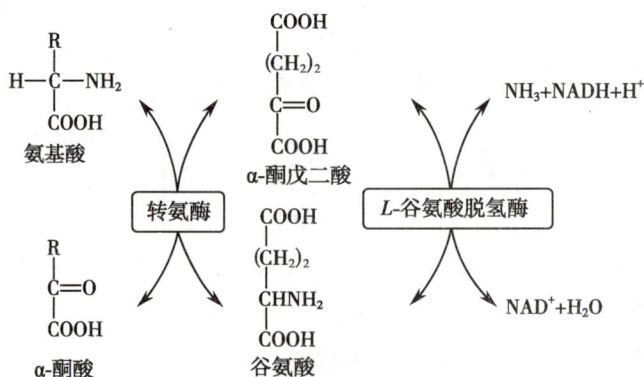

图 7-3 联合脱氨基作用

（四）嘌呤核苷酸循环

骨骼肌和心肌组织中的 L- 谷氨酸脱氢酶活性较低，氨基酸难以通过联合脱氨基作用脱去氨基，而是通过嘌呤核苷酸循环脱去氨基。

在嘌呤核苷酸循环中，氨基酸在转氨酶催化下，将氨基转移给 α-酮戊二酸生成谷氨酸；谷氨酸在 AST 的催化下，将氨基转移给草酰乙酸生成天冬氨酸；天冬氨酸在腺苷酸基琥珀酸合成酶的催化下，与次黄嘌呤核苷酸（IMP）反应生成腺苷酸基琥珀酸，后者在裂合酶的催化下释放出延胡索酸并生成腺嘌呤核苷酸（AMP）。AMP 在腺苷酸脱氨酶催化下释放出游离氨，并转化为 IMP，参与下次循环（图 7-4）。因该循环中需要嘌呤核苷酸的参与，且最终由腺嘌呤核苷酸脱氨基生成游离的氨，故此得名。嘌呤核苷酸循环是联系氨基酸代谢和核苷酸代谢的重要途径。

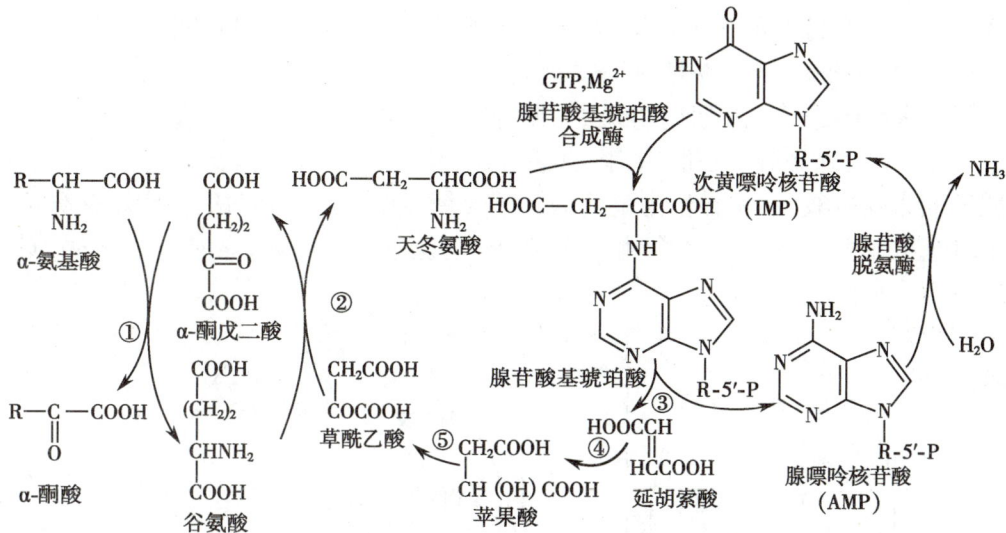

图 7-4 嘌呤核苷酸循环

①转氨酶；②天冬氨酸转氨酶；③腺苷酸基琥珀酸裂合酶；④延胡索酸酶；⑤苹果酸脱氢酶。

三、氨的代谢

体内氨基酸分解代谢产生的氨以及由肠道吸收的氨进入血液，形成血氨。氨能透过细胞膜和血脑屏障，对细胞以及中枢神经系统具有毒害作用。血氨浓度升高可引起肝性脑病（hepatic ence-phalopathy，HE），又称肝昏迷。正常人血氨浓度很低，一般不超过 0.06mmol/L，这是因为体内有解除氨毒的代谢途径，使血氨的来源和去路保持动态平衡（图 7-5），维持血氨浓度的正常。

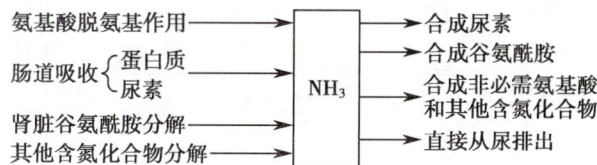

图 7-5 血氨的来源与去路

（一）氨的来源

1. **氨基酸脱氨** 各种含氮化合物（氨基酸、胺类、碱基等）在体内分解代谢均可产生氨，其中氨基酸脱氨基作用是体内氨的主要来源。

2. **肠道吸收的氨** 肠道中的氨主要来自两条途径：一是未消化的蛋白质经肠道细菌腐败作用产生的 NH_3；二是尿素在肠道细菌尿素酶作用下水解产生的 NH_3。氨在肠道中的吸收部位主要是结肠。NH_3 比 NH_4^+ 易于透过细胞膜而被吸收入血，因此肠道 NH_3 的吸收与肠道的 pH 有关。在酸性条件下，NH_3 与 H^+ 结合生成 NH_4^+，以铵盐的形式排出。在碱性条件下，NH_4^+ 趋于转变为 NH_3，易被吸收入血。因此，临床上对高血氨患者使用弱酸性透析液进行结肠透析，禁止使用碱性肥皂液灌肠，就是为了减少氨的吸收。

3. 肾小管上皮细胞分泌的氨 在肾远曲小管上皮细胞含活性较高的谷氨酰胺酶，可催化谷氨酰胺水解产生氨和谷氨酸。酸性尿时，NH_3 与尿中 H^+ 结合生成 NH_4^+，以铵盐形式排出；碱性尿时，氨极易被肾小管上皮细胞吸收入血，导致血氨升高。因此，临床上对肝硬化腹水患者不宜使用碱性利尿药，以防血氨升高。

（二）氨的转运

氨在血液中需以无毒的形式进行运输，然后在肝合成尿素或在肾以铵盐的形式随尿排出。氨在血液中主要以丙氨酸和谷氨酰胺两种形式运输。

1. 葡萄糖－丙氨酸循环 在肌肉组织中，糖酵解产生的丙酮酸经转氨基作用生成丙氨酸，丙氨酸释放入血，经血液运输到肝。在肝中，丙氨酸经联合脱氨基作用释放出氨，用于合成尿素。脱氨后的丙氨酸转变为丙酮酸，后者异生为葡萄糖。葡萄糖经血液运输到肌肉组织中又分解为丙酮酸，供再次接受氨基生成丙氨酸，这一途径称为葡萄糖-丙氨酸循环（glucose-alanine cycle）（图7-6）。

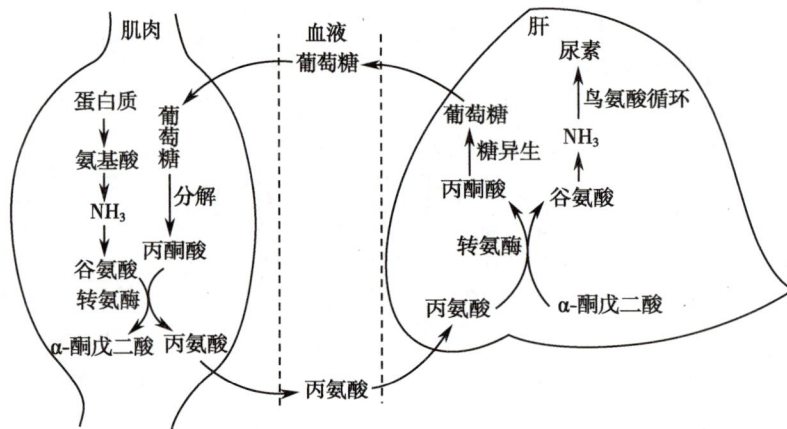

图 7-6　葡萄糖 - 丙氨酸循环

2. 谷氨酰胺的运氨形式 在脑、肌肉等组织中，氨与谷氨酸在谷氨酰胺合成酶催化下生成谷氨酰胺，后者经血液输送到肝或肾，再经谷氨酰胺酶催化水解为谷氨酸和氨。反应式如下：

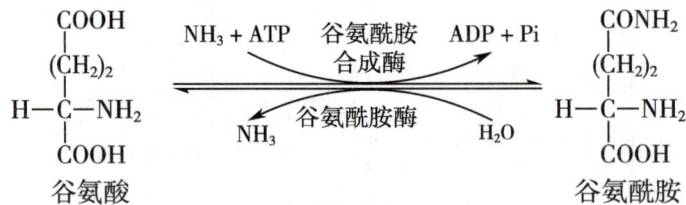

谷氨酰胺代谢产生的氨在肝合成尿素，在肾则以铵盐形式随尿排出。因此，谷氨酰胺是氨的解毒产物，又是氨的储存和运输形式，对调节脑组织中氨的浓度起着重要作用。临床上对高血氨引起的肝性脑病患者，常通过口服或静脉输入谷氨酸盐降低血氨浓度。

（三）氨的去路

正常人体内 80%~90% 的氨以尿素形式排出，少量的氨合成谷氨酰胺或参与嘌呤、嘧啶等含氮化合物的合成。

1. 尿素的合成 肝是合成尿素的主要器官，肾与脑合成量甚微。体内大部分氨在肝经鸟氨酸循环合成尿素。尿素为中性、无毒、水溶性强的小分子物质，经肾随尿排出体外。

尿素的合成途径称为鸟氨酸循环（ornithine cycle），又称尿素循环（urea cycle），其过程分为四步（图 7-7）：

（1）**氨基甲酰磷酸的合成**：在 Mg^{2+}、ATP 及 N-乙酰谷氨酸存在的条件下，氨基甲酰磷酸合成酶 I（carbamoyl phosphate synthetase I，CPS-I）催化 NH_3、CO_2、H_2O 在肝细胞线粒体内合成氨基甲酰磷酸（carbamoyl phosphate）。该反应不可逆，消耗 2 分子 ATP。

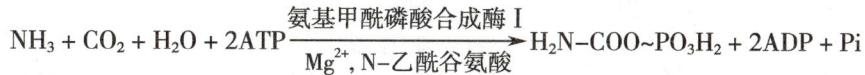

$$NH_3 + CO_2 + H_2O + 2ATP \xrightarrow[Mg^{2+},\ N-乙酰谷氨酸]{氨基甲酰磷酸合成酶 I} H_2N-COO \sim PO_3H_2 + 2ADP + Pi$$

（2）**瓜氨酸的合成**：氨基甲酰磷酸与鸟氨酸在鸟氨酸氨甲酰基转移酶的催化下缩合成瓜氨酸。此反应仍在线粒体中进行，反应不可逆。

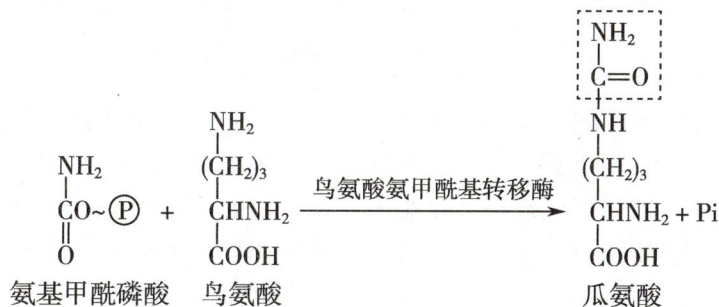

（3）**精氨酸的合成**：生成的瓜氨酸被转运至线粒体外。在细胞质中经精氨酸代琥珀酸合成酶（argininosuccinate synthetase）催化，瓜氨酸与天冬氨酸反应生成精氨酸代琥珀酸，此反应由 ATP 供能。精氨酸代琥珀酸再由精氨酸代琥珀酸裂合酶催化裂解成精氨酸及延胡索酸。生成的延胡索酸经加水、脱氢转变成草酰乙酸。草酰乙酸在 AST 催化下接受谷氨酸分子上的氨基，重新生成天冬氨酸，参与下一次循环。

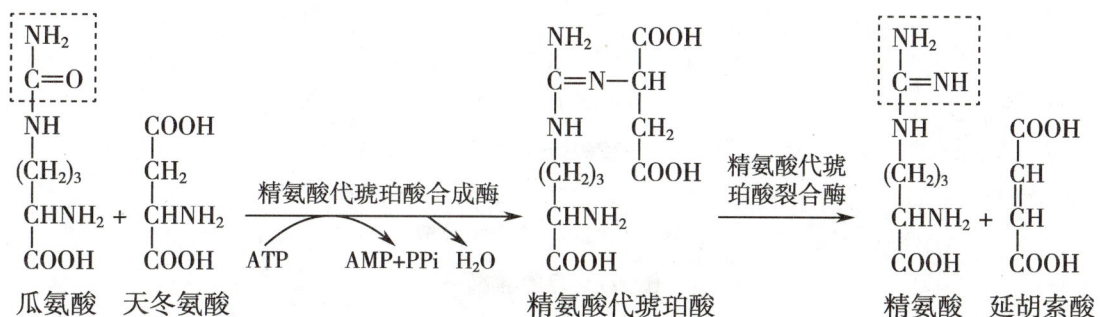

知识链接

精氨酸的临床应用

精氨酸代琥珀酸合成酶活性较低，是尿素合成的关键酶，可调节尿素的合成速度。增加体内精氨酸的量可间接影响该酶的活性，使合成尿素增多，血氨浓度降低。因此，临床上可利用精氨酸治疗高氨血症。

（4）**尿素的生成**：在细胞质中，精氨酸酶催化精氨酸水解生成尿素和鸟氨酸。鸟氨酸通过线粒体内膜上的载体转运再次进入线粒体，进入下一次循环。

$$
\begin{array}{c}
\text{NH}_2 \\
| \\
\boxed{\text{C}=\text{NH}} \\
| \\
\text{NH} \\
| \\
(\text{CH}_2)_3 \\
| \\
\text{CHNH}_2 \\
| \\
\text{COOH}
\end{array}
\quad \xrightarrow[\text{+H}_2\text{O}]{\text{精氨酸酶}} \quad
\begin{array}{c}
\text{NH}_2 \\
| \\
\text{C}=\text{O} \\
| \\
\text{NH}_2
\end{array}
\quad + \quad
\begin{array}{c}
\text{NH}_2 \\
| \\
(\text{CH}_2)_3 \\
| \\
\text{CHNH}_2 \\
| \\
\text{COOH}
\end{array}
$$

精氨酸   尿素   鸟氨酸

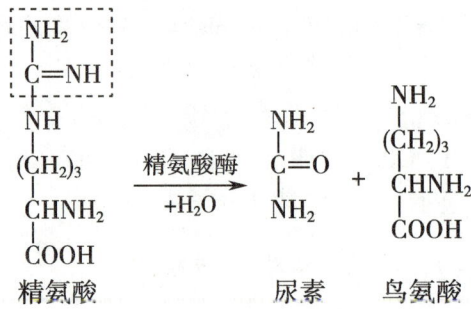

尿素合成的总反应式为：

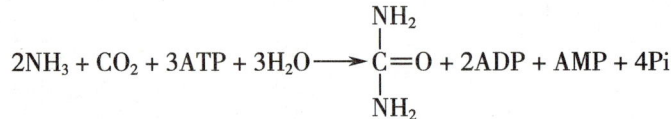

$$
2\text{NH}_3 + \text{CO}_2 + 3\text{ATP} + 3\text{H}_2\text{O} \longrightarrow
\begin{array}{c}
\text{NH}_2 \\
| \\
\text{C}=\text{O} \\
| \\
\text{NH}_2
\end{array}
+ 2\text{ADP} + \text{AMP} + 4\text{Pi}
$$

尿素的合成是在肝细胞的线粒体和细胞质中进行的。尿素分子中的 2 个氮原子都直接或间接来自氨基酸，一个来自氨基酸脱氨基作用生成的 NH_3，另一个由天冬氨酸提供，而天冬氨酸又可由其他氨基酸转氨基而来。尿素合成是一个耗能的过程，每进行一次鸟氨酸循环，2 分子 NH_3 与 1 分子 CO_2 结合生成 1 分子尿素，同时消耗 4 个高能磷酸键，相当于消耗 4 分子 ATP。

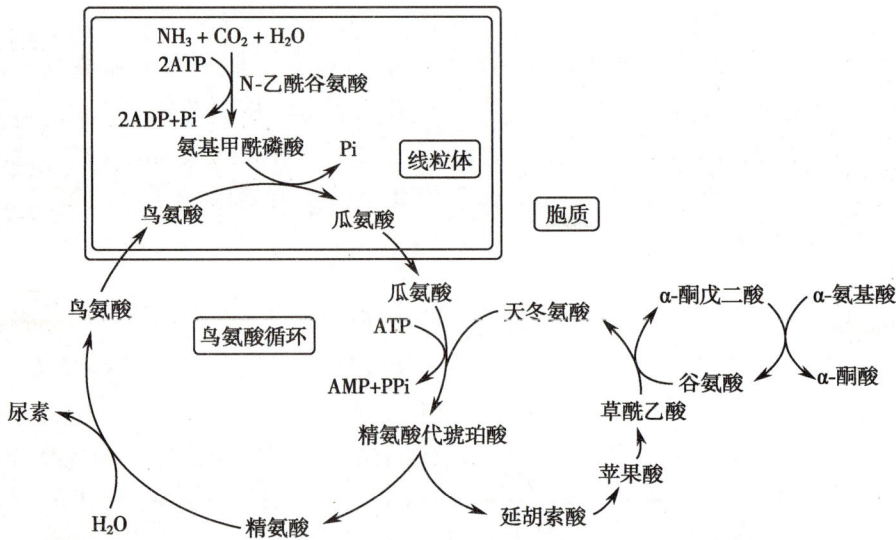

图 7-7　鸟氨酸循环

2. 合成谷氨酰胺　脑、肌肉等组织产生的氨，在谷氨酰胺合成酶催化下与谷氨酸结合，生成无毒的谷氨酰胺，参与蛋白质生物合成。

3. 合成非必需氨基酸　氨可与 α- 酮戊二酸合成谷氨酸，谷氨酸再与其他 α- 酮酸经转氨基作用生成其他非必需氨基酸。

4. 参与其他含氮化合物的合成　氨提供氮源，可参与嘌呤、嘧啶等合成。

（四）高氨血症与肝性脑病

1. 高氨血症　在正常情况下，机体内血氨的来源与去路保持动态平衡，肝合成尿素是维持血氨动态平衡的关键。肝功能严重受损时，尿素合成障碍，血氨浓度增高，称为高氨血症（hyperammonemia）。

2. 肝性脑病　血氨增高时，氨进入脑组织与 α- 酮戊二酸结合生成谷氨酸，谷氨酸再与氨进一步结合生成谷氨酰胺，虽然消耗了部分氨，但同时也消耗了脑细胞中大量的 α- 酮戊二酸，导致三羧酸循环作用减弱,脑组织 ATP 生成减少,致使大脑供能不足,引起大脑功能障碍,严重时发生昏迷,称为肝性脑病,又称肝昏迷。临床上严重肝病患者预防肝性脑病的重要措施之一是控制食物蛋白质的摄入。

> **知识拓展**
>
> ### 肝性脑病的治疗
>
> 从生化角度来讲,限制蛋白质摄入量、降低血氨浓度以及防止氨进入脑组织是治疗肝性脑病的关键。临床上常用口服酸性利尿药、酸性盐水灌肠、静脉滴注或口服谷氨酸盐和精氨酸等措施降低血氨浓度。

四、α- 酮酸的代谢

氨基酸脱氨基后生成的 α- 酮酸主要有三种代谢途径:

(一)生成非必需氨基酸

α- 酮酸经转氨基作用或联合脱氨基作用的逆反应可合成相应的非必需氨基酸,如丙酮酸、草酰乙酸、α- 酮戊二酸可分别转变成丙氨酸、天冬氨酸、谷氨酸。

(二)转变为糖及脂肪

根据 α- 酮酸在体内生成糖和脂质产物的不同,氨基酸可分为生糖氨基酸、生酮氨基酸和生酮生糖氨基酸三类(表 7-2)。

体内多数氨基酸脱去氨基后生成的 α- 酮酸可经糖异生途径转变为糖,这些氨基酸称为生糖氨基酸,如丙氨酸、谷氨酸等;能转变为酮体的氨基酸称为生酮氨基酸,如亮氨酸、赖氨酸;既能转变为糖又能转变成酮体的氨基酸称为生酮生糖氨基酸,如异亮氨酸、苯丙氨酸等(表 7-2)。

表 7-2　氨基酸生糖及生酮性质的分类

类别	氨基酸
生酮氨基酸	赖氨酸、亮氨酸
生酮生糖氨基酸	苯丙氨酸、异亮氨酸、色氨酸、酪氨酸、苏氨酸
生糖氨基酸	丙氨酸、精氨酸、天冬氨酸、半胱氨酸、谷氨酸、甘氨酸、脯氨酸、甲硫氨酸、丝氨酸、缬氨酸、组氨酸、天冬酰胺、谷氨酰胺

(三)氧化供能

α- 酮酸在体内可通过三羧酸循环彻底氧化成 CO_2 及 H_2O,同时释放能量供机体利用。

第三节　个别氨基酸代谢

氨基酸除上述的一般代谢途径外,由于氨基酸侧链具有差异性,有些氨基酸还存在特殊的代谢途径,并具有重要的生理意义。本节主要介绍氨基酸的脱羧基作用、一碳单位代谢及含硫氨基酸和芳香族氨基酸代谢。

一、氨基酸的脱羧基作用

氨基酸的脱羧基作用是指在氨基酸脱羧酶的催化下,氨基酸脱去羧基生成胺和 CO_2 的过程。氨基酸脱羧酶的辅酶为磷酸吡哆醛。体内部分氨基酸脱羧可生成具有重要生物活性的胺类物质。

(一) γ-氨基丁酸

γ-氨基丁酸（γ-aminobutyric acid，GABA）是谷氨酸在谷氨酸脱羧酶的作用下脱羧基生成的。该酶在脑、肾组织中活性很高，故脑中 GABA 含量较高。GABA 为抑制性神经递质。临床上服用维生素 B_6 治疗妊娠呕吐、小儿惊厥等，就是基于维生素 B_6 是谷氨酸脱羧酶的辅酶磷酸吡哆醛的前体，可增强谷氨酸脱羧酶的活性，促进 GABA 的生成，从而起到镇静、镇惊及止吐等作用。

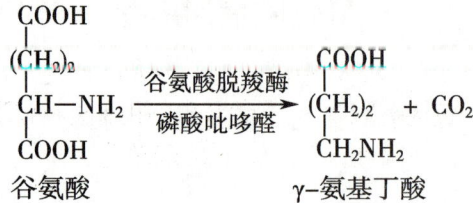

$$\begin{array}{c} COOH \\ | \\ (CH_2)_2 \\ | \\ CH-NH_2 \\ | \\ COOH \end{array} \quad \xrightarrow[\text{磷酸吡哆醛}]{\text{谷氨酸脱羧酶}} \quad \begin{array}{c} COOH \\ | \\ (CH_2)_2 \\ | \\ CH_2NH_2 \end{array} \quad + \quad CO_2$$

谷氨酸　　　　　　　　　　　　　　　γ-氨基丁酸

(二) 组胺

组胺（histamine）是由组氨酸经组氨酸脱羧酶催化脱羧基生成的。组胺广泛分布于乳腺、肺、肝、肌肉、胃黏膜等的肥大细胞内，是一种强烈的血管扩张剂，并能增加毛细血管通透性，导致血压下降及局部水肿。创伤性休克、过敏反应等均与组胺生成过多有关。组胺还能刺激胃蛋白酶及胃酸的分泌。

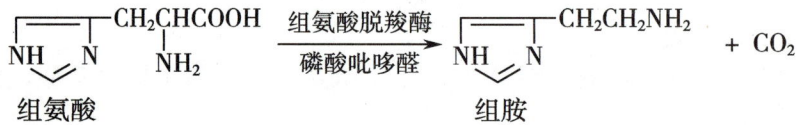

$$\text{组氨酸} \quad \xrightarrow[\text{磷酸吡哆醛}]{\text{组氨酸脱羧酶}} \quad \text{组胺} \quad + \quad CO_2$$

组氨酸　　　　　　　　　　　　　　　组胺

(三) 5-羟色胺

5-羟色胺（5-hydroxytryptamine，5-HT）是由色氨酸在色氨酸羟化酶和5-羟色氨酸脱羧酶协同作用下产生的。5-HT 广泛分布于神经组织、胃肠、血小板、乳腺细胞，尤其是脑组织中含量较高。5-HT 是一种抑制性神经递质，与睡眠、疼痛和体温调节有关，浓度降低时可引起睡眠障碍、痛阈降低。另外，5-羟色胺对外周血管具有强烈的收缩作用，可引起血压升高。

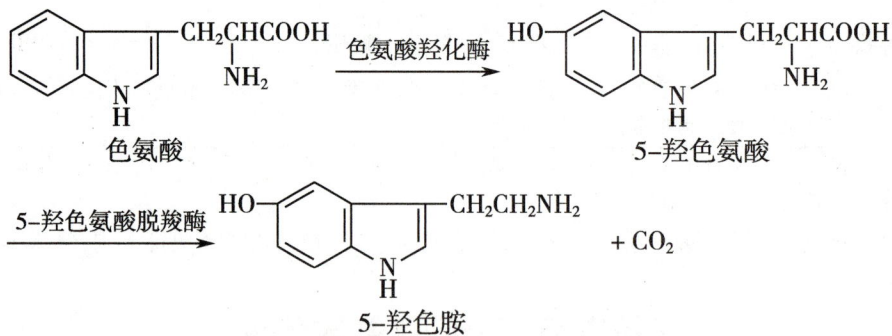

$$\text{色氨酸} \quad \xrightarrow{\text{色氨酸羟化酶}} \quad \text{5-羟色氨酸}$$

色氨酸　　　　　　　　　　　　　　　5-羟色氨酸

$$\xrightarrow{\text{5-羟色氨酸脱羧酶}} \quad \text{5-羟色胺} \quad + \quad CO_2$$

5-羟色胺

(四) 牛磺酸

牛磺酸是由半胱氨酸代谢转变而来的。半胱氨酸首先氧化成磺基丙氨酸，再脱去羧基生成牛磺酸。牛磺酸在肝细胞内参与结合胆汁酸的合成及其他生物转化第二相反应。

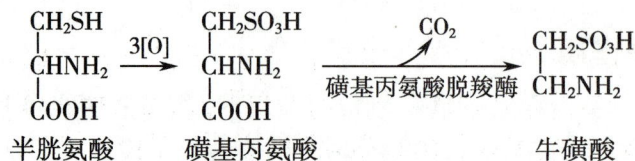

$$\begin{array}{c} CH_2SH \\ | \\ CHNH_2 \\ | \\ COOH \end{array} \xrightarrow{3[O]} \begin{array}{c} CH_2SO_3H \\ | \\ CHNH_2 \\ | \\ COOH \end{array} \xrightarrow[\text{磺基丙氨酸脱羧酶}]{CO_2} \begin{array}{c} CH_2SO_3H \\ | \\ CH_2NH_2 \end{array}$$

半胱氨酸　　　　　　磺基丙氨酸　　　　　　　　　牛磺酸

(五）多胺

多胺是指含有多个氨基的化合物，在体内由某些氨基酸经脱羧基作用产生，主要有腐胺、精脒、精胺等。多胺是调节细胞生长的重要物质，有促进核酸和蛋白质合成的作用，在生长旺盛的组织中含量较高。

二、一碳单位代谢

（一）一碳单位的概念及种类

一碳单位（one carbon unit）是指某些氨基酸分解产生的含有一个碳原子的有机基团，又称一碳基团，主要包括甲基（—CH_3）、甲烯基（—CH_2—，亚甲基）、甲炔基（=CH—，次甲基）、甲酰基（—CHO）及亚氨甲基（—CH=NH）等。CO、CO_2、HCO_3^- 不属于一碳单位。

（二）一碳单位的载体

一碳单位在体内不能游离存在，必须由载体携带、转运才能参与代谢。四氢叶酸（FH_4）是一碳单位载体，也是一碳单位的辅酶。叶酸经两次还原反应，在第 5、6、7、8 位加 4 个 H 成为 FH_4，其结构如下：

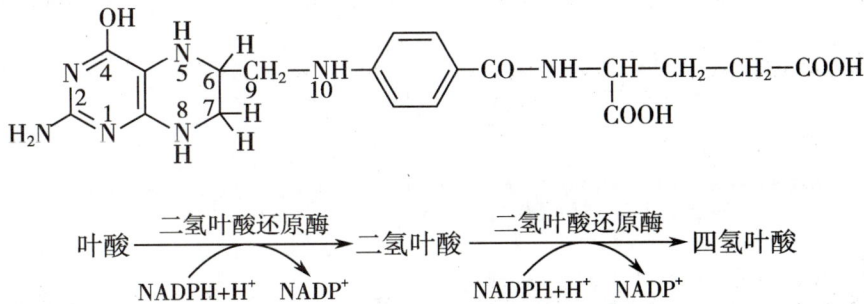

FH_4 分子的 N^5、N^{10} 是一碳单位的结合位点。FH_4 携带一碳单位的形式及其化学结构如下：

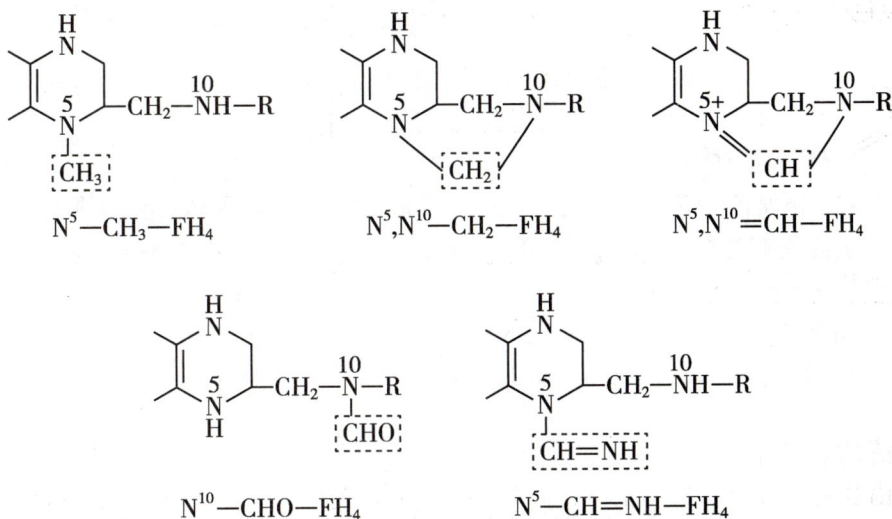

（注：虚线框内部分代表一碳单位）

FH_4 缺乏时，一碳单位代谢障碍，嘌呤核苷酸和嘧啶核苷酸合成障碍，DNA 和 RNA 生物合成受到影响，导致细胞增殖、分化受阻。因此，一碳单位代谢与细胞的增殖、组织生长和机体发育等重要过程密切相关。临床上，巨幼细胞贫血的发病原因之一就是缺乏 FH_4。磺胺类药物及某些抗肿瘤药物也是通过干扰叶酸、四氢叶酸合成，进而影响一碳单位代谢与核苷酸合成，从而发挥抗菌、抗肿瘤作用。

（三）一碳单位的来源

一碳单位主要来源于丝氨酸、甘氨酸、组氨酸和色氨酸的分解代谢，其中丝氨酸是主要来源。

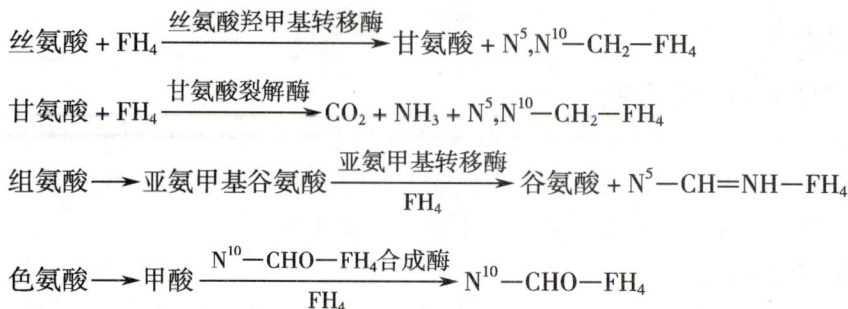

$$丝氨酸 + FH_4 \xrightarrow{\text{丝氨酸羟甲基转移酶}} 甘氨酸 + N^5,N^{10}-CH_2-FH_4$$

$$甘氨酸 + FH_4 \xrightarrow{\text{甘氨酸裂解酶}} CO_2 + NH_3 + N^5,N^{10}-CH_2-FH_4$$

$$组氨酸 \longrightarrow 亚氨甲基谷氨酸 \xrightarrow[\text{FH}_4]{\text{亚氨甲基转移酶}} 谷氨酸 + N^5-CH=NH-FH_4$$

$$色氨酸 \longrightarrow 甲酸 \xrightarrow[\text{FH}_4]{\text{N}^{10}-CHO-FH_4\text{合成酶}} N^{10}-CHO-FH_4$$

（四）一碳单位的相互转变

来自不同氨基酸的一碳单位与 FH_4 结合，在酶的催化下通过氧化、还原等反应可完成相互转变（图 7-8）。

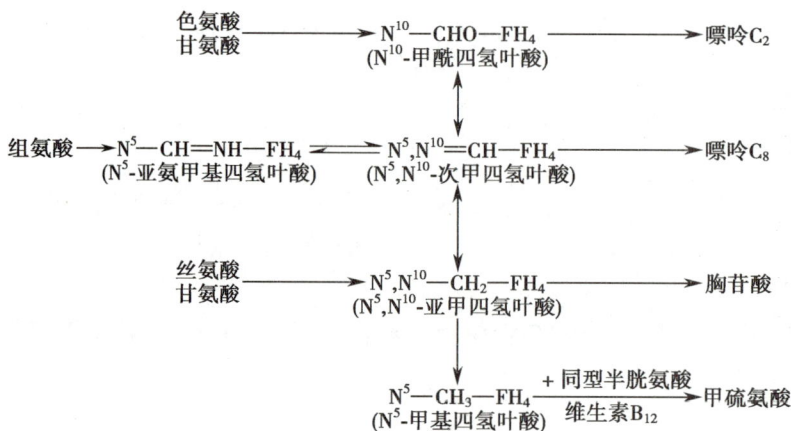

图 7-8　一碳单位的相互转变

（五）一碳单位代谢的生理意义

一碳单位代谢与氨基酸、核酸代谢密切相关，因而对机体生命活动具有重要意义。

1. 作为合成核苷酸的主要原料　一碳单位是细胞合成核苷酸的主要原料之一，进而参与核酸的生物合成过程。

2. 参与 S-腺苷甲硫氨酸（SAM）合成　SAM 参与体内重要甲基化反应，为体内许多重要生物活性物质（激素、磷脂、核酸等）的合成提供甲基。

三、含硫氨基酸代谢

体内含硫氨基酸主要有甲硫氨酸、半胱氨酸和胱氨酸三种。其中，甲硫氨酸是必需氨基酸，可转变为半胱氨酸和胱氨酸，半胱氨酸和胱氨酸也可以互变，但两者不能变为甲硫氨酸。

（一）甲硫氨酸代谢

1. 甲硫氨酸与转甲基作用　甲硫氨酸在腺苷转移酶催化下，接受 ATP 提供的腺苷生成 SAM。SAM 又称活性甲硫氨酸，其所含的甲基称活性甲基，是体内最重要的甲基直接供给体，可参与多种甲基化反应。

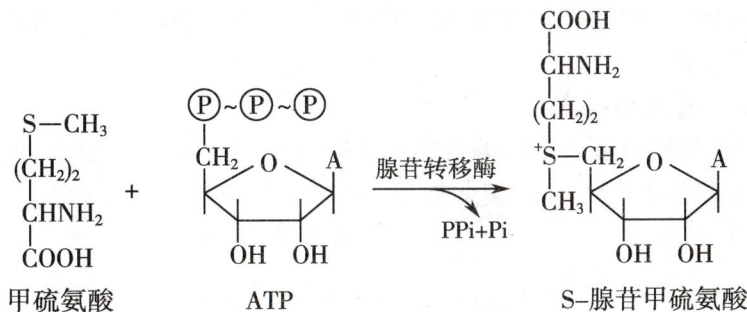

体内有 50 多种生物活性物质合成时都需要 SAM 提供甲基,如 DNA、RNA、蛋白质的甲基化,以及肾上腺素、肉碱、肌酸、胆碱等物质的合成过程(表 7-3)。

表 7-3　SAM 参与的部分重要甲基化作用

甲基接受体	甲基化产物	甲基接受体	甲基化产物
去甲肾上腺素	肾上腺素	RNA/DNA	甲基化 RNA/DNA
胍乙酸	肌酸	蛋白质	甲基化蛋白质
磷脂酰乙醇胺	磷脂酰胆碱	γ- 氨基丁酸	肉碱

2. 参与肌酸合成　肌酸是以甘氨酸、精氨酸、甲硫氨酸为原料合成的,主要存在于肌肉和脑组织,是一种重要的储能物质。

3. 甲硫氨酸循环　甲硫氨酸活化为 SAM,后者通过转甲基作用将甲基转移给甲基受体,然后转化为 S- 腺苷同型半胱氨酸(S-adenosylhomocysteine)。S- 腺苷同型半胱氨酸在裂合酶作用下脱去腺苷,生成同型半胱氨酸,后者在甲基化酶催化下接受 N^5-CH_3-FH_4 的甲基再次合成甲硫氨酸,称为甲硫氨酸循环(methionine cycle)(图 7-9)。甲硫氨酸循环的生理意义:一是提供活性甲基,在体内进行广泛的甲基化反应;二是促进 FH_4 的再利用。

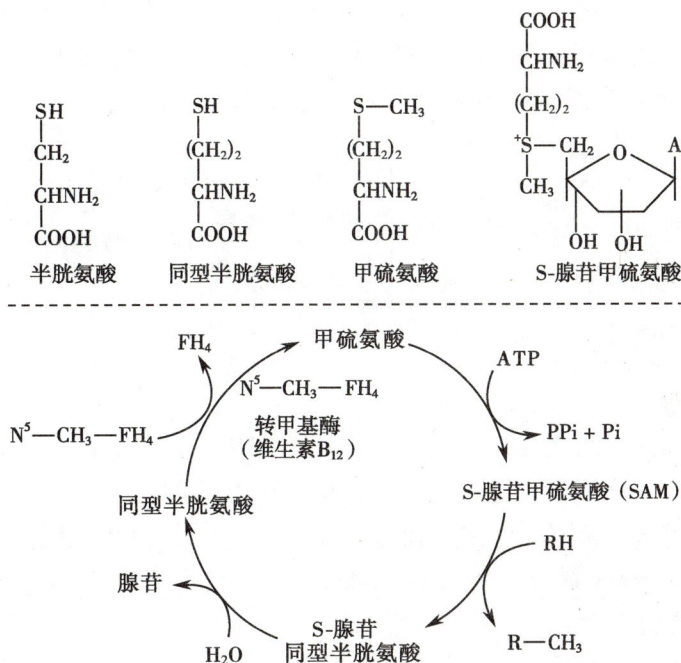

图 7-9　甲硫氨酸循环

甲基化酶的辅酶是维生素 B_{12}。维生素 B_{12} 缺乏时,N^5-CH_3-FH_4 的甲基转移受阻,不仅影响甲硫氨酸的重新合成，同时影响 FH_4 释放，使组织中游离 FH_4 减少，进而影响一碳单位代谢，导致核酸合成障碍，引起巨幼细胞贫血。

（二）半胱氨酸与胱氨酸代谢

1. 半胱氨酸和胱氨酸的互变　半胱氨酸含有巯基（—SH），2 分子半胱氨酸的巯基通过脱氢缩合，以二硫键相连生成胱氨酸，胱氨酸又可裂解为 2 分子半胱氨酸，由此实现两者的相互转变。

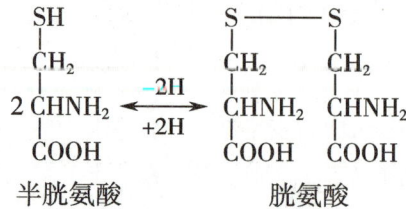

半胱氨酸　　　　　　胱氨酸

2. 参与体内具有重要生物活性物质的组成　①半胱氨酸所含的巯基是某些酶的必需基团，是维持酶活性的重要化学键，在代谢中发挥重要作用，故将这类酶统称为巯基酶。②半胱氨酸与谷氨酸、甘氨酸缩合成谷胱甘肽（glutathione，GSH）。还原型谷胱甘肽的主要作用是还原过氧化物及氧自由基，保持生物膜上含巯基的蛋白质及巯基酶等不被氧化。③蛋白质分子中 2 个半胱氨酸残基之间形成的二硫键（—S—S—）对维持蛋白质的分子结构具有重要作用。④半胱氨酸还可合成牛磺酸，在肝内用于合成结合性胆汁酸。

3. 活性硫酸根的生成　含硫氨基酸经氧化分解均可以产生硫酸根，半胱氨酸是体内硫酸根的主要来源。体内的硫酸根一部分以无机盐形式随尿排出，另一部分则经 ATP 活化成活性硫酸根，即 3′- 磷酸腺苷 -5′- 磷酰硫酸（3′-phosphoadenosine-5′-phosphosulfate，PAPS）。PAPS 性质活泼，可提供硫酸根使某些物质形成硫酸酯。如类固醇激素可形成硫酸酯而被灭活，一些外源性酚类物质可形成硫酸酯而排出体外等，这些反应在肝的生物转化中起着重要作用。

四、芳香族氨基酸代谢

芳香族氨基酸包括苯丙氨酸、酪氨酸和色氨酸。苯丙氨酸羟化生成酪氨酸是其主要代谢去路，后者进一步代谢生成甲状腺素、儿茶酚胺、黑色素等重要物质。酪氨酸分解代谢的产物是乙酰乙酸及延胡索酸。故苯丙氨酸和酪氨酸都是生酮生糖氨基酸。

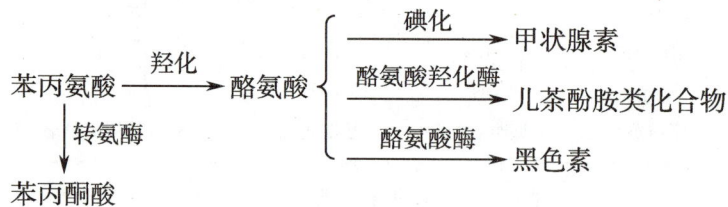

（一）苯丙氨酸代谢

在正常情况下，大部分苯丙氨酸在苯丙氨酸羟化酶催化下生成酪氨酸，极少数苯丙氨酸脱氨生成苯丙酮酸。先天缺乏苯丙氨酸羟化酶的患者，体内苯丙氨酸的脱氨基作用增强，生成大量的苯丙酮酸及其代谢产物，这些物质蓄积于组织、血浆和脑脊液中，并大量从尿中排出，称为苯丙酮尿症（phenylketonuria，PKU）。苯丙酮酸及其代谢产物对神经系统有毒性作用，大量蓄积可使儿童神经系统发育障碍，导致智力低下等。

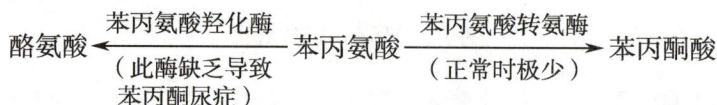

苯丙酮尿症的症状及治疗

苯丙酮尿症在遗传性氨基酸代谢缺陷疾病中较为常见,其遗传方式为常染色体隐性遗传,临床表现不一,主要表现为智力低下、精神神经症状、湿疹、皮肤抓痕以及色素脱失和脑电图异常。苯丙酮尿症的治疗关键是控制苯丙氨酸的摄入,可采取低苯丙氨酸饮食,婴儿期可用人工合成的低苯丙氨酸奶粉喂养。饮食控制需要持续到青春期以后,对伴有惊厥者需要使用抗惊厥药物。

(二)酪氨酸代谢

1. 合成黑色素 在黑色素细胞中,酪氨酸在酪氨酸羟化酶催化下羟化生成多巴,后者经氧化、脱羧等反应转变为吲哚醌,吲哚醌聚合为黑色素。黑色素是毛发、皮肤及眼球的主要色素来源,先天缺乏酪氨酸酶可导致白化病。

2. 合成儿茶酚胺 酪氨酸经羟化、脱羧等反应可相继生成多巴胺、去甲肾上腺素和肾上腺素,后三者合称儿茶酚胺,是维持神经系统正常功能和机体正常代谢不可缺少的物质。脑组织中的多巴胺生成减少,可导致帕金森病。

3. 酪氨酸的分解 酪氨酸脱氨生成对羟苯丙酮酸,再转化为尿黑酸,经尿黑酸氧化酶催化裂解为延胡索酸和乙酰乙酸,两者分别参与糖和脂肪酸代谢。若先天缺乏尿黑酸氧化酶,尿黑酸不能裂解而由尿排出,尿液与空气接触后呈黑色,称为尿黑酸尿症。

苯丙氨酸与酪氨酸的代谢途径见图7-10。

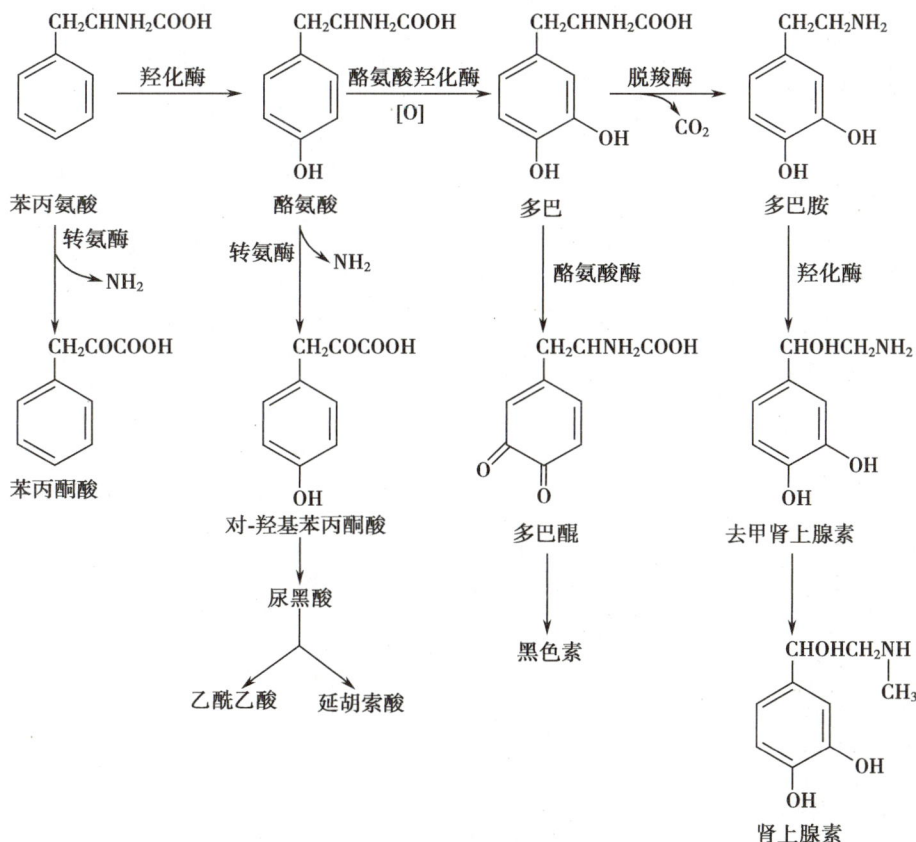

图7-10 苯丙氨酸与酪氨酸的代谢途径

（三）色氨酸代谢

色氨酸是人体的必需氨基酸，除用于合成蛋白质外，还可转变为 5- 羟色胺（5-HT）、一碳单位（甲酰基，—CHO）和极少量的烟酸（维生素 PP 的一种）。在肝中，色氨酸通过色氨酸加氧酶（吡咯酶）的作用，生成一碳单位。色氨酸分解可产生丙酮酸与乙酰乙酰 CoA，所以色氨酸是生酮生糖氨基酸。色氨酸分解还可产生烟酸，这是体内合成维生素的特例，但合成量少，不能满足机体的需要。

思考题

1. 体内氨基酸脱氨基的方式有几种？最主要的是哪一种？骨骼肌和心肌组织中的氨基酸是如何脱氨基的？

2. 简述一碳单位的生理意义。

3. 患者，女性，43 岁。近半年来昏迷反复发作，每次发病前均有进食高蛋白质食物史，但未引起重视。实验室检查：血清清蛋白 38.2g/L，球蛋白 27.4g/L，总胆红素 15.2μmol/L，血氨 150μmol/L。

ER 7-3

练习题

请思考：

（1）根据临床表现判断这是哪种疾病？从生化角度探讨其发病机制。

（2）在护理该患者时应注意哪些方面？

（扈瑞平）

第八章 | 核苷酸代谢

ER 8-1　ER 8-2

教学课件　　思维导图

学习目标

1. 掌握：核苷酸从头合成与补救合成的概念；嘌呤和嘧啶核苷酸从头合成的原料及特点；核苷酸代谢异常引起的痛风及治疗机制。
2. 熟悉：嘌呤碱、嘧啶碱合成的元素来源；核苷酸的分解代谢终产物及临床意义。
3. 了解：嘌呤和嘧啶核苷酸的从头合成过程；脱氧核苷酸的生成过程。
4. 能够运用核苷酸代谢知识分析痛风等疾病的生化机制。
5. 具有创新探索的科学精神和理论联系实际的职业素养。

情景导入

患者，男性，48 岁。一年前体检时发现血尿酸 652μmol/L，并伴有第一跖趾关节红、肿、疼痛反复发作，当摄入啤酒、海鲜等后加重。诊断为痛风。

请思考：

1. 痛风的发生涉及核苷酸代谢的哪条途径？
2. 导致痛风发生的机制是什么？
3. 在预防痛风与饮食护理等方面，应给予患者哪些建议？

核苷酸是核酸的基本结构单位。人体内的核苷酸主要由机体细胞自身合成，少量来自食物的消化吸收，因此核苷酸不同于氨基酸，不属于营养必需物质。核苷酸广泛分布于机体内，具有多种重要的生物学功能。细胞中的核苷酸主要以 5′- 核苷酸的形式存在，且以 5′-ATP 含量最多。细胞中核糖核苷酸的浓度远远超过脱氧核糖核苷酸。同一种细胞中各种核苷酸的含量也有差异，不同类型的细胞中各种核苷酸的含量差异更大，但核苷酸的总含量变化不大。

核蛋白是食物中核酸的存在形式。在胃酸的作用下，核蛋白分解为核酸和蛋白质。核酸进入小肠后，受来自胰液、肠液中的核酸酶、核苷酸酶、核苷酶作用，逐步水解为磷酸、戊糖和含氮碱基。戊糖被吸收并参与体内的戊糖代谢，嘌呤碱和嘧啶碱则主要被分解并排出体外，所以来自食物中的嘌呤碱和嘧啶碱很少被机体利用。

核苷酸具有多种生理功能：①核苷酸是合成核酸的原料，这是其最主要的功能。没有核苷酸，就不可能合成 DNA 与 RNA，蛋白质就不能合成，细胞也就不能增殖。②作为体内能量的利用形式，如 ATP 是生命活动的直接供能者。③环化核苷酸如 cAMP、cGMP 在信号转导途径中作为第二信使，参与代谢和生理调节。④参与构成辅酶，如 AMP 是多种辅酶如 NAD^+、FAD、CoA 的组成成分。⑤核苷酸是多种物质合成的活化中间代谢物，如糖原合成中的 UDPG 等。

第一节　核苷酸的合成代谢

核苷酸的合成途径有从头合成（de novo synthesis）和补救合成（salvage synthesis）两种方式。从头合成途径是指细胞利用小分子化合物和一碳单位为原料，在酶的作用下逐步合成核苷酸的过程。补救合成途径是指细胞利用游离的碱基或核苷，在酶的作用下直接合成核苷酸的过程。从头合成途径是机体内核苷酸合成的主要途径，而补救合成途径主要发生在脑、骨髓等组织器官。

一、嘌呤核苷酸的合成代谢

（一）嘌呤核苷酸的从头合成

1. 合成部位与原料　体内嘌呤核苷酸从头合成的主要器官是肝，其次是小肠黏膜和胸腺。嘌呤核苷酸合成部位在细胞质，合成的原料有核糖 -5- 磷酸、天冬氨酸、甘氨酸、谷氨酰胺、一碳单位及 CO_2 等简单物质。除某些细菌外，几乎所有的生物体都可以合成嘌呤碱。

2. 嘌呤碱合成的元素来源　核素示踪实验证明，嘌呤环合成的前身是一些简单的化合物。如嘌呤环中的 N_1 由天冬氨酸提供，C_4、C_5、N_7 由甘氨酸提供，N_3、N_9 由谷氨酰胺提供，C_2 和 C_8 由 N^{10}- 甲酰四氢叶酸提供，C_6 由 CO_2 提供（图 8-1）。而核糖 -5- 磷酸来自糖分解代谢的戊糖磷酸途径。

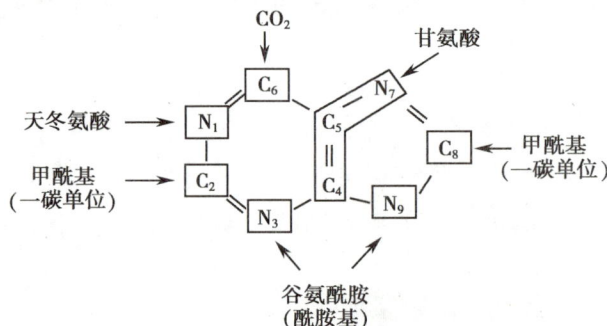

图 8-1　嘌呤碱合成的元素来源

3. 合成途径　嘌呤核苷酸的从头合成是在核糖 -5- 磷酸分子的基础上逐步环化生成的。反应步骤比较复杂，经过十几步的酶促反应才完成，可分为两个阶段：首先合成次黄嘌呤核苷酸（inosine monophosphate，IMP），再由 IMP 转变为腺嘌呤核苷酸（adenosine monophosphate，AMP）和鸟嘌呤核苷酸（guanosine monophosphate，GMP）。

（1）IMP 的合成：首先，在细胞质中的磷酸核糖焦磷酸合成酶催化下，核糖 -5- 磷酸活化生成磷酸核糖焦磷酸（phosphoribosyl pyrophosphate，PRPP）。PRPP 是核苷酸合成的磷酸核糖的供体。其次，谷氨酰胺提供酰胺基取代 PRPP C_1 上的焦磷酸基，形成磷酸核糖胺（phosphoribosylamine，PRA）。催化该反应的酶是磷酸核糖酰胺转移酶，该酶是调节嘌呤核苷酸从头合成的关键酶。然后，由 ATP 供能，天冬氨酸、甘氨酸、谷氨酰胺、一碳单位及 CO_2 在相应酶的催化下逐渐形成嘌呤环的结构，生成 IMP（图 8-2）。

（2）AMP 和 GMP 的合成：AMP 和 GMP 的合成需要在 IMP 的基础上进行。IMP 虽不是核酸分子的主要成分，但却是 AMP 和 GMP 合成的前体物质。IMP 分别沿两条途径转变为 AMP 和 GMP：一条是由天冬氨酸提供氨基，脱去延胡索酸，生成 AMP；另一条是由 IMP 氧化生成黄嘌呤核苷酸（XMP），再由谷氨酰胺提供氨基生成 GMP。这两个过程是耗能的过程，分别由 ATP、GTP 供能（图 8-3）。

AMP 和 GMP 在核苷酸激酶的催化下，经过两步磷酸化反应，进一步生成 ATP 和 GTP（图 8-4）。

嘌呤核苷酸的从头合成过程需要消耗氨基酸及 ATP 等，机体对其合成速度有着精细的调节。嘌呤核苷酸从头合成途径中有两步关键反应，分别是 PRPP 的生成以及 PRA 的生成，催化这两步反

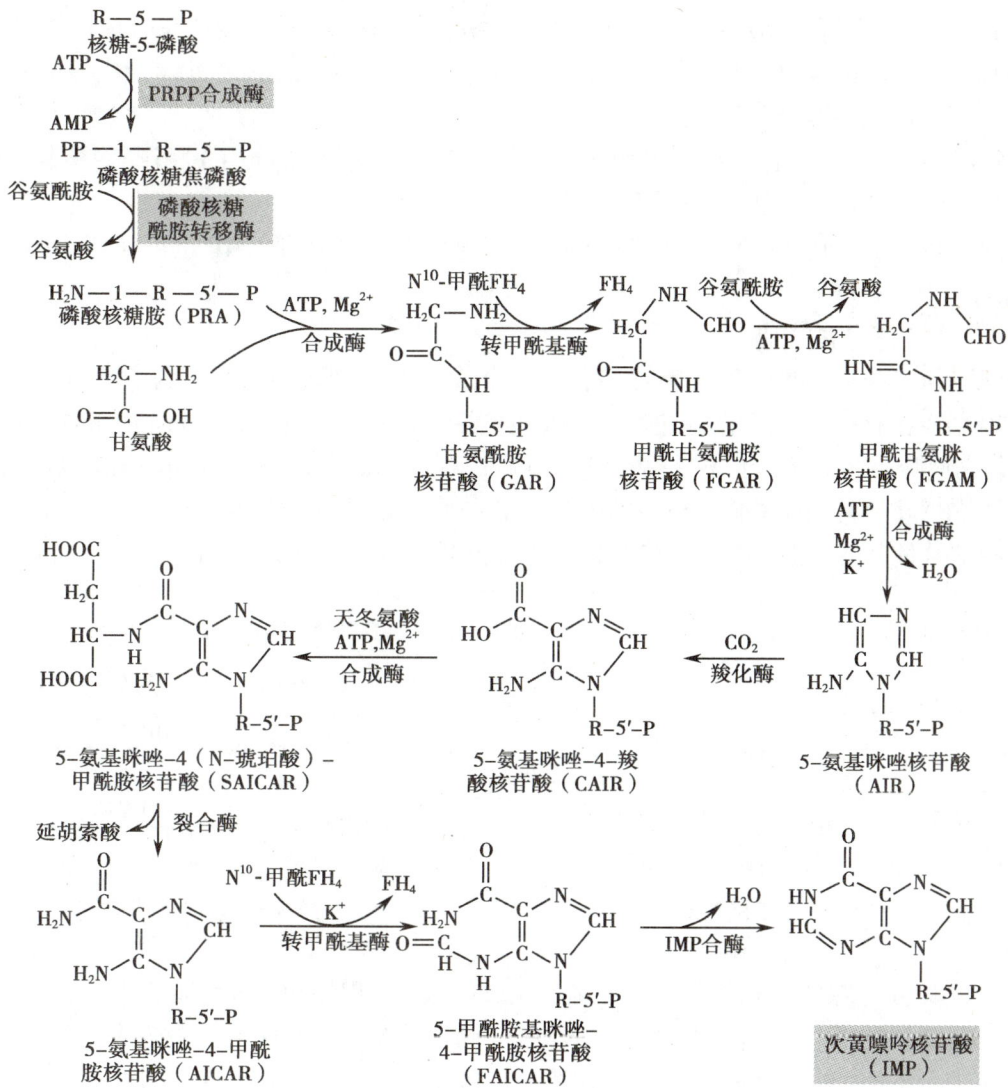

图 8-2　IMP 的合成

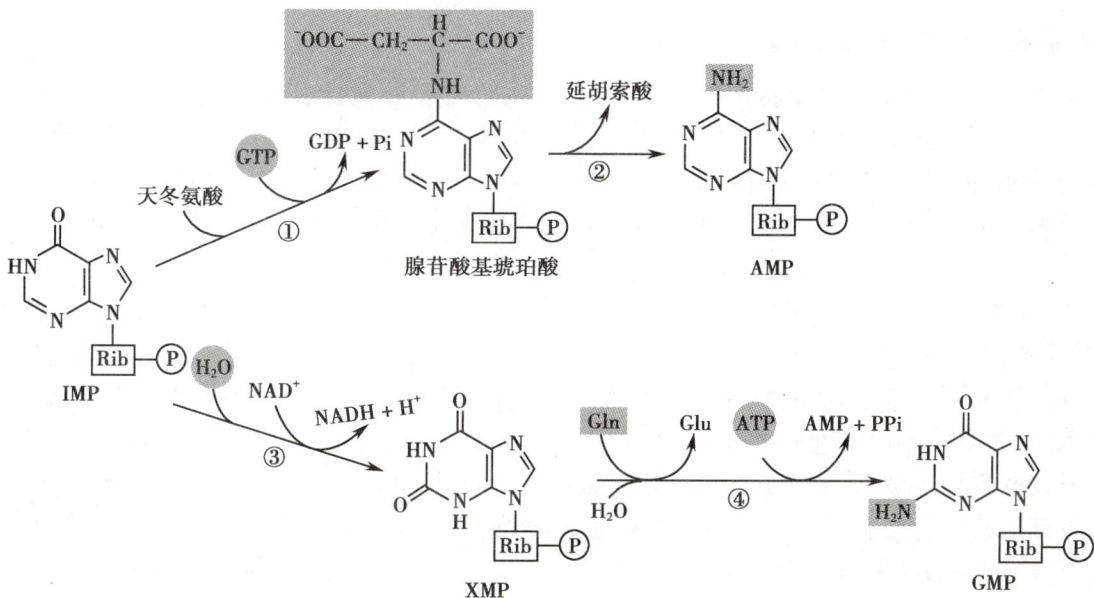

图 8-3　AMP 和 GMP 的合成

①腺苷酸基琥珀酸合酶；②腺苷酸基琥珀酸裂合酶；③IMP 脱氢酶；④GMP 合酶。

应的酶是 PRPP 合成酶和磷酸核糖酰胺转移酶，是机体调节嘌呤核苷酸从头合成的关键酶。两者均受产物 IMP、AMP 和 GMP 的负反馈调节，调节意义在于：一方面满足机体合成核酸对嘌呤核苷酸的需要，另一方面节约原料及 ATP 等。

在大多数细胞中，分别通过调节 IMP 和 ATP、GTP 的合成，既达到了调节嘌呤核苷酸总量的目的，也可使 ATP、GTP 的水平保持相对平衡状态。

嘌呤核苷酸可相互转变，IMP 可以转变成 AMP 与 GMP，AMP 和 GMP 也可转变成 IMP，AMP 与 GMP 之间也可相互转变。

（二）嘌呤核苷酸的补救合成

组织细胞利用游离的嘌呤碱或嘌呤核苷重新合成嘌呤核苷酸的过程称为嘌呤核苷酸的补救合成。参与嘌呤核苷酸补救合成的酶有腺嘌呤磷酸核糖基转移酶（adenine phosphoribosyl transferase，APRT）、次黄嘌呤 - 鸟嘌呤磷酸核糖基转移酶（hypoxanthine-guanine phosphoribosyl transferase，HGPRT）。APRT 受 AMP 的反馈抑制，HGPRT 受 IMP 和 GMP 的反馈抑制。人体内的嘌呤核苷重新利用可合成嘌呤核苷酸，如腺嘌呤核苷在腺苷激酶催化下磷酸化生成 AMP。反应式如图 8-5。

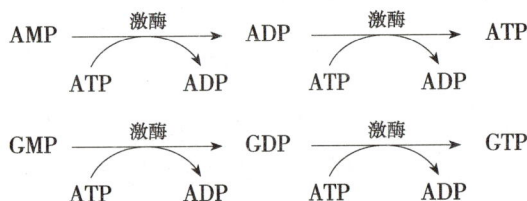

图 8-4　ATP 和 GTP 的生成

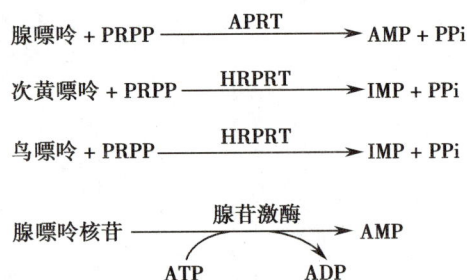

图 8-5　嘌呤核苷酸的补救合成

补救合成具有特殊的生理意义，主要体现在：①反应过程简单，消耗能量少，可以节省从头合成时能量和氨基酸的消耗；②体内某些组织器官如脑、骨髓等由于缺乏从头合成的酶系，不能从头合成核苷酸，只能通过补救合成途径合成核苷酸。因此，当补救合成出现障碍时，可能对脑发育造成影响，引起疾病，如莱施 - 奈恩综合征（Lesch-Nyhan syndrome）。

二、嘧啶核苷酸的合成代谢

嘧啶核苷酸的合成与嘌呤核苷酸一样，也有从头合成和补救合成两种途径。但嘧啶核苷酸的从头合成比嘌呤核苷酸稍简单。

（一）嘧啶核苷酸的从头合成

1. 合成部位与原料　体内嘧啶核苷酸的从头合成主要器官是肝，参与合成反应的酶大部分存在于细胞质中。合成原料包括谷氨酰胺、天冬氨酸及 CO_2 等物质。

2. 嘧啶碱合成的元素来源　见图 8-6。

3. 合成途径　嘧啶核苷酸的从头合成与嘌呤核苷酸的从头合成途径不同，其特点是以氨基甲酰磷酸为起点先合成嘧啶环，然后再与 PRPP 提供的核糖 -5- 磷酸相连，生成尿嘧啶核苷酸（uridine monophosphate，UMP）。UMP 是其他嘧啶核苷酸合成的前体物质，合成之后分别生成 CTP、dTMP 或 TMP。

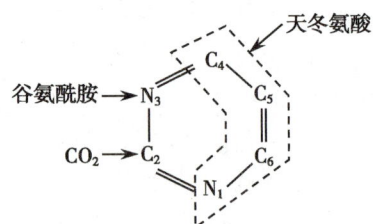

图 8-6　嘧啶碱合成的元素来源

（1）UMP 的合成：嘧啶环的合成从氨基甲酰磷酸的生成开始。在氨基甲酰磷酸合成酶Ⅱ的催化下，谷氨酰胺、CO_2 合成氨基甲酰磷酸，反应在细胞质中进行。然后在天冬氨酸氨甲酰基转移酶

（aspartate carbamoyltransferase，DCT）的催化下，氨基甲酰磷酸脱去 1 分子磷酸，与天冬氨酸化合生成氨甲酰天冬氨酸，后者在二氢乳清酸酶催化下，经脱水、环化生成具有嘧啶环的二氢乳清酸。二氢乳清酸再由二氢乳清酸脱氢酶催化，脱氢环化生成乳清酸（orotic acid）。乳清酸在乳清酸磷酸核糖转移酶（OPRT）的催化下，与 PRPP 结合生成乳清酸核苷酸（OMP）。乳清酸核苷酸在乳清酸核苷酸脱羧酶的催化下脱羧，转化为 UMP（图 8-7）。

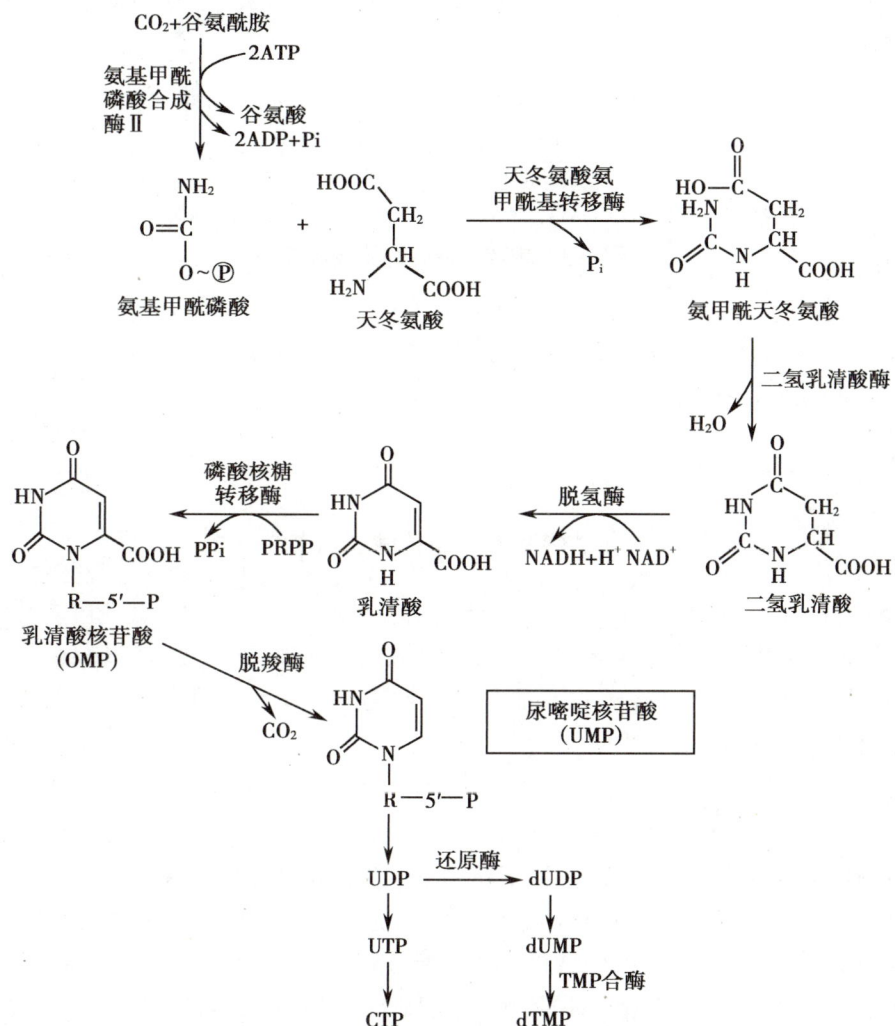

图 8-7　嘧啶碱核苷酸的从头合成

（2）CTP 的合成：UMP 在尿苷激酶和核苷二磷酸激酶的连续作用下生成 UTP，UTP 再在 CTP 合成酶的催化下接受来自谷氨酰胺的氨基，消耗 1 分子 ATP，生成 CTP。

（3）dTMP 的生成：dTMP 是由 dUMP 经 C_5 甲基化生成的。催化此反应的酶是胸苷酸合酶（thymidylate synthase）。反应过程中的甲基由 N^5,N^{10}- 亚甲四氢叶酸提供。N^5,N^{10}- 亚甲四氢叶酸提供甲基后生成的二氢叶酸在二氢叶酸还原酶的作用下，重新生成四氢叶酸（图 8-8）。dUMP 主要由 dCMP 脱氨基生成。临床上，胸苷酸合酶与二氢叶酸还原酶可作为肿瘤化疗的靶点。

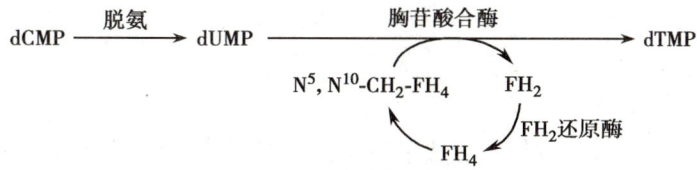

图 8-8　dTMP 的生成

（二）嘧啶核苷酸的补救合成

细胞利用嘧啶碱或嘧啶核苷合成嘧啶核苷酸的过程称为嘧啶核苷酸的补救合成。参与嘧啶核苷酸补救合成的酶主要包括嘧啶磷酸核糖转移酶、尿苷激酶、胸苷激酶（thymidine kinase，TK）。嘧啶磷酸核糖转移酶能利用尿嘧啶、胸腺嘧啶及乳清酸作为底物，催化生成相应的嘧啶核苷酸，但对胞嘧啶不起作用；尿苷激酶可催化尿嘧啶核苷生成 UMP；胸苷激酶催化脱氧胸腺嘧啶核苷生成 dTMP，反应式见图 8-9。

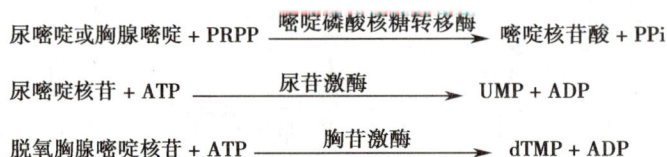

$$尿嘧啶或胸腺嘧啶 + PRPP \xrightarrow{\text{嘧啶磷酸核糖转移酶}} 嘧啶核苷酸 + PPi$$

$$尿嘧啶核苷 + ATP \xrightarrow{\text{尿苷激酶}} UMP + ADP$$

$$脱氧胸腺嘧啶核苷 + ATP \xrightarrow{\text{胸苷激酶}} dTMP + ADP$$

图 8-9　嘧啶核苷酸的补救合成

在正常肝细胞中，胸苷激酶活性很低。恶性肝肿瘤中胸苷激酶活性升高，其升高程度与肿瘤的恶性程度有关，是肿瘤标志物之一。

知识链接

胸苷激酶的临床应用

胸苷激酶（TK）是一种嘧啶核苷酸补救合成途径的酶。研究发现，TK 同工酶存在于各种不同的原核生物和真核生物中，其中 TK_1（细胞质胸苷激酶）与细胞增殖密切相关。TK_1 活性检测对肿瘤的早期诊断、手术效果、放化疗效果及肿瘤复发风险的评估有一定的应用价值。

三、脱氧核糖核苷酸的合成

DNA 由 4 种脱氧核糖核苷酸组成。当细胞分裂旺盛时，脱氧核糖核苷酸的含量会明显增加，以适应 DNA 合成时的需要。除 dTMP 外，其他脱氧核糖核苷酸都是在核糖核苷二磷酸（NDP，N 代表 A、C、G、U 等碱基）的基础上还原生成的，由核糖核苷酸还原酶催化。此反应过程较复杂，需要硫氧还蛋白、NADPH＋H^+、硫氧还蛋白还原酶以及 FAD 的参与（图 8-10）。

生成的脱氧核苷二磷酸（dNDP）再经过激酶的作用被磷酸化成脱氧核苷三磷酸（dNTP），参与 DNA 的生物合成。

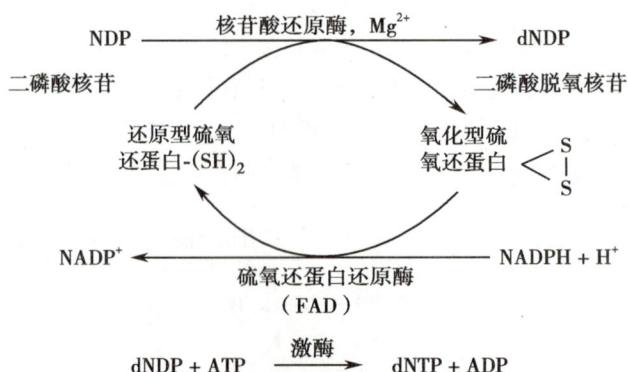

图 8-10　脱氧核糖核苷酸的生成

第二节　核苷酸的分解代谢

一、嘌呤核苷酸的分解代谢

嘌呤核苷酸的分解代谢主要在肝、小肠及肾中进行。细胞中的嘌呤核苷酸在核苷酸酶的作用下水解生成核苷，再经过嘌呤核苷磷酸化酶的作用生成嘌呤碱和核糖 -1- 磷酸。核糖 -1- 磷酸在磷酸核糖变位酶的作用下转变为核糖 -5- 磷酸。核糖 -5- 磷酸既可进入戊糖磷酸途径代谢，也可参与 PRPP 的合成。而生成的嘌呤碱基也有两条去路：①可参与嘌呤核苷酸的补救合成；②进一步水解最终生成尿酸（uric acid, UA），随尿排出。AMP、GMP 脱氨和氧化脱氨生成次黄嘌呤和鸟嘌呤后，在黄嘌呤氧化酶的作用下氧化生成黄嘌呤。黄嘌呤在黄嘌呤氧化酶催化下生成尿酸。故嘌呤核苷酸的代谢终产物是尿酸，黄嘌呤氧化酶（xanthine oxidase）是尿酸生成过程中的关键酶。嘌呤核苷酸分解代谢的反应简式见图 8-11。

尿酸水溶性较差。在正常生理情况下，嘌呤核苷酸合成与分解处于相对平衡状态，所以终产物尿酸的生成与排泄也较恒定。但因某些原因如高嘌呤饮食、体内核酸大量分解或肾脏疾病使尿酸排泄障碍时，可导致血中尿酸增高，形成高尿酸血症或痛风（详见本章第三节）。临床上常用别嘌醇（allopurinol）治疗痛风。别嘌醇与次黄嘌呤结构相似，可竞争性抑制黄嘌呤氧化酶，从而抑制尿酸的生成（图 8-12）。由于黄嘌呤、次黄嘌呤的水溶性比尿酸的水溶性大，故不会形成结晶而沉积。此外，别嘌醇还可在体内形成与 IMP 结构相似的别嘌醇核苷酸，可反馈性地抑制嘌呤核苷酸的从头合成，使嘌呤核苷酸的合成减少，进而减少尿酸的生成。

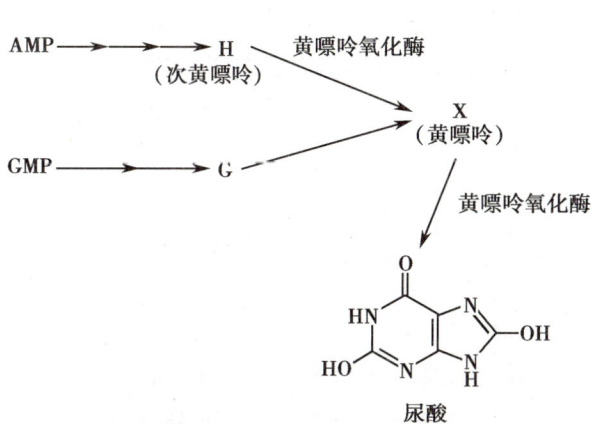

图 8-11　嘌呤核苷酸的分解代谢

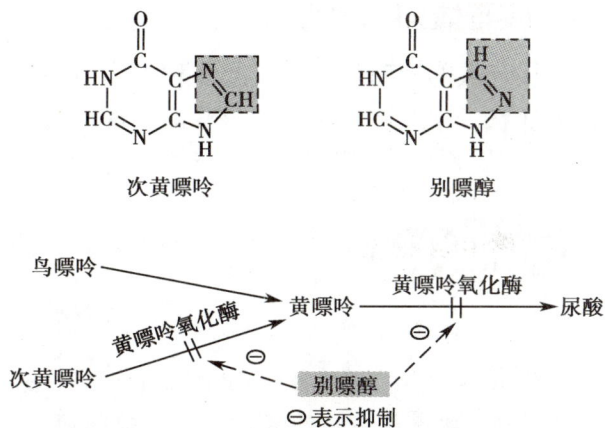

图 8-12　别嘌醇结构与作用机制

二、嘧啶核苷酸的分解代谢

嘧啶核苷酸的分解代谢主要在肝中进行。嘧啶核苷酸在核苷酸酶及核苷磷酸化酶的作用下，脱去磷酸、核糖，产生嘧啶碱。胞嘧啶、尿嘧啶分解终产物为 NH_3、CO_2 及 β- 丙氨酸。胸腺嘧啶分解终产物为 NH_3、CO_2 及 β- 氨基异丁酸（图 8-13）。NH_3、CO_2 可合成尿素排出体外，而 β- 丙氨酸及 β- 氨基异丁酸均能进入三羧酸循环被彻底氧化分解。摄入富含 DNA 的食物者以及经放化疗治疗的癌症患者，尿中排出的 β- 氨基异丁酸增多。

胞嘧啶
↓ 脱氨酶
尿嘧啶
↓ 还原酶
二氢尿嘧啶

β-脲基丙酸 H_2O

$H_2N—CH_2—CH_2—COOH$
β-丙氨酸

$CO_2 + NH_3$

尿素

乙酰CoA

胸腺嘧啶
↓ 脱氢酶
二氢胸腺嘧啶

β-脲基异丁酸 H_2O

CH_3
$H_2N—CH_2—CH—COOH$
β-氨基异丁酸

琥珀酰CoA

三羧酸循环

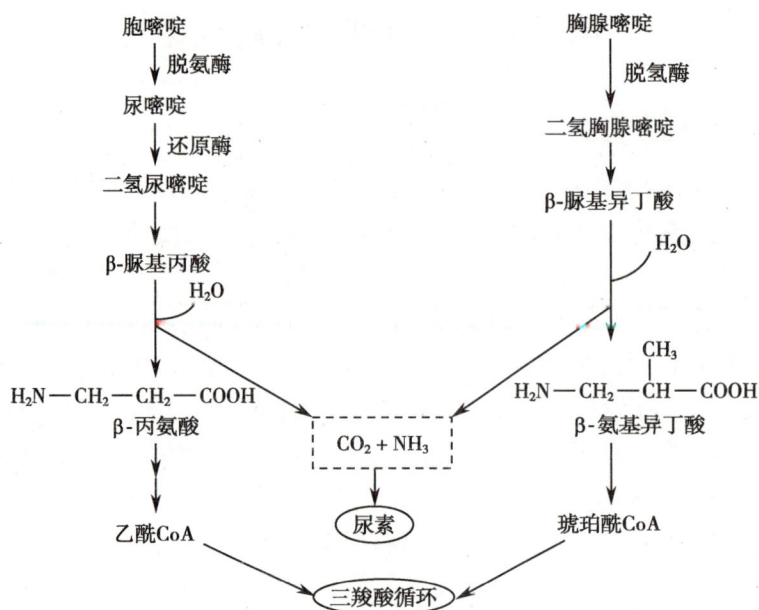

图 8-13　嘧啶核苷酸的分解代谢

第三节　核苷酸代谢障碍和抗代谢物

一、核苷酸的代谢障碍

核苷酸的代谢障碍可引起多种疾病，已确认 30 多种人类嘌呤和嘧啶代谢途径缺陷，约一半有临床症状。涉及嘌呤和嘧啶核苷酸代谢异常的疾病范围很广，从相对普遍的疾病如高尿酸血症和痛风，到影响嘌呤、嘧啶合成降解的罕见酶缺乏，如黄嘌呤尿症、莱施 - 奈恩综合征等。

> **知识链接**
>
> #### 莱施 - 奈恩综合征
>
> 莱施 - 奈恩综合征是由于基因缺陷导致次黄嘌呤 - 鸟嘌呤磷酸核糖基转移酶（HGPRT）完全缺失，嘌呤核苷酸的补救合成出现障碍，从而出现脑内核苷酸和核酸合成障碍，进而影响脑细胞的生长发育。同时，患者由于缺少 HGPRT，次黄嘌呤和鸟嘌呤不能转变为 IMP 和 GMP，而是降解为尿酸，故患者表现为高尿酸血症、高尿酸尿症及神经异常，如脑发育不全、智力低下、攻击和破坏行为，出现咬手指和足趾、口唇等自毁容貌的表现。

（一）嘌呤核苷酸代谢障碍

嘌呤核苷酸代谢障碍引起的疾病有常见的痛风，也有黄嘌呤氧化酶缺乏导致的黄嘌呤尿症、HGPRT 缺失导致的莱施 - 奈恩综合征等。

尿酸是嘌呤代谢的终产物，主要由细胞内核酸、其他嘌呤类化合物以及食物中的嘌呤经过酶的作用分解产生。正常人血浆中尿酸含量为 120~360μmol/L，男性略高于女性。在体温 37℃时，尿酸的饱和浓度约为 420μmol/L，血尿酸持续超过此浓度称为高尿酸血症（hyperuricemia，HUA）。尿酸水溶性较小。长期嘌呤代谢活跃、嘌呤摄入过度或尿酸排泄障碍可导致血中尿酸过多。当血浆中尿酸含量超过 480μmol/L，尿酸盐晶体即可沉积在关节、软骨和肾中，引起组织异物炎性反应，临床上称为痛风（gout），多见于 40 岁以上男性。

痛风有原发性和继发性两大类。原发性痛风发病机制尚不清楚，可能与嘌呤核苷酸代谢酶缺陷有关。研究表明，由于 HGPRT 缺乏，使得嘌呤核苷酸的补救合成受到限制，从而促进了尿酸生成。继发性痛风由系统性疾病如肾功能障碍以及尿酸排出减少或药物引起。

（二）嘧啶核苷酸代谢障碍

嘧啶核苷酸代谢障碍引发的疾病相对较少，以下介绍乳清酸尿症。

乳清酸尿症（orotic aciduria）是与乳清酸磷酸核糖转移酶（OPRT）缺乏或活性先天性低下有关的一种常染色体隐性遗传病，主要临床表现有：巨幼细胞贫血，补充叶酸、维生素 B_{12} 无效，白细胞减少，生长发育迟缓，尿中持续有较大量乳清酸排出。临床上可用尿嘧啶进行治疗乳清酸尿症。尿嘧啶在核苷酸的补救合成途径中与 PRPP 合成尿嘧啶核苷酸，抑制氨基甲酰磷酸合成酶Ⅱ的活性，从而抑制嘧啶核苷酸的从头合成和乳清酸的生成。

二、核苷酸的抗代谢物

核苷酸的抗代谢物是一些嘌呤、嘧啶、氨基酸或叶酸等的类似物，它们主要以竞争性抑制或"以假乱真"等方式干扰或阻断核苷酸的合成代谢，从而进一步阻止核酸和蛋白质生物合成。肿瘤细胞的核酸和蛋白质合成十分旺盛，因此这些抗代谢物具有抗肿瘤作用，临床上可作为抗肿瘤的化疗药物。常用核苷酸的抗代谢物有嘌呤类似物、嘧啶类似物、叶酸类似物、氨基酸类似物等。

（一）嘌呤类似物

6- 巯基嘌呤（6-mercaptopurine，6-MP）、2,6- 二氨基嘌呤和 8- 氮杂鸟嘌呤等都是嘌呤类似物，以 6-MP 在临床上最常用。6-MP 的化学结构与次黄嘌呤相似，在体内 6-MP 与 PRPP 结合转变为 6-MP 核苷酸，后者可抑制 IMP 转变为 AMP 和 GMP；6-MP 也能直接通过竞争性抑制影响 HGPRT，阻止补救合成途径；6-MP 核苷酸可反馈抑制 PRPP 酰胺转移酶，从而阻断嘌呤核苷酸的从头合成。因此，6-MP 既可抑制嘌呤核苷酸的从头合成途径，也能抑制补救合成途径。6-MP 主要用于治疗白血病、自身免疫性疾病等。嘌呤核苷酸抗代谢物的作用见图 8-14。

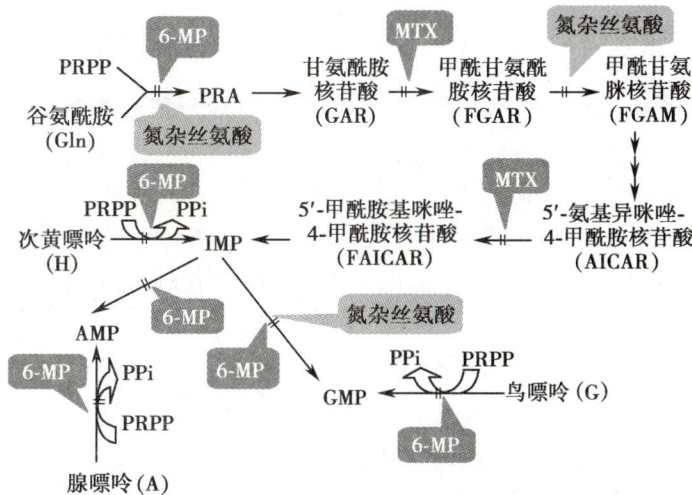

图 8-14 嘌呤核苷酸抗代谢物的作用

（二）嘧啶类似物

5- 氟尿嘧啶（5-fluorouracil，5-FU）是临床上常用的抗肿瘤药物。5-FU 结构与胸腺嘧啶相似，在体内必须转变成脱氧氟尿嘧啶核苷—磷酸（FdUMP）及氟尿嘧啶核苷三磷酸（FUTP）后才能发挥作用。FdUMP 与 dUMP 结构相似，可竞争性抑制胸苷酸合成酶，阻断脱氧胸苷酸的合成，从而抑制

DNA 的合成。FUTP 以 FUMP 的形式在 RNA 合成时掺入，可以破坏 RNA 的结构与功能。嘧啶核苷酸抗代谢物的作用见图 8-15。

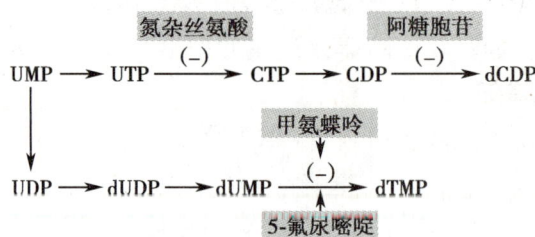

图 8-15　嘧啶核苷酸抗代谢物的作用

（三）叶酸类似物

氨蝶呤（aminopterin，APT）及甲氨蝶呤（methotrexate，MTX）均为叶酸类似物，能竞争性抑制二氢叶酸（FH_2）还原酶，使叶酸不能还原成 FH_2 及 FH_4，导致一碳单位代谢发生障碍，从而抑制嘌呤核苷酸的合成。MTX 在临床上常用于白血病治疗。叶酸类似物还可抑制脱氧胸苷酸合成，从而影响 DNA 的合成。

（四）氨基酸类似物及核苷类似物

氮杂丝氨酸的结构与谷氨酰胺相似，可干扰谷氨酰胺在嘌呤核苷酸、嘧啶核苷酸合成中的作用，从而抑制核苷酸的合成。

此外，某些核苷的类似物如阿糖胞苷、环胞苷也是重要的抗肿瘤药物。阿糖胞苷可抑制 CDP 还原为 dCDP，从而影响 DNA 的合成，达到抗肿瘤的目的。

肿瘤细胞的核酸和蛋白质生物合成较正常组织旺盛，能摄取更多的抗代谢物，从而使其生长受到抑制，所以这些抗代谢物具有抗肿瘤的作用，临床上常作为药物用于肿瘤等疾病的治疗。但需要指出的是，体内某些代谢旺盛的正常组织也可受抗代谢物的影响。因此，这些抗代谢物在抗肿瘤的同时，也会对机体有很大的毒副作用。

思考题

1. 试从合成原料、器官、合成特点方面，列表比较嘌呤核苷酸和嘧啶核苷酸从头合成途径的异同点。

2. 莱施-奈恩综合征涉及核苷酸代谢的哪条途径？发生的机制是什么？

3. 患者，男性，55 岁。近年来出现关节炎症状和尿路结石，摄入肉类食物后病情加重，特别是夜间因脚跟等关节剧烈疼痛伴局部红肿。生化检查：血尿酸 680μmol/L，其他指标均正常。诊断为痛风。

请思考：

(1) 痛风患者为什么需要检查血尿酸？

(2) 该患者为什么摄入肉类食物后病情加重？

(3) 治疗痛风使用哪种药物？

ER 8-3

练习题

（郭赟婧）

第九章 | 物质代谢的联系与调节

教学课件

思维导图

学习目标

1. 掌握：酶的别构调节及化学修饰调节的概念、特点及生理意义。
2. 熟悉：物质代谢的特点；物质代谢的相互联系；酶量的调节；激素水平的调节。
3. 了解：整体调节；组织、器官的代谢特点及联系。
4. 能够运用相关知识分析解释各种物质代谢的变化，整合运用物质代谢的相关知识分析和解决临床问题。
5. 具有严谨细致的职业素养。

物质代谢、能量代谢与代谢调节是生命存在的三大要素。人体都是由糖类、脂质、蛋白质、核酸四大类基本物质和一些小分子物质构成的，它们在人体内的代谢过程是互相联系、互相制约、彼此交织在一起的。代谢之所以在体内能够顺利进行，生命之所以能够健康延续，并能适应千变万化的环境，除了具备完整的糖、脂质、蛋白质、核苷酸代谢和与之偶联的能量代谢以外，还存在着复杂完善的代谢调节网络，以保证各种代谢井然有序、有条不紊进行。

第一节　物质代谢的联系

一、物质代谢的特点

（一）体内各种物质代谢过程互相联系形成一个整体

在体内，各种各样的物质代谢并不是孤立进行的，同一时间有多种物质代谢在进行，需要彼此间相互协调，以确保细胞乃至机体的正常功能。事实上，人类摄取的食物含有多种营养物质，从消化吸收、中间代谢到排泄，这些物质的代谢都是同时进行的，彼此既相互联系、相互转化，又相互依存、相互制约，从而形成统一整体。

（二）机体物质代谢不断受到精细调节

要维持机体的正常功能，就必须确保各种营养物质代谢有条不紊进行。正是因为机体存在着一套精细、完整且复杂的调节机制，才保证了体内物质代谢能适应各种内外环境的变化，顺利完成各种生命活动。这种调节机制失常会导致疾病发生。

（三）各组织、器官物质代谢各具特色

机体各组织、器官具有不同的特定功能，在物质代谢方面各具特点。这些组织、器官所含酶的种类和含量的差异使它们不仅有一般的基本代谢，还拥有特点鲜明的代谢途径，以适应自身功能的需要。

（四）体内各种代谢物都具有共同的代谢池

无论是从食物中摄取的还是在体内自身合成的糖、脂质、蛋白质等营养物质在体内代谢过程中

只要具有同一化学结构，就会进入共同的代谢池进行代谢。

（五）ATP 是机体储存能量和消耗能量的共同形式

所有生命活动都需要能量，而 ATP 是机体储存能量和消耗能量的主要形式。各种营养物质在体内分解代谢中释放的能量通过氧化磷酸化和底物水平磷酸化，将大部分储存在可供各种生命活动直接利用的 ATP 中。ATP 作为机体可直接利用的能量载体，将产能的营养物质分解代谢与耗能的物质合成代谢联系在一起，将物质代谢与其他生命活动联系在一起。

（六）NADPH 提供合成代谢所需的还原当量

体内许多生物合成反应是还原性合成，需要还原当量才能顺利进行，这些还原当量的主要提供者是葡萄糖的戊糖磷酸途径所产生的 NADPH。因此，NADPH 能将氧化反应和还原反应联系起来，将物质的氧化分解与还原性合成联系起来，将不同的还原性合成联系起来。

二、物质代谢的相互联系

（一）糖、脂质、蛋白质在能量代谢上的相互联系

糖、脂质、蛋白质三大营养物质均可在体内氧化供能，乙酰 CoA 是它们代谢的共同中间产物，三羧酸循环和氧化磷酸化是它们代谢的共同途径，都能生成 ATP。从能量供给的角度来看，三大营养物质的利用可相互替代。糖是机体主要供能物质（占总热量 50%~70%），脂肪是机体储能的主要形式（肥胖者可多达 30%~40%）。机体以糖、脂质供能为主，能节约蛋白质的消耗，因为蛋白质是组织细胞的重要结构成分。由于三大营养物质分解代谢有共同的代谢途径，限制了进入该代谢途径的代谢物总量，因而各营养物质的氧化分解相互制约，并根据机体的不同状态调整各营养物质氧化分解的代谢速度，以适应机体的需要。若任一种供能物质的分解代谢增强，通常能抑制和节约其他供能物质的降解。

（二）糖、脂质、蛋白质及核酸代谢之间的相互联系

1. 糖代谢与脂质代谢的相互联系　糖和脂质在代谢关系上十分密切。一般来说，机体摄入糖增多而超过体内能量的消耗时，除合成糖原储存在肝和肌肉外，可大量转变为脂肪储存起来。此外，糖的分解代谢增强不仅为脂肪合成提供了大量的原料，其生成的 ATP 及柠檬酸是乙酰 CoA 羧化酶的别构激活剂，促使脂肪组织储存。脂肪分解成甘油和脂肪酸，其中甘油可经糖异生途径变为葡萄糖，但由于甘油占脂肪的量很少，生成的糖量有限；而脂肪酸在动物体内不能转变为糖，因此脂肪绝大部分不能转变为糖。

脂肪分解代谢的强度及代谢过程能否顺利进行与糖代谢密切相关。三羧酸循环的正常运转有赖于糖代谢产生的中间产物草酰乙酸来维持。当饥饿、糖供给不足、糖尿病糖代谢障碍时，脂肪动员加快，脂肪酸经 β- 氧化生成酮体的量增多，血酮体升高，导致酮血症。

2. 糖代谢与氨基酸代谢的相互联系　α- 酮酸是糖代谢与氨基酸代谢联系的重要枢纽。组成蛋白质的氨基酸通过氧化脱氨基作用、转氨基作用、联合脱氨基作用或其他脱氨基形式脱去氨基生成 α- 酮酸。生成的 α- 酮酸既可以通过氨基化生成非必需氨基酸，也可以转变为丙氨酸或三羧酸循环的中间产物，经糖异生途径转变为糖。

3. 脂质代谢与氨基酸代谢的相互联系　脂质在体内极少转变为氨基酸。脂肪分解产生的甘油可转变为丙氨酸、天冬氨酸及谷氨酸等非必需氨基酸。但由于甘油在脂肪分子中所占比例较少，转化为氨基酸的量极为有限。而脂肪分解产生的脂肪酸可以通过 β- 氧化、三羧酸循环、转氨作用生成相应的谷氨酸和天冬氨酸，需消耗三羧酸循环的中间物质，如无补充，反应将不能进行下去。因此，脂肪酸不易转变为氨基酸。生糖氨基酸可转变为甘油磷酸，生糖氨基酸、生酮氨基酸及生酮生糖氨基酸均可合成脂肪，因而蛋白质可转变为脂肪。此外，乙酰 CoA 还是合成胆固醇的原料。丝氨酸是合成磷脂酰丝氨酸等的原料。

4. 核酸与氨基酸代谢及糖代谢的相互联系　核酸是遗传物质，在遗传信息传递过程中起着决定性作用。许多游离核苷酸在代谢中起着重要作用，如 ATP 是能量生成、利用和储存的中心物质。许多重要辅酶也是核苷酸的衍生物，如 CoA、NAD$^+$、NADP$^+$、FAD 等。此外，核酸或核苷酸自身的合成又受到其他物质特别是蛋白质的影响，如甘氨酸、天冬氨酸、谷氨酰胺及一碳单位是核苷酸合成的原料，参与嘌呤和嘧啶环的合成等。

糖、脂质、氨基酸、核酸代谢途径间的相互关系见图 9-1。

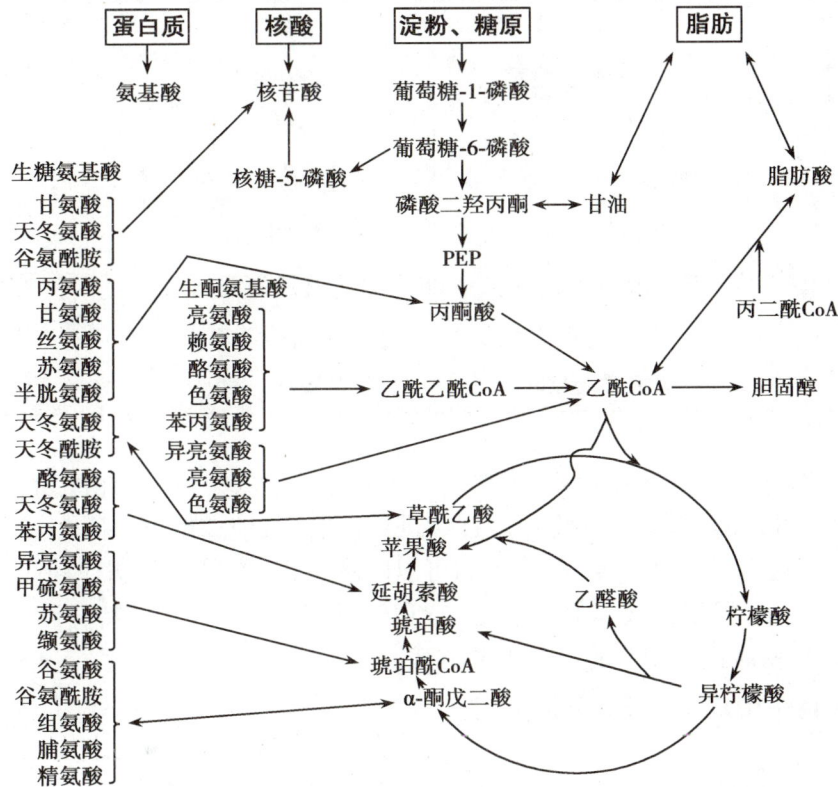

图 9-1　糖、脂质、氨基酸代谢途径间的相互关系

第二节　物质代谢的调节

物质代谢调节是生物在长期进化过程中为适应环境需要而形成的一种生理功能，进化程度越高的生物，其调节方式就越复杂。单细胞微生物中只能进行细胞水平的代谢调节，多细胞生物可以开展激素调节，而高等生物和人类则有了功能更复杂的神经系统，在神经系统的控制下，通过各种激素相互协调，对整体代谢进行综合调节。总之，就整个生物界来说，物质代谢的调节是在细胞（酶）、激素和神经这三个不同水平上进行的，而最基本的就是细胞水平的调节。

一、细胞水平的调节

细胞水平的调节就是细胞内酶的调节，主要包括酶的分布、活性和酶的含量等调节。

（一）细胞内酶的区域化分布

细胞是生物体结构和功能的基本单位。细胞内存在由膜系统分开的区域，使各类反应在细胞中有各自的空间分布，即区域化。尤其是真核生物细胞呈更高度的区域化，由膜包围的多种细胞器分布在细胞质内，如细胞核、线粒体、溶酶体等。代谢上相关的酶常组成一个多酶体系或多酶复合物，分布在细胞的某一特定区域，执行特定代谢功能。如三羧酸循环、脂肪酸 β- 氧化和氧化磷酸化的酶系存在于线粒体中（表 9-1）。即使在同一细胞器内，酶系分布也有一定的区域化。如在线粒体外膜、内膜、膜间隙以及内部基质的酶系是不同的：细胞色素和氧化磷酸化的酶分布在内膜上，而三羧酸循环的酶则主要是在基质中。

表 9-1　主要代谢途径多酶体系在细胞内的分布

多酶体系	分布	多酶体系	分布
DNA 及 RNA 合成	细胞核	糖酵解	细胞质
蛋白质合成	内质网，细胞质	戊糖磷酸途径	细胞质
糖原合成	细胞质	糖异生	细胞质
脂肪酸合成	细胞质	脂肪酸 β- 氧化	线粒体
胆固醇合成	内质网，细胞质	多种水解酶	溶酶体
磷脂合成	内质网	三羧酸循环	线粒体
血红素合成	细胞质，线粒体	氧化磷酸化	线粒体
尿素合成	细胞质，线粒体	呼吸链	线粒体

　　细胞内酶的区域化分布有重要意义：①在同一代谢途径中的酶可以互相联系、密切配合，同时将酶、辅酶和底物高度浓缩，使系列酶促反应连续进行，提高反应速度；②不同代谢途径隔离分布，各自行使不同功能，互不干扰，整个细胞的代谢可以顺利进行；③某一代谢途径产生代谢产物在不同细胞器呈区域化分布，可以形成局部高浓度，有利于对相关代谢途径的特异调节。因此，酶在细胞内的区域化分布是物质代谢调节的一种重要方式。

（二）代谢调节作用点——关键酶

　　代谢途径包含一系列酶，其中一个或几个酶能影响整个代谢途径的反应速度和方向，这些酶称为关键酶。关键酶具有以下特点：①常催化不可逆的非平衡反应，能决定整个代谢途径的方向；②酶的活性较低，其所催化的化学反应速度慢，故又称关键酶，能决定整个代谢途径的总速度；③酶活性受底物、多种代谢产物及效应剂的调节，是细胞水平的调节作用点。例如，磷酸果糖激酶 -1 为糖酵解途径的关键酶之一，催化活性最低，通过催化果糖 -6- 磷酸转变为果糖 -1,6- 二磷酸控制糖酵解途径的速度。因此，调节某些关键酶的活性是细胞代谢调节的一种重要方式。一些重要代谢途径的关键酶见表 9-2。

表 9-2　重要代谢途径的关键酶

代谢途径	关键酶
糖原分解	磷酸化酶
糖原合成	糖原合酶
糖酵解	己糖激酶、磷酸果糖激酶 -1、丙酮酸激酶
糖有氧氧化	丙酮酸脱氢酶系、柠檬酸合酶、异柠檬酸脱氢酶
糖异生	丙酮酸羧化酶、磷酸烯醇式丙酮酸羧激酶、果糖二磷酸酶 -1
脂肪酸合成	乙酰 CoA 羧化酶
胆固醇合成	HMG-CoA 还原酶

（三）酶活性的调节

酶活性的调节主要包括别构调节和化学修饰调节。

1. 别构调节

（1）别构调节的概念：某些小分子化合物能与酶分子活性中心以外的某一部位特异性非共价结合，引起酶蛋白分子空间结构发生改变，从而改变酶的催化活性，这种调节称为别构调节。受别构调节的酶称为别构酶。这种现象称为别构效应。能使酶发生别构效应的一些小分子化合物称为别构效应剂，其中能使酶活性增高的称为别构激活剂，使酶活性降低的称为别构抑制剂。别构调节在生物界普遍存在，代谢途径中的关键酶大多数是别构酶。一些糖、脂质代谢中的别构酶及其别构效应剂见表9-3。

表9-3　一些代谢途径中的别构酶及其别构效应剂

代谢途径	别构酶	别构激活剂	别构抑制剂
糖酵解	己糖激酶	AMP、ADP、FDP、Pi	G-6-P
	磷酸果糖激酶-1	FDP	柠檬酸
	丙酮酸激酶		ATP, 乙酰CoA
三羧酸循环	柠檬酸合酶	AMP	ATP, 长链脂酰CoA
	异柠檬酸脱氢酶	AMP, ADP	ATP
糖异生	丙酮酸羧化酶	乙酰CoA, ATP	AMP
糖原分解	磷酸化酶b	AMP, G-1-P, Pi	ATP, G-6-P
脂肪酸合成	乙酰CoA羧化酶	柠檬酸, 异柠檬酸	长链脂酰CoA

（2）别构酶的特点及作用机制

1）别构酶常具有四级结构，是由多个亚基组成的酶蛋白。

2）别构效应剂一般都是生理小分子物质，主要包括酶的底物、产物或其他小分子中间代谢物。

3）别构效应剂引起酶蛋白分子构象形态或亚基聚合、解聚的改变，从而改变酶的活性。

4）别构酶的酶促反应动力学特征是酶促反应速度和底物浓度的关系曲线呈"S"形，与氧合血红蛋白的解离曲线相似，而不同于一般酶促反应动力学的矩形双曲线。

5）别构调节过程不需要能量。

（3）别构调节的生理意义：在一个合成代谢体系中，其终产物常可反馈调节反应中的酶，防止产物过多堆积而浪费。如体内胆固醇浓度过高时，可成为别构抑制剂，抑制肝中胆固醇合成的关键酶HMG-CoA还原酶活性，使胆固醇合成减少。此外，别构调节可直接影响关键酶的活性，以调节体内产能与储能代谢反应，使能量得以有效利用。

2. 化学修饰调节

（1）化学修饰调节的概念：在酶的催化下，酶蛋白肽链上的某些氨基酸残基可与某些化学基团发生可逆的共价结合，从而引起酶的活性改变，这种调节称为酶的化学修饰或共价修饰。常见的化学修饰有磷酸化和去磷酸化、甲基化和去甲基化、腺苷化和去腺苷化以及巯基和双硫键互变等，其中以磷酸化和去磷酸化最为多见。

（2）化学修饰调节的作用机制：化学修饰调节是体内快速调节酶活性的重要方式之一。细胞内存在着多种蛋白质激酶，可催化酶蛋白的磷酸化，从而改变酶蛋白的活性；同时，细胞内也存在着多种蛋白质磷酸酶，可将磷酸基移去，可逆地改变酶的催化活性。

（3）化学修饰调节的特点

1）大多数化学修饰调节的酶都存在有活性（或高活性）与无活性（或低活性）两种形式，且两种形式间通过两种不同的酶的催化可以相反转变。

2）由于化学修饰调节本身是酶促反应，且参与酶促修饰的酶又常常受其他酶或激素的影响，故化学修饰调节具有瀑布式级联放大效应。

3）磷酸化和去磷酸化是最常见的酶促化学修饰反应，其消耗的能量由ATP提供，与合成酶蛋白所消耗的ATP相比要少得多。因此，化学修饰调节是一种经济、快速而有效的调节方式。

别构调节和化学修饰调节是调节酶活性的两种不同方式。对某一种酶来说，它可以同时接受这两种方式的调节，两种方式相互补充，使相应代谢途径的调节更为精细、有效。

（4）化学修饰调节的生理意义：别构调节是细胞的一种基本调节机制，对维持代谢物和能量平衡具有重要作用。但当效应剂浓度过低时，就不能动员所有的酶发挥作用，因而难以发挥应急效应，在这种情况下肾上腺素会及时释放，通过化学修饰调节迅速有效地满足机体的急需。

（四）酶含量的调节

机体除通过直接改变酶的活性调节代谢速度以外，还可通过改变细胞内酶的绝对含量调节代谢速度。酶含量的调节可通过影响酶的合成与降解速度来实现。由于酶的合成或降解耗时较长，故此调节方式为迟缓调节，所持续的时间较长（详见第三章第三节）。

通过改变酶的分子结构而改变细胞现有酶的活性来调节酶促反应的速度，一般在数秒或数分钟内即可完成，是一种快速调节；改变酶的含量即调节酶蛋白的合成或降解来改变细胞内酶的含量，从而调节酶促反应速度，一般需要数小时才能完成，是一种迟缓调节。

二、激素水平的调节

激素水平的调节是高等生物体内代谢调节的重要形式。作为生物体内内分泌腺或散在的内分泌细胞分泌的、在细胞间起调节作用的高效生物活性物质，激素与分布在细胞膜或细胞内的激素受体特异性结合，从而调控靶细胞的物质代谢过程，称为激素水平的调节。按激素受体在细胞的部位不同，可将激素分为膜受体激素和细胞内受体激素。激素作用于特定的靶组织或靶细胞，可引起细胞物质代谢沿着一定方向进行而产生特定生物学效应。激素作用的一个重要特点是，不同激素作用于不同的组织或细胞，产生不同的生物学效应（也可相同），表现出较高的组织特异性和效应特异性。

三、整体水平的调节

为适应外界环境的变化，生物体可通过神经-体液途径对物质代谢进行整体调节，使不同组织、器官中物质代谢途径相互协调和整合，以满足机体的能量需求并维持机体内环境的相对稳定。

（一）在应激状态下的代谢调节

应激是机体在一些特殊情况（如严重创伤、感染、寒冷、中毒、剧烈的情绪变化等）下所作出的应答性反应。在应激状态下，交感神经兴奋，肾上腺皮质及髓质激素分泌增多，血浆胰高血糖素及生长激素水平增高，而胰岛素水平降低，引起糖代谢、脂质代谢及蛋白质代谢发生相应的改变。

1. 糖代谢　主要表现为血糖浓度升高。由于交感神经兴奋，引起许多激素分泌增加。肾上腺素及胰高血糖素均可激活磷酸酶，促进肝糖原分解；糖皮质激素和胰高血糖素可促使糖的异生；肾上腺皮质激素、生长激素可抑制周围组织对血糖的利用。血糖浓度升高对保证红细胞及脑组织供能具有重要意义。

2. 脂代谢　主要表现为脂肪动员增加。由于肾上腺素、胰高血糖素、去甲肾上腺素等脂解激素分泌增多，促进脂肪分解，血中游离脂肪酸增多，成为心肌、骨骼肌和肾等主要能量来源，减少对血液中葡萄糖的消耗，进一步保证了红细胞及脑组织的葡萄糖供应。

3. 蛋白质代谢　主要表现为蛋白质分解加强。肌肉组织蛋白质分解增加，氨基酸增多，为糖异生提供原料。同时，蛋白质分解增加，尿素合成增多，出现负氮平衡。

总之，应激时体内三大营养物质代谢的变化均趋向于分解代谢增强、合成代谢受到抑制，最终使血中葡萄糖、脂肪酸、酮体、氨基酸等浓度相应升高，为机体提供足够的能量物质。不过，若应激状态持续时间较长，可导致机体因消耗过多出现衰竭而危及生命。

（二）饥饿时的代谢调节

1. 短期饥饿 禁食 1~3 天后，肝糖原消耗殆尽，血糖浓度降低，导致胰岛素分泌减少，胰高血糖素和糖皮质激素分泌增加，引起一系列代谢变化，主要表现如下：

（1）**肌蛋白分解增加**：肌肉蛋白质分解释放出的氨基酸，经血液转运到肝脏成为糖异生的原料。蛋白质的降解增多可导致负氮平衡。

（2）**糖异生作用增强**：禁食 2 天后，肝糖异生作用明显增强（占 80%），肾也有糖异生作用（约占 20%），氨基酸为糖异生的主要原料。糖异生作用可以维持血糖浓度的相对恒定，维持某些依赖葡萄糖供能组织（如脑组织及红细胞）的正常功能。

（3）**脂肪动员加强，酮体生成增多**：脂解激素分泌增加，脂肪动员增强，血液中甘油和游离脂肪酸含量增高，许多组织以摄取利用脂肪酸为主，减少对葡萄糖摄取和利用。饥饿时，脑组织对葡萄糖的利用也有所减少，但仍主要由葡萄糖供能。

2. 长期饥饿 禁食 1 周以上，体内的能量代谢将进一步发生变化，此时代谢的变化与短期饥饿的不同之处在于：

（1）脂肪动员进一步加速，酮体在肝及肾细胞中大量生成，其中肾糖异生作用明显增强。

（2）肌肉优先利用脂肪酸作为能源，以保证脑组织的酮体供应。

（3）肌肉蛋白质分解减少，负氮平衡有所改善，此时尿液中排出尿素减少而氨增加。

思考题

1. 比较酶的别构调节和化学修饰调节有何异同。
2. 人体处于长期饥饿时，物质代谢有何变化？
3. 应激时，糖、脂质和蛋白质的代谢特点是什么？

（潘 伦）

练习题

第十章 | 遗传信息的传递与基因表达调控

教学课件　　　思维导图

学习目标

1. 掌握：DNA 复制的特点与体系；RNA 转录的特点与体系；逆转录概念；蛋白质生物合成体系以及 mRNA、tRNA 和 rRNA 在蛋白质生物合成过程中的作用；遗传密码子的特点；核糖体循环以及多肽链合成的基本过程。

2. 熟悉：DNA 的复制过程；DNA 的损伤修复；RNA 转录终止方式；氨基酸的活化过程；原核生物和真核生物核糖体的组成特点；分子病的概念。

3. 了解：RNA 的转录过程；逆转录酶及逆转录的意义；肽链生物合成后的加工和输送；抗生素抑制肽链生物合成的作用机制；基因表达调控的基本方式和原理。

4. 能够运用相关知识解释临床及生活中遗传信息、基因表达的生化现象。

5. 具备创新意识和不断进取的职业精神。

所有生命体都具备繁衍后代的能力，在这一过程中实现了遗传信息准确无误的传递和表达。生物的遗传信息大多是以基因为单位荷载在 DNA 分子上的，通过复制、转录、翻译实现基因信息的传递与表达，最终合成具有生物活性的蛋白质，执行各种生命功能。此外，生物界还存在 RNA 指导的 RNA 合成，一些病毒能通过 RNA 逆转录的方式将遗传信息传递给 DNA。因此，深入了解 DNA、RNA 和蛋白质生物合成过程及基因表达调控可以揭示生命的奥秘。

情景导入

白化病是一种遗传性疾病，主要是由于人体内酪氨酸酶缺乏或功能减退出现黑色素缺乏或合成障碍而导致的。患者的皮肤、毛发等呈白色或黄白色，视网膜无色素，虹膜和瞳孔呈现淡粉色，怕光。有一对夫妇，妻子是白化病患者，丈夫外表正常，婚后生育一小孩也是白化病患者。

请思考：
1. 白化病的遗传信息是怎么从亲代传递给子代的？
2. 如果这对夫妇再生育一小孩，可能也是白化病患者吗？

知识链接

基因的认识历程

基因是具有遗传效应的 DNA 片段。人们对于基因的认识是不断深入的。19 世纪 60 年代，孟德尔（G. Mendel）通过豌豆实验提出了生物的性状是由"遗传因子"控制的。20 世纪初期,摩尔根(T. Morgan)通过果蝇的遗传实验认识到基因存在于染色体上,得出了染色体是基因载体的结论。20世纪50年代以后,随着分子遗传学的发展,尤其是沃森和克里克提出DNA双螺旋结构后,人们才认识到基因的本质,即基因是具有遗传效应的DNA片段。

第一节　DNA 的生物合成

一、DNA 的生物合成方式

DNA 的生物合成方式主要包括 DNA 复制、DNA 损伤修复和逆转录。DNA 复制是绝大多数生物体内合成 DNA 的主要方式。当 DNA 受损后,体内通过特殊的修复方式对 DNA 进行修补合成,以确保 DNA 的稳定性。

以亲代 DNA 为模板,按照碱基配对原则合成子代 DNA 的过程称为 DNA 复制(DNA replication)。生物体通过 DNA 复制将遗传信息由亲代准确传递给子代,是物种性状稳定的基础。

(一) DNA 复制的基本特点

1. **半保留复制**　在 DNA 复制过程中,亲代 DNA 的互补碱基对间的氢键首先断裂,双螺旋被解开,以每条链分别作为模板合成与之互补的新链即子链,继而合成两个子代 DNA 分子。新合成的子代 DNA 分子与亲代 DNA 分子碱基序列完全相同。由此可见,每个子代 DNA 分子的一条链完全来自亲代 DNA,而另一条链则是重新合成的,这种复制方式称为半保留复制(semiconservative replication)(图 10-1)。

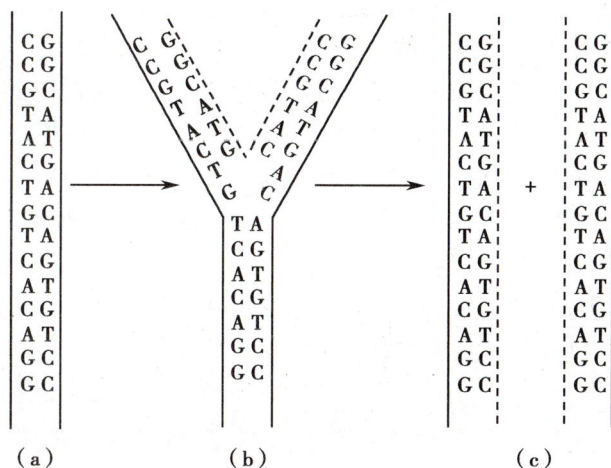

图 10-1　DNA 半保留复制
(a)亲代 DNA;(b)复制过程打开的复制叉;(c)两个子代 DNA 的双链 DNA,实线链来自亲代,虚线链是新合成的。

2. **半不连续复制**　DNA 复制时,在复制起始点处局部双链解开,分成两条单链作为模板,由此解开的两条单链和未解开的双螺旋所形成的"Y"字形结构称为复制叉(replication fork)。随着复制叉的前进,DNA 双螺旋随之解开,然后以每一条链作为模板,同时合成出两条新的互补链。由于 DNA 分子的两条链是反向平行的,一条链走向为 $5' \rightarrow 3'$,另一条链为 $3' \rightarrow 5'$,而 DNA 聚合酶只能催化 DNA 子链从 $5' \rightarrow 3'$ 方向合成,这就使得 $3' \rightarrow 5'$ 走向的模板链上合成的 DNA 子链延长的方向与复制叉前进的方向相同,可以顺利地按 $5' \rightarrow 3'$ 方向连续合成,这条链称为前导链;另一条 $5' \rightarrow 3'$ 走向的模板链上合成 DNA 子链延长的方向与复制叉前进的方向相反,故不能连续进行,而是形成许多不连续片段,这条链称为后随链。由此可见,DNA 复制时一条链是连续合成的,而另一条链是不连续合成的,这种复制过程称为半不连续复制(semidiscontinuous replication)(图 10-2)。

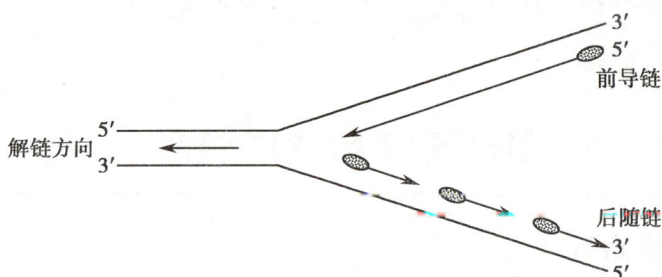

图 10-2　DNA 半不连续复制示意图

3. 双向复制　DNA 复制总是从一段特殊的 DNA 序列开始,这些特殊的碱基序列称为复制起始点。原核生物的环状 DNA 一般只有一个复制起始点,真核生物细胞线状 DNA 有多个复制起始点。复制时,DNA 从起始点向两个方向解链,形成两个延伸方向相反的复制叉,称为双向复制。

(二)DNA 复制体系

DNA 复制是复杂的脱氧核糖核苷酸聚合的酶促反应。在这一过程中,需要模板、原料、酶和蛋白质因子、RNA 引物等多种物质参与,并由 ATP、GTP 提供能量。

1. 模板　亲代 DNA 的两条链均可作为模板指导合成子代 DNA。

2. 原料　DNA 复制在模板存在的前提下,以四种脱氧三磷酸核苷(dNTP)为原料(底物),即 dATP、dGTP、dCTP、dTTP,在 DNA 聚合酶的作用下脱掉 dNTP 分子中的焦磷酸,以 dNMP 的形式相连而形成多聚核苷酸链。

3. 引物　DNA 聚合酶的 $5'\rightarrow3'$ 聚合酶活性不能催化两个游离的 dNTP 直接聚合,因此第一个 dNTP 需添加到已有的 RNA 或 DNA 片段的 3'-OH 端上,然后再继续子链的延长。引物(primer)就是为 DNA 聚合酶提供 3'-OH 端的 DNA 或 RNA 短片段。在原核生物的 DNA 复制中主要为长短为十余个至数十个核苷酸的 RNA 片段。

4. 酶类及蛋白质因子　参与 DNA 复制的酶和蛋白质因子主要有解旋解链酶类、单链 DNA 结合蛋白、DNA 聚合酶、引发酶及 DNA 连接酶等。

(1)**解旋解链酶类**:细胞内 DNA 复制时,首先须松弛超螺旋和解开双链结构。参与此过程的酶主要有两种:DNA 解旋酶和 DNA 拓扑异构酶。

1)DNA 解旋酶(helicase):此酶的作用是利用 ATP 解开 DNA 双链间的氢键,形成单条 DNA 链,此过程需要 ATP 供能。生物体中大部分解旋酶能沿模板随着复制叉延伸而移动。

2)DNA 拓扑异构酶(DNA topoisomerase):DNA 解链过程中会出现打结、缠绕的现象。DNA 拓扑异构酶具有松解 DNA 超螺旋结构的作用,分为 I 型和 II 型。I 型拓扑异构酶断开 DNA 双链中的一条,使 DNA 链末端沿松解的方向转动,DNA 分子变为松弛态,再将切口封闭,此过程不需 ATP 供能。II 型拓扑异构酶能同时断开 DNA 的双链,使 DNA 变为松弛态,再将切口封闭,这个过程需要 ATP 供能。

(2)**单链结合蛋白质**(single strand binding protein,SSB):DNA 解开成单链后,容易被细胞内广泛存在的核酸酶水解,也有重新形成双链的倾向。SSB 可与解开的单链结合,使之保持稳定的模板状态,以利于复制。

(3)**引发酶**:催化引物合成的酶称为引发酶,是一种特殊的 RNA 聚合酶。引发酶以 4 种 NTP 为原料,以解开的 DNA 链为模板,按 $5'\rightarrow3'$ 方向合成短片段的 RNA 作为引物。

(4)**DNA 聚合酶**(DNA pol):是复制中最重要的酶,又称 DNA 指导的 DNA 聚合酶(DNA-dependent

DNA polymerase，DDDP）。它能以 DNA 单条链为模板，催化四种 dNTP 通过与模板链的碱基配对，并在引物 3'-OH 端上依次聚合成新的 DNA 互补链。DNA 聚合酶不能自行从头合成 DNA 链，且只能催化 5'→3' 反应，不能催化 3'→5' 反应，因而 DNA 子链的延长方向均是 5'→3'。

生物体中的 DNA 聚合酶已经发现了多种类型。原核生物大肠埃希菌（*E.coli*）主要有 3 种 DNA 聚合酶（表 10-1），即 DNA 聚合酶 I、DNA 聚合酶 II 和 DNA 聚合酶 III。其中，DNA 聚合酶 I 具有 5'→3' 聚合酶、3'→5' 外切酶、5'→3' 外切酶三种酶的活性，能催化 DNA 沿 5'→3' 方向延长，用于填补 DNA 片段间的间隙以及参与 DNA 的损伤及修复；DNA 聚合酶 II 可能主要参与 DNA 的损伤及修复；DNA 聚合酶 III 是 DNA 复制延长中起主要作用的酶，主要具有 5'→3' 方向聚合酶的活性，可以催化 DNA 子链沿 5'→3' 方向延长。

表 10-1　大肠埃希菌三种 DNA 聚合酶

	DNA 聚合酶 I	DNA 聚合酶 II	DNA 聚合酶 III
分子量 /kDa	109	120	250
组成	单体	单体	多亚基不对称二聚体
5'→3' 聚合酶活性	有	有	有
5'→3' 外切酶活性	有	无	无
3'→5' 外切酶活性	有	有	有
基因突变后的致死性	可能	不可能	可能
功能	切除引物、修复、填补空隙	修复	复制

真核生物已发现至少 15 种 DNA 聚合酶，其中以 DNA 聚合酶 α、β、γ、δ 和 ε 最为常见。DNA 聚合酶 α 具有引发酶活性，能催化引物 RNA 和 DNA 的合成；DNA 聚合酶 δ 主要作用是催化子链延长，并具有解旋酶的活性，是真核生物 DNA 复制过程中最主要的酶；DNA 聚合酶 γ 主要参与线粒体 DNA 复制；DNA 聚合酶 β 和 DNA 聚合酶 ε 主要参与 DNA 的修复。

（5）DNA 连接酶：DNA 连接酶催化双链 DNA 中一条链缺口上的 3'-OH 与 5'- 磷酸形成 3',5'- 磷酸二酯键，从而使相邻的 DNA 片段的断端连接起来，形成一条完整的 DNA 长链，此反应需要消耗 ATP。DNA 连接酶在 DNA 复制终止、损伤修复等过程中起重要的作用。

（三）DNA 复制过程

DNA 复制过程分为起始、延伸、终止三个阶段（图 10-3）。

1. 复制的起始　DNA 拓扑异构酶和解旋酶在 DNA 复制起始部位解开 DNA 超螺旋结构，使 DNA 双链形成局部的 DNA 单链，然后 SSB 附着在复制起点，起到保护和稳定 DNA 单链的作用。各复制起点形成"Y"字形结构的复制叉。当两条单链暴露出足够数量碱基时，引发酶识别起始部位，并以解开的一段 DNA 链为模板，按碱基配对原则，从 5'→3' 方向先合成一小段 RNA 引物，为 DNA 复制提供 3'-OH 端。引物的生成标志着复制的正式开始。

2. 复制的延伸　DNA 复制的延伸是在 DNA 聚合酶催化下，以 4 种 dNTP 为原料进行的聚合反应。前导链延伸方向

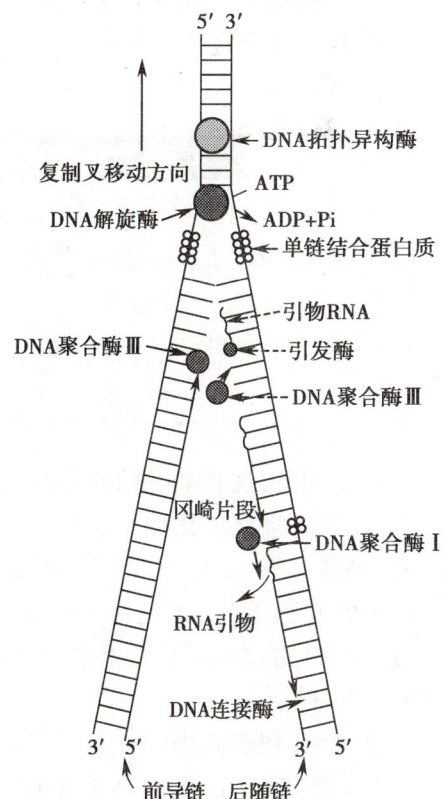

图 10-3　DNA 复制过程

与解链方向相同（复制叉前进的方向），能够连续合成，合成后的子链直接与模板链形成子代DNA分子；而后随链延伸方向与解链方向相反，需不断生成引物，再从5′→3′方向合成一段段DNA片段。后随链上不连续合成的DNA片段是由科学家冈崎于1968年发现的，故称为冈崎片段（Okazaki fragment）。冈崎片段在DNA聚合酶Ⅲ的催化下不断延伸，当后一个冈崎片段延伸到前一个冈崎片段的引物处时，由DNA聚合酶Ⅰ置换出DNA聚合酶Ⅲ，进入DNA复制的终止阶段。

3. 复制的终止　DNA复制的终止包括切除引物、填补空隙、连接缺口等环节。当复制延伸到具有特定碱基序列的复制终止区时，在DNA聚合酶Ⅰ的作用下，切除前导链和后随链的RNA引物，并以5′→3′方向延伸DNA，以填补引物切除后留下的空隙。在后随链上，冈崎片段之间的缺口由DNA连接酶催化以磷酸二酯键连接，生成完整的子代DNA链。

二、DNA的损伤与修复

在一些理化因素作用下，生物体DNA的结构与功能可发生改变，这种改变称为DNA损伤或DNA突变，其实质是DNA分子中碱基序列的改变，包括碱基的置换、丢失等。在一般情况下，生物体能使损伤的DNA修复，以保持生物体正常的功能和遗传的稳定性。DNA的损伤和修复在细胞内是同时存在的两个过程。

（一）DNA损伤的因素

1. 物理因素　常见的DNA损伤的物理因素有紫外线和各种电离辐射。紫外线照射能引起DNA分子中相邻嘧啶碱发生共价结合，生成嘧啶二聚体，从而阻碍复制和转录。电离辐射能使DNA直接吸收射线能量而受到损伤。

2. 化学因素　DNA损伤的化学因素主要为化学诱变剂。这些化合物大多数是致癌物，包括有烷化剂、脱氨剂、碱基类似物等（表10-2），常见于化工原料、化工产品、工业排放物、农药、汽车废气等。

3. 生物因素　如逆转录病毒等。

4. 自发因素　如碱基自发水解脱落、脱氨基等。

表10-2　常见的化学诱变剂

类别	化合物举例
稠环芳香烃	苯并芘，二甲苯并蒽
硝基胺和芳香胺	二甲基亚硝铵，N-甲基-4-氨基偶氮苯
某些药物	氮芥，环磷酰胺
变质食物	黄曲霉毒素，某些防腐剂
无机物	亚硝酸盐，砷，石棉

（二）DNA损伤的后果及类型

1. DNA损伤的后果　DNA损伤根据范围及部位的不同可造成不同程度的后果。有些部位的DNA突变只造成基因型改变，而表型不变，从而体现出基因多态性；有些部位损伤则会造成遗传疾病（如血友病等）或者遗传倾向疾病（如糖尿病等），有些关键基因的损伤甚至可能造成个体死亡。并不是所有的DNA突变都是有害的，某些基因突变能使生物更好地适应环境，是物种进化、分化的分子基础。

2. DNA损伤的类型

(1) 点突变：是指DNA链上单一碱基的变异。同类碱基间（嘌呤与嘌呤、嘧啶与嘧啶）的替代称为转换，异类碱基间（嘌呤与嘧啶）的替换称为颠换。

（2）**缺失**：是指 DNA 链上一个或一段核苷酸的消失。

（3）**插入**：是指原来不存在的一个碱基或一段核苷酸链插入到 DNA 分子中。

（4）**重排**：是指 DNA 分子内发生较大片段的交换。

（三）DNA 损伤的修复

DNA 修复是针对已发生的损伤施行的补救措施，可使 DNA 结构恢复原样，从而保持 DNA 的正常功能，但有时也并非能完全消除 DNA 损伤，DNA 无法恢复正常功能而导致基因突变，引起生物遗传变异。DNA 损伤修复的主要方式如下：

1. **光修复**　光修复过程是通过光修复酶催化完成的，仅需 300~600nm 波长照射即可活化。此方法普遍存在于各种生物体中。

2. **切除修复**　这是细胞内最重要和有效的修复方式，过程包括识别、切除、填补和连接（图 10-4）。首先由特异性的核酸内切酶识别并切除损伤的 DNA，同时以另一条正常 DNA 链为模板，在 DNA 聚合酶 I 催化下按 $5' \rightarrow 3'$ 方向进行空隙填补，最后由 DNA 连接酶连接两个片段。

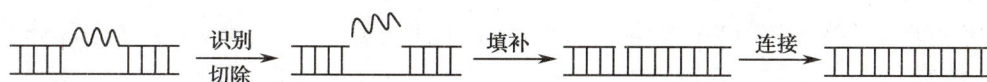

图 10-4　DNA 损伤的切除修复

知识链接

人类着色性干皮病

着色性干皮病（xeroderma pigmentosum，XP）是一种罕见的常染色体隐性遗传病。主要临床表现是皮肤对日光特别是紫外线高度敏感，暴露部位皮肤出现色素沉着、干燥、角化、萎缩及癌变等，皮肤和眼部肿瘤的发生率是正常人的 1 000 倍。着色性干皮病是由于患者对紫外线照射造成的 DNA 损伤的切除修复缺陷所致，具有多型性且各型之间互补，目前已发现 7 种互补型和一种变异型。

---

3. **重组修复**　损伤面积太大又不能及时修复的 DNA 可以通过重组过程修复。以大肠埃希菌为例，其机制是 RecA 蛋白结合在子链的空缺处，引发对侧正常模板链与子链重组，将子链修复成完整的子链，对侧正常模板链上留下的空缺由 DNA 聚合酶 I 合成 DNA 片段填补，最后由连接酶连接，使模板链重新成为一条完整的 DNA 链（图10-5）。重组修复不能一次修复损伤部位，需要通过多次复制及重组修复才能使损伤程度越来越小，不至于影响细胞的正常功能。

4. **SOS 修复**　SOS 修复是在 DNA 分子受到严重损伤，细胞处于危险状态，正常修复机制均已被抑制时进行的急救措施。SOS 修复包括切除、重组修复系统。通过 SOS 修复，复制如能继续，细胞是可以存活的，但是 DNA 保留的错误较多，易导致较广泛、长期的突变。

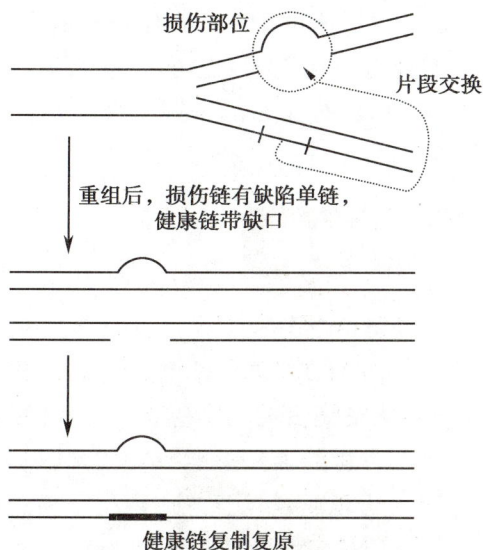

图 10-5　DNA 损伤的重组修复

DNA 修复缺陷导致的疾病

现已发现 4 000 多种人类遗传疾病，其中不少与 DNA 修复缺陷有关。这些 DNA 修复缺陷的细胞对辐射和致癌剂的敏感性增加。例如，林奇综合征（遗传性非息肉病性结直肠癌）是一种常染色体显性遗传病，与 DNA 的错配修复基因突变有关，干细胞错配修复基因（MMR）的突变是导致林奇综合征的主要原因。MMR 产物能通过辨认、切断 DNA，修复错配的核苷酸，从而减少突变的发生。

三、逆转录

（一）逆转录概念与逆转录酶

大多数生物体的遗传信息储存在 DNA 分子中，而一些病毒如 RNA 病毒的遗传信息则储存在 RNA 分子中。RNA 病毒能以 RNA 为模板合成 DNA，这个过程称为逆转录，又称反转录。

催化逆转录反应的酶称为逆转录酶，全称为 RNA 指导的 DNA 聚合酶或依赖 RNA 的 DNA 聚合酶。1970 年，特明在劳斯肉瘤病毒中发现了逆转录酶。大多数逆转录病毒有致癌作用，因而又被称为 RNA 肿瘤病毒，在自然界中分布普遍，对动物的致癌作用非常广泛，包括从爬行类（如蛇）、禽类到哺乳类和灵长类动物，可诱发白血病、肉瘤、淋巴癌和乳腺癌等。逆转录酶的作用是以 dNTP 为底物，以 RNA 为模板，tRNA（主要是色氨酸 tRNA）为引物，在 tRNA 3'-OH 端，按 5'→3' 方向，合成一条与 RNA 模板互补的 DNA 单链，这条 DNA 单链称为互补 DNA（complementary DNA，cDNA），它与 RNA 模板形成 RNA-DNA 双链。随后在核糖核酸酶 H 的作用下，RNA 链被水解掉，再以 cDNA 为模板合成第二条 DNA 链，形成双链 DNA。RNA 病毒进入细胞后，在细胞质中脱去外壳，接着逆转录酶以病毒 RNA 为模板进行逆转录，形成的 DNA 带有病毒的全部遗传信息，可在细胞内独立复制，也可以整合到宿主细胞染色体的 DNA 中，随宿主基因一起复制表达，从而造成宿主细胞发生癌变（图 10-6）。

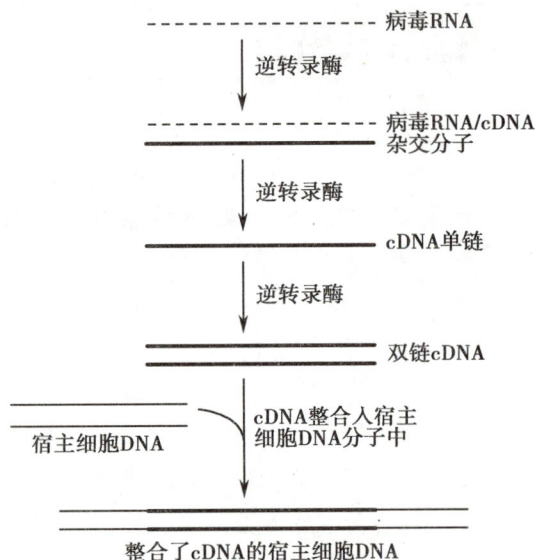

图 10-6　病毒 RNA 的逆转录过程

逆转录的发现

1910 年，病理学家发现病毒可以致癌。此后，人们开始深入探索病毒转化的机制。1956 年，特明提出前病毒假说，指出 RNA 病毒进入宿主细胞后，首先将 RNA 复制为病毒 DNA（此时成为前病毒），然后病毒 DNA 与宿主细胞发生整合，形成宿主 DNA 的一部分，增殖由病毒 DNA 通过转录过程完成。这一假说违反了 1958 年提出的中心法则，因而被很多人拒绝。直到 1970 年，特明和其助手劳斯（Rous）从肉瘤病毒中分离得到了一种 RNA 指导的 DNA 聚合酶；与此同时，巴尔的摩也从小鼠白血病病毒中分离得到了这种酶，从而证明了前病毒假说的正确性，逆转录得到认可，中心法则被重新修正。

（二）逆转录的意义

逆转录与逆转录酶的发现具有重要意义。逆转录补充和完善了遗传学中心法则，使人们认识到 RNA 也具有遗传信息的传代功能；对逆转录病毒的研究拓宽了病毒致癌理论；在基因工程中，可利用逆转录酶将 mRNA 逆转录形成 cDNA，以获得目的基因。

第二节　RNA 的生物合成

RNA 的生物合成是指生物体以 DNA 为模板，以四种核糖核苷酸（NTP）为原料，遵循碱基配对原则，在 RNA 聚合酶催化下合成 RNA 的过程，又称转录（transcription）。转录是遗传信息传递的重要环节。

一、RNA 转录体系与特点

（一）RNA 转录体系

参与 RNA 生物合成的成分有多种，包括 DNA 模板、四种三磷酸核糖核苷（NTP）、RNA 聚合酶、某些蛋白质因子及必要的无机离子等，这些总称为转录体系。

1. 模板　转录是以 DNA 分子的一条链为模板，根据碱基配对原则，按照 DNA 模板中核苷酸的排列顺序合成互补的 RNA 链。能够转录出 RNA 的 DNA 区段称为结构基因。在结构基因中能作为 RNA 合成的模板的 DNA 链称为模板链，不作为模板的另一条 DNA 链称为编码链。不同结构基因的模板链与编码链在 DNA 分子上并不是固定于某一条链，这种转录方式为不对称转录（图 10-7）。转录出的 RNA 序列与 DNA 模板链序列是互补的，与 DNA 中编码链序列基本相同（U 代替了 T），所以模板 DNA 的序列决定着转录 RNA 的序列，从而将 DNA 的遗传信息传递给 RNA。

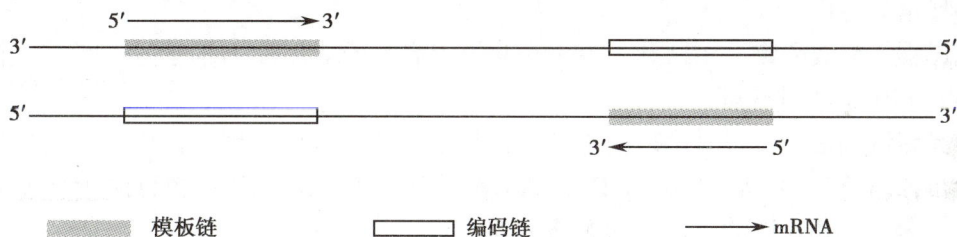

图 10-7　不对称转录示意图

2. 底物　转录所需的底物（原料）是四种三磷酸核糖核苷酸（NTP），即 ATP、GTP、CTP、UTP。

3. RNA 聚合酶　RNA 聚合酶是 DNA 指导的 RNA 聚合酶（DNA-directed RNA polymerase，DDRP），在原核生物、真核生物、病毒及噬菌体中普遍存在。RNA 聚合酶通过识别并结合待转录基因的特定部位而启动基因转录，此特定部位的 DNA 序列称为启动子。

（1）原核生物 RNA 聚合酶：原核生物中只有一种 RNA 聚合酶，兼有合成各种 RNA（mRNA、tRNA 和 rRNA）的功能。原核生物的 RNA 聚合酶是多聚体蛋白质，以大肠埃希菌（*E.coli*）的 RNA 聚合酶为例，该酶是由 α、β、β′、σ 四种亚基组成（表 10-3）。

表 10-3　*E.coli* RNA 聚合酶各亚基性质及功能

亚基	基因	功能
α	rpoA	与启动子上游元件和活化因子结合，促进酶的装配
β	rpoB	结合核苷酸底物，催化磷酸二酯键形成
β′	rpoC	与模板 DNA 结合
σ	rpoD	识别启动子，促进转录起始

$\alpha_2\beta\beta'$ 合称 RNA 聚合酶核心酶,催化合成 RNA。核心酶加上 σ 亚基构成全酶。细胞内转录的起始需要全酶。σ 亚基的作用是识别转录起始位点,启动转录,而转录延长阶段仅需核心酶。RNA 聚合酶以 DNA 链为模板,转录时 DNA 的双链部分解开,转录后 DNA 仍然恢复为双链结构。

（2）**真核生物 RNA 聚合酶**：真核生物中已发现三种 RNA 聚合酶,分别称为 RNA 聚合酶 I、RNA 聚合酶 II、RNA 聚合酶 III。RNA 聚合酶 I 转录生成 rRNA,RNA 聚合酶 II 转录生成 mRNA,RNA 聚合酶 III 转录生成 tRNA 和其他小分子 RNA。鹅膏蕈碱是真核生物 RNA 聚合酶的抑制剂,三种酶对鹅膏蕈碱的敏感程度不同,是区别三种酶的基本方法之一（表 10-4）。

表 10-4　真核生物 RNA 聚合酶的种类和功能

酶的种类	功能	对鹅膏蕈碱的敏感性
RNA 聚合酶 I	转录 rRNA	耐受
RNA 聚合酶 II	转录 mRNA	极敏感
RNA 聚合酶 III	转录 tRNA 和其他小分子 RNA	中度敏感

4. 其他酶和蛋白质因子　除以上物质外,RNA 转录时还需要一些蛋白质因子参与。如 ρ 因子是原核生物中能控制转录终止的蛋白质,协助转录终止。真核生物 RNA 聚合酶 II 启动转录时也需要一些转录因子的参与。

（二）转录的特点

1. 转录是不对称性的　即只能以结构基因 DNA 双链中的一条链为模板进行转录。

2. 转录有特定起始和终止位点　无论原核生物或真核生物,发生转录的结构基因都存在特定的起始点和特定的终止点。

3. 转录过程不需要引物　RNA 聚合酶和模板链上启动子结合后,不需要引物就能直接启动 RNA 转录,这一点与 DNA 复制不同。

4. 转录具有连续性　转录时,新生的 RNA 链从起始位点开始直到终止位点是连续合成的。

5. 转录方向是单向的　转录时,在 RNA 聚合酶的催化下,结构基因只能向模板 DNA 链的 $3'\rightarrow5'$ 方向解链,使得新生 RNA 链的延伸方向始终为 $5'\rightarrow3'$。

二、RNA 转录的过程

RNA 的转录过程同样可分为起始、延伸、终止三个阶段。原核生物和真核生物由于催化转录的 RNA 聚合酶不同,转录过程有所差别。真核生物转录后还需要经过剪切、修饰、拼接等加工修饰过程,才能转变为成熟的 RNA 分子。目前对原核生物转录过程的研究较为清楚,下面以大肠埃希菌转录为例,介绍转录的过程。

（一）转录的起始

在转录起始位点前有一些特殊的核苷酸序列,称为启动子。RNA 聚合酶全酶通过 σ 因子辨识 DNA 的启动子,然后与之结合,使 DNA 的局部结构松弛,解开约 17 个碱基对,暴露出 DNA 模板链。RNA 聚合酶进入起始部位后,直接催化 NTP,使之与模板链上相应的碱基配对（U-A、A-T、G-C）,并结合到 DNA 模板链上,第一个核苷酸多为 GTP 或 ATP。第二个 NTP 按相同的方式继续加入,并在 RNA 聚合酶的催化下与第一个 NTP 的 3'-OH 端生成第一个磷酸二酯键,从而形成由 RNA 聚合酶全酶 -DNA-pppGpN-OH-3' 组成的转录前起始复合物（preinitiation complex,PIC）。当第一个磷酸二酯键生成后,σ 因子从 RNA 聚合酶的全酶上脱落,至此完成转录的起始。脱落后的 σ 因子可以与新的核心酶结合成 RNA 聚合酶的全酶,开始另一次转录过程。

（二）转录的延伸

RNA 链的延伸反应由 RNA 聚合酶核心酶催化。核心酶沿 DNA 模板链 3′→5′ 方向滑动，一方面使 DNA 双链不断解链，另一方面催化与模板互补配对结合的 NTP 间不断形成磷酸二酯键，新生的 RNA 链按 5′→3′ 方向不断延伸，直到转录终止。在解链区，酶、DNA 模板链与新生 RNA 链形成的酶 -RNA-DNA 杂合物被形象地称为转录泡（图 10-8）。DNA 链在核心酶经过后，立即恢复双螺旋结构，新生成的 RNA 单链伸出 DNA 双链之外。与 DNA 复制一样，RNA 链的合成也是有方向性的，即从 5′→3′ 方向进行。大肠埃希菌 RNA 转录的起始和延伸过程见图 10-9。

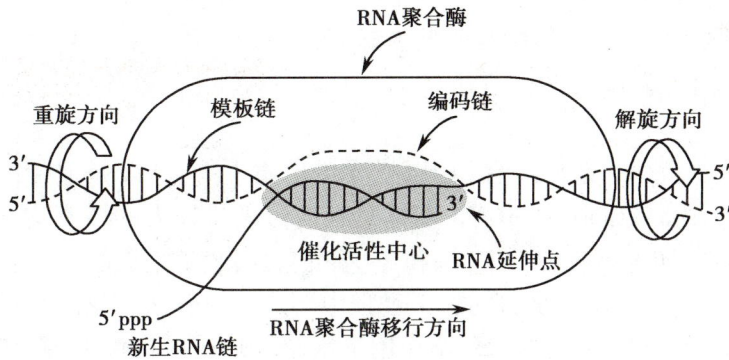

图 10-8 转录泡

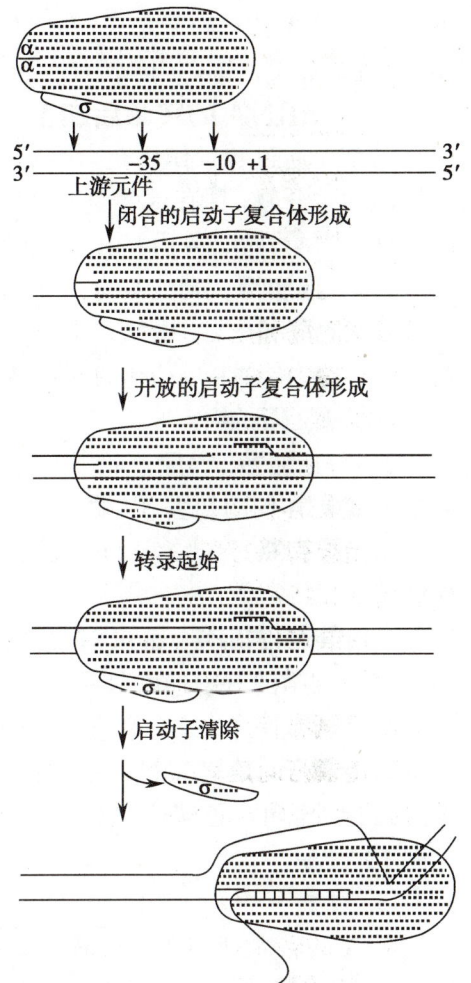

图 10-9 大肠埃希菌 RNA 转录的起始和延伸过程

（三）转录的终止

当 RNA 链延伸至转录终止位点时，RNA 聚合酶不再形成新的磷酸二酯键，转录泡瓦解，DNA 恢复成双螺旋结构，RNA 聚合酶与 RNA 链都被从模板上释放出来，转录终止。DNA 模板链上的终止信号是一段特殊序列，称为终止子，协助 RNA 聚合酶识别终止子的蛋白质因子称为释放因子。终止子位于已转录的序列中，DNA 的终止子可被 RNA 聚合酶或其辅因子识别。原核生物转录终止有两种方式：一种是不依赖于 ρ 因子的转录终止，另一种是依赖于 ρ 因子的转录终止。

1. 不依赖于 ρ 因子的转录终止 DNA 模板上靠近终止处有些特殊序列，这些序列富含重复 GC 碱基，使新合成的 RNA 链形成"发夹"结构（图 10-10），阻止 RNA 聚合酶的滑动，RNA 链的延伸即终止。

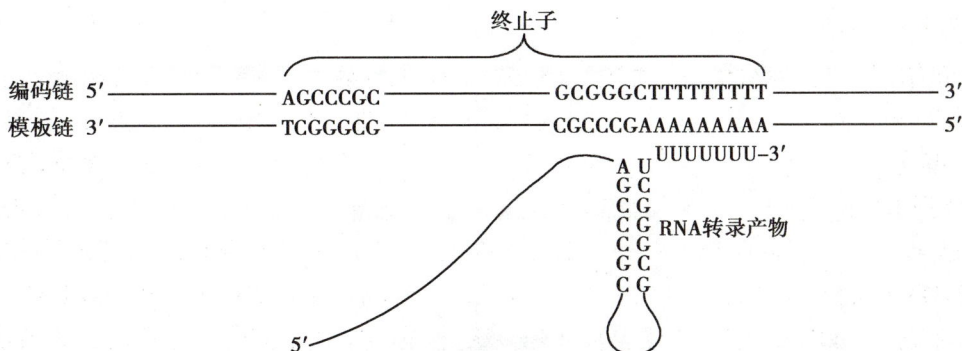

图 10-10 终止子及其 RNA 产物"发夹"结构

2. 依赖于 ρ 因子的转录终止 有些原核生物基因的转录终止需要 ρ 因子参与。ρ 因子是一种 RNA-DNA 双螺旋解旋酶,并具有 ATP 酶活性。当 ρ 因子识别到产物 RNA 上的终止信号并与之结合时,ρ 因子和核心酶都可能发生构象改变,核心酶移动停顿,ρ 因子的解旋酶活性使 DNA/RNA 杂化双链分离,RNA 产物从转录复合体中释放,转录终止。

三、真核生物 RNA 转录后的加工

转录生成的 RNA 是初级产物,是 RNA 的前体,无生物活性,通常需要经过一系列加工修饰,才能最终成为具有功能的成熟 RNA 分子。原核生物不存在核膜,RNA 转录后的加工相对较为简单,通常 RNA 转录尚未结束,翻译即已开始。真核细胞中几乎所有转录前体都要经过一系列酶的作用,进行加工修饰,才能成为具有生物活性的 RNA。

(一) mRNA 的转录后加工

mRNA 通过转录作用获得 DNA 分子中储存的遗传信息,用以指导蛋白质生物合成,是遗传信息传递的中介物,具有重要的生物学意义。真核细胞的 mRNA 前体是核内分子量较大的核不均一 RNA(hnRNA),mRNA 由 hnRNA 加工而成。加工过程包括 5′- 端和 3′- 端的首尾修饰及剪接。

1. 5′- 端加帽 mRNA 的 5′ 帽结构是在 hnRNA 转录后的加工过程中形成的。转录产物的第一个核苷酸通常是 5′- 三磷酸鸟苷(5′-pppG),在细胞核内的磷酸酶作用下水解释放出无机焦磷酸,然后 5′- 端与另一 GTP 反应生成三磷酸双鸟苷,在甲基化酶的作用下第一或第二个鸟嘌呤发生甲基化反应,形成 5′ 帽结构。

2. 3′- 端加多(A)尾 mRNA 的 3′- 端的多(A)尾也是在加工过程中形成的。在细胞核内,首先由特异核酸外切酶切去 3′- 端多余的核苷酸,再由多腺苷酸聚合酶催化,以 ATP 为底物,进行聚合反应,形成多(A)尾。多(A)尾长度为 20~200 个核苷酸,其长短与 mRNA 的寿命有关,随寿命延长而缩短。

3. hnRNA 的剪接 hnRNA 在加工成为成熟 mRNA 的过程中,有 50%~70% 的核苷酸片段被剪切。真核细胞的基因通常是一种断裂基因,即由几个编码区被非编码区序列相间隔并连续镶嵌组成。在结构基因中,具有表达活性的编码序列称为外显子;无表达活性、不能编码相应氨基酸的序列称为内含子。在转录过程中,外显子和内含子均被转录到 hnRNA 中。在细胞核中,hnRNA 进行剪接,即切掉内含子部分,然后将各个外显子部分再拼接起来。真核生物 mRNA 前体的加工修饰见图 10-11。

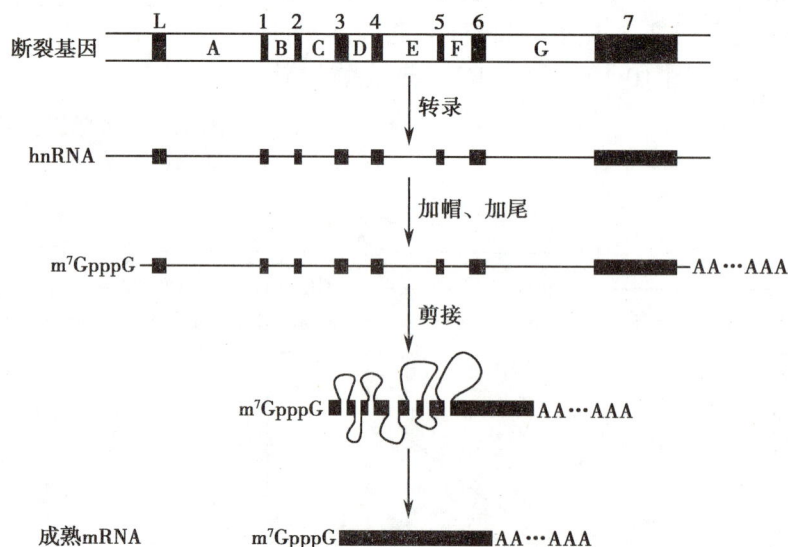

图 10-11 真核生物 mRNA 前体的加工修饰

（二）tRNA 的转录后加工

tRNA 转录后需要经过剪切、末端添加、碱基修饰等加工修饰方式，才能生成具有生物活性的成熟 tRNA。

1. 剪切　在真核细胞中，tRNA 前体分子的 5'- 端、3'- 端及反密码子环的部位由核糖核酸酶切去部分核苷酸链而形成 tRNA。有些前体分子中还包含几个成熟的 tRNA 分子，在加工过程中通过核酸水解酶的作用而分开。

2. 3'- 端加 CCA-OH　tRNA 分子在转录后由核苷转移酶催化，以 CTP 和 ATP 为供体，在氨基酸臂上的 3'- 端添加 CCA-OH 结构，从而具有携带氨基酸的功能。

3. 碱基修饰　在 tRNA 的加工过程中，由修饰酶实现碱基的修饰。例如，碱基的甲基化反应产生甲基鸟嘌呤（mG）、甲基腺嘌呤（mA），还原反应使尿嘧啶转变成二氢尿嘧啶（DHU），脱氨基反应使腺嘌呤转变为次黄嘌呤（I），碱基转位反应产生假尿苷（Ψ）等。因此，成熟的 tRNA 分子是含有稀有碱基最多的 RNA 分子。

（三）rRNA 的转录后加工

rRNA 的转录和加工与核糖体的形成同时进行。真核细胞在转录过程中首先生成的是 45S 大分子 rRNA 前体，然后通过核酸酶作用，断裂成 28S、5.8S 及 18S 等不同 rRNA，这些 rRNA 与多种蛋白质结合形成核糖体。rRNA 成熟过程中也包括碱基的修饰，主要以甲基化为主。

三类 RNA 通过链的剪切、剪接、末端添加核苷酸、碱基修饰等加工方式转变为成熟的 RNA，在蛋白质生物合成中发挥着重要的作用。

第三节　蛋白质生物合成

蛋白质生物合成是在多种因子辅助下，以氨基酸为原料、mRNA 为模板，在核糖体上完成多肽链合成的过程。

一、蛋白质生物合成的体系

蛋白质生物合成体系较为复杂。除以 20 种氨基酸为基本原料外，还需要 mRNA、tRNA、rRNA，以及多种蛋白质因子、酶类、无机离子、ATP 或 GTP 等的参与。

（一）mRNA 是蛋白质生物合成的直接模板

mRNA 结构主要由 5'- 端非翻译区、可读框以及 3'- 端非翻译区组成。从 mRNA5'- 端的起始密码子到 3'- 端的终止密码子之间的核苷酸序列称为可读框。mRNA 至少包含一个可读框，原核细胞和真核细胞中的 mRNA 中可读框的数量是不同的。

> **知识链接**
>
> ### 单顺反子和多顺反子
>
> 在原核生物中，mRNA 常含有两个或两个以上的可读框，可以编码多条多肽链合成，称为多顺反子，转录后即成为成熟的翻译模板。
>
> 在真核生物中，mRNA 几乎只有一个可读框，只能编码一条多肽链合成，称为单顺反子，转录后需要进一步加工才能成为成熟的翻译模板。

在 mRNA 的可读框区，以每 3 个相邻的核苷酸为一组，组成三联体，编码一种氨基酸，称为遗传密码（genetic code）或者密码子（codon）。mRNA 以密码子排列方式决定蛋白质的氨基酸排列顺序和基本结构。生物体内的密码子共有 64 个,其中 61 个密码子分别代表 20 种不同的氨基酸(表 10-5)。在绝大多数生物体内,AUG 既可以编码多肽链中的甲硫氨酸,还可以作为多肽链合成的启动信号,称为起始密码子(initiation codon);而 UAA、UAG、UGA 则不编码任何氨基酸,只作为多肽链合成的终止信号,称为终止密码子(termination codon)。

表 10-5　遗传密码表

第一个核苷酸 (5′-端)	第二个核苷酸				第三个核苷酸 (3′-端)
	U	C	A	G	
U	苯丙氨酸	丝氨酸	酪氨酸	半胱氨酸	U
	苯丙氨酸	丝氨酸	酪氨酸	半胱氨酸	C
	亮氨酸	丝氨酸	终止密码	终止密码	A
	亮氨酸	丝氨酸	终止密码	色氨酸	G
C	亮氨酸	脯氨酸	组氨酸	精氨酸	U
	亮氨酸	脯氨酸	组氨酸	精氨酸	C
	亮氨酸	脯氨酸	谷氨酰胺	精氨酸	A
	亮氨酸	脯氨酸	谷氨酰胺	精氨酸	G
A	异亮氨酸	苏氨酸	天冬酰胺	丝氨酸	U
	异亮氨酸	苏氨酸	天冬酰胺	丝氨酸	C
	异亮氨酸	苏氨酸	赖氨酸	精氨酸	A
	甲硫氨酸	苏氨酸	赖氨酸	精氨酸	G
G	缬氨酸	丙氨酸	天冬氨酸	甘氨酸	U
	缬氨酸	丙氨酸	天冬氨酸	甘氨酸	C
	缬氨酸	丙氨酸	谷氨酸	甘氨酸	A
	缬氨酸	丙氨酸	谷氨酸	甘氨酸	G

密码子具有如下特点:

(1)方向性:mRNA 中密码子的排列具有方向性,起始密码子总是位于 mRNA 的 5′-端,终止密码子则位于 mRNA 的 3′-端。翻译时,从 mRNA 的起始密码子 AUG 开始,按 5′→3′ 的方向逐一阅读,直至终止密码子。相应的多肽链的合成从 N 端向 C 端延伸。

(2)连续性:mRNA 上的密码子之间没有任何的核苷酸间隔,也没有任何交叉。翻译时,从起始密码子 AUG 开始,一个密码子接着一个密码子逐一阅读,直到终止密码子为止。因此,在 mRNA 的可读框中插入或缺失 1 个或 2 个碱基,都会引起 mRNA 的密码子可读框发生移动,导致翻译出的多肽链氨基酸序列发生改变,称为移码突变(frameshift mutation)。

(3)简并性:20 种氨基酸中,除色氨酸和甲硫氨酸各有一个密码子外,其余的氨基酸都有 2~6 个密码子与之对应。一种氨基酸有两个或两个以上的密码子为其编码,称为密码子简并性。密码子简并性主要体现在密码子的头两个碱基是相同的,第 3 个碱基是不同的,但是第 3 位碱基的改变不会引起翻译时编码氨基酸序列的改变,从而不会影响蛋白质的结构。密码子简并性可以减少有害突变,对于保证遗传信息的稳定性具有一定意义。

(4)通用性:一般而言,所有生物几乎使用同一套遗传密码,称为密码子通用性。但研究发现,不同生物体内的起始密码和终止密码会有不同,在某些动物细胞的线粒体及植物细胞的叶绿体中,AUA、AUU 作为起始密码子,而 AGA、AGG 作为终止密码子。

(5)摆动性:密码子通过与 tRNA 的反密码子配对而识别所代表的氨基酸,但 mRNA 上的密码子的第 3 位碱基与 tRNA 反密码子的第 1 位碱基不完全遵守碱基配对原则,也可以相互识别,这种现象称为密码子的摆动性。摆动配对可以使 1 种 tRNA 识别 mRNA 的多种密码子。

破译遗传密码

20世纪中叶，人们知道了 DNA 是遗传信息的携带者，可以通过 RNA 调控蛋白质生物合成，随后科学家开始破译遗传密码。尼伦伯格（M. Nirenberg）等人推断出 64 个三联体密码，并发现了苯丙氨酸、脯氨酸以及赖氨酸的密码子。另外，科拉纳（H. Khorana）等人又相继发现了半胱氨酸、缬氨酸等氨基酸的密码子。霍利（R. Holley）成功制备了一种纯的 tRNA。1968 年他们共同荣获了诺贝尔奖。

（二）tRNA 是蛋白质合成的搬运工具

蛋白质合成过程中，20 种氨基酸由特定的 tRNA 转运至核糖体。tRNA 上有两个主要结构：一个是 3′- 端的氨基酸臂，功能是与氨基酸结合并将之活化为氨基酰 tRNA；另一个是反密码子环，功能是与 mRNA 上的密码子反向平行互补配对，将所携带的氨基酸准确地运送到核糖体。因此，在蛋白质合成过程中，tRNA 可以发挥适配器的作用，作为蛋白质合成的搬运工具。

（三）核糖体是蛋白质合成的场所

rRNA 与多种蛋白质共同结合成核糖体（ribosome），是多肽链合成的场所。核糖体的结构主要包括大亚基和小亚基。原核生物的核糖体上有 3 个重要功能部位：A 位称为氨酰位（又称受位），是氨基酰 tRNA 进入的位置；P 位称为肽酰位（又称给位），是肽酰 tRNA 结合的位置；E 位称为出口位，是 tRNA 排出的位置（图 10-12）。真核生物的核糖体上没有 E 位，空载的 tRNA 直接从 P 位脱落。

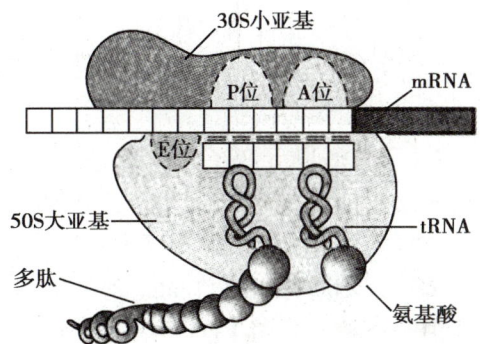

图 10-12　原核生物核糖体结构示意图

（四）酶类和蛋白质因子

1. **氨基酰 tRNA 合成酶**　在消耗 ATP 的前提下，氨基酰 tRNA 合成酶能活化氨基酸，并将其与对应的 tRNA 结合，生成氨基酰 tRNA。氨基酰 tRNA 合成酶存在于细胞质中，对氨基酸和 tRNA 都具有高度特异性，这种特异性是保证 mRNA 中的遗传信息准确翻译为蛋白质的关键因素之一。

2. **肽酰转移酶**　核糖体大亚基的组成成分具有酯酶的水解活性，能使 P 位上的肽链与 tRNA 分离，并将解离出的肽酰基转移至 A 位的氨基酰 tRNA 的氨基酸上，形成肽键。

3. **转位酶**　转位酶活性存在于延伸因子中，催化核糖体向 mRNA 3′- 端移动一个密码子的位置。

4. **蛋白质因子**　肽链的合成还需要很多蛋白质因子的参与，主要包括起始因子（initiation factor，IF）、延伸因子（elongation factor，EF）及释放因子（release factor，RF）。

IF 是与多肽链合成起始有关的蛋白质因子。原核生物中有 3 种起始因子，分别为 IF-1、IF-2 和 IF-3；真核生物中存在 9 种起始因子（eIF）。IF 的主要功能是促进核糖体大、小亚基解离以及核糖体小亚基、tRNA 与模板 mRNA 结合。

EF 是多肽链延伸过程中发挥作用的蛋白质因子。原核生物有 3 种延伸因子，包括 EF-Tu、EF-Ts 和 EF-G；真核生物有 2 种延伸因子，包括 EF-1 和 EF-2。EF 的主要功能是促进氨基酰 tRNA 进入 A 位。

RF 是多肽链合成终止过程中发挥作用的蛋白质因子。原核生物有 3 种释放因子，包括 RF-1、RF-2 和 RF-3；真核生物只有一种。RF 的主要功能是识别 mRNA 上所有的终止密码子，还具有诱导肽酰转移酶转化为酯酶的功能，使肽链从核糖体上释放。

此外，蛋白质生物合成还需要有 ATP 或 GTP 提供能量，以及需要 Mg^{2+} 和 K^+ 的参与。

参与蛋白质合成的酶类和蛋白质因子及其生物学功能见表 10-6。

表 10-6　参与蛋白质合成的酶类和蛋白质因子及其生物学功能

种类	功能
氨基酰 tRNA 合成酶	活化氨基酸
肽酰转移酶	水解酯键,催化肽键形成
转位酶	催化核糖体向 3′- 端移动
起始因子	促进大、小亚基解离
延伸因子	促进氨基酰 tRNA 进入 A 位
释放因子	识别终止密码子,促进核糖体释放

二、蛋白质生物合成的过程

蛋白质生物合成过程包括氨基酸的活化与转运、多肽链的合成以及多肽链合成后的加工修饰和靶向输送。

(一)氨基酸的活化与转运

氨基酸必须活化后才能合成蛋白质。氨基酸的活化是指氨基酸与特异的 tRNA 结合形成氨基酰 tRNA 的过程。此反应由氨基酰 tRNA 合成酶催化,每活化 1 分子氨基酸需要消耗 1 个 ATP,2 个高能磷酸键。

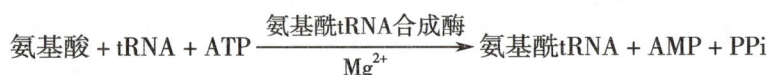

$$氨基酸 + tRNA + ATP \xrightarrow[Mg^{2+}]{氨基酰tRNA合成酶} 氨基酰tRNA + AMP + PPi$$

(二)多肽链的合成

蛋白质多肽链的合成过程包括起始、延伸和终止三个阶段。原核生物和真核生物的多肽链合成过程基本相似,只是真核生物的反应更复杂,这里主要介绍原核生物的多肽链合成过程。

1. **起始阶段**　翻译的起始是指 mRNA、起始的氨基酰 tRNA 分别与核糖体结合形成翻译起始复合物的过程(图 10-13)。

(1)**核糖体大、小亚基的分离**:核糖体在 IF-3、IF-1 的帮助下,大、小亚基解离,为结合 mRNA 和起始氨基酰 tRNA 做准备。IF-3 和 IF-1 的作用是防止大、小亚基重新结合,稳定其分离状态。

(2)**mRNA 与小亚基结合**:小亚基准确定位结合在 mRNA 的起始密码子附近。小亚基与 mRNA 结合时,必须准确识别可读框的起始密码子 AUG,而不是内部的 AUG,进而翻译出目的蛋白质。

(3)**起始氨基酰 tRNA 的结合**:翻译起始时 A 位被 IF-1 占据,不与任何氨基酰 tRNA 结合。起始氨基酰 tRNA 即甲酰甲硫氨基酰 tRNA(fMet-tRNA^fMet,f 代表甲酰化)与结合了 GTP 的 IF-2 一起识别并结合于小亚基 P 位的 mRNA 序列上的起始密码子 AUG 处。

(4)**核糖体大亚基的结合**:核糖体大亚基与结合了 mRNA、fMet-tRNA^fMet 的小亚基重新结合,同时结合于 IF-2 的 GTP 被水解,释放的能量促使 3 种 IF 释放,形成了包括完整核糖体、mRNA 以及 fMet-tRNA^fMet 组成的翻译起始复合物。结合于起始密码子 AUG 的 fMet-tRNA^fMet 占据 P 位,而 A 位空缺,为新的氨基酰 tRNA 进入以及肽链的延伸做好准备。

2. **延伸阶段**　肽链合成的延伸阶段是指在翻译起始复合物的基础上,新的氨基酰 tRNA 按照 mRNA 序列上的密码子对号入座,其携带的氨基酸依次缩合成多肽链的过程。这个过程是在核糖体上重复进行的,即进位(entrance)、成肽(peptide bond formation)和转位(translocation)3 个步骤,每完成 1 次,肽链上即可增加 1 个氨基酸残基,因此该过程又称核糖体循环(ribosomal cycle)。这个过程需要延伸因子以及 GTP 参与。

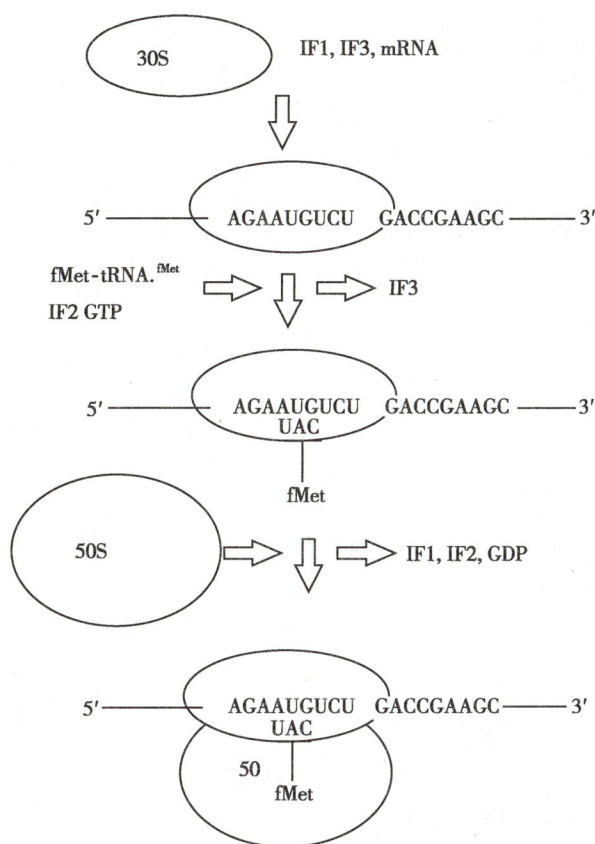

图 10-13　原核生物肽链合成起始阶段

（1）**进位**：也称为注册，是指按照 mRNA 模板中密码子的指令，相应的氨基酰 tRNA 进入并结合到核糖体 A 位的过程。氨基酰 tRNA 在进位时首先与结合有 EF-Tu 的 GTP 复合物结合，进而结合到 A 位。EF-Tu 具有 GTP 酶活性，可以促使 GTP 水解，使得 EF-Tu-GDP 复合物从核糖体释放出来，重新形成 EF-Tu-GTP 复合物，继续催化下一个氨基酰 tRNA 进位。

（2）**成肽**：是指肽酰转移酶催化两个氨基酸形成肽键的反应。在肽酰转移酶的作用下，P 位上的起始氨基酰 tRNA 所携带的甲硫氨酰转移到 A 位，并与 A 位氨基酰 tRNA 上的氨基缩合形成肽键。此反应需要有 Mg^{2+}、K^+ 的参与。

（3）**转位**：是指核糖体沿着 mRNA 的移位。在延伸因子 EF-G 和 GTP 的作用下，核糖体向 mRNA 3'- 端移动一个密码子的距离，从而使 A 位的肽酰 tRNA 移入 P 位，而卸载的 tRNA 移入 E 位，同时空出 A 位，mRNA 模板的下一个密码子进入 A 位，以便接受一个与其对应的氨基酰 tRNA 进位。当下一个氨基酰 tRNA 进入 A 位时，E 位上的空载 tRNA 脱落。

综上所述，核糖体沿着 mRNA 模板从 5'- 端向 3'- 端阅读遗传密码，连续地进行进位、成肽、转位的循环过程，每循环一次，向肽链的 C 端添加一个氨基酸，而每增加一个氨基酸需消耗 2 个分子 GTP（图 10-14）。

3. 终止阶段　肽链合成的终止是指核糖体沿着 mRNA 模板从 5'- 端向 3'- 端移动，直到核糖体 A 位出现终止密码子后停止（图 10-15）。终止密码子不能被任何氨基酰 tRNA 识别，只有释放因子 RF 能识别终止密码子，而这个过程需要水解 GTP。RF 结合后可以使核糖体构象发生改变，诱导转位酶的构象发生改变，并发挥酯酶活性，水解肽链与结合在 P 位的 tRNA 之间的酯键，释放出新合成的肽链。GTP 可以提供能量，使 tRNA 及 RF 释放，核糖体与 mRNA 模板分离。mRNA 模板和各种蛋白质因子以及核糖体大、小亚基都可以重新参与多肽链的合成。

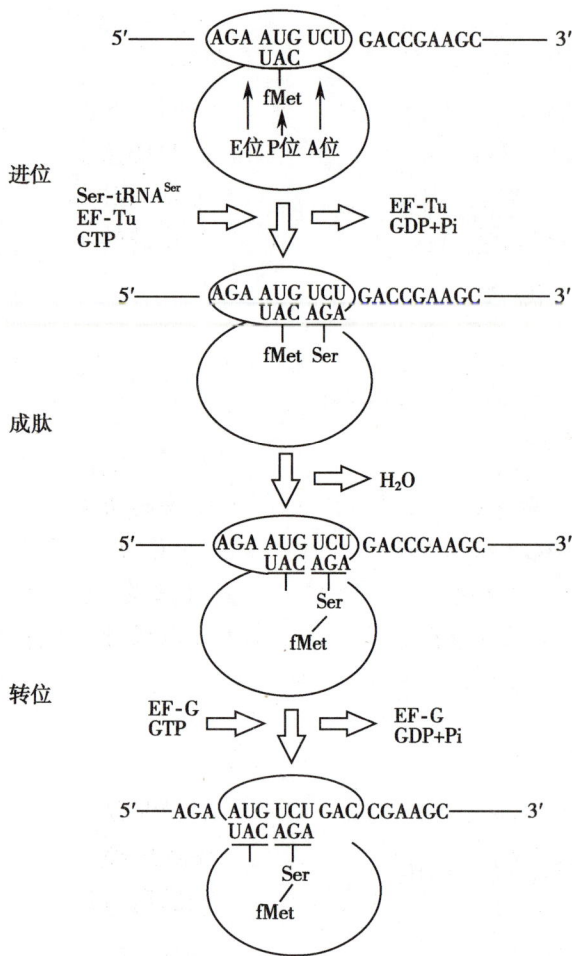

图 10-14　原核生物肽链合成延伸阶段

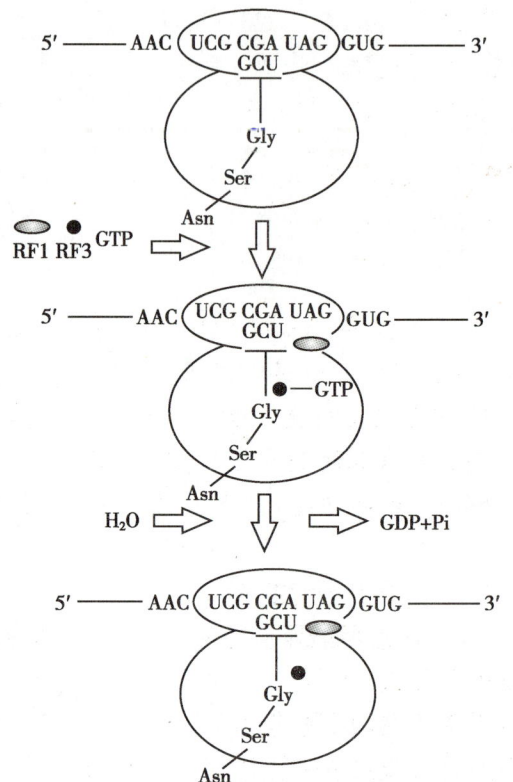

图 10-15　原核生物肽链合成终止阶段

蛋白质生物合成的起始、延伸、终止三个阶段反复进行，可以得到长短不一的尚未成熟的蛋白质多肽链（图 10-16）。

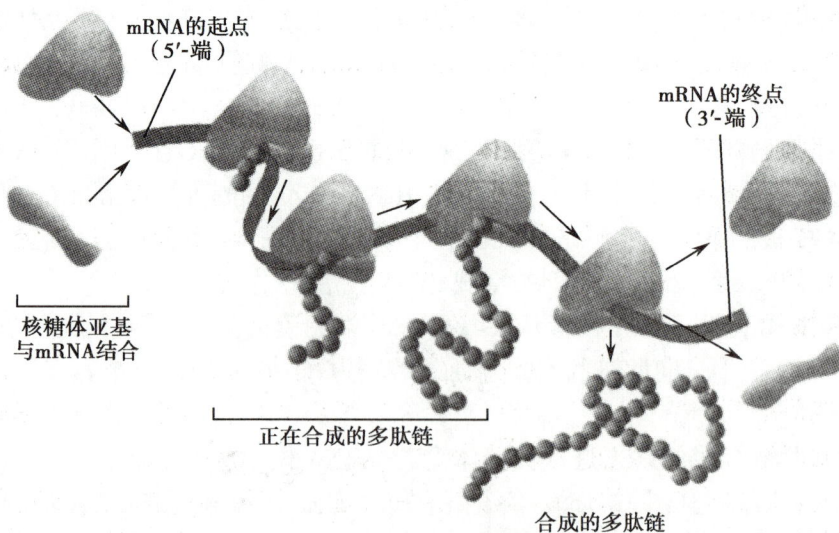

图 10-16　原核生物肽链生物合成过程

（三）翻译后加工修饰和靶向输送

新合成的多肽链一般没有生物活性，必须经过复杂的加工和修饰才能转变成具有天然构象和生物学功能的蛋白质，这一过程称为蛋白质翻译后的加工修饰。常见的加工修饰方式包括多肽链的折叠、一级结构的加工修饰以及空间结构的加工修饰等。

1. 新生肽链的折叠 新生肽链只有正确折叠、形成一定的空间构象，才能实现其生物学功能。细胞中大多数天然蛋白质的折叠都不能自动完成，多肽链的折叠和组装大都需要两类蛋白质——异构酶（isomerase）和分子伴侣（molecular chaperone）。异构酶包括蛋白质二硫键异构酶和肽基脯氨酰顺反异构酶。分子伴侣是蛋白质合成过程中形成空间结构的控制因子，在新生肽链的折叠过程中起关键作用，常见的分子伴侣有热激蛋白和伴侣蛋白。

知识链接

分子伴侣

1987 年，拉斯基（Lasky）首先提出分子伴侣的概念。他发现枯草杆菌蛋白酶的折叠需要前肽的帮助，这些前肽位于信号肽与成熟多肽之间，是成熟多肽链正确折叠所必需的，而在成熟多肽完成折叠后则与前肽脱离，这些前肽称为分子伴侣。分子伴侣的主要作用是：封闭折叠肽链暴露的疏水区段；可以创建一个隔离的环境，使肽链的折叠互不干扰；可以促进肽链的解折叠和去折叠；在遇到应激状态时，还可以使已经折叠的蛋白质去折叠。

2. 一级结构的加工修饰

（1）**N 端甲酰甲硫氨酸或甲硫氨酸的切除**：原核生物几乎所有的蛋白质的合成都是从甲酰甲硫氨酸开始的，真核生物从甲硫氨酸开始，但是大多数天然蛋白质的 N 端第一位不是甲酰甲硫氨酸或甲硫氨酸，而是其他的氨基酸残基。因此，甲酰甲硫氨酸或甲硫氨酸残基需要在肽链合成后或者在肽链合成过程中由脱甲酰基酶或氨肽酶催化水解去除。

（2）**个别氨基酸的化学修饰**：在特异性酶的催化下，蛋白质多肽链中某些氨基酸侧链进行化学修饰，包括酪蛋白中丝氨酸、苏氨酸、酪氨酸残基的磷酸化，胶原蛋白中赖氨酸、脯氨酸的羟基化，凝血酶原等凝血因子中谷氨酸残基羟基化，组氨酸甲基化等。这些修饰可以进一步改变蛋白质的溶解度、稳定性、亚细胞定位等，使得蛋白质的功能具有多样性。

（3）**肽键的水解**：一些多肽链合成后需要在特异蛋白水解酶的作用下去除某些肽段或者氨基酸残基，生成有活性的多肽。如胰蛋白酶原、胃蛋白酶原的激活；某些肽类激素的激活，如前胰岛素原被加工剪切为胰岛素。有的多肽链合成后经过加工可产生多种不同活性的蛋白质，如阿黑皮素原可以被水解成促肾上腺皮质激素、α-促黑素、β-促黑素等多种活性物质。

3. 空间结构的加工修饰

（1）**亚基的聚合**：有的蛋白质如血红蛋白具有两个或两个以上的亚基，这类蛋白质需要通过非共价键将亚基聚合为寡聚体，形成蛋白质的四级结构，才具有生物活性。

（2）**辅基的连接**：机体有些结合蛋白质合成后，还需要进一步与辅基连接，才能形成具有生物活性的结合蛋白，如糖蛋白、脂蛋白、金属蛋白等以及各种带辅基的蛋白质等。

4. 蛋白质合成后的靶向输送 某些蛋白质合成后还需要被输送到合适的亚细胞部位才能行使各自的生物学功能，这个过程称为蛋白质靶向输送（protein targeting）。

所有需要靶向输送的蛋白质的一级结构都存在分选信号，可以引导蛋白质转移到细胞的适当靶部位，这类序列称为信号序列（signal sequence）。信号序列是决定蛋白质靶向输送的最重要元件。这些序列有的在肽链的 N 端，有的在 C 端，有的在肽链内部，有的输送完成后切除，有的保留。

多数靶向输送到细胞外的蛋白质肽链的 N 端一般都有一段保守的氨基酸序列，这些序列称为信号肽（signal peptide）。常见的信号肽由 13~36 个氨基酸残基组成。分泌型蛋白质的靶向输送就是靠信号肽与细胞质中的信号识别颗粒（SRP）识别并特异结合，再通过 SRP 与膜上的对接蛋白识别并结合后，将所携带的蛋白质输送出细胞。

第四节　基因表达调控

20 世纪 50 年代末遗传学中心法则提出后，科学家们一直在研究遗传信息的传递与表达是如何被调控的，直到 1961 年雅各布（F. Jacob）和莫诺（J. Monod）提出了操纵子学说，从而开创了基因表达调控研究的新纪元。通过对基因表达调控的研究，能够解释在特定细胞状态下基因表达是通过何种方式调控的，表达的产物对细胞的生理活动又有哪些影响，因此对基因表达调控的研究是揭示生命奥秘不可或缺的重要内容。

一、基因表达概述

基因表达（gene expression）是指细胞将储存于 DNA 中的遗传信息经过转录以及翻译过程转变为具有生物学功能分子的过程。所有生物体的基因表达都具有严格的时间特异性和空间特异性。基因表达调控是指在基因表达的不同阶段控制基因表达的速率和产量的过程，可以发生在遗传信息传递过程的任何环节，但是转录起始的调节对基因表达调控起着十分重要的作用。

基因表达是一个非常复杂的过程，尤其在高等动物体内基因表达的精确调控具有重要的意义，是生物体适应环境以及维持生长的重要分子机制，对于认识生命以及疾病发生机制有着广泛的生物学意义。

1. 适应内外环境的变化　生物体所处的环境是不断变化的，生物体必须对环境的变化作出适当的反应，以便生物体更好地适应变化的环境。这种适应通常是通过调节生物体内基因表达的速率和产量实现的。例如，经常饮酒者体内的醇脱氢酶或醛脱氢酶活性较高。

2. 维持细胞分化与生长发育　在多细胞生物生长发育的不同阶段，对细胞中的蛋白质种类和含量的要求不同，而且即使在同一生长发育阶段，不同组织器官内的蛋白质分子也存在很大的差异。为了适应这种需求，生物体会通过基因表达调控对基因表达作出适当的调整。

二、原核生物基因表达调控

原核生物大多是单细胞生物，没有细胞核，基因组由一条环状双链 DNA 组成，通常由几个功能相关的结构基因紧密串联在一起，其表达受到同一调控系统的调控。

（一）操纵子是原核基因表达调控的基本单位

原核生物大多数基因表达调控是通过操纵子机制实现的。操纵子（operon）由结构基因与调控序列组成。结构基因通常包括数个功能上有关联的基因，它们串联排列共同构成编码区。调控序列包括启动子、操纵序列以及调节基因。其中启动子是 RNA 聚合酶识别与结合的部位，是决定基因表达效率的关键元件。操纵序列是一段可以被阻遏蛋白识别与结合的 DNA 序列。调节基因是能够与操纵序列结合的调控蛋白，是阻遏蛋白或调节蛋白的编码基因。

> **知识链接**
>
> #### 操纵子的发现
>
> 　　1961 年，雅各布和莫诺对大肠埃希菌酶产生的诱导和阻遏现象进行研究后，提出了操纵子学说。操纵子是指细菌表达和调控的单位，包括结构基因、调节基因和操纵基因。

（二）乳糖操纵子的结构及其调控机制

1. 乳糖操纵子的结构　大肠埃希菌乳糖操纵子（lac operon）参与细菌乳糖分解代谢相关的三个酶基因的表达调控。乳糖操纵子含有 Z、Y、A 三个结构基因，分别编码 β- 半乳糖苷酶（β-galactosidase）、通透酶（permease）和乙酰转移酶（acetyltransferase）；乳糖操纵子的调控区包括调节基因（inhibitor，I）、启动子（promoter，P）和操纵序列（operator，O），以及启动子上游的一个分解代谢物基因激活蛋白质（catabolite gene activator protein，CAP）结合位点。其中，调控序列中的 P 和 O 是两个关键的调控点，可以称为两个调控开关。

2. 乳糖操纵子的调控受到阻遏蛋白和 CAP 的双重调节

（1）**阻遏蛋白的负调节机制**：乳糖操纵子的表达受到环境中乳糖的调控。当环境中没有乳糖时，阻遏蛋白与 O 序列结合，进一步阻碍 RNA 聚合酶与 P 序列结合，抑制转录启动。当环境中有乳糖存在时，乳糖在少量 β- 半乳糖苷酶催化下生成半乳糖，半乳糖可以与阻遏蛋白结合，使得阻遏蛋白分子构象发生变化，不能与 O 序列发生结合，RNA 聚合酶能顺利结合 P 序列并启动下游基因的转录，翻译出三种结构基因编码的产物。乳糖操纵子的结构与阻遏蛋白的负调控见图 10-17。

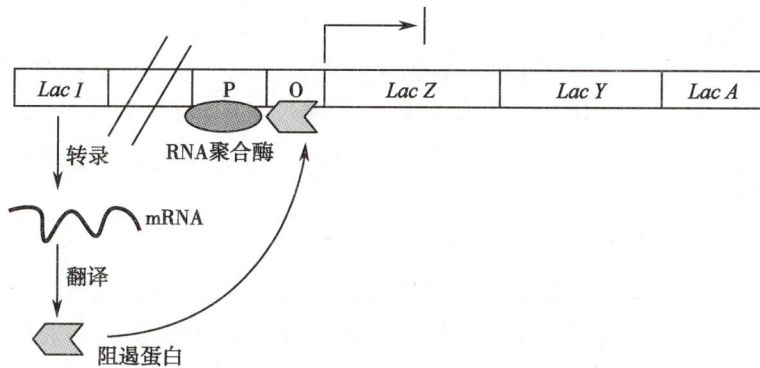

a. 环境中没有诱导物，Lac i 编码阻遏蛋白结合于操纵基因上

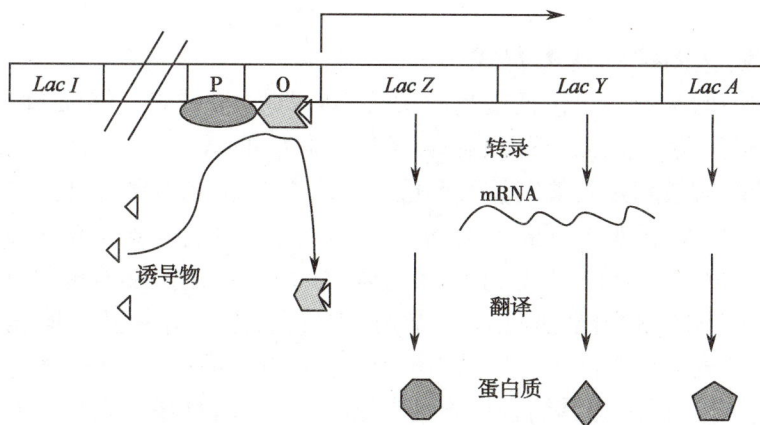

b. 环境中存在诱导物，诱导物与阻遏蛋白结合改变其构象，从操纵基因上脱落，代谢乳糖的基因得以表达

图 10-17　乳糖操纵子的结构与阻遏蛋白的负调控

（2）**CAP 的正调控机制**：乳糖操纵子不仅受到阻遏蛋白的负调控，也受到 CAP 的正调控（图 10-18）。CAP 是同二聚体，分子内部有 DNA 结合区以及 cAMP 结合位点。环境中葡萄糖的浓度决定细菌的 cAMP 的浓度。当环境中有葡萄糖存在时，cAMP 的浓度降低，cAMP 与 CAP 的结合受阻，乳糖操纵子的表达下降；当环境缺乏葡萄糖时，cAMP 的浓度增加，并形成 cAMP-CAP 复合物，这时 CAP 结合在 CAP 结合位点，促进 RNA 聚合酶的转录活性，可使之提高近 50 倍。

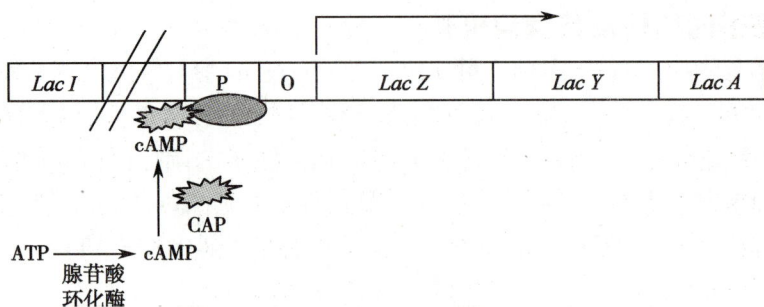

图 10-18　CAP 对乳糖操纵子的正调节

三、真核生物基因表达调控

真核生物基因表达调控远远比原核生物基因表达调控复杂得多，其表达调控是在多级水平上进行的，包括转录前、转录、转录后、翻译和翻译后，属于多级调控系统，其中转录起始仍然是非常重要的调控环节。

（一）真核基因的结构特点

真核基因是断裂基因，由编码序列和非编码序列共同组成。其编码序列被非编码序列间隔开来，呈不连续方式排列，因此真核基因又称断裂基因。真核基因的转录单位一般由一个结构基因以及调控序列组成。调控序列主要包括启动子（promoter）、增强子（enhancer）等顺式作用元件，启动子一般位于基因的上游。

（二）真核基因表达的特点

真核生物的基因表达具有以下特点：①真核基因组比原核基因组大得多；②原核基因组的大部分序列是编码序列，而真核基因组大约只有 10% 的序列为编码序列；③真核生物编码蛋白质的基因是不连续的，转录后需要进行剪接；④真核生物的 DNA 在细胞核内可以与多种蛋白质相结合，形成染色质，进而影响基因的表达；⑤真核生物的遗传信息不仅存在于核 DNA 上，有的还存在于线粒体 DNA 上。

（三）真核基因表达调控的基本方式

真核基因表达调控的基本方式包括染色质激活、转录起始、转录后修饰、翻译起始以及翻译后修饰等，转录起始的调控最为重要。下面简单介绍转录起始的调控。

1. 顺式作用元件是转录起始的关键调节部位　绝大多数真核生物基因表达调控的机制几乎都涉及编码基因两侧的 DNA 序列，即顺式作用元件。顺式作用元件（cis-acting element）是指能影响基因表达活性的 DNA 序列，但并非都位于转录起始点的上游，按照功能可以分为启动子、增强子和沉默子等。启动子是 RNA 聚合酶进行有效转录所必需的顺式作用元件；增强子是能够促进基因转录以及转录效率的顺式作用元件，一般可以使旁侧基因的转录效率提高 100 倍甚至更多；沉默子是一类基因表达的负调控元件，当其结合特异结合蛋白时，可以对基因的转录起到阻遏作用。

2. 反式作用因子是转录调控的关键分子　反式作用因子（trans-acting factor）是指直接或间接识别与顺式作用元件相互作用的蛋白质，从而参与调节目的基因的转录。反式作用因子可以通过影响 RNA 聚合酶的活性调节基因的转录，因此基因在转录水平上的调控实际上是通过顺式作用元件和反式作用因子的相互作用实现的。反式作用因子根据功能特性可以分为通用转录因子和特异转录因子两大类。通用转录因子是 RNA 聚合酶结合启动子所必需的蛋白质，如 TFⅡA、TFⅡB、TFⅡD、TFⅡE、TFⅡF 和 TFⅡH。特异转录因子是指个别基因转录时所需要的蛋白质因子，决定该基因表达的时间、空间特异性。有的转录因子起转录激活作用，称为转录激活因子；有的转录因子起转录抑制作用，称为转录抑制因子。

3. 基因表达调控模式 DNA 元件与调节蛋白对转录激活的调节是通过 RNA 聚合酶活性体现的，其中最关键的环节是转录起始复合物的形成，在此过程中除了 RNA 聚合酶外，还需要很多转录因子的协同作用才能完成。真核生物的 RNA 聚合酶Ⅱ并不能单独识别和结合启动子，而是先由特异的 TAF 与 TBP 结合形成复合物，识别并与特定基因的启动子结合，TFⅡA 再结合到此复合物上，TAF 对组装的抑制作用解除，然后 TFⅡB、TFⅡF/RNA 聚合酶Ⅱ、TFⅡE、TFⅡH 和 TFⅡJ 等依次结合，形成转录前起始复合物的组装。同时，在迂回折叠的 DNA 构象中，结合了增强子的转录激活因子与转录前起始复合物接近，最终形成转录起始复合物（图 10-19）。

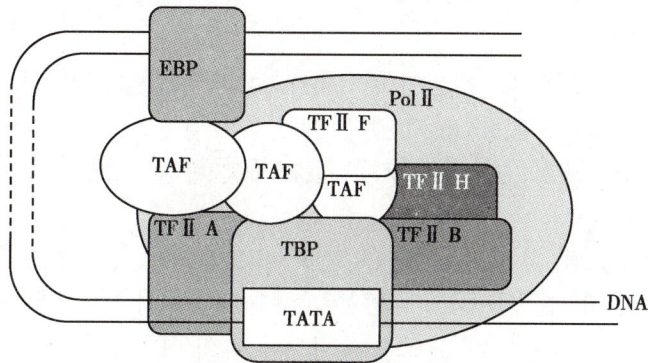

图 10-19 转录起始复合物的形成

思考题

1. DNA 复制需具备哪些条件？试述 DNA 的复制过程。

2. 比较复制和转录过程的异同点。

3. 如何理解基因的概念？

4. 如果下面的 DNA 双链从右向左进行转录，请思考：①哪条是模板链？②产生什么样的 mRNA 顺序？③mRNA 顺序和 DNA 的编码链顺序之间的信息关系是怎样的？

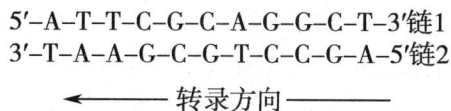

5′–A–T–T–C–G–C–A–G–G–C–T–3′链1
3′–T–A–A–G–C–G–T–C–C–G–A–5′链2

———— 转录方向 ————

ER 10-3

练习题

5. 请运用本章所学知识，简述镰状细胞贫血的发病机制。

（向俊蓓）

第十一章 | 肝与血液的生化

ER 11-1  教学课件　　ER 11-2  思维导图

学习目标

1. 掌握：肝在糖、脂质、蛋白质代谢中的作用；生物转化的影响因素及生理意义；胆汁酸的肠肝循环及胆汁酸的功能；胆色素的概念及代谢。

2. 熟悉：肝在维生素、激素代谢中的作用；生物转化的概念及特点；血红素合成的原料及生成部位；红细胞代谢。

3. 了解：生物转化的反应类型；胆汁酸的生成；白细胞和血小板代谢。

4. 能够运用肝与血液的生化知识分析解释黄疸等疾病的生化机制，指导相关患者的营养膳食。

5. 具有合理用药观念和尊重患者的职业精神。

第一节　肝的生化

肝是人体内最重要的器官之一，具有非常重要的生理功能，不仅在糖、脂质、蛋白质、维生素、激素代谢中发挥着重要作用，同时与生物转化、胆汁酸代谢、红细胞代谢等也有着密切的联系。肝独特的形态结构以及化学组成决定其生理功能复杂多变。第一，肝具有"双入双出"的供排结构，即来自肝动脉和门静脉的双重血液供应以及肝静脉和胆道的双重排泄通道。第二，肝具有发达的血窦，血窦内血流速度较缓慢，有利于进行物质交换。第三，肝细胞内线粒体、微粒体、内质网、溶酶体等细胞器含量高。第四，肝内各种酶种类丰富、数量众多，其中有些酶是肝所特有的。这些特点决定了肝在体内物质代谢过程中发挥着重要作用，被称为体内的"物质代谢中枢"。一旦肝脏受损，体内物质代谢就会发生紊乱，进而导致疾病的发生发展。因此，肝结构和功能的完整和正常是保障人体健康的重要前提。

一、肝在物质代谢中的作用

（一）肝在糖代谢中的作用

肝是维持血糖浓度稳定的主要器官，通过糖原的合成与分解、糖异生作用，确保全身各组织特别是大脑与红细胞的能量供应。

在饱食状态下，血糖浓度升高，肝细胞迅速摄取葡萄糖大量合成肝糖原储存于肝内。肝糖原储存总量可达75~100g，约占肝重的5%。此外，肝还可将过多的糖转变为脂肪。

空腹或饥饿早期，血糖浓度下降，肝糖原被迅速分解为葡萄糖并释放入血补充血糖。饥饿超过十几小时后，储存的肝糖原被消耗殆尽，肝可通过糖异生作用将非糖物质转变为葡萄糖补充血糖。空腹24~48小时后，糖异生可达最大峰值。此外，肝也可将果糖和半乳糖转化为葡萄糖。

肝也是进行戊糖磷酸途径的重要器官，为生物转化作用提供丰富的供氢体NADPH。

任何原因导致的肝功能损伤均可导致肝糖原的合成与分解速度降低、糖异生作用变慢，从而导

致血糖浓度不能维持在正常水平。当一次性大量摄入葡萄糖时，机体易出现一过性血糖升高；长期空腹或饥饿时极易发生低血糖甚至休克。

（二）肝在脂质代谢中的作用

肝在脂质的消化、吸收、运输、合成与分解等代谢过程中均发挥着极其重要的作用。

1. 合成并分泌胆汁酸　胆汁酸是胆汁的主要成分，可乳化食物中的脂质及脂溶性维生素，有利于机体对脂质的消化吸收。肝胆疾病患者由于肝分泌胆汁能力下降、胆管阻塞等原因，可出现脂质消化不良，产生厌油腻、脂肪泻及维生素缺乏等。

2. 参与脂肪的代谢　外源性甘油三酯可在肝内进行同化作用，转变成人体自身的脂肪，并运送到脂肪组织储存。同时，肝细胞富含促进脂肪酸 β- 氧化、合成酮体及脂肪酸的多种酶，是脂肪酸进行 β- 氧化和脂肪酸合成的最主要场所，也是生成酮体的唯一器官。酮体是肝向肝外组织输出能源的一种形式。饥饿时，酮体是为大脑供能的主要能源形式，可占大脑能量供应的 60%~70%。

3. 参与磷脂的代谢　肝利用糖或某些氨基酸合成脂肪、胆固醇和磷脂，并以 VLDL、HDL 的形式分泌入血。磷脂是构成生物膜的重要成分，又是血浆脂蛋白的组成成分之一。肝功能受损或磷脂合成障碍会直接影响 VLDL 的代谢，导致脂肪在肝内堆积，形成脂肪肝。脂肪肝多见于内分泌疾病。糖尿病患者的肝细胞常有不同程度的脂肪堆积，临床治疗上常用甲硫氨酸或胆碱促进磷脂合成，可有效防止脂肪肝的发生。

> **知识拓展**
>
> #### 酒精性脂肪肝
>
> 酒精性脂肪肝是由于长期大量饮酒导致的肝脏疾病，患者一般有超过 5 年的长期饮酒史。酒精性脂肪肝的临床表现以肝大为最常见体征，其次为肝区痛及压痛，少数患者可有轻度黄疸，重症患者可见腹水和下肢水肿，偶见脾大。戒酒是治疗酒精性脂肪肝的最重要措施，在戒酒的同时进行良好的营养支持十分重要。如转氨酶升高，可采用药物治疗。酒精性脂肪肝患者多数预后良好，在戒酒和治疗后肝内脂肪减少，轻者数月后消失，重者一到两年消失。

4. 参与胆固醇代谢　肝是合成胆固醇最活跃的器官，其合成量占全身总合成量的 3/4 以上。肝是合成和分泌胆汁酸的唯一器官，是体内胆固醇代谢的主要去路。此外，肝分泌的卵磷脂胆固醇酰基转移酶（LCAT）在胆固醇的酯化中起到重要作用。肝严重受损时，胆固醇合成量减少，胆固醇酯也明显降低，测定血清胆固醇酯是临床判定肝损伤程度的指标之一。

（三）肝在蛋白质代谢中的作用

肝在人体蛋白质的分泌、合成、分解及氨基酸代谢中起重要作用。

1. 合成和分泌蛋白质　肝合成蛋白质的功能非常活跃，90% 以上的血浆蛋白质由肝细胞合成和分泌，如全部清蛋白、凝血酶原、纤维蛋白原、多种载脂蛋白等，在维持血压稳定、血液凝固、维持血浆胶体渗透压、调节物质代谢等方面具有重要作用。当肝功能严重损害时，蛋白质合成减少，尤其是清蛋白减少最为明显，可使血浆胶体渗透压降低，导致水分在组织或皮下滞留。

> **知识链接**
>
> #### 清蛋白 / 球蛋白比值与肝病的关系
>
> 正常人血浆总蛋白含量为 60~80g/L，其中清蛋白（A）含量最多，为 35~55g/L，球蛋白（G）为 20~30g/L。清蛋白 / 球蛋白比值（A/G）正常为（1.5~2.5）∶1。清蛋白主要在肝脏内合成。当

肝功能严重障碍时，清蛋白合成减少，A/G下降甚至倒置（A/G<1），导致血浆胶体渗透压降低，会产生腹腔积液、胸腔积液和皮下水肿。因此，A/G可作为临床上诊断严重肝细胞损伤的重要指标。

2. 参与氨基酸代谢　肝内参与氨基酸代谢的酶十分丰富，脱氨基、转氨基、脱羧基、脱硫、转甲基等反应十分活跃。肝可以分解和转化除支链氨基酸（亮氨酸、异亮氨酸、缬氨酸）以外的大多数氨基酸。丙氨酸转氨酶（ALT）是胞内酶，在正常情况下在血液中活性很低，当肝细胞受损时ALT大量进入血液，测定血清ALT活性可作为判断肝细胞是否损伤的依据。

3. 解氨毒和转化胺类　体内各种途径产生的氨均可在肝内通过鸟氨酸循环转化为无毒的尿素，从而达到解氨毒的作用。此外，肠道细菌腐败作用产生的胺类等有害物质也主要在肝细胞完成生物转化。

（四）肝在激素代谢中的作用

在正常情况下，体内许多激素发挥作用后主要在肝进行代谢转化和降解，使其活性减弱或丧失，这一过程称为激素的灭活。如胰岛素、性激素、醛固酮、抗利尿激素等均在肝内灭活，灭活后的产物多从尿中排出。

严重肝病时，肝的转化作用减弱，对激素的灭活能力下降，使某些激素产生蓄积现象，从而引发代谢紊乱，进而产生某些病理现象。如胰岛素水平升高，导致低血糖；醛固酮水平升高，导致肾小管对Na^+、Cl^-、H_2O的重吸收增加，引起水、钠潴留；雌激素水平升高，可出现肝掌、蜘蛛痣、男性乳房女性化等临床表征。

（五）肝在维生素代谢中的作用

肝在维生素代谢中发挥着重要作用，多种维生素的吸收、储存、转化和运输等都与肝有关。肝合成和分泌的胆汁酸可促进脂溶性维生素的吸收。维生素A、维生素K以及B族维生素主要在肝中储存，其中维生素A最为丰富。多种维生素在肝内完成活化过程才能作为辅酶参与物质代谢，如全反式视黄醇转变为11-顺视黄醇，维生素D_3羟化成$1,25-(OH)_2D_3$，维生素PP转化为NAD^+、$NADP^+$等，均在肝细胞中进行，这对机体的物质代谢起着重要的作用。运输维生素A所需的视黄醇结合蛋白也是由肝生成的。因此，肝胆系统疾病时，肠道对脂溶性维生素的吸收与转化减少，易导致维生素缺乏症的出现。

二、肝的生物转化作用

（一）生物转化的概念

机体内既不参与构成组织细胞又不能氧化供能的物质称为非营养物质。体内不可避免地存在许多非营养物质，须及时排出体外。体内非营养物质按来源可分为外源性和内源性两大类。外源性非营养物质主要包括药物、防腐剂、色素、香精、环境污染物、毒物等。内源性非营养物质主要包括体内代谢产生的各种生物活性物质，如氨、胺类、胆色素、激素、神经递质等。机体对非营养物质进行代谢，使其极性增加、水溶性增强、易于排出体外的过程称为生物转化（biotransformation），这种过程主要在肝进行。

（二）生物转化的反应类型

肝内进行的生物转化反应通常分为两种类型，即第一相反应和第二相反应，都需要多种酶催化。

1. 第一相反应　第一相反应包括氧化、还原和水解反应。多种非营养物质经第一相反应后极性增强，水溶性增加，易于排出体外。

（1）氧化反应：是生物转化中最常见的反应类型。肝细胞的细胞质、线粒体及微粒体含有各种不同的氧化酶系，包括单加氧酶系、单胺氧化酶和脱氢酶系等。

1）单加氧酶系：在肝细胞的微粒体中含量较多，催化多种脂溶性物质。单加氧酶系催化氧分子中的一个氧原子加入到底物分子中，而另一个氧原子被 NADPH 还原为水分子。该酶最重要的作用是将药物和毒物代谢转化，同时也参与维生素 D_3 的羟化、肾上腺皮质激素、性激素及胆汁酸盐代谢转化过程中的羟化作用，其催化的反应通式为：

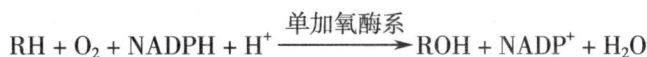

$$RH + O_2 + NADPH + H^+ \xrightarrow{\text{单加氧酶系}} ROH + NADP^+ + H_2O$$

2）单胺氧化酶：位于肝细胞的线粒体中，其辅因子是 FAD，可催化各种胺类物质，如致幻药麦司卡林、抗疟药伯氨喹、组胺、尸胺、酪胺、5- 羟色胺、儿茶酚胺等，氧化脱氨基生成相应的醛，再进一步氧化为酸，最终生成 CO_2 和 H_2O，其催化的反应通式为：

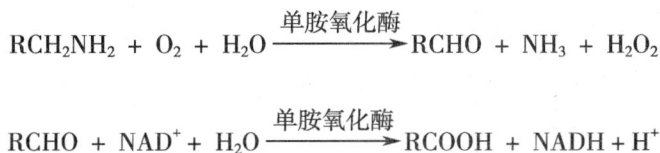

$$RCH_2NH_2 + O_2 + H_2O \xrightarrow{\text{单胺氧化酶}} RCHO + NH_3 + H_2O_2$$

$$RCHO + NAD^+ + H_2O \xrightarrow{\text{单胺氧化酶}} RCOOH + NADH + H^+$$

3）脱氢酶系：主要包括醇脱氢酶（ADH）和醛脱氢酶（ALDH），均以 NAD^+ 为辅因子，存在于肝细胞的细胞质和微粒体中。ADH 的作用是将体内的醇类氧化成醛，ALDH 的作用是将醛氧化成酸，其催化反应的通式为：

$$RCH_2OH \xrightarrow{\text{醇脱氢酶}} RCHO \xrightarrow{\text{醛脱氢酶}} RCOOH$$

（2）还原反应：肝细胞微粒体中含有硝基还原酶和偶氮还原酶，可使硝基化合物和偶氮化合物还原，反应由 NADPH 提供氢，产物是胺类。硝基还原酶催化硝基化合物还原，如氯霉素被还原为氨基氯霉素而失效。

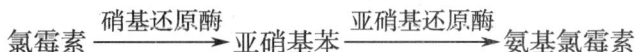

$$\text{氯霉素} \xrightarrow{\text{硝基还原酶}} \text{亚硝基苯} \xrightarrow{\text{亚硝基还原酶}} \text{氨基氯霉素}$$

许多食品防腐剂、化妆品、染料、食品色素、杀虫剂都是偶氮化合物，可被偶氮还原酶分解为胺。

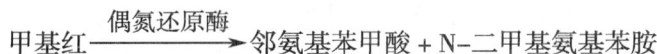

$$\text{甲基红} \xrightarrow{\text{偶氮还原酶}} \text{邻氨基苯甲酸} + \text{N–二甲基氨基苯胺}$$

（3）水解反应：肝细胞的细胞质和微粒体中含有多种水解酶类，如酯酶、酰胺酶和糖苷酶等，可催化酯类、酰胺类及糖苷类化合物水解。例如，酯酶可催化乙酰水杨酸（阿司匹林）以及普鲁卡因水解。

$$\text{乙酰水杨酸} \xrightarrow{\text{酯酶}} \text{乙酸} + \text{水杨酸}$$

2. 第二相反应　第二相反应主要是结合反应。未经过或已经过第一相反应、但溶解度仍较小的非营养物质，可继续进行结合反应，进一步增加极性，增大溶解度，以利于排出体外。

结合反应是体内最重要的生物转化方式。凡含有羟基、羧基或氨基等基团的非营养物质均可与葡萄糖醛酸、硫酸、乙酰基、谷胱甘肽、甘氨酸和甲基等结合物或基团发生结合反应，其中以葡萄糖醛酸结合反应最为多见。

（1）葡萄糖醛酸结合反应：是结合反应中最常见且最重要的反应类型。肝细胞微粒体中含有的葡萄糖醛酸基转移酶以尿苷二磷酸葡萄糖醛酸（uridine diphosphate glucuronic acid, UDPGA）为供体，催化葡萄糖醛酸基转移到含有羟基、巯基、羧基或氨基的非营养物质上，生成相应的葡萄糖醛酸苷。例如，胆红素、吗啡、苯巴比妥等均可在肝与葡萄糖醛酸结合，水溶性增加，从而易随尿和胆汁排出。临床上用葡醛内酯等葡萄糖醛酸类制剂治疗肝病，其原理就是增强肝的生物转化能力。

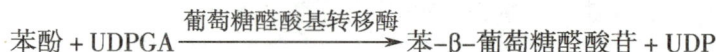

$$\text{苯酚 + UDPGA} \xrightarrow{\text{葡萄糖醛酸基转移酶}} \text{苯-β-葡萄糖醛酸苷 + UDP}$$

（2）**硫酸结合反应**：3′-磷酸腺苷-5′-磷酰硫酸（PAPS）是活性硫酸的供体，由无机硫酸和 ATP 生成。在硫酸基转移酶催化下，醇、酚、芳香胺类化合物及类固醇物质均可作为硫酸结合的底物。如雌酮在肝内与硫酸结合生成硫酸酯而失活。反应式如下：

$$\text{雌酮 + PAPS} \xrightarrow{\text{硫酸基转移酶}} \text{雌酮硫酸酯 + 3′-磷酸腺苷-5′-磷酸}$$

（3）**乙酰基结合反应**：乙酰基的直接供体是乙酰 CoA。肝细胞内含有的乙酰基转移酶可催化乙酰基结合反应，生成乙酰化合物。乙酰基结合反应是各种芳香胺的重要代谢途径，如抗结核病药物异烟肼和大部分磺胺类药物都是通过这种方式被灭活。

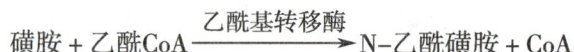

$$\text{磺胺 + 乙酰CoA} \xrightarrow{\text{乙酰基转移酶}} \text{N-乙酰磺胺 + CoA}$$

但应指出的是，磺胺类药物经乙酰基结合反应后，其溶解度不升反降，在酸性尿中易于析出，故在服用磺胺类药物时应服用适量碳酸氢钠，以提高其溶解度，利于随尿排出。

（4）**谷胱甘肽结合反应**：在肝细胞质中的谷胱甘肽 S-转移酶催化下，谷胱甘肽与许多有毒的卤代化合物或环氧化物结合，生成含谷胱甘肽的结合产物，参与对环境污染物、抗肿瘤药物、致癌物等的生物转化，降低这些物质对细胞的损伤。

（5）**甲基结合反应**：甲基的直接供体是 S-腺苷甲硫氨酸（SAM）。肝细胞质及微粒体中的甲基化酶可将甲基从 SAM 转移到被结合物的羟基、疏基或氨基上，生成相应的甲基衍生物。体内一些胺类生物活性物质和药物就是通过与甲基结合而被灭活。

$$\text{R-NH}_2 \text{ + SAM} \xrightarrow{\text{甲基转移酶}} \text{R-NH-CH}_3 \text{ + S-腺苷同型半胱氨酸}$$

（6）**甘氨酸结合反应**：甘氨酸在肝细胞线粒体酰基转移酶的催化下，可与含羧基的外来化合物结合。游离胆汁酸向结合胆汁酸的转变即属于此类反应。

（三）生物转化的特点

1. 反应过程的连续性　少数非营养物质经过第一相反应即可排出体外，但多数非营养物质经第一相反应之后还需要进行第二相反应，才能达到极性增强的程度，最终排出体外。例如，乙酰水杨酸先进行水解，再进行羟化，最后与葡萄糖醛酸结合，排出体外。

2. 反应类型的多样性　某些非营养物质在生物转化过程中可进行多种类型的反应。如乙酰水杨酸可以经过水解反应生成水杨酸，又可与葡萄糖醛酸或甘氨酸发生结合反应。

3. "解毒致毒"双重性　大部分有毒物质经生物转化后毒性降低，但有些物质经生物转化后由无毒转变为有毒或毒性增强，因此生物转化作用具有解毒和致毒的双重性。

（四）生物转化的意义

生物转化的生理意义主要体现在两个方面：一是可以增加非营养物质的水溶性，使之容易排出体外；二是可以使体内有些非营养物质的生物活性降低或丧失，使有毒物质的毒性减低或消除。必须指出的是，生物转化具有解毒与致毒双重性，有些物质经生物转化后毒性增加或水溶性下降，反而不易排出体外。有些药物如苯丙酰胺、水合氯醛等需经生物转化才能产生药理活性，所以不能将肝的生物转化作用简单看作是解毒作用。

（五）影响生物转化的因素

肝的生物转化作用存在着个体差异,常受年龄、性别、疾病、诱导物、肝功能及遗传等诸多因素的影响。

1. 年龄因素 新生儿肝中参与生物转化的酶系发育不完善,对非营养物质转化能力不足,易发生药物中毒,如氯霉素中毒所致的灰婴综合征。老年人由于器官功能退化,生物转化能力下降,对许多药物的耐受下降,易出现中毒现象。因此,儿童和老年人用药剂量需严格控制。

2. 疾病因素 肝炎、肝硬化等严重肝病时,生物转化酶合成量减少,尤其是单加氧酶系可下降50%,尿苷二磷酸葡萄糖醛酸转移酶的活性降低,再加上肝血流量减少,患者对药物及毒物的转化能力明显下降,易蓄积中毒,故肝病患者用药应特别谨慎。

3. 诱导物因素 一些药物可诱导生物转化相关酶的合成,长期服用可以产生耐药性。例如,长期服用苯巴比妥,可诱导肝微粒体混合功能氧化酶的合成,使机体对药物的转化能力增强,从而产生耐药。苯巴比妥还可以诱导微粒体尿苷二磷酸葡萄糖醛酸转移酶的合成,加速游离胆红素转化成直接胆红素,临床上可用于治疗新生儿黄疸。

4. 性别与遗传因素 遗传变异可引起种群或个体之间存在生物转化酶类的多态性,从而造成酶活性丧失,影响对非营养物质的代谢转变,增加其危险性。某些生物转化反应有明显的性别差异,如男性对乙醇及氨基比林的转化能力明显弱于女性。

三、胆汁酸的代谢

（一）胆汁

胆汁(bile)是肝细胞分泌的一种液体,正常人每日分泌量为300~700ml。肝脏分泌的胆汁称为肝胆汁,金黄色,有苦味。肝胆汁进入胆囊后浓缩成棕绿色的胆囊胆汁。

胆汁中的主要成分胆汁酸以钠盐或钾盐的形式存在,称为胆汁酸盐,简称胆盐(bile salt),约占固体成分的50%。胆汁中还含有多种酶类及其他排泄物,如进入人体的重金属盐、药物、毒物、染料等,均可随胆汁排出。因此,胆汁既是消化液,也是排泄液。

（二）胆汁酸的分类

胆汁酸按结构可分为游离胆汁酸(free bile acid)和结合胆汁酸(conjugated bile acid)两类,胆汁中的胆汁酸以结合胆汁酸为主。胆汁酸按来源又可分为初级胆汁酸(primary bile acid)和次级胆汁酸(secondary bile acid),两者都有游离型和结合型两种形式。胆汁酸的分类见表11-1。

表 11-1　胆汁酸的分类

按来源分类	按结构分类	
	游离型	结合型
初级胆汁酸	胆酸　鹅脱氧胆酸	甘氨胆酸　甘氨鹅脱氧胆酸 牛磺胆酸　牛磺鹅脱氧胆酸
次级胆汁酸	脱氧胆酸　石胆酸	甘氨脱氧胆酸　牛磺脱氧胆酸

（三）胆汁酸的生成

1. 初级胆汁酸的生成

(1)**游离胆汁酸的生成**:胆汁酸是胆固醇代谢的主要终产物,正常人每天合成胆固醇1~1.5g,约占总量2/5的胆固醇在肝中转变成胆汁酸。在肝细胞的微粒体及细胞质中,胆固醇首先经7α-羟化酶催化生成7α-羟胆固醇,然后经羟化、氧化、异构、还原、侧链修饰等一系列酶促反应,逐步生成初级游离胆汁酸,即胆酸和鹅脱氧胆酸。

(2)结合胆汁酸的生成：胆酸和鹅脱氧胆酸分别与甘氨酸、牛磺酸结合，形成结合型初级胆汁酸，包括甘氨胆酸、甘氨鹅脱氧胆酸、牛磺胆酸、牛磺鹅脱氧胆酸（图11-1）。

7α-羟化酶是胆汁酸合成的关键酶，受肠道重吸收的胆汁酸反馈抑制。如口服考来烯胺或进食大量纤维素食物可以使肠道胆汁酸重吸收减少，胆汁酸对7α-羟化酶的反馈抑制减弱，有利于肝内胆固醇转化为胆汁酸，从而降低血胆固醇含量。

胆汁中的胆汁酸以结合胆汁酸为主，其中甘氨胆汁酸与牛磺胆汁酸的含量比值为（2~3）：1。

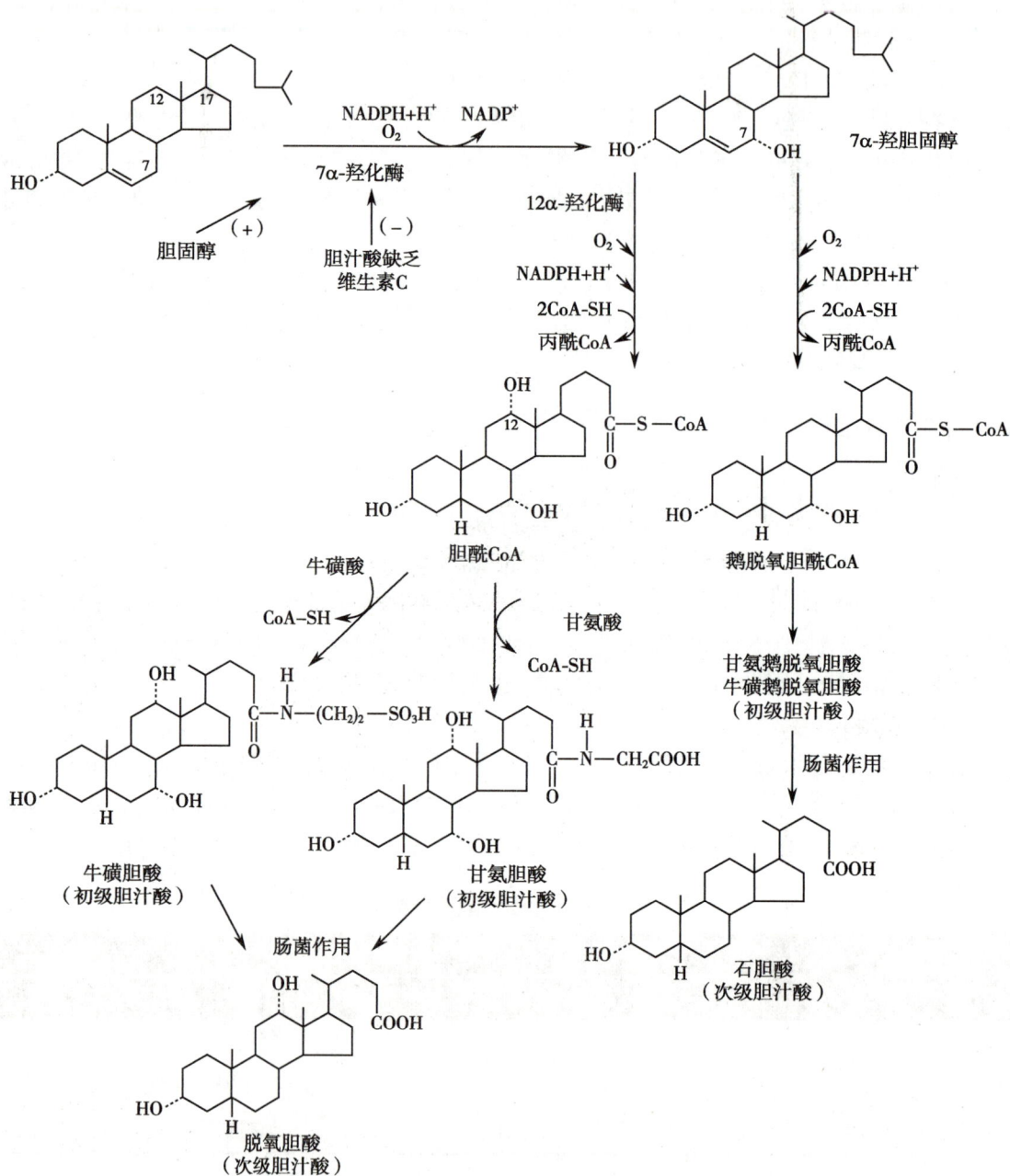

图11-1　胆汁酸的合成与降解

2. 次级胆汁酸的生成　初级结合胆汁酸通过胆总管随胆汁排入肠道，在回肠和结肠上段经细菌作用，水解脱去甘氨酸或牛磺酸后重新生成初级游离胆汁酸，后者经脱7α-羟基反应，生成游离型次级胆汁酸，即胆酸生成脱氧胆酸、鹅脱氧胆酸生成石胆酸。石胆酸溶解度小，不再与甘氨酸或牛磺酸结合，而脱氧胆酸可与两者结合，生成次级结合胆汁酸。

（四）胆汁酸的肠肝循环

胆汁酸以胆汁酸盐的形式随胆汁排入肠道后，在消化吸收脂质的同时，约 95% 以上的胆汁酸可被肠黏膜细胞重吸收，其余随粪便排出。胆汁酸的重吸收方式有两种：一是结合胆汁酸在回肠部以主动重吸收方式，经门静脉回到肝；二是游离胆汁酸在肠道各部以被动重吸收的辅助方式，亦经门静脉入肝。肝细胞将重吸收的游离胆汁酸转变为结合胆汁酸。重吸收和新合成的结合胆汁酸再随胆汁分泌到肠道，这一过程称为胆汁酸肠肝循环（enterohepatic circulation of bile acid）（图 11-2）。

肝每天合成胆汁酸的量仅为 0.4~0.6g，难以满足小肠内脂质乳化的需要。因此，通过每日 6~12 次胆汁酸肠肝循环，可以使有限的胆汁酸反复利用，弥补肝合成胆汁酸的不足，有利于脂质的消化与吸收。此外，胆汁酸重吸收也有助于胆汁的分泌，维持胆汁中的胆汁酸与胆固醇比例恒定，不易形成胆结石。

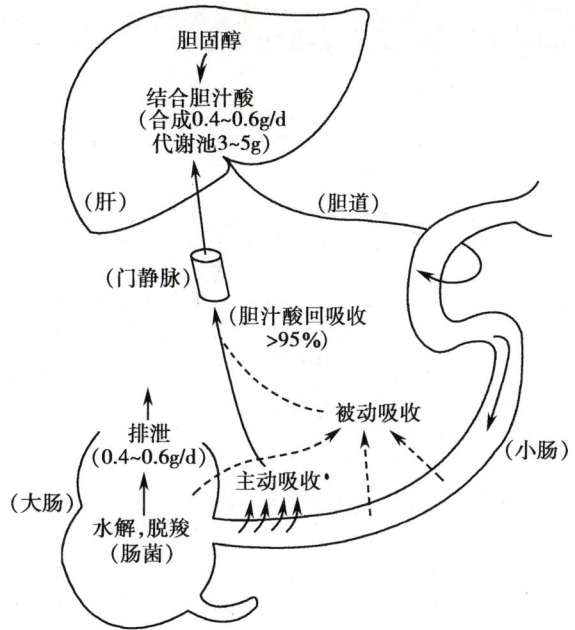

图 11-2　胆汁酸的肠肝循环

（五）胆汁酸的生理功能

1. 促进脂质的消化吸收　胆汁酸是较强的乳化剂，其分子结构中具有亲水和疏水两个侧面，使胆汁酸具有较强的界面活性，能降低油和水两相之间的表面张力，这种结构特性既有利于消化酶对脂肪的分解作用，又有利于脂质的吸收，也能促进机体对脂溶性维生素等营养物质的吸收，这是胆汁酸最重要的生理功能。

2. 抑制胆固醇的析出　胆汁中的胆汁酸盐对于保持胆固醇的溶解性具有重要的作用。胆汁酸盐与卵磷脂可使胆固醇乳化成可溶性微团，使胆固醇处于可溶解状态而抑制其析出。这种溶解状态取决于胆汁酸盐和卵磷脂与胆固醇的比值。若该比值小于 10∶1，则易引起胆固醇从胆汁中析出沉淀而形成结石。因此，维持胆囊中胆汁酸盐浓度，对于预防胆囊及胆道结石是极为重要的。临床上常用鹅脱氧胆酸治疗胆结石。

第二节　血液生化

正常人血液总量约占体重的 8%，由血浆和血细胞构成，血浆约占全血容积的 55%~60%，血细胞包括红细胞、白细胞和血小板。

一、血浆蛋白质的分类、性质与功能

（一）血浆蛋白质的分类

血浆中所有的蛋白质统称为血浆蛋白质，是血浆的主要固体成分。目前已知的血浆蛋白质有 500 多种，在血浆内的含量差别很大，多者达每升数十克，少者仅为每升数毫克甚至数微克。目前常用的分类方法是电泳分类法和生理功能分类法两种。

1. 电泳分类法　通常采用的乙酸纤维素膜电泳可将血浆蛋白质分为五条区带：清蛋白、α_1- 球蛋白、α_2- 球蛋白、β- 球蛋白和 γ- 球蛋白（表 11-2）。其中，清蛋白是血浆中主要的蛋白质，约占血浆总蛋白的 50%，肝每天合成清蛋白约 12g。

表 11-2 血浆蛋白质的分类

血浆蛋白质种类	生成部位	主要功能	正常含量（g/dl 血浆）
清蛋白	肝	维持渗透压、运输、营养	3.8~4.8
α-球蛋白（包括 α₁、α₂）	主要在肝	运输	1.5~3.0
β-球蛋白	大部分在肝	运输	
γ-球蛋白	主要在肝外	免疫	
纤维蛋白原	肝	凝血	0.2~0.4

2. 生理功能分类法　根据生理功能的不同，血浆蛋白质可分为凝血系统蛋白质、纤溶系统蛋白质、补体系统蛋白质、免疫球蛋白、脂蛋白、血浆蛋白质酶抑制剂、载体蛋白和其他未知功能的血浆蛋白质等。

（二）血浆蛋白质的特性

1. 绝大多数蛋白质由肝细胞合成，如清蛋白、纤维蛋白原和纤连蛋白等。其他少量蛋白质则是由其他组织细胞合成的，如 γ-球蛋白由浆细胞合成。

2. 除清蛋白外，血浆蛋白质几乎都是糖蛋白。糖蛋白中包含有携带生物学信息的寡糖链，在血浆蛋白质合成后的定向转移过程中发挥重要作用。

3. 每种血浆蛋白质都有各自特异的半衰期。例如，正常成人血浆清蛋白和触珠蛋白的半衰期分别为 20d 和 5d 左右。

4. 在急性炎症、组织损伤、心肌梗死、烧伤等情况下，血浆中某些蛋白质的浓度会发生明显改变，这些蛋白称为急性期蛋白。急性期蛋白的变化与疾病进程相关。例如，C 反应蛋白在炎症或组织损伤后 6~8h 迅速上升，最高可达正常值的数十至数百倍，在致病因素消除后，C 反应蛋白可很快恢复正常。因此，C 反应蛋白可用于某些临床疾病的早期诊断和鉴别诊断。

（三）血浆蛋白质的生理功能

血浆蛋白质种类繁多，其功能表现在诸多重要的方面。

1. 维持血浆胶体渗透压　虽然血浆胶体渗透压仅占血浆总渗透压的极小部分，但它对水在血管内外的分布起决定性作用。清蛋白是维持血浆胶体渗透压的主要物质。当清蛋白浓度过低时，血浆胶体渗透压下降，导致水分在组织间隙潴留，出现水肿。

2. 维持血浆正常的 pH　正常血浆的 pH 为 7.35~7.45。蛋白质是两性电解质，血浆蛋白质的等电点大部分在 pH 4.0~7.3 之间，血浆蛋白盐与相应蛋白质形成缓冲对，参与维持血浆正常的 pH。

3. 运输作用　血浆中含多种载脂蛋白，蛋白质分子的表面分布有众多的亲脂性结合位点，脂溶性物质可与之结合而被运输。

4. 免疫作用　免疫球蛋白是由浆细胞产生的一类具有特异性免疫作用的球状蛋白质，在体液免疫中发挥重要作用。血浆中还存在着一组不耐热的具有酶活性的蛋白质，即补体。在抗原-抗体复合物等作用下，补体被激活，发挥溶解细胞、参与免疫调节及炎症反应等作用。

5. 催化作用　血清中含有多种具有催化功能的酶，按来源与功能可分为血浆功能酶、外分泌酶和细胞酶。

6. 营养作用　血浆蛋白质作为营养储备物质，分解产生的氨基酸可被细胞用于合成蛋白质，或氧化分解为机体供能。

7. 凝血、抗凝血和纤溶作用　血浆中存在着众多的凝血因子、抗溶血及纤溶物质，它们在血液中相互作用、相互制约，保持循环血流通畅，但当血管损伤、血液流出血管时即发生血液凝固，以防止血液大量流失。

（四）血浆蛋白质异常与疾病

血浆蛋白质在人体代谢中发挥着重要功能，其异常可见于多种疾病。

1. 炎症、创伤 急性炎症或组织损伤可引起血浆蛋白质异常，如急性期蛋白可升至正常值的1 000倍以上。

2. 肝硬化 肝脏功能异常会导致蛋白质（特别是清蛋白）合成功能障碍，从而引起血浆蛋白质异常。

3. 肾病 肾轻微病变时，小分子蛋白质易通过受损的肾小球，随尿液丢失最为明显，称为选择性蛋白尿。而某些大分子蛋白质会由于肝细胞的代偿性合成增加，不降反升。严重肾病时，肾小球失去分子筛作用，出现非选择性蛋白尿。

4. 多发性骨髓瘤 骨髓瘤细胞分泌的大量单克隆免疫球蛋白会导致患者出现血浆蛋白质异常的情况。

5. 系统性红斑狼疮 系统性红斑狼疮主要是由于遗传、环境、雌激素水平等因素引起的自身免疫性疾病，由于炎症刺激，患者会出现血浆蛋白质异常的情况。

二、血细胞代谢

（一）红细胞代谢

红细胞是由骨髓中造血干细胞定向分化而成的红系细胞，历经原红细胞、早幼红细胞、中幼红细胞、晚幼红细胞、网织红细胞等阶段，最终成为成熟的红细胞。成熟的红细胞无细胞器，主要的供能物质是葡萄糖。

1. 糖代谢 成熟红细胞以主动转运方式，每天从血浆中摄取约30g葡萄糖，其中90%~95%经糖的无氧氧化和甘油酸-2,3-二磷酸（2,3-BPG）支路进行代谢，5%~10%通过戊糖磷酸途径氧化。

（1）**糖的无氧氧化**：是红细胞分解代谢的主要途径，也是红细胞获得能量的唯一途径，其基本反应与其他组织相同。

（2）**2,3-BPG支路**：2,3-BPG支路是指在红细胞内糖酵解中生成的甘油酸-1,3-二磷酸（1,3-BPG）在磷酸甘油酸变位酶催化下生成2,3-BPG，后者在2,3-BPG磷酸酶催化下转变为甘油酸-3-磷酸的侧支途径（图11-3）。

在正常情况下，2,3-BPG对磷酸甘油酸变位酶的负反馈作用大于对磷酸甘油酸激酶的抑制作用，因此2,3-BPG支路仅占15%~50%。但是由于2,3-BPG磷酸酶的活性较低，2,3-BPG的生成大于分解，使红细胞内的2,3-BPG含量升高。红细胞内2,3-BPG虽然也能供能，但其主要功能是降低血红蛋白对O_2的亲和力，调节血红蛋白的运氧功能。

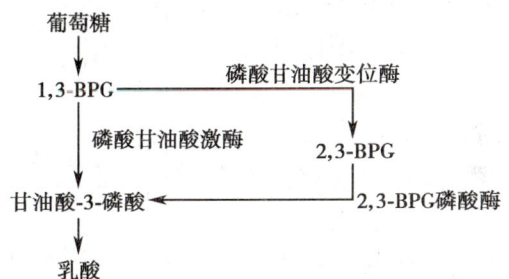

图11-3　2,3-BPG支路

（3）**戊糖磷酸途径**：红细胞通过戊糖磷酸途径生成$NADPH + H^+$。戊糖磷酸途径是红细胞产生NADPH的唯一途径，NADPH是谷胱甘肽还原酶的辅酶，维持谷胱甘肽的还原性，保护红细胞膜蛋白、血红蛋白及酶的巯基免受氧化剂的毒害，对维持红细胞的正常功能具有重要意义。

2. 脂质代谢 成熟红细胞的脂质几乎都存在于细胞膜中，无法从头合成脂肪酸，而膜脂的不断更新却是红细胞生存的必要条件。红细胞通过主动参与和被动交换，不断地与血浆进行脂质交换，维持其细胞膜中正常的脂质组成、结构和功能。

3. 血红蛋白的合成与调节 血红蛋白是红细胞中最主要的成分，由珠蛋白和血红素组成。血红素是血红蛋白、肌红蛋白、细胞色素、过氧化物酶等的辅基，可在体内多种细胞中合成。血红蛋白中的血红素主要在骨髓的幼红细胞和网织红细胞中合成。

（1）**血红素的生物合成**：血红素的合成原料是琥珀酰 CoA、甘氨酸和 Fe^{2+} 等小分子化合物，其合成过程可分为四个阶段，其中合成的始末阶段发生在线粒体，中间过程在细胞质中进行。

1）5- 氨基酮戊酸（5-aminolevulinic acid，ALA）的合成：线粒体内的琥珀酰 CoA 与甘氨酸在 ALA 合酶的催化作用下缩合生成 ALA。ALA 合酶是血红素生物合成的关键酶，其辅酶为磷酸吡哆醛，受血红素的反馈调节。

2）卟胆原（胆色素原）的生成：生成的 ALA 从线粒体被转运到细胞质，在 ALA 脱水酶的催化下生成卟胆原（porphobilinogen，PBG）。

3）粪卟啉原的生成：卟胆原在尿卟啉原Ⅰ合酶及尿卟啉原Ⅲ合酶协同作用下生成尿卟啉原Ⅲ、粪卟啉原Ⅲ。

4）血红素的生成：粪卟啉原Ⅲ由细胞质再进入线粒体，经氧化脱羧最终和 Fe^{2+} 螯合生成血红素。血红素的生物合成过程见图 11-4。

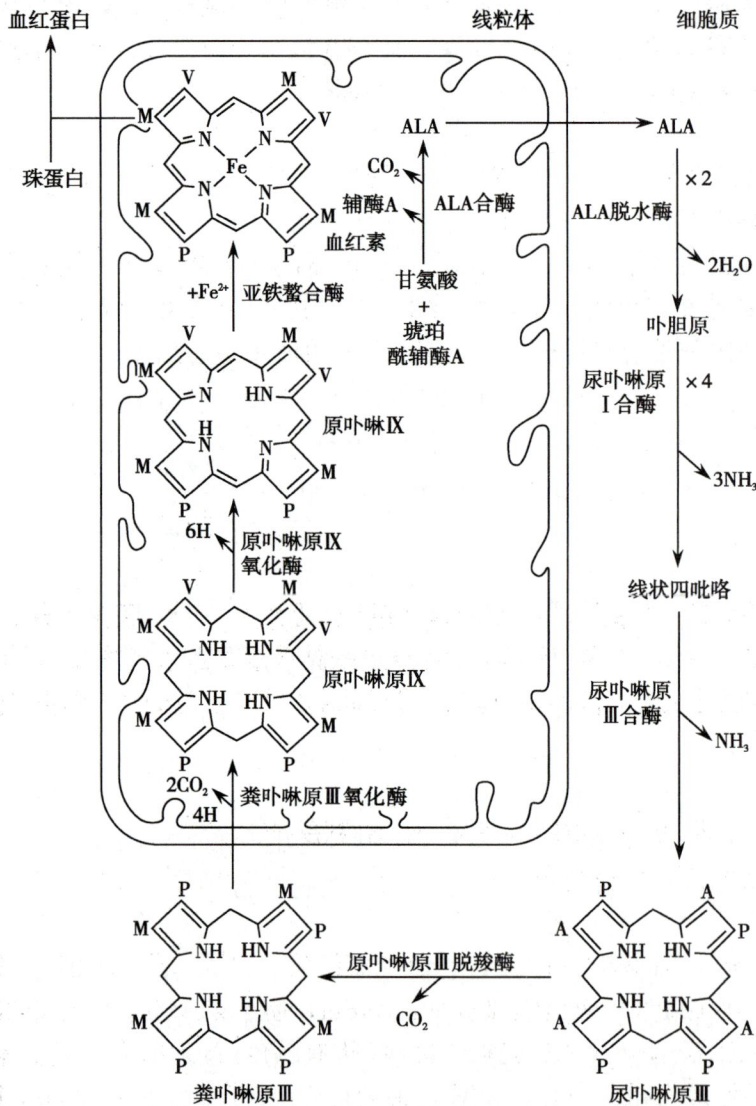

A：$-CH_2COOH$；P：$-CH_2CH_2COOH$；M：$-CH_3$；V：$-CHCH_2-$

图 11-4　血红素的生物合成

（2）**血红蛋白的合成**：在骨髓的有核红细胞及网织红细胞中，血红素生成后从线粒体转运至细胞质与珠蛋白结合，生成血红蛋白。珠蛋白的生物合成与一般蛋白质合成过程相同，受血红素的调控。血红素的氧化产物高铁血红素能促进血红蛋白的合成。

（二）白细胞代谢

白细胞是一类无色、球形、有核的血细胞，根据形态、功能和来源可分为粒细胞、单核吞噬细胞和淋巴细胞三大类，其中粒细胞又可分为中性粒细胞、嗜酸性粒细胞和嗜碱性粒细胞三种。白细胞的主要功能是通过吞噬和产生抗体等方式抵御和消灭病原微生物，其代谢与功能密切相关。正常成人白细胞总数为$(4.0\sim10.0)\times10^9/L$。

1. 糖代谢　白细胞主要依靠糖的无氧氧化途径供能。在中性粒细胞中，约 10% 的葡萄糖通过戊糖磷酸途径产生大量 $NADPH+H^+$。$NADPH+H^+$ 经氧化酶递电子体系还原 O_2，产生大量的超氧阴离子（$\cdot O_2^-$），超氧阴离子进一步转变成的 $OH\cdot$ 等活性氧自由基具有杀菌作用。

2. 脂质代谢　中性粒细胞不能从头合成脂肪酸。在多种刺激因子激活下，中性粒细胞和单核吞噬细胞在脂氧化酶催化下，可将花生四烯酸转变成白三烯。白三烯是速发型变态反应中产生的慢反应物质。

3. 氨基酸和蛋白质代谢　成熟的粒细胞中氨基酸的浓度较高，但由于缺乏内质网，蛋白质合成量较少。粒细胞内组氨酸分解代谢活跃，产生大量组胺，可参与变态反应。而单核吞噬细胞的蛋白质合成代谢很活跃，能合成多种酶、补体和各种细胞因子。

（三）血小板的代谢

血小板主要是由骨髓造血组织中的巨核细胞产生，在止血、伤口愈合、炎症反应、血栓形成及器官移植排斥等过程中发挥重要的作用。

血小板的能量虽然也主要由糖的无氧氧化供给，但单独抑制糖的无氧氧化或线粒体电子传递的过程都不会影响血小板的活化，只有两者同时被抑制时，血小板的活化进程才受明显影响。因此，在血小板的代谢中糖的无氧氧化和有氧氧化是互相补充的过程。

第三节　胆红素代谢与黄疸

情景导入

患者，男性，55岁。大量饮酒后出现食欲缺乏、乏力10余天，尿黄5天。既往有乙型肝炎病史，服药不规律。查体：神清，精神差，全身皮肤黏膜及巩膜重度黄染，尿液呈深黄色，四肢无水肿，腹软。实验室检查：转氨酶、胆红素升高明显。诊断为慢性乙型肝炎急性发作。经对症治疗后明显好转。

请思考：

1. 该患者出现皮肤黏膜及巩膜重度黄染的机制是什么？
2. 如何对该患者进行健康教育？

胆色素（bile pigment）是体内铁卟啉类化合物血红蛋白、肌红蛋白、细胞色素、过氧化氢酶和过氧化物酶等主要分解代谢产物，包括胆绿素（biliverdin）、胆红素（bilirubin）、胆素原（bilinogen）和胆素（bilin）。胆色素在正常情况下主要随胆汁排泄，带有颜色，故而得名。胆红素呈橙黄色，是胆汁的主要色素，位于胆色素代谢的中心。正常人每天可生成胆红素 250~350mg，其中约 80% 来源于衰老红细胞中血红蛋白的降解。

一、胆红素的生成与运输

（一）胆红素的生成

红细胞的平均寿命约为 120 天。衰老的红细胞在肝、脾、骨髓的单核吞噬细胞系统中释放出血红蛋白。血红蛋白进一步分解为珠蛋白和血红素。珠蛋白降解为氨基酸,供机体再利用。血红素在单核吞噬系统细胞微粒体中血红素加氧酶的作用下消耗 O_2,氧化生成胆绿素、CO 和 Fe^{2+}。胆绿素进一步在胆绿素还原酶催化下,从 NADPH 获得 2 个氢原子,迅速转变成胆红素。此时的胆红素分子量小,极性弱,亲脂性强,易于透过生物膜的脂双层,可对细胞产生毒性作用,称为游离胆红素(free bilirubin)。

胆红素的生成过程见图 11-5。

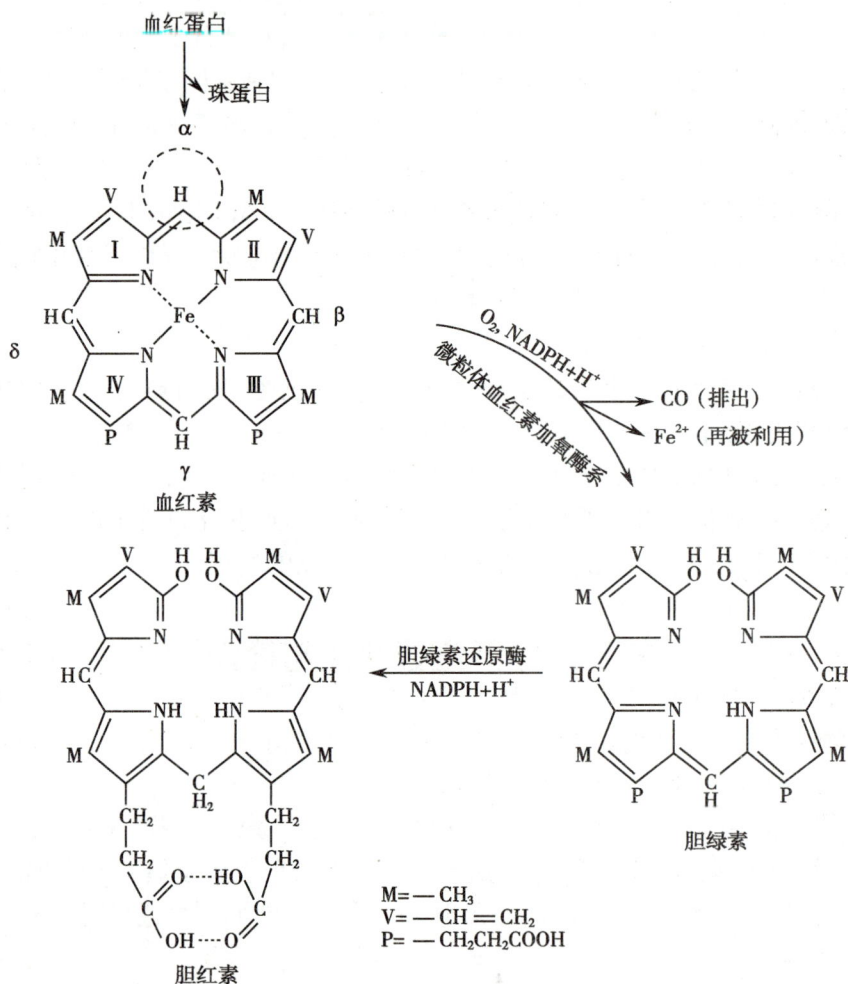

图 11-5　胆红素的生成

(二)胆红素在血液中的运输

在单核吞噬细胞系统生成的胆红素需要血液运输到肝,才能进行生物转化作用。胆红素具有亲脂性,能自由透过细胞膜而进入血液。在血液中,大部分胆红素以清蛋白为载体,以胆红素 - 清蛋白复合物的形式运输。胆红素 - 清蛋白复合物尚未完成生物转化,又称未结合胆红素(unconjugated bilirubin,UCB)或血胆红素。这样既可增加胆红素在血浆中的溶解性,有利于未结合胆红素的运输,同时也限制了未结合胆红素自由透过细胞膜,从而避免对组织细胞的毒性作用。

未结合胆红素水溶性差,不能被肾小球滤过。用普通化学方法检测正常人尿液,未结合胆红素不能与偶氮试剂直接反应,必须加入尿素或乙醇破坏其分子内部的氢键后才呈现阳性反应,故又称间接胆红素(indirect bilirubin)。过多的游离胆红素侵入脑组织,可与脑部基底核的脂质结合,干扰脑细胞的正常代谢及功能,导致胆红素脑病(bilirubin encephalopathy),又称核黄疸(nuclear jaundice)。

正常成人血胆红素含量为 3.4~17.1μmol/L，每 100ml 血浆中的清蛋白能结合 20~25mg 游离胆红素，故足以防止其进入脑组织产生毒性作用。某些有机阴离子如磺胺类药物、水杨酸、某些抗生素、利尿药等可与胆红素竞争结合清蛋白，使胆红素从胆红素 - 清蛋白复合物中游离出来，增加对细胞的毒性作用，有黄疸倾向的患者或新生儿生理性黄疸期慎用磺胺类和水杨酸类药物。

二、胆红素在肝内的转变

胆红素在肝内的转变主要包括摄取、转化和排泄三个过程。

（一）胆红素的摄取

血浆清蛋白运输的胆红素经血液循环到达肝血窦，与清蛋白分离后被肝细胞膜上的受体蛋白摄取，摄取的未结合胆红素在细胞质中与载体蛋白 Y 蛋白、Z 蛋白结合，以胆红素 -Y 蛋白或胆红素 -Z 蛋白的形式运输到内质网进一步代谢。肝细胞摄取胆红素是可逆的耗能过程，当肝细胞处理胆红素的能力下降或胆红素的生成量超过肝细胞的处理能力时，已进入肝细胞的胆红素可反流入血，使血胆红素含量增高。由于新生儿在出生 7 周后 Y 蛋白才达到与成人相仿的水平，故新生儿易产生生理性黄疸。

（二）胆红素的转化

胆红素 -Y 蛋白或胆红素 -Z 蛋白被运送到肝细胞滑面内质网上，在尿苷二磷酸葡萄糖醛酸转移酶催化下，胆红素与载体蛋白脱离，进而与葡萄糖醛酸以酯键结合，生成葡萄糖醛酸胆红素，又称结合胆红素（conjugated bilirubin，CB）或肝胆红素。尿苷二磷酸葡萄糖醛酸转移酶是诱导酶，苯巴比妥等药物及紫外线照射可诱导其生成，从而加强胆红素代谢，故临床上常用紫外线照射消除新生儿生理性黄疸。

（三）胆红素的排泄

结合胆红素在内质网形成后，在高尔基体、溶酶体等参与下，通过毛细胆管膜上的主动转运载体被排泄至毛细胆管中，随胆汁排入小肠继续代谢，或通过肾小球基底膜从尿中排出。结合胆红素分子量较大，水溶性强，不易透过细胞膜和血脑屏障，对组织细胞毒性小，可与偶氮试剂发生直接阳性反应，又称直接胆红素（direct bilirubin，DBIL）。

两种胆红素的比较见表 11-3。

表 11-3　两种胆红素的比较

项目	游离胆红素	结合胆红素
别名	血胆红素	肝胆红素
	间接胆红素	直接胆红素
与葡萄糖醛酸结合	未结合	结合
与重氮试剂反应	慢或间接反应	迅速、直接反应
溶解性	脂溶性	水溶性
进入脑组织产生毒性反应	大	无
经肾随尿排出	不能	能

三、胆红素在肠中的转变

结合胆红素随胆汁经肝外胆道进入肠道，在肠道细菌的作用下水解脱去葡萄糖醛酸基，还原为无色的中胆素原、尿胆素原、粪胆素原等胆素原族化合物，其中 80%~90% 随粪便排出。在肠道下段，胆素原接触空气后被氧化成为黄褐色的粪胆素，成为粪便的主要颜色，每日排出总量为 40~280mg。

$$胆红素 \xrightarrow{+4H} 中胆红素 \xrightarrow{+4H} 中胆素原 \xrightarrow{+4H} 粪（尿）胆素原 \xrightarrow{-2H} 粪（尿）胆素$$

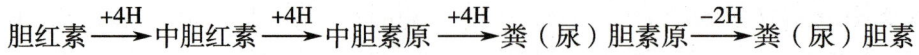

胆道梗阻时，胆红素不能排入肠道形成胆素原与胆素，所以粪便颜色变浅，甚至呈现灰白色或陶土色。新生儿肠道细菌稀少，胆红素未被细菌作用，粪便呈现橘黄色。

在生理情况下，肠道内形成的胆素原有10%~20%被肠黏膜细胞重吸收，经门静脉入肝，大部分胆素原随胆汁再次排到肠道，构成胆素原的肠肝循环（bilinogen enterohepatic circulation）。小部分胆素原进入体循环，经肾随尿排出，称为尿胆素原。尿胆素原在接触空气后被氧化成黄色的尿胆素，成为尿液的主要色素。每日经肾排出的尿胆素原为0.5~4.0mg。临床上将尿胆红素、尿胆素原和尿胆素合称为尿三胆，是鉴别黄疸类型的重要指标。

胆红素的正常代谢过程见图11-6。

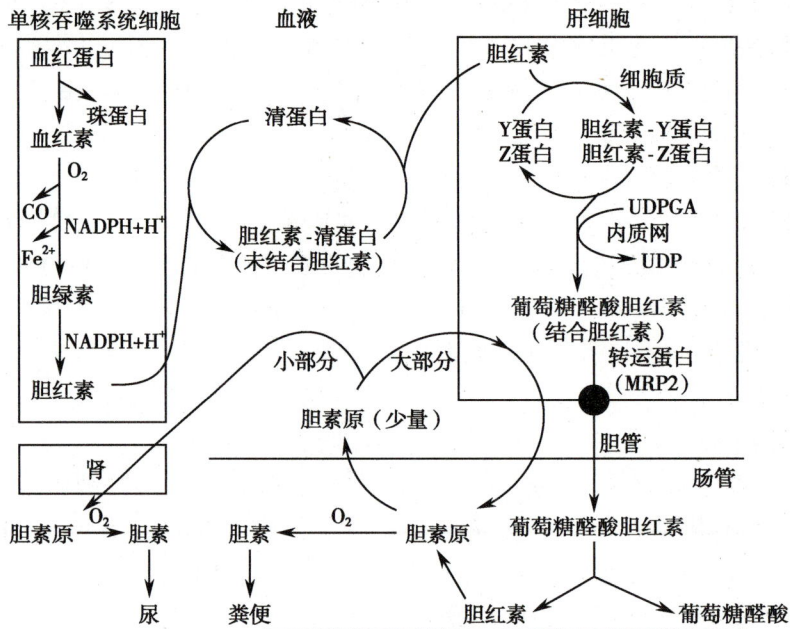

图 11-6　胆红素代谢示意图

四、血清胆红素与黄疸

正常人体血清胆红素总量为3.4~17.1μmol/L（0.2~1.0mg/dl），其中80%为未结合胆红素。肝对胆红素的转化能力极强，使胆红素的生成与排泄处于动态平衡。当出现溶血、肝疾病或胆道堵塞时，血液中胆红素浓度升高，扩散进入组织，导致组织黄染，称为黄疸（jaundice）。当血清胆红素浓度介于17.1~34.2μmol/L（1.0~2.0mg/dl）之间时，肉眼观察不到组织黄染现象，称为隐性黄疸。血清胆红素浓度超过34.2μmol/L（2mg/dl）时，肉眼可见皮肤、黏膜及巩膜等组织黄染，称为显性黄疸。

知识拓展

为什么照蓝光可以退黄疸？

在人体内，胆红素通过胆汁排出体外。肝功能异常或溶血病时，血中胆红素浓度升高，造成黄疸。

蓝紫色光的波长在390~490nm，能够穿透皮肤表面，深入皮肤下层和血液中，使得积聚在体内的胆红素分解，产生水溶性物质，有利于从尿液中排出，从而有效地降低血液中的胆红素浓度。同时，黄疸患者照蓝光还可以刺激肝脏产生一种特殊的酶，帮助分解体内的胆红素。

需要注意的是，照蓝光需要在专业医生的指导下进行，做好患者眼睛的保护，以免对眼睛造成伤害。此外，还要随时观察患者的皮肤变化，及时处理因照射引起的皮肤病变等问题。

根据发病机制不同，可将黄疸分为三类：

（一）溶血性黄疸

溶血性黄疸是由于先天或后天原因引起的红细胞大量破坏，未结合胆红素生成过多，超过了肝细胞摄取、转化和排泄胆红素的能力，导致血中未结合胆红素浓度增高所引起的黄疸，又称肝前性黄疸。此时肝最大限度地发挥处理胆红素的能力，结合胆红素浓度变化不大，主要特征是血中未结合胆红素浓度大幅增高，尿胆红素阴性，尿胆素原增高，粪便颜色加深。输血不当、镰状细胞贫血、葡萄糖-6-磷酸脱氢酶缺乏症（蚕豆病）、恶性疟疾和过敏等因素均可导致溶血性黄疸。

（二）肝细胞性黄疸

肝细胞性黄疸是由于肝细胞或毛细胆管破坏，导致肝细胞摄取、转化、排泄胆红素的能力下降而引起的黄疸，又称肝原性黄疸。此时肝细胞摄取胆红素障碍，会造成血清未结合胆红素增高。又因为肝细胞结构破坏，毛细胆管阻塞或毛细胆管与血窦相通，使部分结合胆红素反流入血，血液中结合胆红素浓度也增高。尿胆红素阳性，尿胆素原变化不定，粪便颜色变浅。常见于肝实质性疾病，如各种肝炎、肝肿瘤和肝硬化等。

（三）阻塞性黄疸

阻塞性黄疸是由于各种原因所导致的胆道系统阻塞，胆汁排泄障碍，结合胆红素不能进入肠道，甚至由于胆小管和毛细胆管内压力增高而破裂，导致结合胆红素反流入血所致的黄疸，又称肝后性黄疸。此时血清结合胆红素升高，未结合胆红素无明显改变，重氮试验直接反应阳性，尿胆红素阳性，尿胆素原下降，粪便颜色变浅，甚至为灰陶土色。常见于胆管炎、胆石症、胰腺癌或先天性胆管闭锁等疾病。

各种黄疸血、尿、粪胆色素的实验室检查变化见表11-4。

表 11-4　各种黄疸血、尿、便胆色素的实验室检查变化

指标	正常	溶血性黄疸	肝细胞性黄疸	阻塞性黄疸
血清胆红素				
浓度	<17.1μmol/L	>17.1μmol/L	>17.1μmol/L	>17.1μmol/L
结合胆红素	无或极微	不变或微↑	↑	↑↑
未结合胆红素	有	↑↑	↑	不变或微↑
尿三胆				
尿胆红素	–	–	++	++
尿胆素原	少量	↑	不一定	↓
尿胆素	少量	↑	不一定	↓
粪胆素原	40~280mg/24h	↑	↓或正常	↓或–
粪　便颜色	黄色	加深	正常或变浅	变浅或陶土白色

1. 患者，男性，50岁。体检发现体重超标，中度脂肪肝。

请思考：

(1) 请解释脂肪肝发生的生化机制。

(2) 请分析肝在脂质代谢中的作用。

2. 利用所学的生物转化相关知识，解释为什么老年人和儿童用药需谨慎？

3. 患者，男性，60岁。皮肤、巩膜黄染，消瘦，食欲缺乏和便血。既往有慢性肝炎史。体格检查：上腹肿大，有腹水。B超示：肝大且质地较硬，无占位性肿块。临床诊断为肝硬化。

请思考：

(1) 请解释该患者发生黄疸的原因。

(2) 如何指导该患者用药？

（武红霞）

ER 11-3

练习题

第十二章 ｜ 水、电解质代谢

ER 12-1

教学课件

第一节 体 液

情景导入

某患者就餐后出现上吐下泻和一系列脱水症状。在治疗期间，医生为该患者开具了补充体液的输液处方。

请思考：

1. 医生为什么要给患者输液？
2. 在输液时应该注意补充哪些电解质？

体液是指体内的水及溶解于水中的物质的总称。体液中的无机盐、某些低分子有机物和蛋白质等常以离子状态存在，故称为电解质。机体内水和电解质总是保持平衡状态。外界环境的剧烈变化或疾病发生都会造成水和电解质的紊乱、平衡失调，对机体造成各种不利的影响，甚至危及生命。

一、体液的容量和分布

成年人体液容量约占体重的 60%，以细胞膜为间隔，体液分为细胞内液和细胞外液。细胞外液又以毛细血管壁为界，分为血浆和组织间液。各部分体液占体重的百分比见图 12-1。

体液总量的分布因年龄、性别和胖瘦不同有很大差异。从新生儿到成年人，体液总量随年龄增长而逐渐减少。新生儿体液量约占体重的 80%，婴儿占 70%，学龄儿童占 65%，而成年人仅占 60%。另一方面，体液总量随脂肪的增加而减少，脂肪组织含水量为 10%~30%，而肌肉组织含水量为 75%~80%，故肌肉组织发达的男性与脂肪组织含量较高的女性相比较，对缺水的耐受力更强。

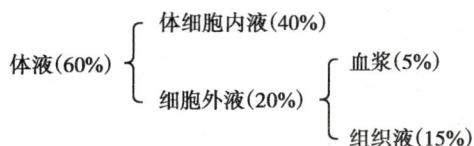

体液(60%) ｛ 体细胞内液(40%)
细胞外液(20%) ｛ 血浆(5%)
组织液(15%)

图 12-1 各部分体液占体重的百分比示意图

二、体液中主要的电解质及其分布

体液中主要的电解质有 Na^+、K^+、Ca^{2+}、Mg^{2+}、Cl^-、HCO_3^-、HPO_4^{2-} 和蛋白质等所组成的盐类。细胞外液主要的阳离子是 Na^+、主要的阴离子是 Cl^- 和 HCO_3^-，细胞内液主要的阳离子是 K^+、主要的阴离子是 HPO_4^{2-}。不同部位体液中电解质的组成及各自的浓度各不相同，但在正常情况下均处于动态平衡，保持相对稳定（表12-1）。

表12-1　体液中各种电解质的含量

电解质	血浆		组织间液		细胞内液	
	mmol/L	mEq/L	mmol/L	mEq/L	mmol/L	mEq/L
阳离子						
Na^+	142	142	147	147	15	15
K^+	5	5	4	4	150	150
Ca^{2+}	2.5	5	1.25	2.5	1	2
Mg^{2+}	1.5	3	1	2	13.5	27
总计	151	155	153.25	155.5	179.5	194
阴离子						
Cl^-	103	103	114	114	1	1
HCO_3^-	27	27	30	30	10	10
HPO_4^{2-}	1	2	1	2	50	100
SO_4^{2-}	0.5	1	0.5	1	10	20
有机酸	6	6	7.5	7.5	—	—
蛋白质	2	16	0.125	1	7.88	63
总计	139.5	155	153.125	155.5	78.88	194

三、体液的渗透压

1. 细胞内、外液的渗透压相等，通常血浆渗透压在 280~310mmol/L。细胞内液电解质总量大于细胞外液，这是由于细胞内液含二价离子和蛋白质阴离子较多。蛋白质虽然分子量很大，但分子数量少，所产生的渗透压很小，所以细胞内、外液的渗透压基本相等。

2. 在细胞外液中，血浆与细胞间液的总离子浓度和电解质含量极为接近，但是血浆中蛋白质含量明显高于细胞间液，这种差别对于两者之间的水分交换具有重要的作用。

第二节　水和电解质的生理功能

一、水的生理功能

水是人体内含量最多的物质。体内的水有自由水和结合水两种形式。其中大部分水以结合水的形式存在。物质代谢的一系列化学反应都在体液中进行，因此水的特殊理化性质具有重要的生理意义。

（一）促进并参与物质代谢

水是体内一切生化反应进行的场所。水是良好的溶剂，体内多种营养物质和各种代谢产物或溶于水，或分散于其中，或与水组成胶体溶液。水能促进各种电解质的解离，因此水能促使化学反应加速发生。此外，水还直接参与水解、水化、加水、脱氢等重要反应，促进物质代谢。

（二）运输作用

水不仅是良好的溶剂，而且黏度小、易流动，有利于营养物质和代谢产物运输。即使是某些难溶或不溶于水的物质如脂质，也能与亲水性的蛋白质分子结合而分散于水中随血液运输。

（三）调节体温

水的比热、蒸发热和流动性都较大。当外界环境温度变化时，水能吸收或释放较多热量而自身的温度却无明显改变。水通过体液交换和血液循环，将代谢产生的热运送至体表散发，从而维持体温恒定。

（四）润滑作用

水有润滑作用。如泪液、唾液、关节腔的滑液、呼吸和胃肠道黏液等都有利于相应器官的运动，减少摩擦。

（五）维持组织的形态与功能

结合水是指与蛋白质、核酸、多糖和磷脂等物质结合而存在的水。与自由状态的水不同，结合水无流动性，参与构成细胞原生质的特殊形态，以保证一些组织具有独特的生理功能。如心肌含水约79%，血液含水约83%，由于心肌主要含结合水，所以心脏形态比较坚实，而血液中的水为自由水，故血液能循环流动。

二、电解质的生理功能

（一）维持体液的渗透压和酸碱平衡

Na^+和Cl^-是维持细胞外液容量和渗透压的主要离子，K^+、HPO_4^{2-}是维持细胞内液容量和渗透压的主要离子。体液的渗透压随这些电解质浓度的改变而发生变化，从而影响体内水的分布。$NaHCO_3$与H_2CO_3、Na_2HPO_4与NaH_2PO_4等组成缓冲对，调节体液酸碱平衡。此外，细胞内液K^+与细胞外液H^+和Na^+进行交换，以维持和调节体液酸碱平衡。

（二）维持神经肌肉和心肌的兴奋性

神经肌肉的兴奋性与体液中各种离子的含量和比例密切相关：

$$神经、肌肉的兴奋性 \propto \frac{[Na^+]+[K^+]}{[Ca^{2+}]+[Mg^{2+}]+[H^+]}$$

当血浆Na^+、K^+浓度增高时，神经肌肉兴奋性增高；Ca^{2+}、Mg^{2+}和H^+浓度增高时，神经肌肉兴奋性降低。神经肌肉的正常兴奋性依赖这些离子的相互协调。临床上低血钾患者常出现肌肉松弛甚至麻痹。小儿缺钙时，神经肌肉兴奋性过高，常出现手足搐搦。

心肌细胞的兴奋性与各种离子的关系如下：

$$心肌兴奋性 \propto \frac{[Na^+]+[Ca^{2+}]}{[K^+]+[Mg^{2+}]+[H^+]}$$

Na^+、Ca^{2+}可提高心肌兴奋性，K^+、Mg^{2+}和H^+可降低心肌兴奋性。Na^+和Ca^{2+}具有拮抗K^+对心肌的作用，以维持心肌的正常功能。

（三）参与物质代谢

有些无机离子是酶的辅因子、激活剂或抑制剂。例如，细胞色素氧化酶需要Fe^{2+}和Cu^{2+}参与；Cl^-是淀粉酶的激活剂；Mg^{2+}、K^+是丙酮酸激酶的激活剂，而Ca^{2+}是该酶的抑制剂；细胞内糖原、脂质、蛋白质、核酸的合成都需要Mg^{2+}的参与；Na^+参与小肠对葡萄糖的吸收和Hb对CO_2的运输。

（四）构成人体组成成分

所有组织细胞中都有电解质成分。例如，钙、磷是骨骼和牙齿的主要成分，含硫酸根的蛋白多糖参与构成软骨、皮肤和角膜等组织。

第三节　体液代谢及其调节

一、水代谢

正常成人每日水的摄入量约为 2 500ml，与排出量大致相等，处于动态平衡，称为水平衡（表 12-2）。因此，成人每日生理需水量为 2 500ml。在缺水情况下，按每天最低尿量 500ml 计算，排出的水约为 1 500ml，因此除 300ml 代谢水外，成人每天至少应补充 1 200ml 水量，才能维持最低限度的水平衡。

表 12-2　成人每天水的摄入与排出量

水的摄入量	ml/d	水的排出量	ml/d
饮水	1 200	呼吸	350
食物水	1 000	皮肤	500
代谢水	300	粪便	150
		肾	1 500
总计	2 500	总计	2 500

知识拓展

婴幼儿体内水的分布

由于婴幼儿体内含水量较多，每日对水的需要量高，以每千克体重计算，可比成人高 2~4 倍。同时，婴幼儿每千克体重的体表面积比成人大，水通过皮肤蒸发快，而调节水平衡的能力又差。因此，婴幼儿易发生水和电解质平衡紊乱。

（一）体内水的来源

人体内水的来源主要有三条途径。①饮水：正常成人每日饮水量平均约为 1 200ml，饮水量随个人习惯、气候及劳动强度的不同而差异较大。②食物水：正常成人每日随食物摄入水量约为 1 000ml。③代谢水：糖、脂质和蛋白质代谢过程中经氧化生成的水称为代谢水或内生水，每天约为 300ml。

（二）体内水的去路

人体内水的排出主要有四条途径。①肾排出：正常成人每天经肾排出的水约为 1 500ml，这是水的主要去路。人体每日为了溶解和排出体内产生的至少 35g 代谢废物，每日尿量不得少于 500ml，否则会出现中毒症状，因此 500ml 为最低尿量，低于 500ml 称为少尿。②呼吸蒸发：人体每天经呼吸蒸发的水约为 350ml。③皮肤蒸发：体表水分的蒸发称为隐性出汗，正常成人每天经此途径排出的水约为 500ml。显性出汗为皮肤汗腺活动分泌的汗液，出汗量与环境温度、湿度及活动强度有关。④粪便排出：正常成人每天从粪便排水约为 150ml。

二、电解质代谢

情景导入

患者，女性，45 岁。以神志不清 2 小时入院。3 天前因食用变质食品，出现呕吐、腹泻，一直未进食，2 小时前出现神志不清。既往史：1 型糖尿病病史 9 年。实验室检查：血钾 6.2mmol/L，血钠 129mmol/L。诊断为：1 型糖尿病、高钾血症、低钠血症。

请思考：

1. 为什么糖尿病患者会出现"三多一少"（多饮、多食、多尿和消瘦）的症状？
2. 为什么糖尿病患者在呕吐、腹泻、未进食的情况下会出现高钾血症和低钠血症？

体内的电解质主要为各种无机盐，其中主要的阳离子为 K^+、Na^+、Ca^{2+} 和 Mg^{2+}，主要的阴离子为 Cl^-、HCO_3^- 和 HPO_4^{2-} 等，上述离子必须保持一定浓度才能维持正常生理活动。

（一）钠、氯代谢

1. **含量与分布**　正常成人体内钠的总量约为 1g/kg，其中约 50% 分布在细胞外液，40% 存在于骨骼之中，其余 10% 在细胞内液。氯总量约 100g，主要分布在细胞外液。正常人血浆 Na^+ 的浓度为 135~145mmol/L，血浆 Cl^- 的浓度为 98~106mmol/L。

2. **摄入与排泄**　正常成人每日 NaCl 的需要量为 5~9g，主要来自膳食中的食盐，摄入量因人而异。Na^+ 和 Cl^- 在消化道极易被吸收，主要由肾排出。肾对 Na^+ 的排出具有较强的调节能力，即"多吃多排，少吃少排，不吃不排"。

（二）钾代谢

1. **含量与分布**　体重 60kg 的人体内钾总量约 120g，其中 98% 分布于组织细胞内，约 2% 分布于细胞外液。正常人血浆 K^+ 浓度为 3.5~5.5mmol/L。钾在体内分布与器官细胞的数量和器官的大小有直接关系，体内钾总量的 70% 储存于肌肉组织，10% 在皮肤和皮下组织，其余多分布在脑和内脏中。细胞合成糖原、蛋白质时，K^+ 从细胞外液进入细胞，使血钾降低。细胞分解糖原、蛋白质时，K^+ 从细胞转移到细胞外液，使血钾升高。酸中毒时血钾升高，碱中毒血钾降低。

2. **吸收与排泄**　正常成人每天钾的需要量为 2~3g，主要来源于食物。摄入的钾约 90% 在肠道中段被吸收。钾主要经肾随尿排出，少量随汗和粪便排出。严重腹泻时，随粪便排出的钾可达正常的 10~20 倍。肾排钾量与摄入量呈正相关，但肾保留钾的能力远不如保留钠，即"多吃多排，少吃少排，不吃也排"。因此，禁食或大量输液的患者常出现缺钾，应注意及时补钾。临床上静脉补钾应遵循"四不宜"原则，即"不宜过浓、不宜过快、不宜过多、不宜过早"。这是因为钾代谢有两个主要特点：一是 K^+ 从细胞外液进入细胞内的速度缓慢，大约需要 15 小时才能达到平衡；二是 K^+ 主要由肾排泄。肾功能不全时，K^+ 排泄障碍，故通常的原则是"见尿补钾"。因此，补钾过浓、过快、过多、过早，易造成高血钾。

（三）钙、磷代谢

1. **含量与分布**　钙和磷是体内含量最多的无机盐。人体内钙占体重的 1.5%~2.2%，总量为 700~1 400g；磷占体重的 0.8%~1.2%，总量为 400~800g。99% 以上的钙和约 86% 的磷以羟基磷灰石的形式参与构成骨盐，分布于骨和牙齿中；其余则以溶解状态分布于体液和其他组织中（表 12-3）。

血液中钙几乎都存在于血浆中，血磷主要存在于血细胞内。血钙与血磷浓度既可反映骨质代谢状况，又能反映肠道、肾对钙、磷的吸收和排泄状况。

表 12-3　体内钙、磷的分布情况

部位	钙		磷	
	含量 /g	占总钙的 /%	含量 /g	占总磷的 /%
骨及牙	1 200	99.3	600	85.7
细胞内液	6	0.6	100	14.3
细胞外液	1	0.1	0.2	0.03

2. 钙、磷的主要生理功能　体内绝大部分的钙和磷共同构成骨骼和牙齿的无机盐成分——骨盐。骨盐的主要化学成分为羟基磷灰石，其结晶牢固地附着于胶原纤维上，赋以骨骼硬度，使骨骼能够作为机体的支架负荷体重。

3. 钙的其他生理功能　除构成骨盐成分、参与成骨作用外，钙与体内多种代谢过程密切相关，如参与血液凝固，增强心肌收缩力，降低神经肌肉的兴奋性，作为许多酶的激活剂或抑制剂，参与神经递质的合成与分泌，降低毛细血管壁和细胞膜的通透性，参与细胞信号转导等。

4. 磷的其他生理功能　除构成骨盐成分、参与成骨作用外，磷还具有以下生理功能：①是核苷酸、核酸、磷蛋白、磷脂及脂蛋白和辅酶等体内许多重要物质的组成成分；②在物质代谢中以有机化合物的形式参与反应，如葡萄糖磷酸、甘油磷酸和氨基甲酰磷酸分别是葡萄糖、脂质和氨基酸代谢的重要中间产物；③参与体内能量的生成、储存及利用，如 ATP、ADP 和肌酸磷酸等都是含高能磷酸键的化合物，其中 ATP 是体内能量释放、储存及利用的中心；④参与物质代谢的调节，酶的磷酸化和去磷酸化是化学修饰调节中最重要、最普遍的调节方式；⑤参与酸碱平衡的调节，血浆中的 HPO_4^{2-} 与 $H_2PO_4^-$ 构成缓冲对，可对体液酸碱平衡进行调节。

5. 钙的吸收与排泄　钙的需要量与吸收量随生长发育阶段、生理状态和年龄的不同有较大差异，且易导致缺乏症。儿童、青少年及妊娠、哺乳期妇女需要量相应增加（表 12-4）。

表 12-4　不同年龄及生理状态的人群每日对钙的需要量

年龄及生理状态	对钙的需要量 /mg·d^{-1}
婴儿	360~540
儿童	800
青春期	1 200
成人	800
孕妇或乳母	1 500

钙主要在小肠上段被主动吸收，最有效的吸收部位是十二指肠和空肠上段。钙的吸收率一般为 25%~40%，当机体缺钙或钙需要量增加时，吸收率可相应增加。

正常成人摄入的钙约 80% 从肠道随粪便排出，20% 由肾排出。肠道排出的钙主要是食物中未被吸收及消化液中未被重吸收的钙。肾排钙量随血钙水平升降而增减，这是由于钙在肾的重吸收取决于血钙的浓度。当血钙降至 1.9mmol/L 时，钙的重吸收率几乎达 100%，尿钙排泄量接近于零。成人每日吸收与排出的钙量大致相等，多吃多排，少吃少排，维持动态平衡。

6. 磷的吸收与排泄　磷的吸收部位与钙大致相同。正常成人每日磷的需要量为 1 000~1 500mg，食物中的磷脂、磷蛋白和某些磷酸酯需要在消化液中磷酸酶的作用下转变为无机磷酸盐才能被吸收。此外，食物中的 Ca^{2+}、Fe^{2+} 和 Mg^{2+} 过多时，可与磷酸根结合形成不溶性的盐而减少磷的吸收。

体内的磷 60%~80% 随尿排出，尿磷排泄量常随食物含磷量的多少而变化，其余随粪便排出。

因此，当肾功能不全时可引起血浆无机磷升高，磷与血浆钙结合而在组织中沉积，导致某些软组织发生异位钙化。

（四）血钙与血磷

1. **血钙** 血钙是指血浆中所含的钙。正常人血清总钙浓度为 2.11~2.52mmol/L。血钙以结合钙和游离钙两种形式存在。

(1) **结合钙**：绝大部分与血浆蛋白（主要是清蛋白）结合成蛋白结合钙，少部分与柠檬酸、乳酸、HCO_3^-、HPO_4^{2-}、SO_4^{2-} 和 Cl^- 等结合形成可溶性钙盐。血浆蛋白结合钙不能透过半透膜，称为非扩散钙。可溶性钙盐含量较少，易于解离，可通过半透膜，称为扩散结合钙。

(2) **游离钙**：即钙离子（Ca^{2+}），易通过半透膜。游离钙与结合钙处于动态平衡，其含量变化与血液 pH 有关。血浆 $[H^+]$ 增高时，游离 $[Ca^{2+}]$ 升高；血浆中 $[HCO_3^-]$ 增多时，游离 $[Ca^{2+}]$ 减少。血浆 $[Ca^{2+}]$ 与血液 pH 的关系可表示为：

$$[Ca^{2+}] = K \frac{[H^+]}{[HCO_3^-] \times [HPO_4^{2-}]} \quad (K 为常数)$$

血钙中只有游离钙能直接发挥生理作用。当 $[Ca^{2+}]$ 降至 0.9mmol/L（3.5mg/dl）时，神经肌肉兴奋性增强，可导致手足搐搦；$[Ca^{2+}]$ 过高，则可出现精神神经症状或肌无力。血浆中各种存在形式的钙可以互相转变，保持动态平衡。

2. **血磷** 血磷是指血浆中无机磷酸盐所含有的磷，其中 80%~85% 以 HPO_4^{2-} 的形式存在，15%~20% 以 $H_2PO_4^-$ 的形式存在，PO_4^{3-} 的含量极微。正常成人血清无机磷浓度为 0.85~1.51mmol/L，新生儿稍高。

3. **血浆中钙和磷含量的关系** 血浆中钙、磷的浓度关系密切。正常成人血浆钙磷浓度积（$[Ca] \times [P]$）为 35~40。如 $[Ca] \times [P] > 40$，钙、磷以骨盐的形式沉积于骨组织；如 $[Ca] \times [P] < 35$，则影响骨组织的钙化，严重时可致骨盐溶解而引起佝偻病或软骨病。因此，钙磷浓度积可作为佝偻病、软骨病临床诊断和疗效判断的参考指标。

4. **钙、磷代谢的调节** 1,25-$(OH)_2$-D_3、甲状旁腺激素和降钙素是参与钙磷代谢调节的三种主要激素。肾、骨和小肠是参与调节的主要器官。

(1) 1,25-$(OH)_2$-D_3（活性维生素 D_3）：是由维生素 D 经肝肾两次羟化生成的，具有升高血钙和血磷浓度的作用。其调节机制是：①促进肾近曲小管对钙、磷的重吸收；②具有溶骨和成骨的双重作用；③促进小肠对钙、磷的吸收，这是其最主要的生理功能。

(2) 甲状旁腺激素（parathyroid hormone，PTH）：是由甲状旁腺主细胞合成分泌的激素，具有升高血钙、降低血磷的作用。其调节机制是：①促进肾远曲小管对钙的重吸收，同时抑制肾近曲小管对磷的重吸收，促进尿磷排出；②通过增加破骨细胞数量和活性，促进骨盐溶解，抑制骨质的合成，使骨组织中的钙释放入血增多，释放钙磷到细胞外液；③促进 1,25-$(OH)_2$-D_3 生成，间接增强肠对钙磷的吸收。

(3) 降钙素（calcitonin，CT）：是甲状腺滤泡旁细胞分泌的一种多肽类激素，具有降低血钙和血磷的作用。其调节机制是：①抑制肾近曲小管对钙、磷的重吸收，从而使血钙、血磷降低；②促进骨盐沉积于骨组织，抑制破骨作用及骨盐溶解，降低血钙、血磷浓度；③抑制 1,25-$(OH)_2$-D_3 的合成，间接抑制肠对钙、磷的吸收。

三、体液平衡的调节

机体对水和电解质平衡的调节涉及神经、器官、激素等各种调节功能。

（一）神经系统的调节

机体失水或饮食中食盐过多都可导致血浆和细胞间液的渗透压升高。中枢神经系统通过对体液渗透压变化的感受直接影响水的摄入。此时适量饮水，则细胞外液的渗透压下降，水从细胞外向细胞内移动，重新恢复平衡。

（二）激素调节

激素调节即神经体液调节，主要的调节激素有抗利尿激素、醛固酮和心房利尿钠肽。

1. 抗利尿激素 抗利尿激素（antidiuretic hormone，ADH）是下丘脑分泌的一种九肽激素。ADH的作用主要是促进肾远曲小管和集合管对水的重吸收，降低排尿量。当血容量减少，血浆渗透压增高或血压下降，ADH 的三种感受器均能促使 ADH 的分泌增加（图 12-2）。

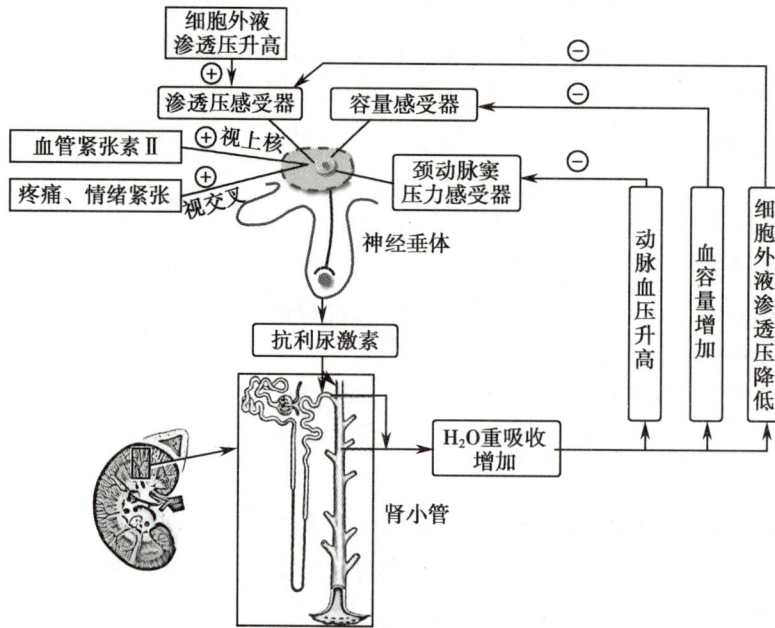

图 12-2　抗利尿激素调节示意图

2. 醛固酮 醛固酮（aldosterone）是肾上腺皮质球状带分泌的一种类固醇激素，可促进肾小管对 Na^+ 和水的重吸收，也能促进肾远曲小管中的 Na^+-K^+ 交换，起到保钠排钾的作用。影响醛固酮分泌的因素主要是肾素 - 血管紧张素系统和血钾、血钠浓度（图 12-3）。

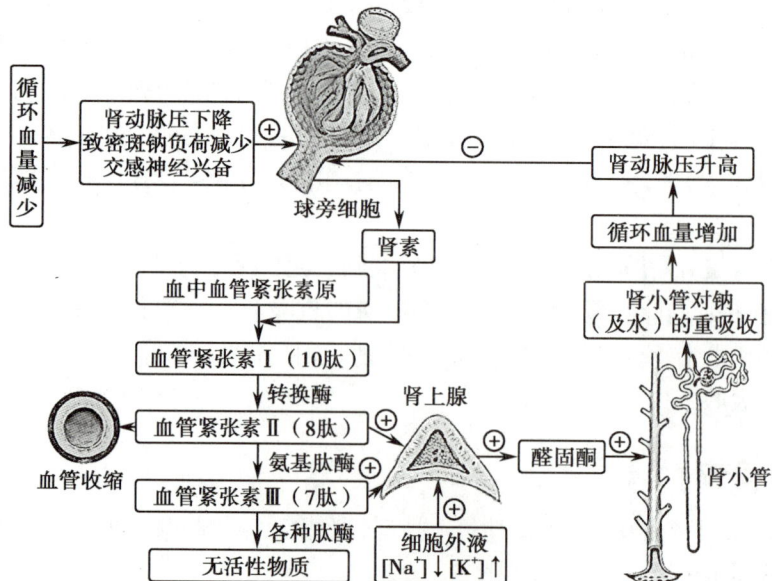

图 12-3　醛固酮调节示意图

当血 K^+ 浓度升高或血 Na^+ 浓度下降时，可使醛固酮分泌量增加，尿中排 Na^+ 减少；相反，当血 Na^+ 升高时，可使醛固酮分泌减少，尿中排 Na^+ 增多。

3. 心房利尿钠肽　心房利尿钠肽（atrial natriuretic peptide，ANP）又称心钠素、心房肽，是由心房肌细胞合成和分泌的肽类物质，能抑制肾远曲小管和集合管对水和 Na^+ 的重吸收，同时还具有增加肾小球滤过率的作用，有很强的利尿、排 Na^+ 作用。

知识拓展

微量元素的生理作用

微量元素是指含量占人体总重量的万分之一以下的或每日需要量在 100mg 以下的元素。微量元素是维持人体正常生理功能必不可少的，绝大多数为金属元素，在体内含量相对稳定，且多以化合物或配合物的形式分布于全身组织中。几种微量元素的主要生理功能如下：①铁是血红蛋白中氧的携带者，也是多种酶的活性成分，缺乏时引起贫血；②氟在形成骨髓组织、牙釉质等方面有重要作用；③碘缺乏可引起甲状腺肿大，严重缺乏时可影响生长发育；④硒缺乏时可能使心脏、关节等产生病变；⑤铜是多种金属酶的成分，参与造血过程，缺乏时可引起小细胞低色素性贫血；⑥钴在血红蛋白的合成、红细胞的发育成熟中具有重要作用，是维生素 B_{12} 的组成部分；⑦锌具有促进生长发育、改善味觉等作用，儿童缺乏可见体瘦、发育迟缓等。

思考题

1. 简述人体体液中电解质的生理功能。
2. 影响血浆钙磷浓度的因素有哪些？
3. 肾对 Na^+、K^+ 排泄有何特点？体内钙排泄的特点是什么？

（莫小卫）

ER 12-2
练习题

第十三章 │ 酸碱平衡

教学课件

思维导图

体液酸碱度（即 pH）的相对恒定是保证机体正常生命活动的必要条件。机体在新陈代谢过程中不可避免地产生许多酸性或碱性物质，这些物质不断地被释放入血液，使血液的 pH 发生变化，进而影响机体正常的生理活动和细胞代谢。机体通过一系列的调节作用，将多余的酸性或碱性物质排出体外，使体液 pH 维持在一定范围内，这一过程称为酸碱平衡（acid-base balance）。通过酸碱平衡调节，正常人血液的 pH 稳定在 7.35~7.45 之间，平均为 7.4。如果超出机体的调节能力，就会导致酸碱平衡失调，进而影响全身组织、器官的功能，引起一系列中毒症状，甚至危及生命。

第一节　体内酸碱物质的来源

体液中的酸性或碱性物质主要来自体外摄入及细胞内的分解代谢。酸性物质主要通过体内代谢产生，而碱性物质主要来自食物。

一、体内酸性物质的来源

机体酸性物质主要分为挥发性酸和非挥发性酸。

（一）挥发性酸

物质在体内彻底氧化分解后生成的 CO_2，在细胞内碳酸酐酶催化下生成碳酸（H_2CO_3）。H_2CO_3 在肺可重新分解为 CO_2 而呼出，故称为挥发性酸，是机体酸的主要来源。

（二）非挥发性酸

机体内糖、脂质、蛋白质等物质氧化分解时产生的硫酸、磷酸、丙酮酸、乳酸、乙酰乙酸、β-羟丁酸、尿酸等，以及某些酸性药物如水杨酸、氯化铵、氯化镁等，不能从肺排出，只能经肾随尿液排出，故称为非挥发性酸，又称固定酸。

二、体内碱性物质的来源

体内碱性物质主要来源于蔬菜、水果，这类食物中大多含有柠檬酸盐、苹果酸盐、草酸盐等，这些有机酸盐通常为钾盐或钠盐，其中的有机酸根经三羧酸循环氧化分解为 CO_2 和 H_2O，剩余的 K^+ 和 Na^+ 可与 HCO_3^- 结合生成碳酸氢盐，这是人体碱性物质的来源，故称蔬菜、水果为碱性食物。此外，碱性药物和饮料中的碳酸氢钠以及体内代谢产生的 NH_3 等也是碱性物质的来源。

在生理情况下，体内酸性物质的来源远远多于碱性物质，因此机体对酸碱平衡的调节主要以调节酸为主。

知识拓展

癌细胞喜欢酸性环境

正常人体的 pH 在 7.35~7.45 之间，属弱碱性，而碱性不利于癌细胞的生存和发展。研究表明，癌细胞喜欢偏酸性环境，其周围的 pH 为 6.85~6.95。体液的 pH 越低，越适合癌症的生存和发展。同时癌细胞释放一种叫 L50 的强酸性毒素，会破坏体液的酸碱平衡，攻击体内免疫细胞。因此，酸性体质的人群极易罹患癌症。

维持机体的弱碱性环境是人体健康的根本保障。日常生活中，以禽肉、蛋为主的饮食更容易形成酸性环境，而大多数蔬菜、水果是碱性食物，因此在荤素搭配的基础上多吃蔬菜、水果，有利于身体营养与酸碱平衡、提高机体抗癌能力。

第二节　酸碱平衡的调节

机体维持酸碱平衡的主要调节机制包括：①体液的缓冲作用；②肺呼出 CO_2 调节作用；③肾脏排泄酸性或碱性物质的调节作用。这三个方面作用相互协调、相互制约，共同维持体液 pH 的相对恒定。

一、体液的缓冲作用

体液中存在各种缓冲体系，对酸碱平衡的调节起到首要作用。其中，尤以血液缓冲体系最为重要。

（一）血液的缓冲体系

体内无论何种来源的酸性或碱性物质，都要先经血液缓冲体系缓冲。血液的缓冲体系主要存在于血浆和红细胞中。

血浆缓冲体系：

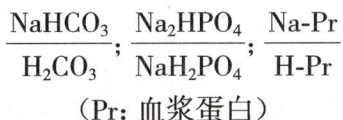

$$\frac{NaHCO_3}{H_2CO_3}；\frac{Na_2HPO_4}{NaH_2PO_4}；\frac{Na\text{-}Pr}{H\text{-}Pr}$$

（Pr：血浆蛋白）

红细胞缓冲体系：

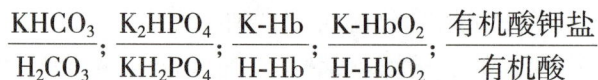

$$\frac{KHCO_3}{H_2CO_3}; \frac{K_2HPO_4}{KH_2PO_4}; \frac{K\text{-}Hb}{H\text{-}Hb}; \frac{K\text{-}HbO_2}{H\text{-}HbO_2}; \frac{有机酸钾盐}{有机酸}$$

（Hb：血红蛋白；HbO$_2$：氧合血红蛋白）

血浆中以碳酸氢盐缓冲体系最为重要，占血液缓冲总量的 50% 以上，主要缓冲进入血液中的固定酸或碱；红细胞内以血红蛋白和氧合血红蛋白缓冲体系最为重要，主要缓冲挥发性酸。

（二）血液的缓冲机制

$NaHCO_3$ 浓度可反映体内代谢状况，受肾脏调节，称为代谢性因素；H_2CO_3 浓度反映肺的通气状况，受呼吸作用的调节，称为呼吸性因素。在正常情况下，血浆中 $[NaHCO_3]$ 约为 24mmol/L，$[H_2CO_3]$ 约为 1.2mmol/L，两者比值为 20:1。37℃时 $pK_a = 6.1$。根据亨德森 - 哈塞尔巴尔赫（Henderson-Hasselbalch）方程计算：

$$pH = pK_a + lg\frac{[NaHCO_3]}{[H_2CO_3]}$$

$$pH = 6.1 + lg20/1 = 6.1 + 1.3 = 7.4$$

由此可见，无论血浆中 $[NaHCO_3]$ 和 $[H_2CO_3]$ 如何变化，只要两者比值是 20:1，血浆 pH 即可维持在 7.4 不变。因此，酸碱平衡调节的实质就是调节 $[NaHCO_3]/[H_2CO_3]$ 的比值。

1. 对挥发性酸的缓冲　正常人体组织细胞代谢产生的 CO_2 进入静脉血液后，绝大部分与红细胞内的血红蛋白离子发生下列反应：

$$CO_2 + H_2O + Hb^- \rightleftharpoons HHb + HCO_3^-$$

当动脉血流经组织时，组织细胞中的 CO_2 可透过毛细血管壁迅速扩散入血浆，其中大部分 CO_2 继续扩散进入红细胞，在红细胞中碳酸酐酶（CA）催化下生成 H_2CO_3，后者进一步解离成 HCO_3^- 与 H^+。H^+ 与 HbO_2 释放出 O_2 后的 Hb^- 结合生成 HHb 而被缓冲。HCO_3^- 因浓度增高而从红细胞扩散入血浆，导致红细胞内由于失去 HCO_3^- 呈现正电位。由于红细胞内的阳离子（主要是 K^+）较难通过红细胞膜，不能随 HCO_3^- 逸出，无法通过正离子调节维持细胞内离子平衡。为维持细胞内外电荷平衡，细胞外等量的 Cl^- 进入细胞内，这种红细胞膜内外进行的 HCO_3^- 与 Cl^- 交换的过程称为氯离子转移。

当血液流经肺泡毛细血管时，由于肺泡中 PO_2 高、PCO_2 低，HHb 与 O_2 结合成 $HHbO_2$，后者的酸性较 HHb 强，$HHbO_2$ 释放出 H^+ 并生成 HbO_2。释放的 H^+ 与由血浆中进入红细胞的 HCO_3^- 结合生成 H_2CO_3，后者在肺泡上皮细胞中的 CA 作用下解离成 CO_2 和 H_2O，CO_2 由肺排出。此时，红细胞中 HCO_3^- 减少，血浆中 HCO_3^- 进入红细胞，等量的 Cl^- 又由红细胞返回血浆，主要反应如下：

$$HCO_3^- + HHbO_2 \rightleftharpoons HbO_2^- + H_2O + CO_2$$

2. 对固定酸的缓冲　代谢过程中产生的固定酸（HA）进入血液与 $NaHCO_3$ 发生反应，使酸性较强的固定酸转变成酸性较弱的 H_2CO_3。H_2CO_3 进一步分解成 H_2O 和 CO_2，后者经肺呼出体外。血浆中的 $NaHCO_3$ 是体内储备用来中和固定酸的碱量，代表血浆对固定酸的缓冲能力，故称为碱储。

$$HA + NaHCO_3 \longrightarrow NaA + H_2CO_3$$

$$H_2CO_3 \longrightarrow CO_2 + H_2O$$

3. 对碱的缓冲　碱性物质进入血液后，可被血浆中的 H_2CO_3、NaH_2PO_4、H-Pr 等酸性物质缓冲，生成碱性较弱的碳酸氢盐并经肾排出体外。尽管 H_2CO_3 含量相对较少，但由于体内不断产生 CO_2，因此它还是缓冲碱的主要成分。

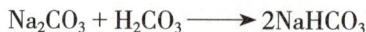

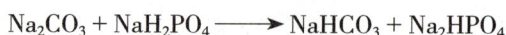

$$Na_2CO_3 + H_2CO_3 \longrightarrow 2NaHCO_3$$

$$Na_2CO_3 + H\text{-}Pr \longrightarrow NaHCO_3 + NaPr$$

$$Na_2CO_3 + NaH_2PO_4 \longrightarrow NaHCO_3 + Na_2HPO_4$$

综上所述，血液缓冲体系在酸碱平衡中起着重要作用。缓冲固定酸时，消耗 $NaHCO_3$ 生成 H_2CO_3，使 H_2CO_3 浓度升高。而缓冲碱性物质时，H_2CO_3 被消耗、浓度下降，$NaHCO_3$ 浓度升高，从而导致血浆 $[NaHCO_3]/[H_2CO_3]$ 比值发生改变，造成血液 pH 的改变。但在正常情况下，这样的改变是轻微的，原因是机体还可通过肺和肾的调节来保持 $NaHCO_3$ 和 H_2CO_3 浓度以及 $[NaHCO_3]/[H_2CO_3]$ 比值不变。

二、肺的调节

肺在酸碱平衡中的调节作用主要是通过调节 CO_2 的排出量来调节血浆 H_2CO_3 的浓度，使 $[NaHCO_3]/[H_2CO_3]$ 比值接近正常，以保持 pH 相对恒定。肺呼出 CO_2 受呼吸中枢的调节，而呼吸中枢的兴奋性又受血液中 PCO_2 及 pH 的影响。当血液 PCO_2 升高或 pH 及 PO_2 降低时，呼吸中枢兴奋，呼吸加深加快，CO_2 排出增多，血浆中 H_2CO_3 的浓度降低；反之，当 PCO_2 降低或 pH 升高时，呼吸中枢抑制，呼吸变浅变慢，CO_2 排出减少，血浆中 H_2CO_3 含量增多。需要指出的是，如果 PCO_2 持续增加，超过 80mmHg，呼吸中枢反而会受到抑制，产生二氧化碳麻醉。总之，肺的调节是通过呼吸来调控体内 H_2CO_3 的浓度，以维持 $[NaHCO_3]/[H_2CO_3]$ 的正常比值。因此，临床上密切观察患者的呼吸频率和幅度具有重要意义。

三、肾的调节

肾主要是通过排出过多的酸或碱以及对 $NaHCO_3$ 的重吸收来调节血浆中 $NaHCO_3$ 的浓度，以维持酸碱平衡。肾的调节主要有泌氢、泌氨及泌钾三种方式。

（一）肾小管泌 H^+ 及重吸收 $NaHCO_3$（H^+-Na^+ 交换）

1. $NaHCO_3$ 的重吸收　人体每天由肾小球滤过的 HCO_3^- 约 90% 在近曲小管重吸收，其余的在髓袢及远曲小管重吸收。进入肾小管上皮细胞中的 CO_2 在 CA 催化下与 H_2O 反应生成 H_2CO_3，后者又解离成 H^+ 及 HCO_3^-。解离出的 H^+ 从肾小管上皮细胞主动分泌到小管液中，与其中的 Na^+ 进行 H^+-Na^+ 交换。进入肾小管上皮细胞中的 Na^+ 可通过钠钾 ATP 酶主动转运回血浆，肾小管细胞中的 HCO_3^- 则被动吸收入血，两者重新结合生成 $NaHCO_3$，以补充缓冲固定酸所消耗的 $NaHCO_3$。此过程没有 H^+ 的真正排出，只是管腔中的 $NaHCO_3$ 全部重吸收回血液，故称为 $NaHCO_3$ 的重吸收（图 13-1）。分泌到小管液中的 H^+ 与 HCO_3^- 结合生成 H_2CO_3，后者又分解为 CO_2 和 H_2O。CO_2 可扩散入肾小管细胞，也可进入血液运至肺部呼出。

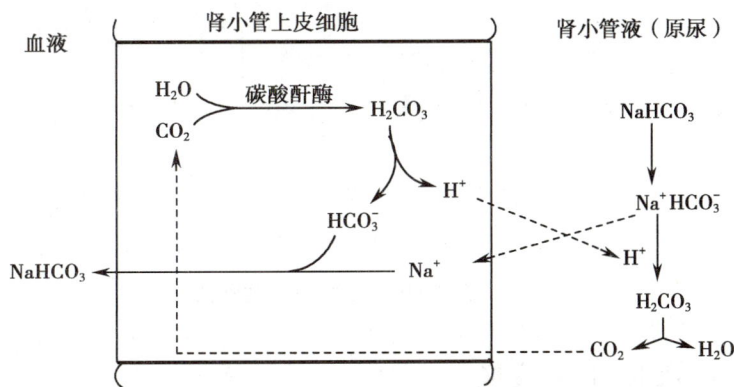

图 13-1　H^+-Na^+ 交换与 $NaHCO_3$ 重吸收

2. 尿液的酸化　肾小管上皮细胞分泌至管腔中的 H^+ 还可与小管液 Na_2HPO_4 解离出的 Na^+ 进行交换，交换的结果是：小管液中的 Na_2HPO_4 转变为 NaH_2PO_4 随尿排出，而回到小管细胞内的 Na^+

则与细胞产生的 HCO_3^- 一起转运至血液，形成 $NaHCO_3$。通过这种交换，$[Na_2HPO_4]/[NaH_2PO_4]$ 比值由原来的 4:1 变为 1:99，几乎所有的 Na_2HPO_4 都已转变成了 NaH_2PO_4，终尿 pH 降至 4.8，尿液变成酸性，这一过程称为尿液的酸化（图 13-2）。

尿液酸化过程中，重吸收的 $NaHCO_3$ 可补偿缓冲代谢酸时消耗的 $NaHCO_3$，这相当于肾脏排出了代谢性酸。

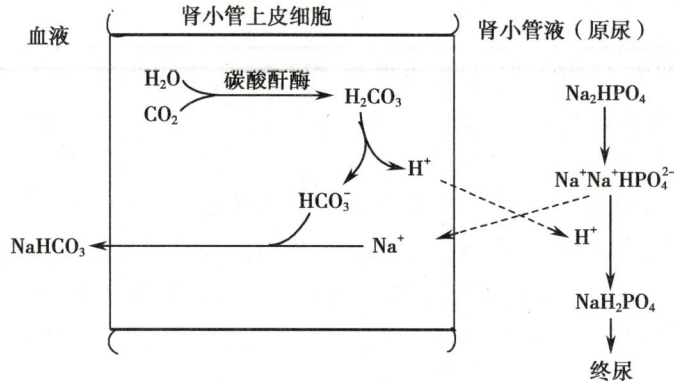

图 13-2　H^+-Na^+ 交换与尿液酸化

（二）肾小管泌 NH_3 及 Na^+ 的重吸收（NH_4^+-Na^+ 交换）

肾远曲小管上皮细胞中除氨基酸脱氨基作用产生的 NH_3 外，还有丰富的谷氨酰胺酶，可将谷氨酰胺水解产生 NH_3，因此有分泌 NH_3 的功能。分泌入管腔的 NH_3 与肾小管滤液中的 H^+ 结合生成 NH_4^+，再与滤液中的强酸盐（如 $NaCl$、Na_2SO_4 等）的阴离子结合，以铵盐[NH_4Cl、$(NH_4)_2SO_4$ 等]的形式随尿排出。进入肾小管上皮细胞内的 Na^+、K^+ 等离子则与 HCO_3^- 重新合成 $NaHCO_3$、$KHCO_3$ 等，被重吸收到血液（图 13-3）。肾通过泌氨机制排出强酸基（排泌 H^+），也起到了增加 Na^+、K^+ 等的回吸收，达到调节血液 pH 的作用。

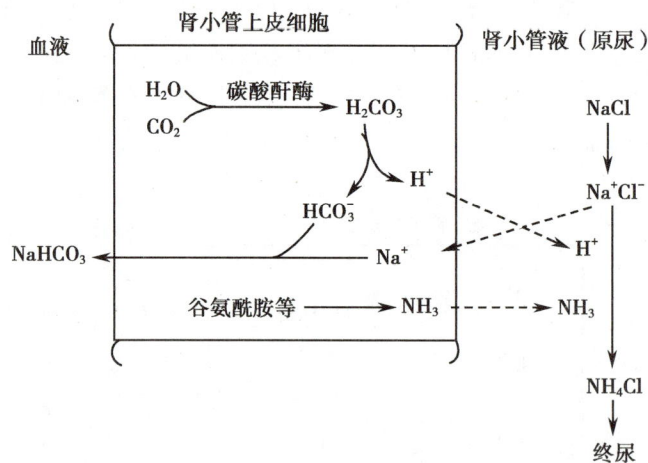

图 13-3　NH_4^+-Na^+ 交换与铵盐的排泄

（三）肾小管泌 K^+ 及 K^+-Na^+ 交换

肾远曲小管可以同时排泌 H^+ 和 K^+。K^+ 和 H^+ 能竞争性与 Na^+ 交换，即 K^+-Na^+ 交换与 H^+-Na^+ 交换是相互竞争的关系。如 K^+-Na^+ 交换加强，H^+-Na^+ 交换则相应减弱，肾排酸减少；反之，如 H^+-Na^+ 交换加强，K^+-Na^+ 交换则减弱，肾排酸增加。肾也可通过这一交换机制来保持体液酸碱平衡的稳定。

当血清钾过低时，细胞内 K^+ 向细胞外转移，同时细胞外 H^+ 向细胞内移动，可发生代谢性碱中毒；当血清钾过高时，K^+-Na^+ 交换加强，H^+-Na^+ 交换相应减弱，肾排酸减少，产生酸中毒。

综上所述，机体在调节酸碱平衡的过程中，血液缓冲体系是机体最主要、最迅速的酸碱平衡调节途径；肺通过呼吸排出体内挥发性酸（即碳酸）；肾通过分泌与排泄实现 $NaHCO_3$ 的重吸收，进而调节体内产生的固定酸和过剩的碳酸氢盐。

第三节　酸碱平衡失调

体内酸碱物质的增加或减少超过了机体的代偿调节能力，或酸碱调节机制障碍，就会破坏体液酸碱度的相对稳定性，称为酸碱平衡失调。

一、酸碱平衡失调的主要生化检测指标

反映酸碱平衡的常用指标有血液 pH、二氧化碳分压、二氧化碳结合力、实际碳酸氢盐和标准碳酸氢盐、碱剩余等。

知识拓展

血气分析标本采集方法及注意事项

血气分析主要是利用血气分析仪测量动脉血中 pH、PO_2 和 PCO_2 三个主要指标，并由这三个指标计算出其他酸碱平衡相关的诊断指标。采集血气分析标本时常选择动脉血或者动脉化毛细血管血。在采集标本之前，要确保患者已经呼吸平稳，及时清洁采集部位，避免污染。注意，需要丢弃掉前 1~2ml 的血液，以避免组织液污染样本。标本采集后应迅速混匀并送至实验室进行分析，避免长时间暴露在空气中。正确留取和处置样本对于减少偶然误差、保证血气分析结果的可靠性方面有着不可忽视的作用。标本采集或处理不当引起的误差远大于仪器分析产生的误差。

（一）血液 pH

正常人的血液（常指动脉血）pH 保持在 7.35~7.45 之间，平均为 7.40。血液 pH＜7.35 为失代偿性酸中毒；血液 pH＞7.45 为失代偿性碱中毒。即使 pH 在正常范围内，也不能说明体内就没有发生酸碱平衡紊乱，因为代偿期 pH 是正常的，所以只测定血液 pH 无法区分是代谢性或呼吸性酸碱失衡。

（二）二氧化碳分压

二氧化碳分压（partial pressure of carbon dioxide，PCO_2）是指物理溶解在血浆中的 CO_2 所产生的张力。正常人动脉血 PCO_2 参考范围是 4.7~6.0kPa（35~45mmHg），均值是 5.3kPa（40mmHg）。PCO_2 是一个呼吸性酸碱指标。动脉血 PCO_2＞6.0kPa 时，提示肺通气不足，体内 CO_2 蓄积；PCO_2＜4.7kPa 时，提示肺通气过度，CO_2 排出过多。

（三）二氧化碳结合力

二氧化碳结合力（carbon dioxide combining power，CO_2-CP）是指在室温 25℃、PCO_2 5.3kPa（40mmHg）的条件下，血浆中以 HCO_3^- 形式存在的 CO_2 的量。正常人参考范围是 22~31mmol/L。

CO_2-CP↓→代谢性酸中毒或呼吸性碱中毒

CO_2-CP↑→代谢性碱中毒或呼吸性酸中毒

（四）实际碳酸氢盐和标准碳酸氢盐

实际碳酸氢盐（actual bicarbonate，AB）是指患者血浆中的 HCO_3^- 的真实含量，其参考范围是

22~26mmol/L。标准碳酸氢盐(standard bicarbonate,SB)是指全血在标准条件下,即体温37℃、PCO_2 5.3kPa、血氧饱和度100%,所测出的 HCO_3^- 的含量。其参考范围是21~25mmol/L。若 AB=SB,且两者均正常,表示体内酸碱稳定;若 AB↓=SB↓,表示有代谢性酸中毒;若 AB↑=SB↑,表示有代谢性碱中毒;当 AB>SB 时,提示体内有 CO_2 蓄积,为呼吸性酸中毒;当 AB<SB 时,提示体内 CO_2 呼出过多,为呼吸性碱中毒。

(五)碱剩余

碱剩余(base excess,BE)是指在标准条件下,即体温37℃、PCO_2 5.3kPa、血氧饱和度100%,用酸或碱将 1L 全血或血浆的 pH 调至 pH 7.40 时所消耗的酸或碱的量,以 mmol/L 表示。若需用碱滴定,结果 BE 以负值表示;若需用酸滴定,结果 BE 以正值表示。全血 BE 的参考范围为 -3.0~3.0mmol/L。若 BE>3.0mmol/L 时,表示体内碱过剩,血浆固定酸缺乏,提示代谢性酸中毒;BE<-3.0mmol/L 时,表示体内碱缺乏,血浆固定酸相对过剩,提示代谢性碱中毒。因此,BE 是观察代谢性酸碱平衡紊乱较为理想的指标。

二、酸碱平衡失调的分类

根据生化检测指标的变化并结合临床表现,可将酸碱平衡失调分为单纯性酸碱平衡失调和混合性酸碱平衡失调两大类。

(一)单纯性酸碱平衡失调

机体只存在一种类型的酸碱平衡失衡称为单纯性酸碱平衡失调,包括代谢性酸中毒、代谢性碱中毒、呼吸性酸中毒、呼吸性碱中毒 4 种类型。单纯性酸碱平衡失调时血液主要生物化学诊断指标的改变见表 13-1。

表 13-1 酸碱平衡失调的类型及其生物化学诊断指标的改变

类型		pH	PCO₂/kPa	AB/mmol·L⁻¹	BB/mmol·L⁻¹	BE/mmol·L⁻¹
正常		7.35~7.45	4.67~6.00	22~27	40~44	-3~3
代谢性酸中毒	代偿	不变	代偿性↓	↓	↓	负值↓
	失代偿	<7.35	↓	显著↓	显著↓	负值↓
呼吸性酸中毒	代偿	不变	↑	代偿性↑	不变	正值↑
	失代偿	<7.35	显著↑	↑	不变	不变
代谢性碱中毒	代偿	不变	代偿性↑	↑	↑	正值↑
	失代偿	>7.45	↑	显著↑	显著↑	正值↑
呼吸性碱中毒	代偿	不变	↓	代偿性↓	不变	负值↓
	失代偿	>7.45	显著↓	↓	不变	不变

(二)混合性酸碱平衡失调

两种或三种单纯性酸碱平衡失调同时存在称为混合性酸碱平衡失调。临床上按 pH 变化,将混合性酸碱平衡失调分为二重性酸碱平衡失调和三重性酸碱平衡失调两种类型,其中二重性酸碱平衡失调又分为相加型二重性酸碱平衡失调和相抵型二重性酸碱平衡失调。

总之,酸碱平衡失调的诊断一定要结合病史、血气分析、电解质指标及临床资料等进行综合分析。

1. 机体在代谢过程中产生最多的酸性物质是哪种物质？血液中对其进行缓冲主要依靠哪种缓冲系统？

2. 高血钾为什么会导致代谢性酸中毒而尿液呈碱性？

3. 某肺源性心脏病患者入院时呈昏睡状，血气分析及电解质测定结果：血浆 pH 7.26，PCO_2 8.6kPa，HCO_3^- 37.8mmol/L。试分析该症状是哪种酸碱平衡失调类型？

（韩　璐）

ER 13-3

练习题

[1] 何旭辉,陈志超. 生物化学 [M]. 2 版. 北京:人民卫生出版社,2019.

[2] 孔英. 生物化学 [M]. 4 版. 北京:人民卫生出版社,2018.

[3] 马文丽,德伟,王杰. 生物化学与分子生物学 [M]. 2 版. 北京:科学出版社,2018.

[4] 李刚,贺俊崎. 生物化学 [M]. 4 版. 北京:北京大学医学出版社,2018.

[5] 高国全,解军. 生物化学 [M]. 5 版. 北京:人民卫生出版社,2022.

[6] 周春燕,药立波. 生物化学与分子生物学 [M]. 9 版. 北京:人民卫生出版社,2018.

[7] 葛均波,徐永健,王辰. 内科学 [M]. 9 版. 北京:人民卫生出版社,2018.

[8] 林果为,王吉耀,葛均波. 实用内科学 [M]. 15 版. 北京:人民卫生出版社,2017.

[9] 孙长颢. 食品营养卫生学 [M]. 8 版. 北京:人民卫生出版社,2017.

[10] 朱圣庚,徐长法. 生物化学 [M]. 4 版. 北京:高等教育出版社,2017.

[11] 仲其军,陈志超. 生物化学 [M]. 2 版. 北京:人民卫生出版社,2017.

[12] 方定志,焦炳华. 生物化学与分子生物学 [M]. 4 版. 北京:人民卫生出版社,2023.

[13] 姚文兵. 生物化学 [M]. 9 版. 北京:人民卫生出版社,2022.

[14] 刘新光,罗德生. 生物化学与分子生物学(案例版)[M]. 3 版. 北京:科学出版社,2021.

[15] 田余祥. 生物化学 [M]. 4 版. 北京:高等教育出版社,2020.

[16] 张承玉. 生物化学 [M]. 2 版. 北京:人民卫生出版社,2021.